Ullstei

W0033313

"Geld regiert die Welt" —
solange unser Unwissen
es zuläßt!

mit besten Wünschen

vaden, mai '95

Helmut ...

ÜBER DAS BUCH:

Daß das Geld die Welt regiert, sagt schon ein altes Sprichwort. Wie es aber uns und die Welt im Griff hat, das wissen nur die wenigsten. Der Autor gibt in diesem verständlich geschriebenen Standardwerk Antworten auf Fragen wie diese: Warum werden die weltweit vagabundierenden Milliardenströme immer größer, weshalb reagieren die Kurse an den Aktien- und Devisenmärkten immer verrückter und warum kriegen die Notenbanken Geldmenge und Kaufkraft nicht in den Griff? Vielleicht haben Sie sich auch schon gefragt, warum wir jedes Jahr unsere Wirtschaftsleistung steigern müssen und trotzdem mit einer immer größeren Verschuldung, Armut und Arbeitslosigkeit konfrontiert werden. In diesem aktuellen Buch wird nachgewiesen, warum alle diese Fehlentwicklungen mit den Strukturen unseres Geldsystems zusammenhängen und daß ohne deren Korrektur kaum Hoffnung auf eine Lösung der vielfältigen Probleme besteht.

DER AUTOR:

Helmut Creutz, Jahrgang 1923, hat die Wirtschaft fast 40 Jahre lang in der Praxis studiert: in deutschen und russischen Fabriken, als Techniker, Betriebsleiter und freier Architekt. Nebenbei war er als Fluglehrer, Erfinder und Schriftsteller tätig. Seit 1980 beschäftigt er sich mit dem Thema Geld und dessen Auswirkungen auf Wirtschaft und Gesellschaft. In zahlreichen Veröffentlichungen, Vorträgen und Seminaren hat er seine wirtschaftsanalytischen Untersuchungen dargelegt. 1990 erhielt er einen Lehrauftrag an der Uni Kassel und wurde von mehreren Seiten für den Alternativen Nobelpreis vorgeschlagen.

Helmut Creutz

Das Geld-Syndrom

Wege zu einer
krisenfreien Marktwirtschaft

Ullstein

Wirtschaft
Ullstein Buch Nr. 35456
im Verlag Ullstein GmbH,
Frankfurt/M–Berlin

Aktualisierte Ausgabe

Umschlagentwurf:
Stefan Wolf
Unter Verwendung einer Abbildung
von Cesar Paredes/Zefa-Stockmarket
Alle Rechte vorbehalten
Taschenbuchausgabe mit freundlicher
Genehmigung der F. A. Herbig Verlags-
buchhandlung GmbH, München
© 1993 by Wirtschaftsverlag
Langen Müller Herbig
in F. A. Herbig Verlagsbuchhandlung
GmbH, München
Printed in Germany 1994
Gesamtherstellung:
Clausen & Bosse, Leck
ISBN 3 548 35456 4

Dezember 1994
Gedruckt auf alterungs-
beständigem Papier mit chlorfrei
gebleichtem Zellstoff

Die Deutsche Bibliothek –
CIP-Einheitsaufnahme
Creutz, Helmut:
Das Geld-Syndrom: Wege zu einer
krisenfreien Marktwirtschaft /
Helmut Creutz. – Aktualisierte Ausg. –
Frankfurt/M; Berlin: Ullstein, 1994
    (Ullstein-Buch; Nr. 35456: Wirtschaft)
    ISBN 3-548-35456-4
NE: GT

Liebe Leserin, lieber Leser,

vor zwölf Jahren schrieb mir ein Leser meines Schultagebuchs, ich hätte wichtige Fragen angesprochen, jedoch nicht immer die richtigen Antworten. Ich solle mich einmal mit dem Problemfeld Geld befassen.

Das Thema interessierte mich eigentlich wenig, denn ich konnte mir nicht vorstellen, daß im Geld ein Problemfeld steckt. Schließlich hatte ich mehr als 30 Jahre in der Wirtschaftspraxis damit zu tun, bei Objektfinanzierungen, Kalkulationen und Wirtschaftlichkeitsberechnungen.

Einiges in dem Brief aber machte mich neugierig, wenngleich mir etliche Größenordnungen unglaubwürdig erschienen. Als Pragmatiker wollte ich den Schreiber widerlegen, ohne zu ahnen, worauf ich mich dabei einließ. Einmal mangelte es allzuoft an genauen statistischen Unterlagen, zum anderen entdeckte ich immer neue Unstimmigkeiten und Widersprüche im Geldbereich, die mir keine Ruhe ließen.

Die Ergebnisse von zwölf Jahren Analysearbeit haben Sie in der Hand.

Auch wenn das Gros der »weißen Flecke« geschlossen werden konnte – die Befassung mit dem »Problemfeld Geld« wird (leider) mit jedem Tag aktueller und wichtiger.

Ich vermute, daß Sie mir nach der Lektüre dieses Buches zustimmen werden.

Helmut Creutz

»Wir sollten uns nicht so gebärden, als ob das Erkennen volkswirtschaftlicher Zusammenhänge nur den Gralshütern vorbehalten bliebe, die auf der einen Seite wissenschaftlich, auf der anderen Seite demagogisch ihre verhärteten Standpunkte vortragen.
Nein, jeder Bürger unseres Staates muß um die wirtschaftlichen Zusammenhänge wissen und zu einem Urteil befähigt sein, denn es handelt sich hier um Fragen unserer politischen Ordnung, deren Stabilität zu sichern uns aufgegeben ist.«

Ludwig Erhard, 1962

Inhalt

Teil I – Begriffe, Größen und Funktionen

1. Kapitel

Was ist Geld? Was versteht man heute unter Geld? Wie
kann man Geld definieren? Für welche Zwecke kann man
Geld benutzen? Sind Schecks und Kreditkarten Geld?
Warum muß man zwischen Geld und anderen Forderungs-
Ausgleichsmitteln unterscheiden? Warum ist Geld der Arbeit und den Gütern überlegen? In welchen Größen rechnet man beim Geld? Woher bekommt das Geld seinen
Wert? Wieviel Geld gibt es eigentlich? Wie kommt das
Geld in Umlauf? Wie wird das umlaufende Geld ausgeweitet? Woher bekommt die Bundesbank das Geld? Wem gehört das Geld?

2. Kapitel

Was sind Guthaben, und wie nehmen sie zu? Warum kann
man Geld und Guthaben nicht als Geld zusammenzählen?
Kann man Geld und Guthaben dennoch zusammenfassen?
Was sind Sichtguthaben, und wie entstehen sie? Kann man
mit Sichtguthaben seine Nachfrage vermehren? Welche
Folgen hat eine Zunahme der Guthabenübertragungen für
die Banken? Was war zuerst da – Guthaben oder Schulden,
Geld oder Kredit? Was heißt Sparen, was Verleihen, was
Bezahlen?

Was bewirkt der Zinseszins? Spielt der Zinseszins auch in normalen Zeitabläufen eine Rolle? Sind zwölf Prozent Verzinsung irreal? Wer oder was bestimmt die Zinshöhe? Woher kommen die großen Zinsschwankungen? Kann man den Zins nur durch Geldverknappung hoch halten?

Teil III – Die problematischen Folgen im Geldbereich

Staatseinnahmen? Warum sind Staatsverschuldungen besonders folgenschwer? Wie sieht die Staatsverschuldung in den anderen europäischen Ländern aus? Und wie ist das in Osteuropa?

wir zu arbeitsintensiven Produktionsmethoden zurück? Zu
welchen Fragwürdigkeiten hat die staatliche Wachstumsförderung bisher geführt? Sind die umweltbezogenen Probleme mit Ökosteuern zu lösen?

Was waren die großen Krisen unseres Jahrhunderts? Welche Tatbestände könnten auch bei uns zu einer großen
Krise führen? Droht auch dem Kapitalismus unserer Tage
eine große Krise? Wie erklären sich die dauernden Konjunktureinbrüche? Was sind ihre Ursachen? Sind diese Zusammenhänge zwischen Zins und Konjunktur allgemein
bekannt? Warum sind auch zu niedrige Zinsen krisenauslö-
send? Was löst die deflationären Krisen aus? Welche Wirkungen haben Geldzurückhaltungen auf die Beschäftigungslage? Hat auch die Misere in den neuen Bundesländern mit der Verzinsung zu tun?

Haben die Krisen im Ostblock auch mit Geld zu tun? Was
sind die konkreten Folgen eines Geldüberhangs? Wußte
man im Sozialismus vom Geldproblem? Welche Rolle
spielte das Zinsproblem in den Ostblockstaaten? Gibt es
noch andere Krisenprobleme im Osten, die mit dem Geld
zusammenhängen? Was wäre zu tun? Wie hat sich die Vereinigung von Ost- und Westdeutschland geldbezogen ausgewirkt?

Die Arbeitslosigkeit in der Bundesrepublik seit 1950. Was
sind die Ursachen der langfristigen Veränderungen? Gibt
es weitere Ursachen für die langfristige Arbeitslosigkeits-
entwicklung? Die Ursachen der mittelfristigen statistischen
»Ausreißer«. Welche Rolle spielen die Verschuldungen?
Kommt es nur durch verschuldete Unternehmen zu Entlas-

sungen? Was sind die Folgen dieser Diskrepanzen? Wodurch kommt es zu den Hochzinsphasen? Gilt diese Beziehung zwischen Inflation und Arbeitslosigkeit überall?

Teil V – Überwindung der Fehlstrukturen – Wege zu einer krisenfreien Marktwirtschaft

gegen eine Flucht in Boden, Sachkapitalien oder Geld zu tun? Was ist mit der Kapitalflucht bei niedrigen Zinsen? Läßt sich das Geldproblem mit privatem Alternativgeld oder Verrechnungsringen lösen? Was ist mit den Zinsen bei Verrechnungsringen und anderen Alternativmodellen? Sind alternative Banken eine Lösung? Kann eine europäische Währung weiterhelfen? Erfüllt die Inflation nicht denselben Dienst wie Geldnutzungsgebühren bzw. Geldhaltekosten? Was ist mit unserer Wirtschaftsordnung?

Anmerkungen:
Soweit nicht anders erwähnt, stammen alle angeführten Daten und Größen aus den Veröffentlichungen der Bundesbank bzw. des Statistischen Bundesamtes. Auf diesen Unterlagen basieren auch die eigenen Um- und Hochrechnungen sowie die Mehrzahl der Grafiken.

In den Grafiken und Tabellen sind überwiegend langfristige Entwicklungen ab 1950 bzw. 1970 dargestellt. Wegen unzureichender Daten und um Sprünge in den Darstellungen zu vermeiden, wurden diese über 1990 hinaus nur für die alten Länder weitergeführt.

Alle Grafiken sind – soweit keine anderen Hinweise erfolgen – vom Autor.

Vorwort

Geld ist eine tolle Einrichtung! Doch obwohl wir es seit Jahrtausenden kennen und benutzen, gibt es nichts Vergleichbares, worüber wir so wenig wissen! Geld ist immer noch mit einem Nebel des Geheimnisvollen umgeben. Selbst Wissenschaftler reden von »Geldschleier« und »Geldillusion« und verbinden Geld mit Magiebegriffen.

In diesem Buch wird versucht, die Begriffe und Funktionen rund um das Geld zu erklären. Ebenso die geldbezogenen Vorgänge in der Wirtschaft und deren Auswirkungen für uns Bürger. Vor allem aber wird den Fehlstrukturen unserer Geldordnung nachgegangen, werden ihre Folgen verdeutlicht und am Ende Wege aus dem heutigen Dilemma aufgezeigt. Denn die Kenntnis dieser Fehlstrukturen sowie die Möglichkeiten ihrer Behebung sind ausschlaggebend für unsere Zukunft. Das gilt nicht nur für die überschuldeten Länder Lateinamerikas oder den inflationären Niedergang der Ostblockstaaten. Das gilt auch für die Industrienationen, in denen die Geldbezogenheit aller Problementwicklungen täglich deutlicher wird. Und niemand von uns kann sich diesen monetären Zwängen und Auswirkungen entziehen, es sei denn, er flieht als Robinson auf eine Insel.

Für den normalen Bürger stellten sich bisher solche Überlegungen kaum. Er erhält Geld für seine Arbeit und gibt es für den Lebensunterhalt aus. Allenfalls hat er in der Jugend ein paar Sprichworte mitbekommen, ohne viel darüber nachzudenken; zum Beispiel »Geld verdirbt den Charakter« oder »Beim Geld macht der Teufel immer auf den größten Haufen«. Noch bekannter und in vielen Sprachen zu Hause ist das Sprichwort: »Geld regiert die Welt.«

Warum aber verdirbt Geld den Charakter? Würden wir das auch von einem Gutschein sagen oder einer Theaterkarte, die, ähnlich wie Geld, einen Anspruch auf eine Gegenleistung dokumentieren? Und warum bekommen diejenigen noch mehr Geld, die bereits einen »großen Haufen« davon haben? Ist Einkommen nicht an Leistung gebunden? Wenn ja, widersprechen leistungslose Einkünfte dann nicht den Grund- und Menschenrechten? Und was bedeutet das dritte Sprichwort, nach dem die Welt vom

Geld regiert wird? Wenn dieses Sprichwort stimmt, sind dann nicht alle Regierungen, ob gewählt oder nicht, ob rot, schwarz oder grün, nur eine Farce, Marionetten des Geldes? Können wir von einer aufgeklärten, mündigen Welt und vor allem von Demokratien reden, solange diese Fragen ungeklärt bleiben? Oder hat man bewußt den Schleier des Geheimnisvollen über die Geldsphäre ausgebreitet?

Was stimmt nicht bei unserem Geld?

Wer sich unvorbelastet mit unserem Geld befaßt, mit der Geldordnung, der Geldtechnik und allen sonstigen Geldgegebenheiten, dem stehen meist sehr schnell die Haare zu Berge. Allein die Widersprüchlichkeiten, auf die man unter logischen Ansätzen stößt, finden fast kein Ende:

- Da ist Geld eine öffentliche Einrichtung, gleichzeitig aber auch privates Eigentum, obwohl nichts in der Welt zwei Herren dienen kann.
- Da ist die Geldvermehrung durch gefälschte Banknoten und Münzen bei Strafe untersagt, die Geldverminderung durch Entzug von Banknoten aus dem Wirtschaftskreislauf jedoch erlaubt.
- Da ist Geld das einzige gesetzliche Zahlungsmittel, gleichzeitig aber auch ein beliebig verwendbares Spekulationsobjekt.
- Da unterliegt Geld einem allgemeinen Annahmezwang, aber keinem Weitergabezwang, obwohl das erste ohne das zweite keinen Sinn ergibt.
- Da wird Geld gleichzeitig als Tausch- und Wertaufbewahrungsmittel deklariert, obwohl die zweite Funktion die erste aufhebt.
- Da wird kein Maßstab in der Wirtschaft so oft gebraucht wie das Geld, aber dessen Wert nicht stabil gehalten.
- Da ist unser Geld mit einem Zins- und Zinseszinseffekt gekoppelt, obwohl das aus mathematischen Gründen zur Selbstzerstörung führen muß.

Die Aufzählung dieser Widersprüche dürfte eigentlich genügen, um die vom Geld ausgehenden Miseren zu erklären, vor allem, wenn man sich die zentrale Bedeutung des Geldes in unseren heutigen Volkswirtschaften vergegenwärtigt.

Welche Bedeutung hat das Geld?

Wenn man die Bewohner eines Hauses fragt, welche Teile des Gebäudes die wichtigsten sind, werden sie sicher die Wohngeschosse nennen. Vom Untergeschoß wird kaum jemand reden, und vom Fundament noch weniger. Dabei ist das Fundament für die Stabilität des gesamten Gebäudes von entscheidender Bedeutung.

Ähnlich ist es mit den Etagen der »politischen Gebäude«, in denen wir leben: Der Bereich der Gesellschaftspolitik ist uns der wichtigste. Mit wirtschaftlichen Fragen befassen wir uns weniger, und mit jenen der Geld- und Währungsordnung so gut wie gar nicht.

Diese Einschätzungs- und Interessenabstufung gilt nicht nur für das Gros der Bürger, sondern auch für fast alle Politiker.

Ein langjähriges Mitglied der SPD im Bundestag, vormals Bundesbanker und als Folge Währungsexperte seiner Fraktion, hat mal beklagt: Immer wenn es um gesellschaftspolitische Tagesfragen ginge, wäre der Fraktionsraum überfüllt. Würde ernsthaft über Wirtschaftsfragen diskutiert, gingen zwei Drittel der Abgeordneten nach Hause. Und stünden Geld- und Währungsfragen an, bliebe von der ganzen Mannschaft allenfalls ein halbes Dutzend übrig. – In anderen Parteien dürfte es kaum anders sein.

Dabei wird die wirkliche Bedeutung des Geld- und Währungssektors jedem klar, wenn man die Bereiche Gesellschaft, Wirtschaft und Währung – entsprechend unserem Wohnhausbeispiel – einmal übereinander anordnet, wie in der ersten Grafik dargestellt: Eine stabile Gesellschaft kann es nur auf dem Unterbau einer stabilen Wirtschaft geben, und diese nur auf dem Fundament eines stabilen Geld- und Währungssystems. Doch ähnlich wie bei den Gebäuden, wissen wir nur selten etwas von dieser fundamentalen Rolle der Währung. Tauchen in den »gesellschaftlichen Wohnetagen« Risse auf oder droht das gesamte Gebäude baufällig zu werden, versuchen wir darum meist »vor Ort« mit den Problemen fertig zu werden. Doch haben solche Reparaturversuche kaum Chancen auf Erfolg, wenn die Ursachen der Störung tiefer liegen. Machen wir uns aber die Mühe, den »Rissen« und »Baufälligkeiten« in unseren Gesellschaftssystemen intensiv genug nachzugehen, das heißt auf der Leiter der Ursachenkette bis zur untersten, auslösenden Ebene hinabzusteigen, dann werden wir fast immer im »Fundament« fündig werden, also im Bereich von Geld und Währung.

Die Bedeutung des Geld-Währungsbereichs:

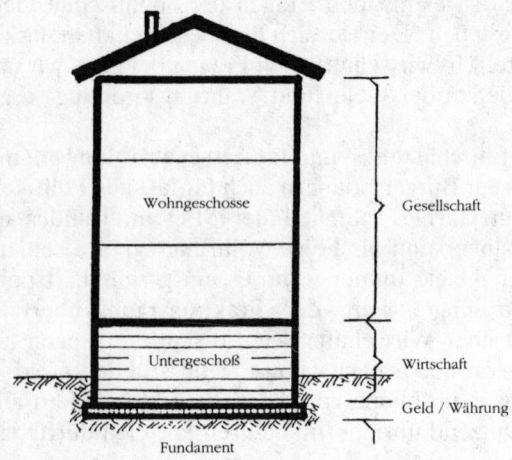

Darstellung 1

Bevor wir aber die fundamentalen Fehlstrukturen untersuchen, ist eine Abklärung der Geldbegriffe, -größen und -funktionen sinnvoll.

22

Teil I

Begriffe, Größen und Funktionen rund ums Geld

1. Kapitel
Klärung der geldbezogenen Begriffe und Vorgänge

»Wenn die Begriffe nicht richtig sind, so stimmen auch die Worte nicht, und stimmen die Worte nicht, so kommen auch die Werke nicht zustande.«

Konfuzius

Begriffe sollen das Begreifen erleichtern. Mit klar abgegrenzten Begriffen und Begriffsdefinitionen werden auch komplizierte Sachzusammenhänge verständlich. Mit unklaren Bezeichnungen kann man dagegen schon bei einfachen Vorgängen und Zusammenhängen Verwirrung stiften.

Wer sich, aus anderen Berufsfeldern kommend, mit Geldfragen intensiver befaßt, wird über die vielfältigen Begriffsungenauigkeiten überrascht sein, ebenfalls über die Mehrfachverwendungen einzelner Bezeichnungen für unterschiedliche Dinge und Erscheinungen.

Da verwechselt man z. B. Veränderungen des Gesamtpreisniveaus mit Einzelpreisschwankungen und addiert sie gar unter dem Begriff Inflation zusammen. Da werden die Begriffe Profit, Gewinn, Zins, Rendite und Mehrwert für gleiche wie für verschiedene Phänomene benutzt. Da bezeichnet man Schecks und Kreditkarten als »Geld« oder addiert Banknoten und Münzen mit Guthaben als »Geldmenge« zusammen. Begründet wird das damit, daß man mit der Übertragung eines Guthabens, ähnlich wie mit Geld, eine Forderung begleichen kann.

Was würden wir von Handwerkern halten, die Nägel, Schrauben und Klammern als Leim bezeichnen, weil man damit Werkstücke, ähnlich wie mit Leim, verbinden kann? Selbst sachunkundige Laien würden ihnen entgegenhalten, daß man mit solchen Begriffsvermischungen nur ein heilloses Durcheinander schafft.

Nachfolgend wird darum zuerst versucht, Klarheit in die Begriffe und Funktionen zu bringen, auch wenn dabei in vielen Fällen eingeschliffene Denkgewohnheiten in Frage gestellt werden müssen.

Was ist Geld?

Allein mit Antworten auf diese Frage kann man Bücher füllen! Geld ist zuerst einmal eine ganz phantastische Erfindung, vergleichbar mit der des Rades. So wie mit Hilfe des Rades der Transport von Gütern auf eine vorher unvorstellbare Weise erleichtert wurde, so mit dem Geld der Tausch derselben. Ohne Geld war nur ein Tausch von Leistung gegen Leistung möglich. Der Korbmacher beispielsweise, der neue Schuhe brauchte, mußte erst einen Schuhmacher finden, der gerade einen Korb benötigte. Das Beispiel zeigt, wie eng die Grenzen geldloser Märkte gezogen waren und daß Spezialisierung und Arbeitsteilung nur geringe Chancen hatten.

Aus der Sicht des Leistungstausches, der eine zivilisatorische und kulturelle Entwicklung erst ermöglichte, ist Geld also ein Tauschvermittler, der die Leistenden von der Bindung an einen bestimmten Tauschpartner befreit. Geld ermöglicht es, Leistungen an jeden daran Interessierten zu verkaufen und mit dem empfangenen Tauschmittel, zeit- und ortsungebunden, eine beliebige Gegenleistung bei jedem anderen nachzufragen. Diese Vermittlerrolle hatten vor der Geldwirtschaft bestimmte Waren übernommen. Waren, die fast jeder brauchen konnte, wie z. B. Salz, Getreide, Teeziegel oder Kakaobohnen. Diese Waren eigneten sich zwar aufgrund ihrer relativ langen Lebensdauer als Tauschmittel, sie waren jedoch unpraktisch in der Handhabung und verloren mit der Zeit an Wert. Das zähl- und haltbare Geld dagegen, das leicht aufhebbar und transportierfähig war und das die Preise auf einfache Art vergleichbar machte, brachte den Durchbruch zu einer Wirtschaftsentwicklung, ohne die unsere heutige Zivilisation undenkbar ist.

Was versteht man heute unter Geld?

Mit dieser Frage hat der Normalbürger kaum Schwierigkeiten. Geld ist das, was er in seiner Brieftasche oder in seinem Portemonnaie mit sich herumträgt oder zu Hause liegen hat, also Banknoten und Münzen.

Auch in der Wirtschaftspraxis gibt es wenig Mißverständnisse: Eine offene Rechnung wird mit Geld bezahlt oder durch Überweisung ausgeglichen. In der Praxis gilt also das Geld, was in Form von Banknoten und Münzen, als neutrales anonymes Tauschmittel, ständig in der Wirtschaft kreist.

Mit diesem Verständnis von Geld bekommen jedoch die Volkswirtschaftsstudenten nach einigen Semestern ihre Schwierigkeiten. Entsprechend angelernt, zählen sie auf einmal auch fast alle Geldguthaben auf den Banken zum Geld, reden vom Spar-, Termin- und Giralgeld und fassen diese Bankguthaben unter dem Begriff Buchgeld zusammen. Und dieser guthabenbezogene Geldbegriff zieht immer weitere Kreise. Der frühere Bankier von Bethmann, der mit seinen kritischen Analysen meist ins Schwarze trifft, läßt sogar mit jeder offenen Rechnung Geld »entstehen«, das mit der Begleichung derselben wieder »vernichtet« wird.

»Im Grunde weiß keiner mehr, wo Geld aufhört«, so formulierte ein Referent der Bundesbank vor einigen Jahren einmal treffend diesen Zustand. Wohlgemerkt: ein Vertreter jener Behörde, die für die Steuerung der Geldmenge zuständig ist!

Wie kann man Geld definieren?

Eine Definition des Geldes wird in dem Maße schwieriger, wie man den Begriff auf immer neue Phänomene ausweitet. Diese Schwierigkeit spiegelt sich auch in den wissenschaftlichen Aussagen wider, für die hier drei Beispiele genügen sollen:
>»Geld ist ein generelles Gut nominaler Geltung« (F. Lütje),
>»Geld ist ein Geschöpf der Geldordnung« (G. F. Knapp) und
>»Geld ist, was gilt« (G. Schmölders).

Angesichts solch »präziser« Aussagen ist die eines Notenbankers (O. Issing) fast beruhigend: »Ganze Berge wissenschaftlicher Literatur zeugen davon, daß der Geldbegriff in den Wirtschaftswissenschaften alles andere als unumstritten ist.« Ob allerdings die Notenbanken unstrittige Vorstellungen vom Geldbegriff haben, ist nach der Aussage »Keiner weiß, wo Geld aufhört« mehr als zweifelhaft.

Versucht man einmal, Geld nach seinen Aufgaben und Funktionen zu definieren, dann kann man es u. a. bezeichnen als

- Tauschmittel,
- Recheneinheit, Preismaßstab oder Preisvergleicher,
- Wertaufbewahrungs- und Wertübertragungsmittel.

Geht man von der Rechtslage bzw. der Dokumentationsseite aus, dann ist Geld

- eine öffentliche Einrichtung zum Nutzen aller Bürger,
- eine anonyme Leistungsbestätigung unter Annahmepflicht,
- ein weitergebbares Anspruchsdokument an das Sozialprodukt,
- einziges gesetzliches Zahlungsmittel.

Und geht man schließlich von seinen eingangs genannten »Webfehlern« aus, dann ist Geld

- eine Einrichtung, deren Wertaufbewahrungsfunktion der Tauschmittelfunktion – also dem eigentlichen Zweck – widerspricht,
- eine nur auf einem Bein stehende Einrichtung, weil der Annahmepflicht keine Weitergabepflicht gegenübersteht,
- die einzige öffentliche Einrichtung, die jedermann aus dem Verkehr ziehen und/oder zu seinem privaten Vorteil legal mißbrauchen kann.

Mit diesen Eingrenzungen ist die Frage »Was ist Geld?« eigentlich beantwortet. Nämlich jenes Medium, auf das alle diese Definitionen zutreffen. Und das ist nur bei den Geldscheinen und Münzen der Fall. Also bei jenem Tauschmittel, das vom Staat herausgegeben wird.

Auf die in der Fachwelt ebenfalls als Geld bezeichneten Phänomene wie Guthaben, Schecks, Kreditkarten usw. treffen die angeführten Kennzeichnungen allenfalls in einigen Punkten zu. Man sollte sie darum konsequenterweise auch nicht als Geld bezeichnen, selbst wenn sich damit Ähnliches oder Vergleichbares wie mit Geld vollziehen läßt. Vielmehr erfordert es die Logik wie die Redlichkeit, diesen Einrichtungen und Mitteln eigenständige Bezeichnungen zuzuordnen.

Für welche Zwecke kann man Geld benutzen?

So wie man im allgemeinen Geld als Gegenwert für Leistungen erhält, so gibt man es im allgemeinen auch für Leistungen wieder aus. Geld kann man aber nicht nur zum Kaufen benutzen, sondern auch zum Verschenken oder zum Verleihen. Und schließlich kann man Geld auch einfach liegenlassen.

Verschenkt man Geld, geht es für alle Zeit in andere Hände über, und der Beschenkte kann damit verfahren, wie er will. Verleiht man Geld, tritt man seine Rechte daran nur vorübergehend ab. Läßt man Geld liegen, verschiebt man seinen Anspruch auf Gegenleistungen auf eine spätere Zeit. Damit aber tritt eine Unterbrechung im Geldkreislauf ein. Diese Unterbrechung ist kein einmaliger Vorgang. Sie wirkt vielmehr wie eine Kettenreaktion!

Läuft das Geld z. B. zweimal im Monat um, dann löst ein stillgelegter 100-DM-Schein in einem Jahr Nachfrageunterbrechungen in Höhe von 2400 DM aus. Während also beim Kaufen, Verschenken und Verleihen der Nachfragekreislauf geschlossen bleibt, führt das Liegenlassen von Geld zu Störungen, die sich mit der Zeit akkumulieren.

In dieser zeitlichen Verzögerung zwischen Leistungseinbringung und -nachfrage, also in der Wertaufbewahrungsfunktion des Geldes, liegt einer der entscheidenden Fehler der Geldkonstruktion. Wir werden das später noch genauer untersuchen, wenn es um die Probleme in unserem Geldwesen geht. Halten wir hier nur noch einmal fest, daß unserem Geld heute drei Funktionen zugeordnet werden, nämlich die des Tauschmittels, des Preisvergleichers bzw. Verrechnungsmittels und schließlich die Funktion des Wertaufbewahrungsmittels. Außerdem kann man Geld zu Kapital machen, wenn man es gegen Zinsen verleiht.

Sind Schecks und Kreditkarten Geld?

Mit Schecks, Überweisungen, Dauer- und Abbuchungsaufträgen kann man Guthabenbestände von einem Konto auf ein anderes Konto übertragen. Ein Barscheck bietet die Möglichkeit, Geld vom Konto abzuheben. Man kann einen Scheck deshalb nicht als Geld bezeichnen. Er ist vielmehr ein Papier, mit dem man einen

Anspruch auf Geld an einen Dritten weitergeben oder selbst bei der Bank präsentieren kann.

Kredit- und Scheckkarten haben mit Geld noch weniger zu tun. Sie garantieren lediglich dem Empfänger, daß seine Forderung mit einer Guthabenübertragung beglichen wird, wenn auch erst mit zeitlicher Verzögerung. Magnetisierte Plastikkarten, die entweder mit einem Betrag »aufgeladen« oder für Direktabbuchungen geeignet sind, sind ebenfalls kein Geld. Alle diese Einrichtungen sind immer nur technische Hilfen zur Guthabenübertragung.

Geld sind alleine die von der Notenbank herausgegebenen Banknoten und Münzen, mit denen man ohne Buchungsvorgänge, von Hand zu Hand, Forderungen begleichen und die man sofort nach Erhalt an einen Dritten weitergeben kann. Geld ist auch die Voraussetzung dafür, daß überhaupt Geldguthaben geschaffen werden können.

Sicher spricht einiges dafür, die übertragbaren Sichtguthabenbestände dem Geld zuzuordnen. Aufgrund der heutigen Doppelfunktion dieser Guthaben als Übertragungs- und Kreditmittel ist das jedoch problematisch. Auch hierauf wird später noch eingegangen.

Warum muß man zwischen Geld und anderen Forderungs-Ausgleichsmitteln unterscheiden?

Nehmen wir an, ein Installateur hat bei einem Bäcker eine Reparatur durchgeführt, für die er 100 DM berechnet. Diese Rechnung kann der Bäcker begleichen

- mit einem 100-Mark-Schein oder, wenn der Installateur es akzeptiert,
- mit einem Bar- oder Verrechnungsscheck über 100 Mark oder
- mit einer Gegenleistung in Brot im Wert von 100 Mark.

Im ersten Fall liegt ein Forderungsausgleich durch Bezahlung vor, im zweiten durch eine Guthabenübertragung und im dritten Fall durch eine Sachleistung. Träfe die Auffassung zu, daß alles, womit man eine Forderung begleichen kann, »Geld« ist, dann wäre nicht nur der Scheck Geld, sondern auch das gelieferte Brot. Wenn aber Scheck und Brot = Geld sind, dann sind auch Geld und Scheck = Brot!

Solche Gleichsetzungen sind jedoch nicht nur begrifflich fragwürdig, sondern auch aus sachlichen Gründen. So kann die Menge des Brotes durch direkte Arbeitsleistungen vermehrt werden, und die Menge übertragbarer Guthaben nimmt durch Geldeinzahlungen bei der Bank zu. Die Menge des Geldes jedoch (und hier liegt der entscheidende Unterschied!) kann nur von der Notenbank vermehrt werden.

Ein Forderungsausgleich mit Sachleistungen oder Guthabenübertragungen ist also an Vorleistungen des Nachfragenden gebunden und damit immer gedeckt. Geld dagegen ist das einzige Nachfragemittel, das auch ohne Leistungsdeckung (von der Notenbank) in Verkehr gebracht werden kann.

Die Unterschiedlichkeit von Geld, Scheck und Sachleistung wird noch deutlicher, wenn man sich vorstellt, der Installateur würde die empfangene Gegenleistung verlieren oder verlegen:

Verliert er das Brot, so ist die Forderung trotzdem ausgeglichen.

Verliert er den Scheck, so bleibt seine Forderung offen, und er kann ggf. vom Bäcker Ersatz verlangen.

Geht aber der 100-Mark-Schein endgültig verloren, sind alle seine Ansprüche erloschen, selbst wenn Zeugen ihm bestätigen, daß er das Geld einmal besessen hat.

Im ersten der drei Fälle schadet sich der Installateur nur selbst. Im zweiten Fall erleidet er keinen Verlust. Im dritten Fall fügt er nicht nur sich selbst, sondern auch der Allgemeinheit Schaden zu, da er im Geldkreislauf, wenn auch ungewollt, eine Kettenreaktion von Unterbrechungen auslöst.

Warum ist Geld der Arbeit und den Gütern überlegen?

Stellen wir uns einmal drei Wanderer vor, die abends müde und hungrig in ein Dorf kommen und sich auf ein gutes Essen freuen. Der erste der drei hat noch einen 20-Mark-Schein in der Tasche, der zweite einen Korb frischer Pilze, die mindestens 20 Mark wert sind, und der dritte rühmt sich seiner Fähigkeit, in einer Stunde für mehr als 20 Mark Holz schlagen zu können.

Derjenige mit dem Geldschein wird im nächsten Gasthaus seinen Hunger problemlos stillen können. Der Pilzsammler wird nur dazu kommen, wenn er einen Abnehmer für seine Ware findet. Noch schwerer hat es der dritte im Bunde, denn ob am Abend noch jemand eine Arbeitskraft zum Holzhacken sucht, ist zweifelhaft.

Noch plastischer ist vielleicht ein anderer Vergleich: Man stelle sich vor, daß die Türen eines Panzerschrankes mit 10 000 Mark für 14 Tage geschlossen werden, ferner die Türen einer Markthalle mit Waren im Wert von 10 000 Mark und die Türen eines Zimmers, in dem sich fünf Menschen aufhalten, die in 14 Tagen normalerweise 10 000 Mark verdienen.

Öffnet man die Türen nach 14 Tagen, dann sind die fünf Insassen des Zimmers wahrscheinlich tot, die Waren in der Markthalle zum größten Teil verdorben, die Geldscheine im Tresor aber so frisch wie eh und je.

Geld ist also – im Gegensatz zu der Auffassung von Marx und anderen Ökonomen – keinesfalls ein »Äquivalent« für Waren und Arbeit, sondern diesen weit überlegen. Der Verfassungsrechtler Dieter Suhr hat Geld darum als »Joker« im Wirtschaftsgeschehen bezeichnet, als die überlegene Spielkarte, die alle anderen aussticht und die jedermann solange wie möglich zurückhält, weil sie durch diese Verknappung nur noch wertvoller wird.

In welchen Größen rechnet man beim Geld?

Wenn man über Geld redet, geht das nicht mehr ohne Millionen- und Milliardenbeträge, ja, inzwischen haben viele Größen schon die Billionengrenze überschritten.

Unter ein-, zehn- oder hunderttausend Mark können wir uns noch etwas Konkretes vorstellen. Jedoch bei sechs, neun oder noch mehr Nullen hinter der Zahl verliert sich unser Vorstellungs- und Beurteilungsvermögen. Verdient z. B. jemand, den wir kennen, 20 000 Mark im Monat, dann regen wir uns in den meisten Fällen darüber auf, halten das für ungerecht und unvertretbar. Lesen wir aber, daß irgend jemand monatlich 200 000, 2 Mio. oder sogar 20 Mio. Mark kassiert, verliert sich meistens unsere Kritik und weicht erstaunter Ehrfurcht.

Zwar werden die Zahlen immer nur um Nullen verlängert, aber

diese Nullen haben es in sich: Wer z. B. vor einem Berg von einer Million Markstücken sitzt (also einer 1 mit sechs Nullen), braucht, wenn er acht Stunden täglich jede Sekunde ein Markstück zählt, fast 35 Tage, um den Berg abzuräumen. Bei drei Nullen mehr, also einer Milliarde, muß er rund 96 Jahre jeden Tag acht Stunden zählen, ohne jede Unterbrechung! Ähnlich mühselig ist das mit dem Reichwerden: Wenn Sie z. B. Millionär werden möchten, dann müssen Sie 83 Jahre lang jeden Monat 1000 Mark auf die Seite legen. Um es in der gleichen Zeit zum Milliardär zu bringen, müßten Sie sich jeden Monat eine Million vom Mund absparen. Und als Milliardär kämen Sie zur Welt, wenn Ihre Vorfahren bereits vor 83 000 Jahren angefangen hätten, jeden Monat 1000 Mark für Sie zurückzulegen!

Da inzwischen die geldbezogenen Milliardengrößen in unserer Volkswirtschaft vierstellig sind (Geldvermögen und Schulden lagen Ende 1993 bei 6000 Mrd. DM), müßten wir eigentlich auch die Billionen in unsere Rechenbeispiele einbeziehen. Doch darauf wollen wir in diesem Buch verzichten und – um des einfacheren Vergleiches willen – bei Milliardengrößen bleiben.

Woher bekommt das Geld seinen Wert?

Als Geld noch aus Gold und Silber bestand, ging der Wert des Geldes weitgehend von dem des verwendeten Metalls aus. Dieser Wert wiederum wurde von der Begehrtheit, der Seltenheit und der Schwierigkeit, das Metall zu finden, bestimmt. Geld aus Gold und Silber war also selbst eine Ware, die man gegen eine andere tauschte. Heute haben allenfalls noch die Pfennigstücke einen solchen Eigenwert. Der Nennwert der großen Münzen und vor allem der Scheine übersteigt dagegen die Material- und Herstellungskosten um ein Vielfaches.

So wie das Gold- und Silbergeld seinen wirtschaftlichen Wert letztlich aus seiner Knappheit herleitete, so ist das auch heute bei unserem Papiergeld der Fall. Unser Geld erhält also seinen Wert durch die Mengeneingrenzung auf den Umfang der angebotenen Leistungen und Güter in der Wirtschaft. Das heißt, der Wert des Geldes (richtiger: die Kaufkraft, da das Geld selbst kaum noch Wert besitzt) hängt von der Relation zwischen Angebot und Nachfrage ab. Anders ausgedrückt: Die Menge der volkswirtschaftlichen Leistung, dividiert durch die Geldmenge, ergibt die Kaufkraft.

Das an sich wertlose Geld ist also heute durch Leistungen der Volkswirtschaft gedeckt. Es dokumentiert einen Anspruch an diese Leistung, so wie umgekehrt jeder erhaltene Geldschein normalerweise die Bestätigung für die Einbringung einer entsprechenden Vorleistung ist.

Würde die Bundesbank, bei gleichbleibender Wirtschaftsleistung, morgen die Bargeldmenge verdoppeln, dann wäre trotzdem niemand reicher. Denn die Folge dieser Geldmengenverdoppelung wäre eine Verdoppelung der Preise, so daß sich niemand mehr als vorher kaufen könnte. Wohl aber würden die Geldvermögen und die Schulden wertmäßig halbiert. Das heißt, die Gläubiger würden die halbe Kaufkraft ihrer Ersparnisse verlieren, die Schuldner entsprechend zugewinnen, denn sie könnten ihre Schuld mit halbierter Leistung tilgen.

Wieviel Geld gibt es eigentlich?

Wenn wir uns einmal die langfristige Entwicklung des »Bargeldumlaufs ohne Kassenbestände der Kreditinstitute« ansehen, dann lag diese Größe Ende 1950 bei 8 Mrd. DM und Ende 1990 bei 159 Mrd. DM. Das heißt, die Menge des umlaufenden Geldes wurde in den 40 Jahren in der alten BRD auf das 20fache ausgeweitet. In der gleichen Zeit nahm das reale Bruttosozialprodukt, also die Gesamtleistung unserer Volkswirtschaft, »nur« auf das 5,4fache zu. Die Differenz zwischen der Leistungs- und der Geldvermehrung spiegelt hauptsächlich den Kaufkraftverlust unseres Geldes wider, zum Teil auch veränderte Zahlungsgewohnheiten.

Legt man das Ende 1990 vorhandene Geld in Höhe von 159 Mrd. DM auf die Bürger der alten Bundesländer um, dann errechnete sich ein Pro-Kopf-Anteil von rund 2600 DM. Bezogen auf die rund 26 Mio. Haushalte ergab sich ein Anteil von rund 6100 DM.

Von der gesamten Geldmenge entfielen etwa acht Prozent auf die Münzen und 92 Prozent auf die Scheine, davon wiederum wertmäßig ein knappes Viertel auf die 1000-DM-Noten. Umgerechnet kamen 1990 auf jeden Haushalt eineinhalb Tausender und ebenso viele 500-DM-Scheine. Außerdem 26 Scheine im Wert von 100 Mark, was sich mit den kleinen Scheinen dann auf die genannten 6100 Mark summierte. Da aber in Wirklichkeit die durchschnittliche Bargeldhaltung je Haushalt kaum über 1500 DM lag, war also rund viermal mehr Bargeld in der Wirtschaft vorhanden als für die Endnachfrage erforderlich.

Natürlich halten auch alle Firmen Bargeldkassen. Gemessen an ihren Umsätzen, sind diese jedoch relativ gering. Und im Einzelhandel, bei dem sich täglich große Geldbeträge ansammeln, werden diese überwiegend täglich bei den Banken wieder eingezahlt.

Übrigens läuft jeder Geldschein etwa dreimal jährlich durch die Kassen der Zentralbanken, die Zweigstellen der Bundesbank. Das sind an jedem Banktag rund 2 Mrd. Mark. Dabei werden alle unansehnlich gewordenen oder beschädigten Scheine – etwa 2,5 Mio. Stück pro Tag im Wert von 100 Mio. Mark – eingezogen, verbrannt und durch neue ersetzt.

Wie kommt das Geld in Umlauf?

1948, bei der sogenannten Währungsreform (die gar keine Reform war, sondern nur ein Neubeginn nach dem letzten Staatsbankrott), erhielt jeder Bürger als »Startkapital« für 40 alte Mark 40 neue Mark, und im Herbst noch mal einen Nachschlag von 20 Mark. Die Unternehmer bekamen zusätzlich die gleiche Summe für jeden Beschäftigten. Ansonsten wurden alle alten Geldbestände, Bankeinlagen und Verbindlichkeiten 10 : 1 umgetauscht. Jedoch wurde die Hälfte der Sparguthaben gesperrt und einige Wochen später nochmals um 70 Prozent abgewertet, als sich herausstellte, daß die Geldmenge noch zu reichlich angesetzt war. Das heißt, für die Bankguthaben gab es je zehn alte Mark rund 65 neue Pfennige.

Wie das Beispiel zeigt, kommt das Geld also durch den Staat in Umlauf bzw. durch die von ihm dafür eingesetzte Notenbank, die 1948 noch »Bank Deutscher Länder« hieß.

Unsere heutige Notenbank, die Deutsche Bundesbank in Frankfurt, besteht erst seit 1957. Seitdem ist sie alleine zur Ausgabe von Geld berechtigt. Im Rahmen der volkswirtschaftlichen

Erfordernisse ist sie sogar dazu verpflichtet, ähnlich wie sie für die Stabilität unseres Geldes Sorge tragen muß. Das heißt, mit der Leistung der Wirtschaft muß sie die Geldmenge vergrößern, möglichst in einem präzisen Gleichschritt, wenn das Preisniveau, richtiger: die Kaufkraft des Geldes, stabil gehalten werden soll.

Wie wird das umlaufende Geld ausgeweitet?

Die Ausweitung der Geldmenge wird heute nicht mehr über Kopfgeld-Zuteilungen vorgenommen (obwohl das möglicherweise ein gerechter Weg wäre!), sondern hauptsächlich über Kredite an die Geschäftsbanken.

Außer über die Annahme von Wechseln (auf die sich der Diskontzinssatz bezieht) kann die Bundesbank die Banken auch über Lombardkredite mit neuem Geld versorgen, gegen Hinterlegung bestimmter Wertpapiere. Heute läuft das Gros der Geldversorgung über sogenannte »Wertpapier-Pensionsgeschäfte«, eine andere Variante der »Offenmarktgeschäfte«, mit der die Bundesbank die Geldmenge beeinflussen kann. Bei diesen Pensionsgeschäften kauft die Bundesbank mehrmals monatlich Wertpapiere und ähnliche Vermögenswerte von den Banken an, mit unterschiedlichen Größenordnungen, Laufzeiten und Zinshöhen.

Wichtig ist festzuhalten, daß alle diese Kredite immer nur sehr kurzfristig gewährt werden und entsprechend rasch zurückzuzahlen bzw. zu verlängern sind. Damit hat die Bundesbank die Möglichkeit ständiger Veränderungen der Ausleihebedingungen und -mengen.

Ein Nachteil der Geldvermehrung über Kredite ist darin zu sehen, daß sie immer mit Zinsen verbunden ist, die von den Banken an die Wirtschaft weitergereicht werden. Mit einem Teil dieser Zinseinnahmen finanziert die Notenbank ihren recht aufwendigen Apparat mit insgesamt rund 18000 Beschäftigten. Darüber hinausgehende Überschüsse werden an den Bundeshaushalt abgeführt.

Eine andere Art der Inumlaufsetzung von Geld ist beispielsweise die Hereinnahme von Devisen durch die Bundesbank. Hiermit ist vor allem dann eine Geldvermehrung verbunden, wenn der Export den Import übersteigt, wie in der Bundesrepublik fast immer der Fall. Nimmt die Bundesbank die als Überschuß sich ergebenden Fremdwährungen an, muß sie dafür eigenes Geld in Umlauf geben, auch dann, wenn dessen Umfang möglicherweise die Notwendigkeiten des Wirtschaftswachstums übersteigt.

Den gleichen, oft ungedeckten Vermehrungseffekt haben wir bei allen Stützungskäufen fremder Währungen, die die Bundesbank zur Stabilisierung eines Wechselkurses vornimmt. Auf diesem letztgenannten Weg wurde beispielsweise in den 70er Jahren das Gros des Mehrgeldes in Umlauf gebracht, Ende der 70er Jahre überwiegend über die Annahme von Wechseln und in den 80er Jahren, nach Angaben des ehemaligen Bundesbankpräsidenten Pöhl, vor allem über die Gewinnausschüttungen der Bundesbank an den Bund.

Eine sinnvolle Ausweitung der Geldmenge ergibt sich alleine im Zusammenhang mit der Zunahme der Wirtschaftsleistung. Fordern die Geschäftsbanken Bargeld nach, kann die Notenbank allerdings kaum unterscheiden, ob sich diese Nachfrage aus wachsender Leistung ergibt, aus veränderten Zahlungsgewohnheiten oder aus verstärkten Liquiditätshaltungen.

Natürlich könnte die Bundesbank das für die Wirtschaft erforderliche Mehrgeld auch verschenken, z. B. an den Staat, an den sie heute sowieso ihre meist größeren Gewinnüberschüsse abführt. Oder sie könnte auch per Post jedem Bürger einen 100-DM-Schein ins Haus schicken, was etwa der jährlich notwendigen Geldmengenausweitung entspräche. Noch besser und gerechter wäre es vielleicht, jeden neugeborenen Bundesbürger mit einer Mitgift von 5000 bis 10000 Mark zu sponsern. Gewissermaßen als kleine Entschädigung dafür, daß er in seiner Wiege eine volkswirtschaftliche Gesamtschuld von rund 80000 Mark vorfindet, darunter eine des Staates von gut 20000 Mark, für die er einmal geradestehen muß (Stand Gesamtdeutschland 1993).

Woher bekommt die Bundesbank das Geld?

Papiergeld läßt die Bundesbank in speziellen Druckereien herstellen. Das heißt, die Notenbanken »schöpfen« Geld gewissermaßen aus dem Nichts. Benötigt wird dazu nur Papier und Farbe. Die Herstellung der Geldscheine ist mit durchschnittlich 25 Pfennig je

Stück entsprechend billig. Dabei ist der 1000-DM-Schein kaum teurer als der mit dem 10-Mark-Aufdruck.

Manche meinen nun, die Bundesbank könne sich den Differenzbetrag zwischen Herstellungskosten und Nennwert einstecken und sich somit unmäßig bereichern. Das wäre sicherlich so, wenn sie das Geld durch Kauf irgendwelcher Güter in den Umlauf brächte. Das aber tut sie nur im Fall des Ankaufs von Pfändern oder anderer Währungen, die sie dann, bis zur Rückgabe oder einem Wiederverkauf, nur bei sich stillegt. Das Gros des neu herausgegebenen Geldes läuft jedoch über Bankkredite. Das heißt, es wird gewissermaßen nur ausgeliehen und bringt außer Zinsen nichts ein. Das Münzgeld darf die Bundesbank nach den bei uns geltenden Gesetzen nicht selbst herstellen, sondern nur der Bund. Dieses Münzrecht des Staates ist ein alter Zopf. Wenn also die Bundesbank Münzen benötigt, kauft sie diese gewissermaßen mit selbstgedruckten Geldscheinen in Bonn ein, und zwar zu ihrem Nennwert. Da die Prägekosten im allgemeinen unter dem Nennwert liegen (sieht man von den Pfennigmünzen ab), verbleibt für den Finanzminister ein hübscher Gewinn, der als »Einnahmen aus dem Münzregal« mit etlichen hundert Millionen pro Jahr zu Buche schlägt.

Im übrigen ist die jährliche Ausweitung der Geldmenge nicht allzugroß. Von 1975 bis 1985 lag sie durchschnittlich bei knapp 5 Mrd. DM oder rund sechs Prozent. Bezogen auf die Bevölkerung betrug die Vermehrung etwa 80 Mark pro Kopf und Jahr. In den nachfolgenden Jahren nahm die Ausweitung jedoch zu. Von 1985 bis 1988 lag sie pro Kopf und Jahr bei 200 Mark. 1989 sank sie auf 72 Mark zurück. 1990 stieg sie, unter Einschluß der neuen Länder, pro Kopf um 148 Mark, 1991 um 163, 1992 um 355 (!) und 1993 um 140 Mark. Mit den Ursachen und Folgen dieser Schwankungen werden wir uns später noch beschäftigen.

Wem gehört das Geld?

Wer eine Sache herstellt, ist normalerweise ihr Eigentümer, auch wenn er sie – mit oder ohne Gebühren – anderen zur Nutzung überläßt.

Wenn z. B. die Bundesbahn den Fahrgästen auf den Bahnhöfen

Kofferkulis zur Verfügung stellt, dann sind diese Eigentum der Bundesbahn und die Reisenden allenfalls vorübergehende Besitzer. Man sollte meinen, daß dies bei dem von der Bundesbank den Wirtschaftsteilnehmern zur Verfügung gestellten Geld genauso wäre. Hier aber gilt – obwohl das heutige Geld eine öffentliche Einrichtung ist – immer noch der Grundsatz, daß jeder, der einen Geldschein in die Hand bekommt, daran »Eigentum erwirbt«. Diese Sicht mag zur Zeit des Gold- und Silbergeldes, als Geld noch eine Ware mit Eigenwert war, richtig gewesen sein, heute aber ist sie anachronistisch.

Welche Probleme mit dieser Eigentumsvorstellung verbunden sind, werden wir noch näher untersuchen. Tatsache ist, daß jeder Geldscheinempfänger mit den Noten tun und lassen kann, was er will. Denn nicht allein der mit dem Geld dokumentierte Anspruch an die volkswirtschaftliche Leistung ist nach heutiger Auffassung sein persönliches Eigentum, sondern auch der Geldschein selbst. Und da man mit Eigentum beliebig umgehen kann, kann jeder den erhaltenen Geldschein z. B. ungestraft mit Werbung bekleben oder bestempeln. Ja er kann ihn sogar vernichten oder verbrennen (was sicher kaum einer tun wird), obwohl der Staat diesen Schein der Allgemeinheit als Tauschmittel zur Verfügung gestellt und dafür Kosten aufgewendet hat!

Vor allem aber kann jeder, ohne Folgen fürchten zu müssen, den Geldschein beliebig lange aus dem Verkehr ziehen und damit andere an der Nutzung hindern.

Übertragen wir das alles auf die Kofferkulis der Bundesbahn, dann wird ersichtlich, daß ein Bekleben oder Bestempeln ihren Nutzungszweck kaum beeinträchtigen würde. Könnte jedoch jeder beliebig die Kofferkulis dem Verkehr entziehen, würden die Folgen nicht nur einen einzelnen Reisenden treffen, der vergeblich nach einer solchen Transporthilfe sucht, sondern ganze Ketten von Transportvorgängen verhindern. Das Beispiel macht deutlich, mit welchen Negativfolgen das Recht auf Geldzurückhaltung verbunden ist.

2. Kapitel
Geld und Guthaben

> *»Ich glaube, man muß sich über Defini-*
> *tionen irgendwann mal einigen. Man kann*
> *natürlich die Dinge dauernd durcheinander-*
> *werfen, so daß der eine als Geld, was der*
> *andere als Vermögen und der dritte als Kre-*
> *dit bezeichnet.«*
>
> *Werner Ehrlicher**

Was sind Guthaben, und wie nehmen sie zu?

Wenn eine Hausfrau ihrer Nachbarin ein Pfund Salz leiht, dann hat sie es selbst nicht mehr. Wohl aber hat sie einen Anspruch auf Rückgabe: Sie hat »ein Pfund Salz gut«, oder anders ausgedrückt: Sie hat ein Salzguthaben. Gibt ihr die Nachbarin ein Pfund Salz zurück, erlischt das Guthaben und gleichzeitig die Schuld. An der Salzmenge hat sich nichts verändert, weder während des Vorgangs noch danach.

Beim Geldverleihen ist der Ablauf nicht anders. Leiht jemand einem anderen 1000 DM, so hat er dieses Geld nicht mehr. Statt dessen hat er einen Anspruch auf Rückerhalt der 1000 Mark, ein Geldguthaben also, und der Geldleiher hat in gleicher Höhe eine Schuld. Will dieser seine Schuld tilgen, muß er den Betrag zuerst verdienen und aus seinem Einkommen erübrigen. Das heißt, er muß eine Nachsparleistung erbringen zum Ausgleich für die Vorsparleistung des Verleihers.

Durch Verleihvorgänge verändert sich also weder etwas an der Geldmenge noch an den Nachfragemöglichkeiten in der Wirtschaft. Es kommt lediglich zu einer zeitlich begrenzten Überlassung von Einkommensüberschüssen an einen anderen Wirtschaftsteilnehmer.

Hat jemand jeden Monat 1000 Mark Einkommen übrig, die er

---

* Geldtheoretiker an der Universität Freiburg, Podiumsdiskussion »Was ist Geld«, Wangen/Allgäu 1991 seinem Nachbarn leihweise überläßt, dann beträgt sein Geldguthaben nach einem Jahr 12000 Mark und nach zehn Jahren 120000 Mark.

Entsprechend sind auch die Verpflichtungen des Nachbarn angewachsen. An den Leistungen, den Einkommen und den Gesamtausgaben der beiden Beteiligten braucht sich dabei gar nichts zu ändern. Dasselbe gilt auch für die Gesamtguthaben und die Schulden in einer Volkswirtschaft. Beide Größen können, auch bei gleichbleibender Wirtschaftsleistung, ständig zunehmen bzw. mit Beschleunigung ansteigen. Das heißt, wachsende Geldguthaben und Schulden haben in einer Volkswirtschaft keinerlei Einfluß auf die Geldmenge und die Kaufkraft. Sie spiegeln immer nur den Grad der Kaufkraft-*Überlassungen* wider, die aus Einkommensüberschüssen resultieren. Die Vermehrung der Geldguthaben hängt also alleine von den Wirtschaftsteilnehmern ab, die Vermehrung der Geldmenge (und damit der Kaufkraft) alleine von den Notenbanken.

Warum kann man Geld und Guthaben nicht als Geld zusammenzählen?

Daß man Äpfel und Birnen nicht zusammenzählen kann, sagt schon das Sprichwort. Schon gar nicht kann man das unter dem Namen einer der beiden Früchte tun. Würde z. B. jemand ein Kilo Äpfel mit zwei Kilo Birnen zusammenschütten und behaupten, nun drei Kilo Äpfel zu haben, hielten wir ihn kaum für normal.

Noch weniger als Äpfel und Birnen unter dem Begriff »Äpfel« kann man Geld und Guthaben unter dem Begriff »Geld« zusammenzählen. Denn während es sich bei Äpfeln und Birnen immerhin noch um vergleichbare konkrete Produkte handelt, haben wir es bei Geld und Guthaben mit einem konkreten und einem abstrakten Phänomen zu tun: Geld ist etwas Stoffliches, das man in die Hand nehmen und weitergeben kann. Ein Guthaben ist dagegen nur eine Buchung, eine Bestätigung für die Abtretung von Geld. Hier handelt es sich gewissermaßen um die Abbildungen von Äpfeln, die man anderen überlassen hat. Diese Abbildungen haben zwar mit Äpfeln zu tun, sind aber selbst keine, auch wenn man sie – analog zum »Buchgeld« – als »Buchäpfel« bezeichnen würde. Ein Zusammenzählen der Äpfel mit den »Buchäpfeln« wäre also Unsinn. Ebenso die Annahme, daß sich mit jeder Apfelabbildung die Apfelmenge in der Welt vermehrt.

Das heute übliche Zusammenzählen von Geld und Guthaben unter dem Begriff »Geld« oder »Geldmenge« widerspricht also der Logik ebenso wie den Sachgegebenheiten. Auch für die Steuerung der tatsächlichen Geldmenge, bzw. als Hilfsmittel und Anhaltspunkt für die Stabilerhaltung der Geldkaufkraft, sind solche Zusammenfassungen darum irrelevant.

Kann man Geld und Guthaben dennoch zusammenfassen?

Unterschiedliche Dinge mit unterschiedlichen Benennungen lassen sich selbstverständlich unter einer gemeinsamen *neuen* Bezeichnung zusammenfassen, nicht aber unter einer der vorgegebenen. So kann man z. B. Äpfel und Birnen gemeinsam als »Obst« bezeichnen, Obst und Gemüse als »Gartenprodukte« usw.

So gesehen lassen sich auch Geld und Guthaben zusammenfassen, nämlich unter der Bezeichnung »Geldvermögen«. Wer 1000 Mark in der Tasche hat und 8000 Mark »auf der Bank«, der hat ein Geldvermögen von 9000 Mark. Hier von 9000 Mark »Geld« zu reden, ist sachlich falsch. Vielmehr führen solche (wie auch viele andere) Begriffsschludereien zu jenen Konfusionen im Geldbereich, deren Folgen immer unabsehbarer werden. Das gilt besonders dann, wenn man Primärphänomene und davon abgeleitete Sekundärphänomene unter dem Primärbegriff zusammenfaßt.

Der Vergleich mit Sprache und Schrift – wie in der nachfolgenden Tabelle wiedergegeben – macht die Notwendigkeit der Unterscheidung zwischen Primär- und Sekundärphänomenen deutlich.

Man kann solche Vergleiche natürlich noch beliebig erweitern, z. B. um die jeweiligen technischen Übertragungsmittel. Bei der Schrift würden dazu u. a. Briefe, Zeitungen und Bücher gehören, bei den Guthaben Schecks, Kreditkarten oder Überweisungsformulare.

A. Begriffsgliederung bei Sprache und Schrift

	Unterbegriffe:	Hauptbegriff:	Oberbegriff:
Primär-phänomen:	Laute Wörter	} Sprache	} Verständigungs-mittel
Sekundär-phänomen:	Zeichen Buchstaben Zahlen	} Schrift	

B. Begriffsgliederung bei Geld und Guthaben

	Unterbegriffe:	Hauptbegriff:	Oberbegriff:
Primär-phänomen:	Münzen Banknoten	} Geld	} Geld-vermögen
Sekundär-phänomen:	Sichteinlagen Spareinlagen Termineinlagen	} Geldguthaben	

Was sind Sichtguthaben, und wie entstehen sie?

Bankguthaben unterscheiden sich im allgemeinen nach Laufzeiten und Zinskonditionen. Dabei ist der Zins normalerweise um so niedriger, je kürzer die Laufzeiten der Einlagen sind. Weiter unterscheiden sich Bankguthaben durch ihre Kündigungsmodalitäten. Es gibt solche, bei denen der Rückzahlungstermin bereits bei der Einzahlung festgelegt ist, z. B. bei Fest- oder Terminguthaben. Bei anderen ist die Rückzahlung offen und eine Kündigung erforderlich, z. B. bei Spar- und Sichtguthaben. Bei normalen Sparguthaben beträgt die Kündigungsfrist drei Monate. Ohne Kündigung kann man maximal bis zu 3000 Mark innerhalb von 30 Tagen abheben. Bei Sichtguthaben ist tägliche Kündigung und

Abhebung in voller Höhe möglich, soweit die Banken die Summe in der Kasse haben.

Sichtguthaben – auch Giroguthaben oder Giralgeld genannt – unterscheiden sich jedoch nicht nur durch geringe Verzinsung und tägliche Verfügbarkeit. Sie erfüllen vielmehr (neben der Kreditgewährung an die Bank) noch eine zweite Funktion: Mit ihrer Hilfe können Guthabenübertragungen vorgenommen werden. Ja, diese Konten sind speziell für solche Zwecke eingerichtet. Zwar kann man auch andere Guthaben an einen Dritten weitergeben, z. B. eine Schuldverschreibung oder ein Sparbuch. Aber bei Sichtguthaben ist die Übertragung beliebiger Teilgrößen möglich. Außerdem bieten die Banken hierfür eine Reihe spezieller technischer Übertragungshilfen an wie Schecks, Überweisungen, Daueraufträge und Lastschriftverfahren.

Bildung und Erhöhung von Sichtguthaben durch die Marktteilnehmer laufen genauso ab wie bei allen anderen Bankguthaben, nämlich durch Einzahlung von Geld. Und sie können insgesamt auch nur durch Abhebung von Geld verringert werden. Übertragungen von einem auf ein anderes Konto haben auf die Größe der gesamten Sichtguthaben keinen Einfluß, sondern führen nur zu Verlagerungen innerhalb der gegebenen Bestände. Das heißt, in dem Umfang, wie sich ein Konto durch Überweisungen bzw. Gutschriften erhöht, muß sich ein anderes verringern.

So oft also auch Sichtguthaben hin und her übertragen werden, ihr Bestand verändert sich dadurch genausowenig wie die Bargeldmenge im täglichen Hin und Her der Zahlungsvorgänge.

Kann man mit Sichtguthaben seine Nachfrage vermehren?

Jeder kann sein Einkommen nur einmal ausgeben. Diese Regel hat bislang noch niemand durchbrechen können, es sei denn, man hat eine Fälscherwerkstatt im Keller.

Ganz gleich, ob man sein Einkommen in bar erhält oder als Gutschrift auf seinem Konto, ob man alle Ausgaben mit Geld begleicht oder durch Schecks und Überweisungen – eine Mehrnachfrage über das Einkommen hinaus ist niemandem möglich. Und wenn jemand seine Einkommensgrenze per Bankkredit über-

44

zieht, muß ein anderer Einkommensbezieher weniger ausgegeben und den Überschuß einer Bank geliehen haben.

Durch Veränderungen der Zahlungsgewohnheiten von bar auf unbar kann also niemand seine Nachfrage vermehren.

Machen wir uns das noch einmal an einem Beispiel klar: Hat jemand bisher sein Einkommen in bar erhalten und will er es zukünftig zur Hälfte bargeldlos ausgeben, muß er sich ein Girokonto einrichten und sein halbes Gehalt dort einzahlen bzw. gleich dorthin überweisen lassen. Hat er sein Einkommen als Kontengutschrift erhalten und bisher ganz abgehoben, dann läßt er jetzt die Hälfte stehen. In beiden Fällen verringert sich sein Bargeldbedarf im gleichen Umfang, wie sein Guthabenbedarf für Übertragungszwecke zunimmt.

Würden alle Marktteilnehmer auf diese Weise ihre Zahlungsgewohnheiten ändern, dann ginge die umlaufende Bargeldmenge auf die Hälfte zurück. Und nehmen wir an, daß künftig alle Bürger sämtliche Ausgaben nur noch per Scheck, Kreditkarte oder Überweisungen erledigen wollten, dann würde das gesamte aktive Bargeld bei den Banken auf Girokonten eingezahlt und aus dem Kreislauf verschwinden. Übrig bliebe nur das inaktive, irgendwo gehortete Geld. An den gesamten Einkommen und Ausgaben in der Wirtschaft änderte sich damit ebensowenig wie umgekehrt bei einer Umstellung aller bisherigen Kontenverrechnungen auf Barzahlungen. Ändern würden sich allein die jeweils gehaltenen Mengen an Geld bzw. an Verrechnungsguthaben.

Mit diesen heute üblichen Guthabenübertragungen ergibt sich also lediglich ein zweiter Nachfrageweg, der wahlweise an die Stelle der Geldbenutzung tritt. Der Vorteil für die Beteiligten liegt auf der Hand: Der Zahler erspart sich die Geldabhebung bei der Bank und die Überbringung des Geldes, der Empfänger die Wiedereinzahlung.

Welche Folgen hat eine Zunahme der Guthabenübertragungen für die Banken?

Für die Banken ergeben sich bei einer Ausweitung der Guthabenübertragungen mehrere Vorteile. Einmal können sie mit dem zurückfließenden Geld ihre zinspflichtigen Schulden bei der Notenbank reduzieren. Zum zweiten verringern sich für sie die mit den Bargeldaus- und -einzahlungsvorgängen verbundenen Kosten, die bisher von den Abhebern bzw. Einzahlern nicht getragen werden. Die Kosten für den giralen Übertragungsverkehr können die Banken dagegen über Gebühren bzw. erwirtschaftete Zinsdifferenzen abdecken. Drittens – und das ist der größte Vorteil – erhöhen sich mit den vergrößerten Sichtguthabenbeständen ihre Kreditgewährungsmöglichkeiten und damit ihre Einnahmen aus dem Zinsgeschäft.

Obwohl sich durch die Benutzung von Sichtguthaben für den Einkommensbezieher keine Kaufkraftveränderung ergibt, ergibt sich also in der Gesamtwirtschaft ein zusätzliches Nachfragepotential über Kredite. Denn während die gehaltenen Geldscheine zwischen Erhalt und Weitergabe von keinem anderen genutzt werden können, kann die Bank die gehaltenen Sichtguthabenbestände zwischenzeitlich ausleihen. Das heißt, Sichtguthabenbestände werden effektiver genutzt als das Geld. Eine vergleichbare Nutzung beim Geld ergäbe sich, wenn jeder Halter eines Geldscheines diesen zwischen Einnahme und Ausgabe verleihen würde.

Aufgrund dieses unterschiedlichen Ausnutzungsgrades von Geld und Sichtguthaben ergeben sich bei allen Veränderungen der Zahlungsgewohnheiten zwischen bar und unbar also auch Veränderungen der Gesamtnachfrage.

Nimmt man einmal an, die Wirtschaftsteilnehmer würden ihre heutigen Bargeldhaltungen in Höhe von 200 Mrd. DM halbieren und auf Sichtguthaben einzahlen, dann würde sich das Einlagenpotential bei den Banken und damit das Kreditpotential um 100 Mrd. erhöhen. Bezogen auf das gesamte Kreditpotential der Banken von rund 3500 Mrd. (Ende 1992), wäre das zwar nur eine Ausweitung von knapp 3 Prozent. Bezogen auf das gesamte Nachfragepotential, also die Summe von Bargeld und Sichtguthaben, ergäbe sich jedoch ein deutlicher Zunahmeschub von 15 Prozent, der nur schwer von der Notenbank ausgeglichen werden könnte.

Da die Zahlungsgewohnheiten jedoch relativ stabil sind bzw. sich nur langsam verändern, sind auch diese Veränderungsgrößen des Nachfragepotentials relativ gering. Sie können jedoch zu Stabilitätsgefährdungen führen, wenn es zu größeren spekulativen Bestandsumschichtungen durch die Guthabenbesitzer kommt.

Was war zuerst da – Guthaben oder Schulden, Geld oder Kredit?

Über die Frage läßt sich ähnlich streiten wie bei jener nach der Erstexistenz von Henne oder Ei. Dabei ist die Antwort bei Guthaben oder Schulden einfach: Beide entstehen immer gleichzeitig mit jedem Verleihvorgang, wie sie auch gleichzeitig mit der Rückzahlung wieder aus der Welt verschwinden. Guthaben sind also weder die Voraussetzung für eine Schuld noch umgekehrt. Wohl aber geht etwas anderes der Entstehung beider Phänomene voraus. Nämlich eine Ersparnis des Geldverleihers und seine Bereitschaft, das erübrigte Geld einem anderen zu überlassen. Und auch der Auflösung der Guthaben-Schulden-Beziehung geht etwas voraus. Nämlich eine Nachsparleistung des Kreditnehmers. Er muß bereit und fähig sein, aus seinem laufenden Einkommen den geliehenen Betrag für die Rückgabe abzuzweigen.

Damit beantwortet sich auch die zweite Frage nach der Priorität von Geld oder Kredit: Verleihen kann man immer nur etwas, was bereits da ist. Das gilt für das Verleihen eines Fahrrades oder eines Paketes Salz genauso wie für das Verleihen von Geld. Daß das Gros allen Geldes von den Notenbanken über die Geschäftsbanken in Umlauf gesetzt wird, ändert nichts an diesem Tatbestand. Auch die Notenbank muß das Geld erst drucken, bevor sie es der Bank per Kredit überlassen kann. Doch diese Notenbankkredite dienen nur der Geldversorgung. Die Kredite dagegen, die die Banken ihren Kunden gewähren, stammen nicht von den Notenbanken, sondern aus den Ersparnissen ihrer Kunden. Das zeigt sich auch daran, daß in der BRD die jährlichen Ausweitungen der Kredite durch die Banken rund zwanzigmal größer sind als die Ausweitung der Geldmenge durch die Bundesbank, und das mit zunehmender Tendenz.

An diesen Tatbeständen ändern auch die Auffassung einiger Historiker und Soziologen nichts, die den Ursprung des Geldes nicht in der Tauschmittel-, sondern in einer Schuldscheinfunktion sehen, entstanden im Bereich der Kultstätten und Tempel. Diese Sicht der Geldentstehung mag soziologisch und geschichtlich hochinteressant sein. Für die Zahlungsmittel- und Kreditfunktion des heutigen Geldes, vor allem für die mit unserem Geld verbundenen Probleme, ist sie ohne jeden Belang.

Was heißt Sparen, was Verleihen, was Bezahlen?

Sparen heißt: weniger verbrauchen, benutzen, einsetzen. Gespartes Geld kann man im Sparschwein sammeln oder im Safe hinter dem Bild mit den röhrenden Hirschen. Man kann es aber auch zur Bank bringen, die häufig sogar Sparkasse heißt. Viele glauben darum, daß ihr Geld dort genauso gesammelt wird wie zu Hause im Sparschwein, nur sicherer, in einem großen Tresor, aus dem das Gesparte beim Abheben wieder herausgeholt wird. Die Fachsprache verstärkt noch diesen Eindruck, weil sie bei Banken und Versicherungen von »Geldsammelstellen« spricht. In Wirklichkeit wird dort jedoch nichts gesammelt, sondern etwas weitervermittelt. Nämlich der Kredit, den der Sparer der Bank gewährt, an einen Dritten.

Im Prinzip geschieht also bei den Banken nichts anderes, als wenn ein Sparer sein nicht benötigtes Geld einem Nachbarn direkt überläßt. Da man diesen Vorgang nicht »Sparen« nennt, sollte man auch nicht vom »Sparer« reden, wenn jemand sein übriges Geld zur Bank hinbringt. Sparen ist vielmehr immer nur die *Voraussetzung* dafür, daß man Geld der Bank bzw. einem anderen leihweise überlassen oder auch zu Hause ansammeln (= horten) kann.

Geht man von den konkreten Vorgängen aus, dann sollte auch der Begriff »Bezahlen« (zahlen, hinzählen) allein beim Geld Verwendung finden. Denn bei den bargeldlos abgewickelten Vorgängen liegen keine Zahlungen, sondern Übertragungen vor, nämlich Guthabenumbuchungen von einem Konto auf ein anderes. Diese Übertragungen, die die Bundesbank als »girale Verfügungen« bezeichnet, führen im allgemeinen erst mit Verzögerung zum Ausgleich einer Forderung, was jeder auf seinem Kontoauszug feststellen kann. Außerdem sind sie mit mehrfachen Buchungen verbunden und immer auf die Hilfe der verrechnenden Banken angewiesen.

Sicherlich könnte man sich darauf einigen, jeden Forderungsausgleich als »Bezahlung« zu bezeichnen wie die benutzten Sichtguthaben als »Geld«. Das aber wäre sachlich nur vertretbar, wenn die Bestände auf den Girokonten dem von den Notenbanken ausgegebenen Geld gleichgestellt und ihre Verwendung als Kreditmittel untersagt würde. Solange das nicht der Fall ist, wird mit den

Ausweitungen der Begriffe »Geld« und »Bezahlen« auf die Vorgänge im Sichtguthabenbereich nur Verwirrung gestiftet und das Verständnis geldbezogener Vorgänge erschwert.

Die wesentlichen Merkmale, die eine Unterscheidung zwischen Geld und Sichtguthaben erfordern, sind in der nachfolgenden Tabelle noch einmal deutlich gemacht:

	GELD	SICHTGUTHABEN
Funktionen:	Zahlungsmittel	Übertragungsmittel
Hilfsmittel:	Münzen, Banknoten	Schecks, Überweisungen
Spezifische Unterschiede:	staatlich emittiert	privat angespart
	sofortige Begleichung	verzögerte Begleichung
	Hilfe Dritter nicht erforderlich	Hilfe Dritter und der Technik erforderlich
	Vorgang wird nicht dokumentiert	Vorgang wird dokumentiert
	nur durch Staat vermehrbar	durch jedermann vermehrbar

Wichtig ist weiter, zu beachten, daß jeder Überweisungs- oder Scheckempfänger die Guthabenübertragungen nur so lange akzeptieren wird, wie er sicher ist, sie jederzeit in Bargeld abheben zu können.

3. Kapitel
Geldumlauf – Geldkreislauf

> »Das Geld spielt im Wirtschaftskörper die-
> selbe Rolle wie das Blut im Körper des Men-
> schen. Soll der Körper seine verschiedenen
> Lebensfunktionen erfüllen, muß der Kreis-
> lauf des Blutes ungehemmt vor sich gehen.
> So ist es auch notwendig, daß das Geld um-
> läuft, damit die allgemeine Beschäftigung
> zur Wirklichkeit werde.«
>
> Eduard Daladier*

Das rätselhafte 5-Mark-Stück

Folgende Geschichte fand ich auf der Unterhaltungsseite einer
Zeitschrift:

Der Clown fand in der Manege ein blankes 5-Mark-Stück. Er
ging damit zum Pferdeknecht und sagte: »Ich bin dir ja noch
zehn Mark schuldig; hier gebe ich dir einstweilen fünf Mark
zurück, dann schulde ich dir noch fünf.«

Der Pferdeknecht bedankte sich, ging zum Stallmeister und
sagte: »Ich bin dir ja noch zehn Mark schuldig; hier gebe ich dir
einstweilen fünf Mark zurück, dann schulde ich dir noch fünf.«

Der Stallmeister bedankte sich, ging zum Schulreiter und
sagte: »Ich bin Ihnen ja noch zehn Mark schuldig! Hier gebe ich
Ihnen fünf Mark zurück, dann schulde ich Ihnen noch fünf.«

Der Schulreiter bedankte sich, ging zum Direktor und sagte:
»Ich bin Ihnen ja noch zehn Mark schuldig, Herr Direktor;
wenn Sie gestatten, gebe ich Ihnen einstweilen fünf Mark zurück, dann schulde ich Ihnen noch fünf.«

Der Direktor bedankte sich, nahm den Clown beiseite und
sagte: »Da, August, gebe ich dir mal fünf Mark, die anderen
fünf bekommst du später.«

---

* Ehemaliger französischer Ministerpräsident, auf der Londoner Konferenz 1934

Der Clown bedankte sich, gab die fünf Mark dem Pferdeknecht und sagte: »Jetzt sind wir quitt.«

Der Pferdeknecht bezahlte mit dem 5-Mark-Stück seine Restschuld beim Stallmeister, dieser beim Schulreiter und dieser beim Direktor. Der Direktor nahm den Clown beiseite und sagte: »Hier, August, sind die restlichen fünf Mark, die du noch zu bekommen hattest.«

So bekam der Clown sein 5-Mark-Stück zurück, und alle waren ihre Schulden los...

Auch wenn die Geschichte auf den ersten Blick verwirrend erscheint, wird in ihr nichts anderes beschrieben als eine Reihe von Tilgungsvorgängen mit Hilfe eines umlaufenden 5-Mark-Stücks. Daß die Geschichte mit einem gefundenen Geldstück beginnt, ist für den Ablauf bedeutungslos und soll lediglich die Irritationen vergrößern. Genausogut hätte der Clown die fünf Mark verdient, als Geschenk erhalten oder gestohlen haben können. Selbst bei einem falschen 5-Mark-Stück wären nach dem zweiten Umlauf die gesamten Schulden verschwunden.

Verschwunden sind jedoch in der Geschichte nicht nur die Schulden der fünf Beteiligten von insgesamt 50 Mark, sondern auch Guthaben in gleicher Höhe. Denn der Schuld des Clowns beim Pferdeknecht stand ein Guthaben des Pferdeknechts beim Clown gegenüber usw.

Durch diese Geschichte können wir erkennen, daß umlaufendes Geld nicht nur unzählige Male zum Kaufen, sondern auch unzählige Male zum Verleihen und Tilgen benutzt werden kann. Sowenig sich jedoch durch die beschriebene Tilgungskette die Geldmenge verändert hat, so wenig verändert sie sich durch eine Kette von Verleihvorgängen. Es ändern sich jeweils nur die Guthaben- und Schuldenbestände, die mit jeder leihweisen Überlassung von Geld entstehen und sich mit der Rückzahlung wieder auflösen.

Was ist unter Kreislauf zu verstehen?

In einem Kreis gibt es keinen Anfang und kein Ende. Ein einmal in den Kreislauf gegebener Geldschein kann also endlos kursieren, ganz gleich wofür er verwendet wird. Machen wir uns das an einfachen Modellen mit fünf Beteiligten klar:

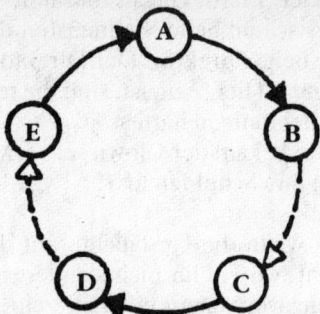

**Geldumlauf
mit Zahlungs-
und Verleih-
vorgängen**

Darstellung 2

A kauft bei B. – B benötigt das erhaltene Geld nicht und verleiht es an C. – C kauft bei D. – D verleiht es an E, der damit wieder bei A eine Leistung bezahlt. Der umlaufende Geldschein wurde also dreimal zum Kaufen und zweimal zum Verleihen benutzt. Hätte B den erhaltenen überschüssigen Schein nicht verliehen, sondern bei sich liegenlassen, wären die nachfolgenden Vorgänge nicht möglich gewesen. Dieses einfache Beispiel zeigt noch einmal, welche Gefahren von Geldzurückhaltungen ausgehen.

Im nächsten Kreislaufmodell werden die Schulden getilgt:
A kauft bei C, dieser tilgt seine Schuld bei B. – B kauft bei E, der seine Schuld bei D tilgt, der seinerseits mit dem erhaltenen Schein bei A kauft. Wieder ist der Kreislauf geschlossen und kann in beliebiger Reihenfolge erneut beginnen.

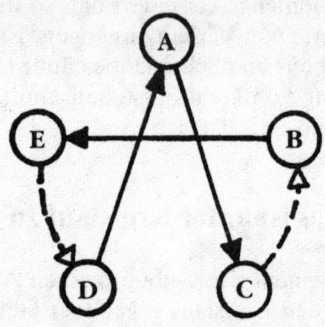

**Geldumlauf
mit Zahlungs-
und Tilgungs-
vorgängen**

Darstellung 3

An diesen Vorgängen ändert sich im Prinzip auch nichts, wenn die Kreditgewährungen und Tilgungen über eine Bank abgewikkelt werden. Auch nicht, wenn zwischen Barzahlungen und Guthabenübertragungen gewechselt wird:

Geldumlauf bei Zwischen-schaltung einer Bank

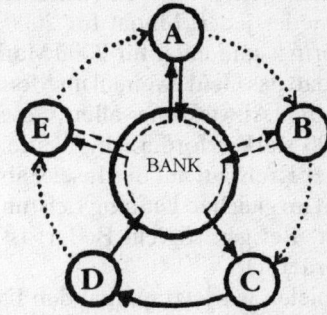

Darstellung 4

A zahlt den Geldschein bei der Bank auf ein Sichtguthaben ein und kauft mit einem Scheck bei B. – B kauft bei C und zahlt durch Überweisung der von A erhaltenen Gutschrift. – C hebt die Gutschrift ab und kauft bar bei D. – D zahlt das Geld wieder bei der Bank ein und kauft bei E per Überweisung. – E erwirbt bei A eine Leistung und überweist zum Ausgleich die von D erhaltene Gutschrift. Da A gerade knapp bei Kasse ist, hebt er den Betrag vom Konto ab. Hier wurde also das Geld zweimal bei der Bank eingezahlt und zweimal abgehoben, einmal eine Forderung durch Barzahlung beglichen und viermal durch Guthabenübertragungen. Da die Bank die durch Einzahlung entstehenden Guthaben für Kreditgewährungen nutzen kann, kommt es hier jedoch zu einer zwischenzeitlichen Ausweitung des Kreditpotentials, auf die im Teil V näher eingegangen wird.

Welche Folgen können Ersparnisbildungen haben?

Auch den Folgen von Ersparnisbildungen soll auf einem begrenzten Raum bei überschaubaren Größen nachgegangen werden. Stellen wir uns dazu eine Insel mit zehn Bewohnern vor, von denen jeder jeden Monat für 2000 Mark Leistungen in den Markt einbringt und auch für 2000 Mark nachfragt. Nimmt man weiter an, daß das Geld zweimal im Monat umgeschlagen wird, dann sind für die Abwicklung aller Geschäfte auf der Insel insgesamt 10000 Mark erforderlich. Werden diese regelmäßig ausgegeben, ist der Kreislauf auf der Insel stabil, ebenso die Konjunktur. Jeder kann im gleichen Umfang Leistungen absetzen, wie er selbst nachfragt. Bei gesättigtem Bedarf ist ein Wirtschaftswachstum nicht erforderlich.

Spielen wir jetzt einmal den Fall durch, daß einer der Inselbewohner, der wie alle anderen 2000 Mark im Monat für Leistungen einnimmt, selbst nur für 1800 Mark nachfragt, also 200 Mark jeden Monat übrigbehält. Welche Folgen können aus dieser Ersparnisbildung entstehen?

Fall 1 – Der Sparer *verschenkt* die übrigen 200 Mark regelmäßig:
Gibt der Beschenkte die 200 Mark ebenso regelmäßig aus, wird der Inselmarkt weiterhin in vollem Umfang geräumt. Der Beschenkte fragt gewissermaßen stellvertretend jene Leistungen nach, die der Sparer über seinen eigenen Bedarf eingebracht hat. Langfristig nimmt der Wohlstand des regelmäßig Beschenkten gegenüber allen anderen zu, der des Schenkenden fällt zurück.

Fall 2 – Der Sparer *verleiht* die übrigen 200 Mark regelmäßig:
Die Situation für den Inselmarkt wie auch die Wohlstandsverschiebung ist die gleiche wie im Fall 1. Aufgrund der offenen Rückzahlungsforderung entsteht jedoch für den Verleiher ein von Monat zu Monat wachsendes Guthaben und für den Leiher eine entsprechend anwachsende Schuld. Nach einem Jahr sind diese Größen bereits auf 2400 Mark angestiegen, nach zehn Jahren auf 24000 Mark. Das heißt, nach zehn Jahren sind die Geldguthaben und die Geldschuld 2,4mal so groß wie die ganze auf der Insel umlaufende Geldmenge, die ja 10000 Mark beträgt.

Fall 3 – Der Sparer *verleiht* sein übriges Geld *gegen Zinsen*:
Für den Inselmarkt, den Geldumlauf und die Konjunktur ändert sich vorerst (!) auch hier nichts. Jedoch muß der Leiher nicht nur die spätere Rückgabe des Geliehenen versprechen, sondern darüber hinaus jeden Monat an den Geldgeber eine »Leihgebühr« bezahlen. Diese kann er nur aus seinem Monatseinkommen abzweigen. Bei einer Verzinsung von zehn Prozent beträgt dieser Leihzins nach einem Jahr 20 Mark im Monat, nach zehn Jahren 200 Mark. Diesen ständig steigenden Zinslasten stehen beim Verleiher ständig steigende Zinseinnahmen gegenüber. Lebt er weiter so sparsam wie bisher, kann er, zu den monatlich bereits erübrigten 200 Mark, zusätzlich einen immer größer werdenden Betrag aus den Zinseinnahmen verleihen.

Fall 4 – Der Sparer *sammelt* seine Überschüsse zu Hause an:
Damit werden dem Geldkreislauf auf der Insel jeden Monat 200 Mark entzogen. Nach zehn Monaten hat der Sparer bereits 2000 Mark bei sich angesammelt, ein Fünftel der gesamten umlaufenden Geldmenge. Nach 50 Monaten, also gut vier Jahren, befindet sich rechnerisch alles Geld auf der Insel in der Hand des Sparers.

Natürlich kommt es nicht so weit, da der von Monat zu Monat zunehmende Geldmangel bereits lange vorher die Inselwirtschaft zusammenbrechen läßt.

Was kann man aus diesen Inselbeispielen lernen?

Wie die Fälle 1, 2 und 3 zeigen, *können* in einer Volkswirtschaft nicht nur Ersparnisse an andere verschenkt oder ausgeliehen, sondern sie *müssen* auf diese Weise in den Geldkreislauf zurückgeführt werden, wenn die Wirtschaft nicht – wie im Fall 4 geschildert – zusammenbrechen soll.

Wie Fall 2 und 3 außerdem zeigen, vermehrt sich mit den leihweisen Überlassungen von Geld nicht die Geldmenge, sondern nur der Bestand von Geldguthaben und Schulden. Diese können theoretisch bis ins Unendliche wachsen, ohne Einfluß auf die Geldmenge. Da in den Fällen 2 und 3 der Schuldner mit der zunehmenden Verschuldung immer weniger rückzahlungsfähig wird, gerät er in eine zunehmende Abhängigkeit von dem Geldgeber. Er muß immer mehr Vermögensbestände an den Geldgeber verpfänden, und am Ende gehört diesem alles, was der Schuldner besitzt, einschließlich Haus und Hof. Am Ende solcher Prozesse stand früher die Leibeigenschaft oder der »Schuldenturm«. Heute drohen »nur« Zahlungsunfähigkeit und Pfändung des Vermögens oder des laufenden Einkommens.

Leihweise Überlassungen von Geld *ohne* Zinsansprüche können sich jedoch nur in Ausnahmefällen zu solchen Problemsituationen entwickeln, wie sie hier geschildert sind. Denn normalerweise wird nicht einer ständig Geld sparen und ein anderer ständig Geld leihen, sondern solche Prozesse brechen ab oder kehren sich auch wieder um. Außerdem nehmen sie »nur« linear, also gleichmäßig zu. Im Fall 3 dagegen steigen alle Schulden durch den Zinseszinseffekt mit zunehmender Beschleunigung. Will der zinszahlende Geldleiher seinen Gürtel nicht immer enger schnallen, muß er versuchen, seine Leistung ständig zu steigern und diese Mehrleistung an andere abzusetzen. Soll ein Dritter nicht auf seiner Leistung sitzenbleiben, erfordert das ein allgemeines Nachfrage- und Verbrauchswachstum auf der Insel, das, wenn die Preise stabil bleiben sollen, von der Inselbank mit mehr Geld unterfüttert werden muß. Leihweise Überlassungen mit Zinsansprüchen haben also in sich selbst einen Beschleunigungseffekt, der zu einer zunehmenden Diskrepanz zwischen Geldgebern und Schuldnern und damit zwischen Reich und Arm führt. Und ist ein Schuldner erst einmal so weit, daß er zum Bedienen seiner Schulden neue Schulden aufnehmen muß, kann der Umschichtungsprozeß kaum noch rückgängig gemacht werden. Wir erleben das heute nicht nur in Lateinamerika, sondern ebenso bei unzähligen Betrieben, Privathaushalten und vor allem bei den Staatsverschuldungen.

Geldaufnahmen mit Zinsen sind für Schuldenmacher nur dann von Nutzen, wenn sie damit produktivitätssteigernde Investitionen schaffen können, die über die Zinszahlungen hinaus noch einen Gewinn abwerfen. Gesamtwirtschaftlich setzt das jedoch ein Wirtschaftswachstum voraus, das mindestens dem zinsbedingten Wachstum der Geldersparnisse entsprechen muß, die über Schulden in den Kreislauf zurückgeführt werden.

Mit Zinsen verbundene Ausleihungen sind nur dann problemlos, wenn Sparer und Schuldner – wenn auch zeitverschoben – in einer Person vereinigt sind. Das heißt, wenn sie in ähnlicher Höhe zeitweise Zinseinkommen erhalten wie sie, vor- oder nachher, Zinslasten tragen müssen. Das ist z. B. bei Bausparkassen oder Baugenossenschaften im allgemeinen der Fall. Hier ist darum die Zinshöhe ohne Belang.

Verändert sich der Kreislauf im Großmodell?

Alles, was bisher mit geringen Geldmengen und begrenzten Teilnehmerzahlen durchgespielt wurde, gilt genauso für jede Volkswirtschaft. Die Zahl der Geldscheine, Beteiligten, Zahlungs- und Verleihvorgänge mag in die Millionen gehen: An den Abläufen ändert sich nichts, sie werden lediglich unübersichtlicher.

In dem folgenden Modell ist schematisch ein solcher Kreislauf dargestellt mit Leistung, Einkommen und Nachfrage. Am besten stellt man sich diesen Kreislauf mit einem Umsatz von 100 Milliarden bezogen auf einen Monat vor. Wird das aus der Leistung resultierende Einkommen in vollem Umfang ausgegeben, kommt es auch zu einer vollen Räumung des Marktes. Alle behalten ihre Arbeit und damit weiterhin ihr Einkommen.

In der Darstellung wird angenommen, daß die Einkommensbezieher Ersparnisse in Höhe von zehn Prozent der Gesamteinkommen bilden. Das heißt, auf direktem Weg werden nur 90 Prozent der Einkommen zu Nachfrage. Zahlen die Sparer ihre Überschüsse bei den Banken ein und können die Banken die Einlagen als Kredite weitergeben, dann bleibt die volle Nachfrage gesichert. Würden die Einkommensüberschüsse nicht als Kredit weitergegeben, bliebe ein Zehntel der Leistungen auf dem Markt liegen. Die Folge wäre ein Konjunktureinbruch mit Arbeitslosigkeit und Firmenpleiten.

Wie der untere Teil der Darstellung wiedergibt, bilden sich durch die Einlagen nach dem ersten Monatsumlauf bei der Bank Guthabenbuchungen in Höhe von 10 Mrd. Läßt man die Bankkassenhaltung außer acht, ergeben sich in gleicher Höhe auch Kreditbuchungen. Geht man von einer gleichbleibenden Spar- und Einlagenquote von zehn Prozent aus, steigen die Guthaben- und Kreditbuchungen jeden Monat um 10 Mrd. an. Nach dem

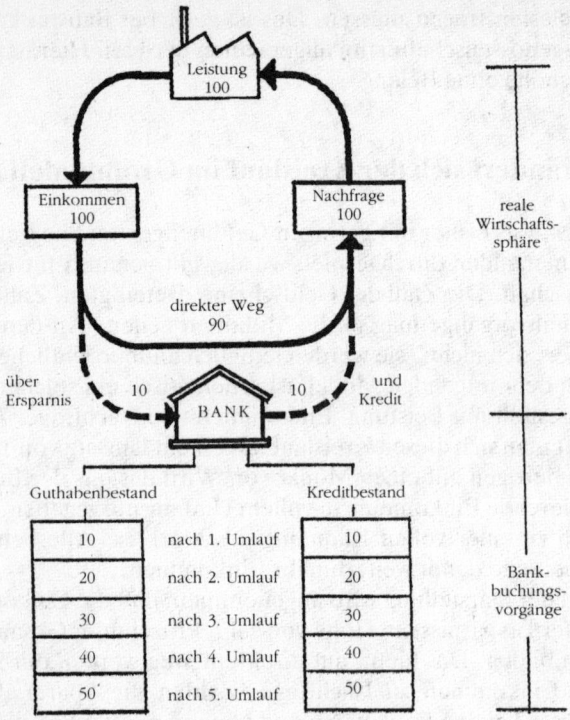

Darstellung 5

fünften Monatsumlauf hätte ihre Höhe mit 50 Mrd. bereits die Hälfte der umlaufenden Einkommens- und Nachfragegrößen erreicht.

Auch hier wird wieder deutlich, daß auch bei gleichbleibenden Leistungs-, Einkommens- und Nachfragegrößen die Guthaben und Schulden immer größere Ausmaße annehmen können, ohne Einfluß auf Geldmenge und Kreislauf. Daß sich jedoch »unter der Decke« immer größere Spannungen aufbauen, vor allem wenn die Kreditgewährungen mit Zinsen verbunden sind, hat bereits das

Inselbeispiel gezeigt. Auch mit einer ständigen Ausweitung der Wirtschaftsleistung, der Geldmenge und der Einkommen können diese Spannungen allenfalls eine Zeitlang gemildert, aber nicht auf Dauer aufgefangen werden. Schon gar nicht angesichts der Umweltfolgen eines ständigen Wirtschaftswachstums.

4. *Kapitel*
Geld, Banken, Notenbanken

> *»Geld- und Bankwesen sind für den Durch-*
> *schnittsmenschen so geheimnisvoll, daß von*
> *ihnen als einzige volkstümliche Auffassung*
> *nur die des ›Tabu‹ besteht... Die volkstüm-*
> *lichen Begriffe, einschließlich der dem*
> *durchschnittlichen Bankfachmann eigen-*
> *tümlichen, sind so primitiv wie der*
> *Aberglaube eines russischen Bauern vor*
> *dem Weltkrieg.«*
>
> *Irving Fisher** *

Was ist die Hauptaufgabe der Banken?

Wirtschaftsteilnehmer kommen normalerweise nur über einge-
brachte Leistungen zu Einkommen und damit in die Lage, Leistungen anderer nachzufragen. Über dieses Einkommen hinaus ist
eine Nachfrage nur mit Hilfe von Krediten möglich. Kredite wiederum setzen Ersparnisse eines anderen voraus.

Um den Wirtschaftskreislauf in Gang zu halten, ist also niemand
gezwungen, sein Einkommen regelmäßig auszugeben. Wohl aber
ist es erforderlich, daß alle Einkommensüberschüsse anderen zur
Nachfrage überlassen werden. Mit der Vermittlung zwischen Sparer und Kreditnehmer erfüllen die Banken also eine wichtige
volkswirtschaftliche Aufgabe. Dabei dient diese Kreditvermitt-
lung nicht nur dem Kreditnehmer, sondern der ganzen Volkswirtschaft. Denn der Kreditnehmer schließt die Nachfragelücke, die
sonst aufgrund der Nichtnachfrage des Sparers entstanden wäre.
Diese Markträumung durch den Kreditnehmer nützt vor allem
aber auch dem Sparer, der mehr Leistungen in den Markt eingebracht hat, als er selbst nachfragt. Ohne diese ersatzweise Nach-

---

* US-Ökonom und Geldtheoretiker, »Die Illusion des Geldes«, 1934

frage durch den Kreditnehmer bliebe letztlich seine eigene Mehrleistung am Markt liegen.

Natürlich haben Banken nicht nur die Aufgabe, mit der überschüssigen Kaufkraft der einen die Kassen bzw. Konten der anderen Wirtschaftsteilnehmer über Kredite aufzufüllen. Eine andere wichtige Aufgabe ist auch die Abwicklung des unbaren Verrechnungsverkehrs in der Wirtschaft. Bedenkt man, daß 1993 in jedem Monat etwa 3260 Mrd. DM zwischen den Girokonten umgebucht wurden, pro Kopf in Westdeutschland also rund 50 000 Mark, dann wird die Größenordnung dieser Dienstleistung ermeßbar. Hinzu kommt noch der Bargeldverkehr, dessen Größe und Umschlaghäufigkeit jedoch wesentlich geringer ist. Allerdings wäre es falsch, den Bargeldverkehr deswegen als unbedeutend anzusehen. Nach einer Untersuchung der Bundesbank aus dem Jahr 1985 wurden 87 Prozent aller Zahlungsvorgänge der »Nichtbanken« (= Wirtschaftsteilnehmer, ohne Banken) mit Bargeld abgewickelt und nur 13 Prozent mit Guthabenübertragungen. Auch wenn deren Einzelsummen die der Barzahlungen weit übertreffen, wird die Rolle des Bargeldes deutlich. Außerdem ist zu beachten, daß über die Girokonten auch das Gros aller Guthabenumschichtungen und Spekulationsgeschäfte abgewickelt wird sowie die vielfachen Zahlungsvorgänge im Vorfeld von Investition und Verbrauch. Alle diese letztgenannten Vorgänge im Vorfeld des Konsums finden jedoch nur dann und so lange statt, wie am Ende der Kette ein Verbraucher mit einem Geldschein in den Laden geht und kauft.

Was ist mit der Macht der Banken?

Die Macht im Lande kann man im allgemeinen an der Größe der Gebäude erkennen. Früher waren es Tempel, Burgen, Kathedralen, Schlösser oder Rathäuser. Heute scheinen es die Banken zu sein. Das gilt nicht nur für die Banktürme in Frankfurt. Auch im letzten Dorf ist die Volksbank oft das repräsentativste Gebäude.

Imponierend sind auch die Zahlen: Insgesamt rund 4000 Institute mit 40 000 Niederlassungen und 600 000 Beschäftigten wiesen 1993 ein Geschäftsvolumen von 6597 Mrd. DM aus, mehr als das Doppelte des westdeutschen Sozialprodukts. Und mit 4090 Mrd.

DM war das Kreditvolumen Ende 1993 fast achtmal größer als der Bundeshaushalt.

Trotzdem ist der Rückschluß auf die Machtverhältnisse etwas fragwürdig. Denn die Größe der Bankgebäude und ihr Wachstum spiegeln nur die Größe und das Wachstum der Geldeinlagen wider, die den Banken von den Sparern anvertraut werden. Ihre Macht ist also weitgehend eine geliehene. Das Eigenkapital der Banken übersteigt kaum einmal jene sechs Prozent der Kreditmasse, die von der Bankenaufsicht vorgeschrieben sind. Und dieses Eigenkapital ist bei zwei Dritteln aller Banken öffentlich-rechtlich oder genossenschaftlich organisiert. Die bekannten drei deutschen Großbanken sind am gesamten Geschäftsvolumen nur mit 12,5 Prozent beteiligt, und ihr haftendes Eigenkapital verteilt sich auf Hunderttausende von Aktionären. Echte Privatbanken à la Rothschild oder Rockefeller, bei denen Einzelpersonen oder Familien das Eigenkapital in der Hand haben, gibt es fast nicht mehr. In der Bundesrepublik kommen sie größenmäßig gerade noch auf 1,3 Prozent des Geschäftsvolumens. Macht, das heißt Einfluß auf die Wirtschaft und darüber auf die Politik, haben allenfalls jene Banken, die über größere Aktienbestände bei einzelnen Unternehmen verfügen. Viel gravierender aber ist der Tatbestand, daß Banken bei Aktionärsversammlungen als Vertreter ihrer Kunden handeln können, die ihnen ihr Stimmrecht überlassen. Doch diese Machtausübung ist keine bankspezifische Frage, sondern eine des Aktienrechts, das leicht korrigierbar ist.

Wächst die Macht der Banken mit den Umsätzen?

Die Annahme liegt nahe, daß die Banken mit der Überentwicklung der Geldeinlagen und Kredite immer mächtiger und einflußreicher werden. In Wirklichkeit kommt es jedoch auch hier, wie bei allen Überwachstumsprozessen, schließlich zu gegenläufigen Wirkungen. Denn je größer die Geldvermögen und Schulden in einer Volkswirtschaft sind, um so mehr nehmen – aufgrund der sinkenden Realabsicherungen – die Kreditrisiken zu. Und kommt es dann zu massierten Zahlungsunfähigkeiten der Kreditnehmer, fallen die Marktpreise der beliehenen Objekte oft unter die offenen Bankforderungen.

Schon Anfang der 80er Jahre kam es in den USA zu reihenweisen Zusammenbrüchen von Banken im ländlichen Raum, als Zehntausende von hochverschuldeten Farmern ihren Besitz versteigern mußten und mit den Versteigerungserlösen die Kreditsummen nicht mehr abzudecken waren. Dasselbe wiederholte sich Ende der 80er Jahre bei den Sparbanken und etlichen regionalen Großbanken. Ursache waren die von Reagan zur Belebung der Wirtschaft ausgeweiteten Beleihungsgrenzen für Immobilien, die deren Werte in die Höhe schießen ließen und damit auch wieder die Kreditaufnahmemöglichkeiten. Als dann der Spekulationsballon platzte, waren die Außenstände der Banken in vielen Fällen nicht einzutreiben. Nach einem Bericht der FAZ vom 21. 10. 92 waren damals schon »1492 (= 12 Prozent) der rund 12 000 Geschäftsbanken konkursreif und 1179 strenggenommen bereits insolvent«. Und Prof. Udo Reifner berichtet Anfang 1993 in dem Infodienst des Instituts für Finanzdienstleistungen »BankWatch«, daß diese Bankzusammenbrüche »den amerikanischen Steuerzahler bis Ende der 90er Jahre insgesamt nach Schätzungen zwischen 500 Mrd. DM und 1,2 Billionen DM kosten werden«. Doch wie er weiter ausführt, häufen sich auch bei uns die Probleme, z. B. die »Schieflagen deutscher Großbanken wie der BfG, der DG-Bank sowie der BRZ, die mühsam durch Milliardenzahlungen am deutschen Markt interessierter Dritter... oder aus den Töpfen der kleinen Genossenschaftsbanken verdeckt werden«. Um 2,6 Milliarden Mark wurden die Sicherungsfonds bereits geleert, schreibt er weiter, und da die Beiträge an diese Fonds je 100 DM Einlage nur bei 3 bis 6 Pfennig liegen, hat auch bei uns die Absicherung der Einleger ihre Grenzen.

Die zunehmenden Zusammenschlüsse von Banken bzw. von Banken und Versicherungen sind also nicht immer ein Zeichen wachsender Stärke, sondern immer häufiger das Gegenteil.

Welche Aufgaben haben die Notenbanken?

Im wesentlichen beziehen sich die Aufgaben der Notenbanken darauf, die Geldversorgung der Wirtschaft und die Stabilität der Geldkaufkraft zu sichern.

Die Erfüllung dieser Aufgabe hängt von den Instrumentarien

und Rechten ab, die ihnen gesetzlich eingeräumt werden. Darüber hinaus von den Fähigkeiten der Verantwortlichen und nicht zuletzt von den Einspruchsrechten Außenstehender, das heißt vor allem der Regierungen. Bezogen auf das Einspruchsrecht spielt natürlich auch die Frage eine Rolle, wer der Träger bzw. Eigentümer der Notenbanken ist. Nach älteren Untersuchungen befinden sich etwa vier Fünftel aller Notenbanken völlig, der Rest überwiegend in Staatsbesitz. Nur wenige Notenbanken (wie z. B. in der Schweiz) sind privatrechtlich organisiert. Allerdings ist diese besitzrechtliche Frage für den Erfolg der Notenbanken weniger wichtig als die ihrer Unabhängigkeit. Hat z. B. der Staat das Recht, von der Notenbank Kredite zu fordern, dann werden bei jeder Notenbank, unabhängig von ihrer Organisationsform, die Stabilitätsbemühungen unterlaufen.

Wie bereits die Aufgabenbeschreibung zeigt, handelt es sich bei den Notenbanken, auch Zentralbanken genannt, in Wirklichkeit um gar keine Banken, sondern um Institutionen, die eine öffentlich-rechtliche Aufgabe erfüllen, nämlich die der Geldversorgung der Wirtschaft. Auch hier, bei Banken und Notenbanken, werden mit der Verwendung des gleichen Begriffs »Banken« für zwei völlig unterschiedliche Aufgaben- und Tätigkeitsbereiche wieder unnötige Verwirrungen gestiftet und Mißverständnisse geradezu vorprogrammiert.

Wie ist die bundesdeutsche Notenbank organisiert?

Unsere Notenbank, die Deutsche Bundesbank, ist im Besitz des Bundes, jedoch eine eigenständige Einrichtung öffentlichen Rechts, vergleichbar etwa mit dem Verfassungsgericht. Der Bundesbankpräsident und die übrigen Mitglieder des Direktoriums werden zwar von der Regierung eingesetzt, in ihren Entscheidungen aber sind sie weitgehend unabhängig und an die Vorgaben gebunden, die im »Gesetz über die Deutsche Bundesbank« festgeschrieben sind. Die wichtigsten Aussagen findet man in § 3 BBG:

> »Die Deutsche Bundesbank regelt mit Hilfe der währungspolitischen Befugnisse ... den Geldumlauf und die Kreditversorgung der Wirtschaft mit dem Ziel, die Währung zu sichern ...«

Und in § 12, der das Verhältnis der Bank zur Bundesregierung festlegt, heißt es:

> »Die Deutsche Bundesbank ist verpflichtet, unter Wahrung ihrer Aufgabe die allgemeine Wirtschaftspolitik der Bundesregierung zu unterstützen.«

Liest man diese beiden entscheidenden Passagen unvorbelastet durch, dann kann man ob ihrer ungenauen Aussagen nur den Kopf schütteln. Ursache dieser fragwürdigen Formulierungen dürften die unzureichenden monetären Kenntnisse der Politiker und ihrer Berater gewesen sein, die dieses Gesetz 1957 verfaßt haben. So kann man bereits trefflich darüber streiten, welche praktischen Konsequenzen aus der Verpflichtung, die »Wirtschaftspolitik der Bundesregierung zu unterstützen«, ggf. abgeleitet werden können. Das heißt, ob diese Verpflichtung gewichtiger ist als der Auftrag zur Regelung des Geldumlaufs und zur Sicherung der Währung.

Was heißt »die Währung sichern«?

Ein Unbefangener könnte vermuten, daß mit diesem Wortlaut die Absicherung des Geldwertes mit Gold, die Verhinderung von Fälschungen oder auch die sichere Unterbringung der Geldscheine in Tresoren gemeint ist. Tatsächlich war es auch lange strittig, ob die Väter dieser Textfassung an feste Wechselkurse oder an gleichbleibende Kaufkraft des Geldes gedacht haben. Inzwischen hat man sich – vor allem nach dem Desaster fester Wechselkurse Anfang der 70er Jahre – auf das Ziel der Kaufkraftstabilität geeinigt, wenn auch mit wenig praktischen Erfolgen. Denn wenn man bedenkt, daß die Mark von 1950 heute keine 30 Pfennig mehr wert ist und ihre größten Verluste in den beiden letzten Jahrzehnten einstecken mußte, kann man kaum behaupten, die Bundesbank habe ihre Aufgabe nach § 3 erfüllt. Hauptursache dieses Mißerfolges ist die unzulängliche Sicherung des Geldumlaufs, die ihr im gleichen Paragraphen zur Aufgabe gemacht ist.

Wie regelt die Bundesbank den Geldumlauf, und warum ist diese Aufgabe so wichtig?

Wenn man von der Versorgung der Wirtschaft mit Geld ausgeht, denkt man meist nur an die Regulierung der Menge. Die Menge ist aber nur *ein* Faktor der Wirksamkeit, der zweite ist die Einsatzhäufigkeit des Geldes, das heißt, ob und wie oft es als Tauschmittel in der Wirtschaft aktiv eingesetzt wird. Denn bleibt herausgegebenes Geld irgendwo liegen, ist es genauso wirkungslos wie nicht herausgegebenes. Eine Notenbank hat darum nicht nur die Aufgabe, Geld in den Umlauf zu geben, sondern sie muß auch für dessen gleichmäßigen Umlauf sorgen. Erst bei einer störungsfreien »Umlaufgeschwindigkeit« kann es auch störungsfreie Konjunkturen und stabile Kaufkraft geben.

Vergleicht man das Geld mit einem Pferd und die Wirtschaft mit dem Wagen, den das Pferd zu ziehen hat, dann könnte man die Notenbanken als die Kutscher ansehen, die für die notwendigen Pferde zu sorgen haben und für deren gleichmäßigen Gang. Will ein Kutscher seine Aufgabe optimal erfüllen, wird er die Pferde am kurzen Zügel so führen, daß der Wagen in gleichmäßiger Bewegung bleibt. Vor allem wird er dafür sorgen, daß die Pferde nicht beliebig ausscheren oder gar Pausen machen können.

Die Notenbanken aber begnügen sich im wesentlichen damit, eine von ihnen für richtig angenommene »Pferdemenge« vor den Wirtschaftswagen zu spannen. Den »Lauf der Pferde« regulieren sie – wenn überhaupt – allenfalls an ganz langer Leine, hoffend, daß die Pferde es schon richtig machen werden. Erst wenn sie merken, daß der Wagen zu schnell oder zu langsam rollt, werden sie aktiv. Dabei greifen sie jedoch nicht direkt in die Zügel. Vielmehr versuchen sie, das Bewegungstempo der »Pferde« mit verringerten oder vergrößerten »Haferrationen« zu beeinflussen, die sie ihnen vor die Nase halten. Konkret: Merken die Notenbanken, daß das herausgegebene Geld nicht regelmäßig umläuft, versuchen sie, statt das Geld an »kurzer Leine« zu führen, die Geldhalter durch mehr oder weniger »Zinshafer« anzuregen, das Geld regelmäßiger in Bewegung zu bringen. Und um einen allzu großen Rückgang der Bewegungsgeschwindigkeit zu vermeiden, lassen sie das Geld – entgegen ihren Stabilitätsschwüren – ständig etwas unter der Inflationspeitsche laufen. Da sie jedoch die Geschwindigkeitsveränderung des Wirtschaftswagens immer erst mit Verspätung merken und ihre Korrekturversuche über Zins und Inflation mit noch größeren und dazu unberechenbaren Verzögerungen verbunden sind, ist das Ergebnis mehr als offen. In ihrer Verzweiflung bekämpfen sie schließlich sogar die durch zuviel herausgegebenes Geld selbst verursachte Inflation mit hohen Zinsen, was der Austreibung des Teufels mit dem Beelzebub gleichkommt. Daß die Erfolge dieser Prozedur in aller Welt entsprechend sind, ist verständlich.

Dabei gibt es eine ganz klare Vorgabe für die Umlaufgeschwindigkeit des Geldes, nämlich die Geschwindigkeit der Einkommensströme. Die Notenbanken brauchen also nur durch eine funktionierende Umlaufsicherung dafür zu sorgen, daß alle Einkommen regelmäßig, direkt oder indirekt, auch wieder zu Ausgaben werden. Um die Höhe der Zinsen brauchen sie sich dann keine Sorge mehr zu machen, und die »richtige Geldmenge« wie die Kaufkraftstabilität spielen sich automatisch ein.

Was heißt »regelt ... die Kreditversorgung der Wirtschaft«?

Diese Formulierung vernebelt heute noch die meisten Köpfe. Selbst Sachkundige leiten daraus ab, daß die Bundesbank die Wirtschaft mit Krediten versorgt. Dabei stammen die Kredite in unserer Wirtschaft, soweit sie nicht privat vergeben werden, aus Einlagen der Sparer bei den Banken, also aus den Einkommensüberschüssen von Wirtschaftsteilnehmern, nicht von Bundesbank. Nur an den Staat konnte die Bundesbank bis 1994 kurzfristige Kassenkredite vergeben, allerdings in eingegrenzter, relativ geringer Höhe.

Darüber hinaus räumt sie lediglich den Geschäftsbanken Kredite ein, die aber nur in Form von Bargeld von den Banken abgerufen werden können. Das heißt, diese Kredite dienen allein der Versorgung der Wirtschaft mit Geld. Über die Größenordnungen und Abgabebedingungen dieser Kredite versuchen die Notenbanken dann die »Geldmenge« mit dem Ziel stabiler Kaufkraft zu steuern. Da jedoch der Umlauf heute nicht gesichert ist (da jeder Geldhalter das Recht hat, Geld nach Belieben stillzulegen), bleibt es bisher nur bei diesem Versuch.

Wie läuft das mit den Krediten an die Banken?

Da die Banken die Kredite der Notenbanken nur als bares Geld abrufen können, nehmen sie auch nur in dem Umfang Kredite auf, wie sie für die Abwicklung am Schalter Geld benötigen. Das heißt, nicht die Notenbanken und auch nicht die Geschäftsbanken bestimmen über die Geldmenge in der Wirtschaft, sondern die Wirtschaftsteilnehmer, die bei der Bank Geld abheben. Heben sie mehr Geld ab, als die Bank in der Kasse hat, weitet die Bank bei der Notenbank ihre Verschuldung aus, um zusätzliches Geld zu erhalten. Hat die Bank zuviel Geld in der Kasse, gibt sie es schleunigst an die Notenbank zurück. Denn alles Geld in der Kasse ist für die Bank »totes Kapital«, für das sie an die Bundesbank Zinsen zahlen muß. Das heißt, die bundesdeutschen Geschäftsbanken sind in der Höhe der über sie in Umlauf gesetzten Geldmenge bei der Bundesbank verschuldet. Sie müssen also für das Gros des herausgegebenen Geldes (Ende 1993 rund 197 Mrd. DM) Zinsen zahlen, ohne daß sie diese Kosten bei den Geldabhebern und -benutzern ihrerseits wieder kassieren können. Selbst für die Geldscheine, die seit Jahren in irgendwelchen Tresoren schlummern, im Ausland kursieren oder gar durch Feuer o. ä. vernichtet wurden, trifft das zu. Das heißt, die Kosten für das umlaufende wie das nicht umlaufende Bargeld müssen die Banken den Kreditnehmern aufhalsen, die vielleicht gar kein Bargeld bei der Einsetzung des Kredits in Anspruch nehmen. Über diese für den Bargeldnachschub notwendigen Kredite hinaus verschulden sich die Geschäftsbanken nur noch in Höhe der bei der Bundesbank zu haltenden »Mindestreserven« (Ende 1993 rund 60 Mrd. DM).

Diese Mindestreserven waren ursprünglich einmal als Zwangshinterlegungen zur Absicherung der Kundeneinlagen gedacht. In den 60er und den ersten 70er Jahren wurden sie von der Bundesbank benutzt, um zuviel herausgegebenes Geld (vor allem als Folge der Dollarstützungskäufe) wieder aus dem Verkehr zu ziehen. Heute dienen sie lediglich noch dazu, die Banken über höhere Zwangsverschuldungen verstärkt an die Zinsleine zu legen, so fragwürdig das auch sein mag. Das heißt, auch wenn es in den Lehrbüchern noch anders dargestellt wird: Von den Ersparnissen, die man bei einer Bank einbezahlt, verschwindet keine Mark als Mindestreserve zur Bundesbank. Die Kreditgewährungen der

Banken werden also durch diese »Reserven« nicht eingeschränkt. Vielmehr räumt die Bundesbank den Geschäftsbanken in der von ihr selbst vorgeschriebenen Mindestreservehöhe »Zentralbankguthaben« ein.

Wann müssen Notenbanken das Geld vermehren? Wie können sie das tun?

Ein Schweizer Notenbanker hat einmal gesagt, daß man zur Geldmengenregelung nur eine Notenpresse und einen Ofen brauche. Die Notenpresse, um bei Bedarf mehr Geld zu drucken, den Ofen, um zuviel Geld zu verbrennen. Etwas schwieriger als das Drucken und das Verbrennen sind natürlich die Inumlaufsetzung und der Wiedereinzug von Geld.

In Umlauf setzen können die Notenbanken Geld auf verschiedene Weise. Zum Beispiel durch Ankauf anderer Währungen aus Exportüberschüssen, durch kurssichernde »Stützungskäufe« und durch Kredite oder Gewinnausschüttungen an den Staat. Die häufigste Methode ist – wie beschrieben –, den Banken »frisches Geld« zur Verfügung zu stellen. Wollen sie dabei die Menge im Griff behalten, müssen sie die jeweiligen Zuteilungskontingente festsetzen, so wie sie das heute bei der Annahme von Wechseln tun. Allerdings können sie über diesen Weg nur dann Geld loswerden, wenn die Bankkunden mehr Geld haben wollen. Um diesen bzw. den Wirtschaftsteilnehmern die Geldnachfrage schmackhaft zu machen, müssen sie es ggf. »verbilligen«, das heißt die Zinsen senken. Diese meist angewandte Methode der Geldmengendosierung über die Zinshöhe ist bereits sehr fragwürdig, wenn es um präzise Ergebnisse geht.

Eine einfachere Möglichkeit wäre eine Inumlaufsetzung des erforderlichen Mehrgeldes über den Staat. Solange allein die Notenbank darüber bestimmt, ob und wieviel zusätzliches Geld sie der Allgemeinheit zukommen läßt, ist dieser Weg über den Staat völlig problemlos. Problemloser jedenfalls als die heutigen schwankenden Gewinnausschüttungen an den Staat.

Auch ein notwendiger Einzug überschüssigen Geldes, am steigenden Preisniveau abzulesen, wäre über den Staat am einfachsten machbar. Denn der Staat kann direkt zur Rückgabe bzw. Stilllegung von Geld gezwungen werden, die Bürger nicht. Und da es sich bei diesen Regulierungen um relativ geringe Summen handelt, wesentlich geringfügiger als die sonstigen Schwankungen der Staatseinnahmen, wären mit diesem Weg auch keine Probleme verbunden.

Mit einer solchen Geldmengenregelung über den Staat würde auch deutlich werden, daß sowohl die Ausgabe wie die Stabilitätserhaltung des Geldes eine öffentliche Angelegenheit ist. Andererseits würde deutlich, daß die Verantwortung für die Bankeinlagen und die daraus gewährten Kredite allein Sache der Geschäftsbanken ist. Einen Rückgriff auf die Notenbanken als »lender of last resort«, also als Nothelfer mit frisch gedrucktem Geld, gäbe es dann nicht mehr.

Was ist mit dem »Geldmengenziel« der Notenbanken?

Die meisten Notenbanken geben der Öffentlichkeit am Jahresende bekannt, in welcher Größenordnung sie die Geldmenge im kommenden Jahr auszuweiten gedenken. Daß diese Ankündigungen mit der Realität wenig zu tun und allenfalls psychologische Effekte haben, beweisen nicht nur die Ergebnisse, sondern auch die Sachgegebenheiten: Aufgabe der Notenbanken ist nicht die Festlegung einer »Geldmenge«, an der sich die Wirtschaft zu orientieren hat, sondern die Notenbanken müssen sich umgekehrt mit ihrer Geldmengenpolitik flexibel an die Entwicklungen in der Wirtschaft anpassen. Da sie aber die eingespannten »Pferde« nach Belieben laufen lassen, statt sie an kurzer Leine zu führen, das heißt die Geldmenge nicht im Griff haben und statt dessen den »Zins-Hafersack« mal höher und mal tiefer hängen, flüchten sie in solche fragwürdigen »Geldmengenziele«, um sich selbst eine Stütze zu geben.

Vergleichen kann man diese Methode der Notenbanken mit einer Bahnverwaltung, die sich mit der Bereitstellung der Waggons nicht nach den tatsächlichen Transporterfordernissen der Wirtschaft richtet, sondern dieser vorgibt, welches Transportvolumen von ihr im kommenden Jahr vorgesehen ist. Stimmt dann die Anzahl der Waggons nicht mit dem tatsächlichen Transportbedarf überein und versucht sie die »Stabilität« des Transportverkehrs durch Anhebung bzw. Senkung der Waggonmietpreise zu steuern, statt durch eine Anpassung der erforderlichen Waggonzahlen, dann handelt sie wie unsere Notenbanken.

Noch simpler kann man die Zielvorgabe der Notenbanken mit Eltern vergleichen, die ihren Kindern für das kommende Jahr die Schuhgrößen vorgeben, nach denen sie sich mit dem Wachstum ihrer Füße richten sollen.

Welche »Geldmenge« versuchen die Notenbanken zu steuern?

Man sollte meinen, daß die Notenbanken sich bei ihren Steuerungsversuchen mit jener Geldmenge befassen, über die nur sie bestimmen können, also der Bargeldmenge, die alleine auch wirkliches Geld darstellt. Statt dessen hantieren sie mit den verschiedensten »Geldmengenaggregaten« herum, die überwiegend aus Größen bestehen, die gar kein Geld, sondern Geldguthaben sind. Dabei begnügen sie sich keinesfalls nur mit den Sichtguthaben, die man aufgrund ihrer Übertragbarkeit noch als Nachfragepotential einstufen kann, sondern ziehen auch Spar- und Terminguthabenbestände mit in das »Geldmengenziel« hinein.

Die Notenbanken versuchen also, die Kaufkraft des Geldes nicht durch eine Beobachtung des Preisstandes und entsprechende Mengenkorrekturen stabil zu halten, sondern durch Vorausberechnungen der jährlich hinzukommenden Geldmenge. Diese Methode entspricht der eines Verantwortlichen, der die Füllung eines Stausees stabil halten muß, sich dabei aber nicht am Pegelstand orientiert, sondern dieses Ziel mit Vorausberechnungen des jährlichen Wasserzuflusses zu erreichen sucht. Würde er dabei noch unberücksichtigt lassen, daß ein Teil des zufließenden Wassers gar nicht pegelwirksam wird, weil es mehr oder weniger verdunstet, wäre diese Steuerungsmethode mehr als fragwürdig. Noch fragwürdiger aber wäre sie, wenn der Verantwortliche, außer der zufließenden Wassermenge, auch noch das in den Wolken gebundene Wasser mit hinzuaddieren würde.

Genau das aber machen die Notenbanken. Sie lassen bei ihren Vorausberechnungen nicht nur unberücksichtigt, daß ein Teil des hinzukommenden Geldes gar nicht preiswirksam wird, weil es mehr oder weniger aus dem Kreislauf verschwindet. Sie ziehen auch noch bei den Banken gebundene Guthabenbestände als »Geldmenge« mit heran. Doch wie im Stauseezufluß das aus den Wolken kommende Wasser bereits enthalten ist, so im Umlauf des Geldes die über die Banken abgetretene Kaufkraft. Die Zusammenfassung muß also in beiden Fällen zu Doppelzählungen und damit falschen Berechnungsgrößen führen.

Woher kommen die Bundesbankgewinne?

Wie bei jedem Unternehmen und jeder Behörde fallen auch bei der Bundesbank Einnahmen und Ausgaben an. Bei keiner Institution klaffen diese Größen jedoch so extrem schwankend auseinander wie bei der Währungsbehörde in Frankfurt.

Zieht man die Zahlen für das Jahr 1991 heran, dann lagen die Einnahmen der Bundesbank bei 25 Mrd. DM. Rund 99 Prozent dieser Einnahmen stammten aus Zinserträgen. Davon wurden 17 Mrd. über die Banken aus der bundesdeutschen Volkswirtschaft abgezogen, 7,5 Mrd. resultieren aus der Anlage von Währungsreserven (vor allem Dollarbeständen) im Ausland. Von den Aufwendungen der Bundesbank in Höhe von rund 10 Mrd. DM entfielen u. a. 1,4 Mrd. auf die Personalkosten für die rund 18 000 Beschäftigten und 330 Mio. DM auf den Notendruck. Die größten Ausgabeposten waren der Zinsaufwand mit 4,3 Mrd. und die Abschreibungen auf Währungsreserven in Höhe von 2,9 Mrd. DM.

Der nach Abzug der gesetzlich vorgeschriebenen Rücklage verbleibende Gewinn fließt – wie bekannt – dem Eigentümer der Bundesbank zu, also dem Bund. 1991 waren das rund 14,5 Mrd. DM, im Jahr zuvor nur 8,3 Mrd. Das heißt, die Bundesregierung hat 1991 in einem hohen Maße von der Hochzinspolitik der Bundesbank profitiert. Diese ausgeschütteten Bundesbankgewinne sind für den Staat wie die Wirtschaft praktisch nichts anderes als eine zusätzliche Steuer, deren genaue Höhe allerdings nicht kalkulierbar ist. So schwankte dieser Einnahmeposten seit 1980 zwischen 240 Mio. (1987) und der genannten Größe von 14,5 Mrd. (1991). Im Schnitt lag er bei 9 Mrd.

Legt man den Gewinn von 14,5 Mrd. einmal auf die etwa 34 Mio. Beschäftigten in der vereinten Bundesrepublik um, dann wurden jedem über diesen versteckten Steuereinzug rund 430 DM aus der Tasche gezogen. Gemessen an den 7.500 DM Lohn- und Einkommenssteuern, die jeder Erwerbstätige insgesamt 1991 erwirtschaften mußte, sind diese 430 DM zwar nur ein Klacks. Es fragt sich jedoch, ob dieser mit den Bundesbankgewinnen verbundene indirekte Staatszugriff auf den Bürger mit einem demokratischen Rechtsstaat vereinbar ist.

Teil II

Der Zins und andere Fehlstrukturen

5. Kapitel
Der Zins in Vergangenheit und Gegenwart

»Das Geld ist für den Tausch entstanden, der Zins aber weist ihm die Bestimmung an, sich durch sich selbst zu vermehren. Daher widerstreitet auch diese Erwerbsweise unter allen am weitesten dem Naturrecht.«

Aristoteles

Vor der Erfindung des Geldes wurden als Tauschmittel bestimmte langlebige Güter benutzt, die man notfalls selbst verwenden oder verbrauchen konnte. Das nach und nach an ihre Stelle tretende Metallgeld, vor allem das aus Gold und Silber, hatte gegenüber diesen Tauschgütern viele Vorteile. Es war handlicher, in jeder Größe herstellbar und leicht zu transportieren. Vor allem aber hatte es den Vorteil der fast »unendlichen« Dauerhaftigkeit: Es verdarb, alterte und rostete nicht, kam nicht aus der Mode und verursachte keine Lagerkosten. Damit aber war das Geld kein Äquivalent mehr zu den zu tauschenden Waren und Leistungen, sondern es war diesen überlegen. Diese Überlegenheit wiederum gab dem Geld eine besondere Stellung: Alle begehrten es, und niemand gab es gerne wieder her. Auch nicht leihweise, es sei denn gegen einen Aufschlag, der die Geldvorteile ausglich. Und da Geld aufgrund seiner Begehrtheit immer knapp war und sogar künstlich knapp gehalten werden konnte, spielte dieser Aufschlag, den man für das Verleihen forderte, eine entscheidende Rolle. Sie nahm in dem Maße zu wie der Gebrauch des Geldes.

Dieser Leihpreis für Geld – der Zins – war aber nur für jene von Vorteil, die über mehr Geld verfügten, als sie brauchten, die also Geld übrig hatten. Für diejenigen, denen auf der anderen Seite zwangsläufig in gleicher Höhe Tauschmittel fehlten und die sie sich deshalb leihen mußten, waren Zinsen jedoch eine schwere Bürde, die sie während der ganzen Leihzeit tragen mußten. Als

Folge davon wurden diejenigen, die bereits zuviel Geld hatten und es verleihen konnten, immer noch reicher und die Kreditnehmer ärmer. Es sei denn, sie konnten in dem Umfang der zu zahlenden Zinsen ihre Arbeitsleistung steigern.

Warum ist der Zins ein Problem?

Der Tatbestand der zinsbedingten Zunahme sozialer Spannungen zwischen Arm und Reich wurde schon sehr früh erkannt. Denn diese Spannungen endeten allzuoft in Leibeigenschaft, Sklaverei, Aufständen oder gesellschaftlichen Zusammenbrüchen. Alle Hochreligionen haben darum immer wieder versucht, das Zinsproblem durch Gebote und Verbote aus der Welt zu schaffen, bis hin zur Androhung der schlimmsten Höllenstrafen (siehe Zitate Kasten rechts).

Noch im 18. Jahrhundert wurde durch Papst Benedikt XIV. die Zinsnahme in einer Enzyklika verdammt. Doch mit Verboten war und ist dem Zins nicht beizukommen. Im Gegenteil! Werden die Zinsverbote befolgt, kommt es zu noch größeren Problemen: Man fordert zwar keinen Zins, um den angedrohten Strafen zu entgehen, man verleiht aber auch das Geld nicht mehr. Durch diese Ausleihe-Verweigerung aber wird dem Markt das Tauschmittel entzogen. Die Geldknappheit nimmt zu, und für dennoch gewährte Kredite steigt der Zins ins Unermeßliche. Ähnliche Probleme hat man heute auch in strenggläubigen Zonen des Islam, in dem das religiöse Zinsverbot in größerem Umfang beachtet wird: Das Kreditangebot verringert sich, oder es müssen unter anderen Bezeichnungen gleich hohe Anreize geboten werden, z. B. als »Gewinnbeteiligung«.

Das Zinsproblem ist also vor allem in dem Dilemma zu sehen, daß *mit* Zinsen die sozialen Ungleichgewichte zunehmen, *ohne* Zinsen der Geldkreislauf zusammenbricht.

Nicht der Zins ist also die eigentliche Problemursache, sondern die Möglichkeit, Geld zurückhalten und für dessen Freigabe einen Tribut erpressen zu können. Auch das hat man schon in früheren Zeiten ab und zu erkannt, aber immer wieder aus dem Auge verloren. So hat beispielsweise Papst Bonifatius VIII. nicht wie andere

Christliche Stimmen zum Zins:

»Was ist für ein Unterschied, durch Einbruch in Besitz fremden Gutes zu kommen auf heimliche Weise und durch Mord als Wegelagerer, indem man sich selbst zum Herrn des Besitzes jenes Menschen macht, oder ob man durch Zwang, der in den Zinsen liegt, das in Besitz nimmt, was einem nicht gehört?

Gregor von Nyssa, bedeutender Theologe, griechischer Bischof, ca. 334-394 n. Chr.

»Wer Zins nimmt, wird mit dem Königsbann belegt, wer wiederholt Zins nimmt, wird aus der Kirche ausgestoßen und soll vom Grafen gefangengesetzt werden.«

Kaiser Lothar im Jahr 825, nach einem Gesetz von Karl dem Großen im Jahr 789

»Jede Gesetzgebung, die den Zins erlaubt, ist null und nichtig.«

Papst Alexander III., 1159-1181

»Der Zins hat die ganze Gesellschaft vergiftet, die soziale Moral zerstört. An dieser Sünde muß unsere Gesellschaft zugrunde gehen. Der Zins ist der Angelpunkt der sozialen Frage.«

Karl von Vogelsang, 1884

»Wir zweifeln nicht daran, daß eine Zeit kommen wird, in der sich eine christliche Bewegung gegen den Zins erhebt.«

Friedrich Naumann, Soz. Programm der evang. Kirche 1890

»Wer Zins nimmt, lebt auf Kosten der Arbeit anderer, ohne ihnen für diese Arbeit irgendeine Gegenleistung zu geben. Durch den Zins wird der Gleichwertgrundsatz in schwerster Weise verletzt. Christentum und Zins sind unvereinbar.«

Johannes Ude, Dekan der Kath.-theol. Fakultät Graz, 1874-1965

Kirchenväter das Zinsnehmen unter Kirchenbann gestellt, sondern das Festhalten von Geld: »Wer bei sich daheim Geld schlafend und untätig liegenläßt, wird exkommuniziert«, hieß es in einer im Jahr 1303 veröffentlichten Bulle. Und Papst Clemens IX. gab im 17. Jahrhundert Münzen mit dem Aufdruck »noli thesaurare« in Umlauf, was soviel heißt wie »Du darfst mich nicht festhalten«. Auch der Volksmund hat dieses Wissen bis heute in Erinnerung gehalten. Die Redewendungen »Taler, Taler, du mußt wandern, von der einen Hand zur andern...« oder »Der Rubel muß rollen« treffen in ihrer Kürze genau den Punkt.

Was ist der Zins eigentlich?

Der Zins wird heute oft als »Preis des Geldes« bezeichnet. Man kann Geld jedoch nicht kaufen, sondern erhält es als Lohn für Leistungen und Güter. Auch wenn man Geld verleiht, ist die Bezeichnung »Preis« unzutreffend. Aber auch der Begriff »Leihgebühr« trifft nicht die Sache, weil man Leihgebühren normalerweise nur für Dinge verlangt, die dem Verschleiß unterliegen. Bei Sachen jedoch, die man nach der Leihzeit gleichwertig zurückerhält (z. B. ein Pfund Mehl oder einen Zentner Saatkartoffeln), sind im allgemeinen keine Leihgebühren üblich, es sei denn, der Vorgang ist für den Verleiher mit der Aufgabe eines Vorteils verbunden. Das aber ist beim Verleihen von Geld der Fall. Denn mit dem Verleih überschüssigen Geldes verzichtet der Geldgeber auf die Freizügigkeit, jederzeit kaufen und disponieren zu können. Keynes spricht vom »Liquiditätsvorteil«, den der Geldhalter nicht ohne Belohnung aufgibt. Deshalb bezeichnet man den Zins auch als »Liquiditätsverzichtsprämie«.

Obwohl das Geld eigentlich nur ein Tauschmittel und in dieser Rolle ein Äquivalent der Güter und Leistungen sein soll, ist es diesen aufgrund seiner Dauerhaftigkeit und seiner Liquidität überlegen. Außerdem stehen diejenigen, die Geld übrig haben, unter keinem Ausgabedruck, d. h., sie brauchen ihr Geld auf dem Markt nicht anzubieten. Wer dagegen Güter produziert, muß sie zur Kosten- und Verlustmeidung immer zu verkaufen versuchen. Noch mehr steht derjenige unter Druck, der von seiner Arbeit lebt. Er ist zum Angebot gezwungen, wenn er nicht hungern will.

Dieser Vorteil des Geldes, diese Überlegenheit ist das, was sich derjenige belohnen läßt, der sein Geld anderen überläßt. Dabei ist ihm dieser Vorteil, der dem Geld gewissermaßen von seiner Konstruktion her anhaftet, selbst »geschenkt« worden. Der Zins ist also mit dem Geld und seinen Vorteilen zusammen in die Welt gekommen.

Welche Aufgaben hat der Zins?

In der Volkswirtschaft gilt der Zins mit seiner schwankenden Höhe als ein Indikator der gegebenen Geld- bzw. Kapitalmarktlage. Außerdem wird der Zins als Lenkungsinstrument gesehen, das das Geld in die wirtschaftlich sinnvollste Anlage leitet. Vor allem aber sorgt der Zins dafür (und hier liegt seine wichtigste Aufgabe), daß diejenigen, die Geld übrig haben, es anderen leih-

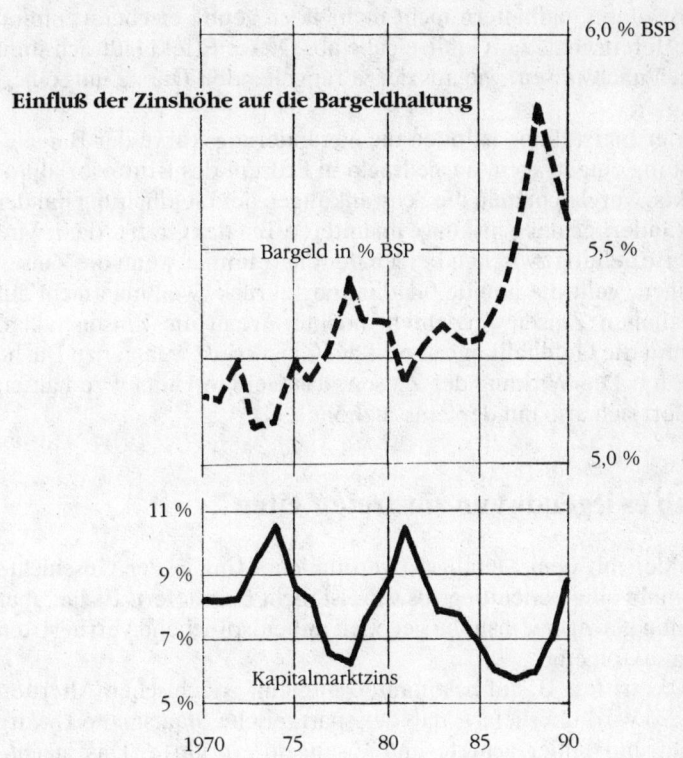

Darstellung 6

weise überlassen. Der Zins ist also das »Zuckerbrot«, mit dem man das für die Wirtschaft unverzichtbare Geld wieder in den Kreislauf zurücklockt. Das heißt, der Zins sorgt für den Geldumlauf.

Für die beiden erstgenannten Aufgaben ist die Zinshöhe an sich ohne Belang. Als Knappheitsindikator und Lenkungsinstrument funktioniert der Zins auch um Null herum, ja sogar – wenn Geld im Überfluß angeboten wird – bei Minusgrößen.

Als Umlaufsicherungsinstrument jedoch läßt seine Wirkung mit sinkender Höhe nach. Das heißt, ein volkswirtschaftlich wünschenswertes Absinken der Zinssätze führt zu einer verstärkten Geldzurückhaltung und damit zu einem Austrocknen der Wirtschaft. Denn wenn der Zins, die Prämie für den Liquiditätsverzicht, den Geldhaltern nicht mehr hoch genug erscheint, nimmt die Bereitschaft zur Geldfreigabe ab. Dieser Effekt läßt sich statistisch nachweisen, wie aus der vorangehenden Darstellung 6 hervorgeht.

In der Darstellung ist oben die Veränderungskurve der Bargeldhaltung eingetragen, ausgedrückt in Prozent des Bruttosozialprodukts. Vergleicht man die Schwankungen der Geldhaltung mit der Veränderung der Zinskurve im unteren Teil der Grafik, dann wird die Beziehung zwischen beiden deutlich: Immer wenn die Zinsen steigen, geht die liquide Geldhaltung zurück, weil man nicht auf die hohen Zinsen verzichten möchte. Wenn die Zinsen fallen, nimmt die Geldhaltung zu, weil der Zinsverlust weniger zu Buche schlägt. Die Wirkung der Zinsen, das Geld in Umlauf zu halten, ändert sich also mit der Zinssatzhöhe.

Gab es irgendwann zinsfreie Zeiten?

Ob der mit dem Metallgeld verbundene Zins in der Geschichte einmal völlig bedeutungslos war, ist nicht überliefert. Es hat aber Zeiten geringer Zinshöhe gegeben mit entsprechend verringerten Negativfolgen.

Das trifft z. B. auf bestimmte Zeiten im griechischen Altertum zu. So wird überliefert, daß der spartanische Staatsmann Lykurg Gold und Silber ächtete und Eisengeld einführte. Das machte Sparta unabhängig von den Edelmetallen. Dieses Eisengeld hatte jedoch noch einen anderen Effekt: Es war nicht mehr, wie Gold und Silber, den einzutauschenden Gütern überlegen! Wer Eisengeld verschatzte, also aus dem Verkehr zog und verknappte, der riskierte ähnliche Verluste wie der Warenbesitzer. Im Extremfall fand er in der Schatztruhe nach einiger Zeit nur noch einen Haufen Rost.

Bekannter und nachprüfbarer ist die Kultur- und Wirtschaftsblüte in der Stauferzeit. »Ein Geschenk des Geldwesens«, wie Hans Weitkamp im Untertitel seines Buches »Das Hochmittelalter« schreibt. In dieser Zeit gab es ebenfalls ein Geld, das nicht von Dauer war: die einseitig geprägten sogenannten Brakteaten. Das waren Münzen aus dünnem Silberblech, die ihren Wert nicht durch die Masse des verwendeten Metalls erhielten, sondern durch die Prägung. Das Besondere an den Brakteaten aber war, daß sie im Jahr ein- bis zweimal »verrufen«, das heißt für ungültig erklärt wurden und gegen eine geringere Anzahl neuer Münzen eingetauscht werden mußten.

Zwar kannte man den Geldverruf mit Zwangsumtausch und Abschlag auch vorher schon im frühen Mittelalter bei den normalen Münzen. Er fand damals jedoch nur bei der Einsetzung eines neuen Herrschers statt. Erzbischof Wichmann von Magdeburg aber hat als erster mit der Einführung der Brakteaten im Jahre 1154 diesen Verruf zur Regel gemacht. Ob es aus Mangel an Edelmetallen geschah oder um über den Umtausch-Abschlag – Schlagschatz oder Prägesteuer genannt – den Staatshaushalt zu finanzieren, ist nicht bekannt. Wahrscheinlich war das Letztgenannte der Grund. Doch dieses Brakteatengeld, das sich unter den Münzherren in Mitteleuropa sehr schnell ausbreitete, hatte einen gewiß nicht eingeplanten segensreichen Nebeneffekt: Dieses Geld lief um! Kaum einer sammelte es noch in Truhen, denn mit jeder Geldansammlung riskierte man höhere Verluste beim nächsten Geldumtausch. Also gab man sein Geld möglichst im gleichen Rhythmus weiter, wie man es erhielt. Hatte man keinerlei Verwendung, verlieh man es gern, denn auf diese Weise konnte man den »Schwarzen Peter« des Umtauschverlustes, der mit dem Geld verbunden war, loswerden. Denn der Geldleiher hatte dann das Risiko und der Verleiher Anspruch auf Rückerstattung des vollen Betrages.

In einer Studie der Harvard-Universität wird diese Zeit des

Hochmittelalters als die wohl glücklichste der Menschheit bezeichnet. Mehrere hundert Städte entstanden allein im deutschen Sprachraum. Die Hanse hatte ihre Blüte. Zum erstenmal gab es einen breiten Bürgerreichtum, den man in den wenigen unversehrt gebliebenen Städten wie Dinkelsbühl, Rothenburg, Lübeck u. a. noch erkennen kann. Nie wieder hat es so viele Künstler und Kunsthandwerker gegeben wie in diesen Jahrhunderten. Fast jeder Balken an den Bürgerhäusern und selbst der letzte Stein auf den Spitzen der Kirchen und Kathedralen waren kunstvoll verziert. Gerade die Kathedralen legen heute noch Zeugnis ab von dem Reichtum dieser Zeit. Sie wurden nicht – wie die Pyramiden – durch Zwangsarbeiter errichtet, sondern von hochbezahlten Handwerkern und Baumeistern. Und dieser breitgesteuerte Wohlstand war nicht die Folge einer ständigen Leistungssteigerung oder eines Wirtschaftswachstums in unserem Sinne. Er war ganz einfach die Folge einer langen Epoche des Wirtschaftens ohne verarmende Konjunktureinbrüche, die Folge eines umlaufenden Geldes ohne Ausbeutungscharakter. Weitgehend gab es schon eine Fünf-Tage-Woche, denn der »blaue Montag« war in den meisten Zünften arbeitsfrei.

Diesen Zusammenhang zwischen Wirtschaftsblüte und Geld bestätigt auch das Ende dieser Ära im 15. Jahrhundert, das mit der Wiedereinführung des »Dickpfennigs« oder des »ewigen Pfennigs« zusammenfällt, also jener massiven Gold- und Silbermünzen, die nicht mehr dem Verruf unterlagen. Dazu kam es wahrscheinlich, weil manche Münzherren die Verrufung zu oft wiederholten. Möglicherweise spielten auch erhöhte Edelmetallfunde eine Rolle. Jedenfalls verschwand das massive Geld wieder rasch aus dem Wirtschaftskreislauf. Geldüberschüsse wurden wieder gehortet und nur gegen hohe Zinsen herausgegeben. Die Geldverleiher, wie die Fugger oder die Welser, wurden reich, alle anderen als Schuldner arm, bis hin zu den Erzbischöfen, den Fürsten und dem Kaiser. Nicht vollendete Kathedralen blieben halbfertig stehen. »Es war kein Geld mehr da«, erklärte ein Fremdenführer einmal dieses Phänomen, weil er von den tatsächlichen Gegebenheiten nichts wußte.

Was ist der Zins heute?

Profit, Gewinn, Überschuß, Rendite, Mehrwert und Zins werden – zumindest in der Theorie – nicht präzise definiert und häufig durcheinandergeworfen. In der Praxis bleiben nur zwei davon übrig, nämlich der Zins für Geld- und Sachkapital und der Gewinn. Dabei sind die Zinsen eine feste Größe, die in Prozenten auf das eingesetzte Kapital berechnet werden. Gewinn ist dagegen eine schwankende Größe, die in Prozenten des Umsatzes ausgedrückt wird. Er erscheint als positives Restergebnis in der Einnahmen-Ausgaben-Rechnung. Ist die Differenz negativ, liegt ein Verlust vor.

Die Zinsen, die Kosten für das Kapital, gehen also in die Kalkulation der Preise genauso ein wie die Kosten für das Material und das Personal. Daß heute immer noch die Eigenkapitalverzinsung im Gewinn verschwindet und nur die Fremdkapitalverzinsung ausgewiesen wird, trägt nicht nur zur Verwirrung bei, sondern verhindert auch sachgerechte Vergleiche zwischen den Betriebsergebnissen verschuldeter und unverschuldeter Unternehmen. Bei alternativen Betrieben liegt hier oft die Quelle der versteckten Selbstausbeutung.

Zins ist also Einkommen aus Kapitalbesitz. Dabei bestimmt die Geldzinshöhe die Ansprüche des Sachkapitals. Denn wer wird wohl bei einem Bankzins von z. B. sechs Prozent sein Geld abheben und in eine Sachanlage stecken, wenn diese weniger Zins als bei der Bank erbringt? Das heißt, der Geldzins ist die Schwelle und Hürde vor jeder Wirtschaftstätigkeit und damit auch vor jedem Arbeitsplatz. Erst bei sinkendem Geldzins werden also Investitionen möglich, die vorher nicht zustande kamen, so sinnvoll und notwendig sie auch gewesen wären. Mit jeder weiteren Investition aber sättigen sich die Märkte, was über nachlassenden Kreditbedarf auf die Geldzinsen drückt. Sinkende Geldzinsen wiederum drücken auf die Verzinsung aller bestehenden Sachvermögen. Denn welcher Hauswirt kann für eine Wohnung noch eine sechsprozentige Kapitalverzinsung fordern, wenn jeder Mieter sich mit einer dreiprozentigen Hypothek eine Eigentumswohnung kaufen kann? Doch solche zinssenkenden Entwicklungen wären nur möglich, wenn das Geld nicht »streiken« könnte und damit der Zins – wie alle anderen Knappheitsgewinne – den Markthäfen unterstellt bleiben würde.

Die eigentliche Ursache der Ausbeutung liegt also nicht im Sachvermögen, sondern im Geldvermögen, nicht in der Produktions-, sondern in der Zirkulationssphäre. Verständlich, daß der marxistische Weg zum Sozialismus zum Scheitern verurteilt war.

Welche Zinsbegriffe gibt es?

Im Bereich der Banken ist vom Nominal- und vom Realzins die Rede, von Soll- und Habenzinsen, von Kapital- und Geldmarktzinsen usw. Außerdem gibt es Zinsbezeichnungen für die verschiedensten Einlagen und Kreditarten. Schließlich auch noch die Leitzinsen der Notenbanken. Es ist darum sinnvoll, die wichtigsten Zinsbegriffe kurz zu erklären.

Der Nominalzins gibt die jeweils vereinbarten und einzuhaltenden Zinssätze wieder. Der Realzins ist der Teil des Nominalzinses, der nach Abzug der Geldentwertungsrate, also des Inflationssatzes, übrigbleibt. Der Begriff Sollzins meint jene Zinsen, die der Kreditnehmer, der im Soll steht, zahlen muß. Der Begriff Habenzins gilt für den Sparer, der für sein Guthaben Zinsen erhält.

Bei Direktverleihung sind Soll- und Habenzinsen identisch. Bei Verleihung über die Banken klaffen sie auseinander. Die Differenz zwischen beiden Größen ist die Bankmarge, jener Teil, den die Bank für ihre Vermittlungstätigkeit einbehält. Bei diesem Teil handelt es sich also nicht um ein leistungsloses Einkommen, sondern um die Honorierung einer Dienstleistung. Wie die Darstellung 7 schematisch zeigt, schwankt dieser Bankanteil erheblich.

Je kürzer die Laufzeiten von Einlagen und Krediten sind und je geringer ihre Höhe, um so größer ist im allgemeinen die Marge der Bank. Wenn also die kleinen Sparer die geringsten Zinsen erhalten und die kleinen Kreditnehmer die höchsten zahlen müssen, ist das keine Boshaftigkeit der Banken. Vielmehr ist es die Folge davon, daß Bearbeitung und Betreuung solcher kleinen Beträge genausoviel Arbeit und Kosten verursachen wie die von großen. Außerdem werden große Beträge meist für längere Zeiträume eingelegt und verliehen bzw. in einer Summe ein- und ausgezahlt, während kleinere Einlagen und Kredite oft mit vielen Ein- und Rückzahlungen und entsprechender Mehrarbeit verbunden sind.

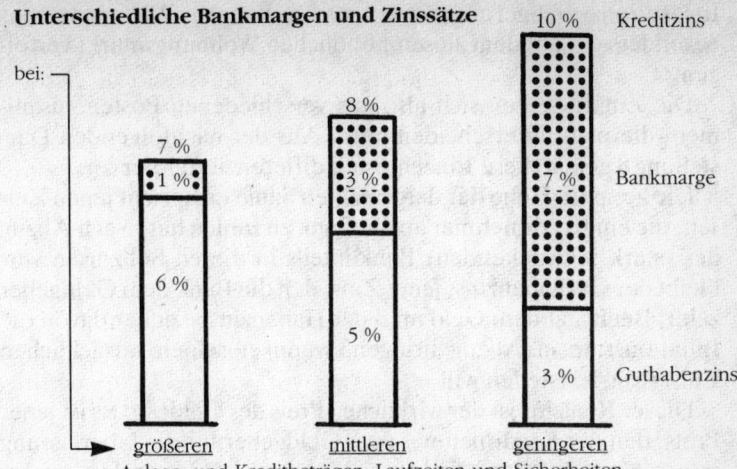

Unterschiedliche Bankmargen und Zinssätze

bei:

10 % Kreditzins

8 %

7 %

1 %

3 %

7 % Bankmarge

6 %

5 %

3 % Guthabenzins

größeren   mittleren   geringeren

Anlage- und Kreditbeträgen, Laufzeiten und Sicherheiten

Darstellung 7

Wie setzen sich die Zinsen zusammen?

Bekommt man für ein Guthaben bei der Bank oder für ein Wert-
papier im Jahr z. B. vier Prozent, so sind das – stabiles Geld vorausgesetzt – reale Zinseinkünfte. Ist die Kaufkraft des Geldes
nicht stabil oder wird ein inflationärer Kaufkraftverlust befürchtet, dann wird der Einleger sein Geld nicht für vier Prozent freigeben, sondern einen zusätzlichen Aufschlag von z. B. drei Prozent
fordern, um den Inflationsverlust auszugleichen. Dieser Inflationsausgleich wird meist undifferenziert dem Zins hinzugezählt,
obwohl es sich dabei um kein leistungsloses Einkommen handelt,
sondern um die Neutralisierung eines Verlustes, der sich sonst als
Gewinn für den Kreditnehmer ausgewirkt hätte.

Für den Kreditnehmer ist der Nominalzins die entscheidende
Größe, denn in seiner Höhe muß er zusätzliche Einnahmen erwirtschaften und abführen, auch dann, wenn er selbst seine Preise
nicht um den Inflationsausgleich erhöhen kann. Steigende Zinsen
– ob markt- oder inflationsbedingt – führen also sehr schnell zu

Investitionsverzögerungen oder -rückstellungen. Wir können das besonders gut auf dem zinsempfindlichen Wohnungsmarkt verfolgen.

Die Zinsen setzen sich also aus verschiedenen Posten zusammen, die man unterscheiden muß. Aus der nachfolgenden Darstellung 8 gehen diese Einzelposten differenzierter hervor.

Die gesamte Höhe der dargestellten Säule entspricht jenen Zinsen, die ein Kreditnehmer an die Bank zu zahlen hat. Nach Abzug des (stark schwankenden) Bankanteils in diesen Sollzinsen verbleibt der Guthabenzins, jener Zins, den die Bank dem Geldgeber zahlt. Bei instabilem Geld muß der Habenzinsbezieher davon die Inflationsrate in Abzug bringen, wenn er seinen tatsächlichen Zinsertrag feststellen will.

Dieser Realzins ist der wirkliche »Preis des Geldes«. Es ist jener Preis, den der Kreditnehmer dem Geldgeber für die Überlassung seines überschüssigen Geldes zahlen muß. Oder anders ausgedrückt: Es ist der Tribut, den der Geldgeber als Belohnung dafür verlangt, daß er sein übriges Geld dem Wirtschaftskreislauf nicht entzieht.

Dieser jeweilige Realzins wiederum besteht aus einem Grundanteil, mit dem sich der Geldbesitzer die Aufgabe des Liquiditätsvorteils honorieren läßt. Keynes spricht von der Liquiditäts(verzichts)prämie, Gesell vom Urzins, in dem sich die Überlegenheit des Geldes gegenüber den Gütern widerspiegelt. Dieser Grundzins – gleichgültig, wie man ihn erklärt – erhöht sich je nach Marktlage noch durch einen Knappheitsaufschlag. Dieser Knappheitsaufschlag ist jener Zinsanteil, der von Angebot und Nachfrage beeinflußt wird. Angesichts der überbordenden Geldüberschüsse müßte er längst aus der Zinsbildung verschwunden sein. Doch er kann deshalb nicht verschwinden, weil Geld nicht unter dem gleichen Angebotszwang steht wie Güter und Arbeit. Konkret: Weil man Geld künstlich verknappen kann, auch wenn es gar nicht (mehr) knapp ist.

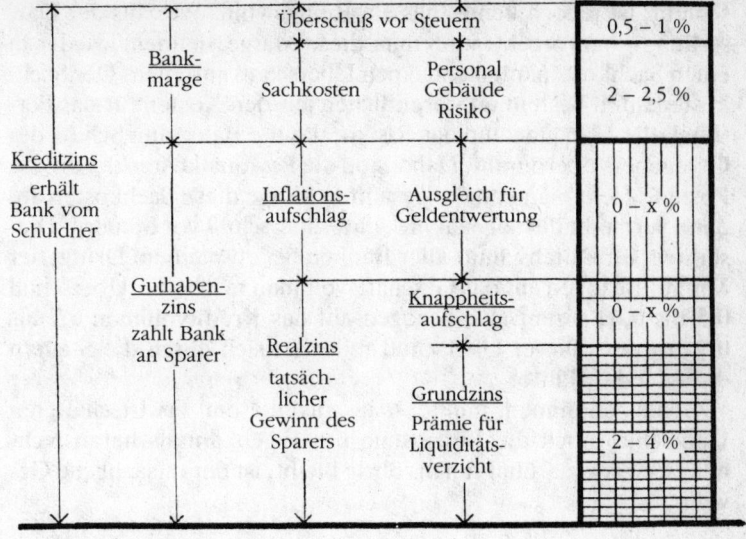

Darstellung 8

Was umfaßt die Bankmarge im Zins?

Die Bankmarge deckt die Bankkosten ab. Dieser Sollzinsanteil kommt also nur dann hinzu, wenn eine Bank zwischen Sparer und Kreditnehmer tätig wird. Wie bereits aus der Darstellung 7 ersichtlich, verteilen sich diese Vermittlungskosten auf beide Beteiligten. Das heißt, bei einem Direktkredit würde der Geldgeber mehr erhalten und der Kreditnehmer weniger zahlen müssen. Dafür hätten beide aber Schwierigkeiten, um sich überhaupt zu finden und die Vorgänge abzuwickeln. Für den Geldgeber käme außerdem das Kreditrisiko hinzu, das ihm die Bank abnimmt.

Die Bankmarge liegt im Durchschnitt aller Banken etwa bei zwei Prozent des Geschäftsvolumens, bezogen auf das Kreditvolumen bei drei Prozent. Das heißt, die Kreditzinsen bestehen im

Schnitt etwa zu einem Drittel aus Bankkosten und zu etwa zwei Dritteln aus den eigentlichen Zinsen.

Die Marge, die die Bank zwischen Soll- und Habenzins einschiebt, ist jedoch keinesfalls ein Reingewinn. Wie aus der Darstellung 8 hervorgeht, muß man diese Marge vielmehr wieder in einen Sachkostenanteil und einen Überschuß aufteilen. Der Sachkostenanteil besteht im wesentlichen aus den Kosten für das Personal, die Gebäude und das Risiko, das die Bank zum Schutz des Geldgebers übernimmt. Dabei sind die Personalkosten der größte Posten. Zieht man von der gesamten Marge diese Sachkosten ab, dann verbleibt der sogenannte Jahresüberschuß vor Steuern. Dieser liegt im Durchschnitt aller Banken bei etwa einem Drittel der Marge. Bezogen auf das Geschäftsvolumen macht der Überschuß 0,5 bis 0,6 Prozent aus, bezogen auf das Kreditvolumen 0,7 bis 0,9 Prozent. Dieser Überschuß reduziert sich durch die Steuern etwa um die Hälfte.

Genaugenommen müßte man aus diesem erwirtschafteten Überschuß noch die Verzinsung des Eigenkapitals herausrechnen. Erst was darüber hinaus übrig bleibt, ist der tatsächliche Gewinn.

Was versteht man unter Leitzinsen?

Wie das Wort »leiten« sagt, sollen diese Zinsen Einfluß auf die Wirtschaft nehmen. Dieser Einfluß hängt damit zusammen, daß die Banken diese Leitzinsen zahlen müssen, wenn sie von der Notenbank Kredite haben wollen. Diese Kredite benötigen sie, wenn ihre Kunden mehr Geld an den Schaltern abheben als die Banken in ihren Kassen haben. Zum anderen, um die vorgeschriebenen Mindestreserven bei der Notenbank aufzufüllen. Ohne diese Krediteinräumung können sie diese Mindestreserven nur durch Einzahlung von Bargeld schaffen. Darüber hinaus benötigen Banken nur Guthaben bei der Notenbank, um für ihre bankinternen Verrechnungen über entsprechende Polster zu verfügen. Das ist aber heute dank der technisch ausgefeilten bankinternen Verrechnungsmöglichkeiten in einem immer geringeren Umfang der Fall.

Gibt eine Notenbank diese Kredite gegen eingereichte Wechsel heraus, dann spricht man vom Diskontzins. Fragen die Banken gegen Hinterlegung von Wertpapieren bei der Notenbank Geld nach, spricht man vom Lombardzins. Der Lombardzins ist höher als der Diskontzins. Deshalb werden die festgelegten Rediskontkontingente immer voll ausgenutzt, die Lombardkredite dagegen nur im Notfall in Anspruch genommen. Das Gros der Refinanzierungen läuft inzwischen über sogenannte Wertpapier-Pensionsgeschäfte. Deren Verzinsung orientiert sich ziemlich eng an den Zinsen des Geldmarktes. Der Geldmarkt ist jener Markt, auf dem die Banken untereinander vor allem mit Bundesbankguthaben handeln, dem sogenannten Zentralbankgeld.

Welchen Einfluß haben die Notenbanken auf den Marktzins?

Die eigentlichen Leitzinsen, nämlich Diskont- und Lomardzins, haben durch die Ausweitung der Pensionsgeschäfte an Bedeutung verloren. Aber auch unabhängig davon reagieren die Zinsen in der Wirtschaft (also die Zinsen zwischen den Banken auf der einen Seite und den Einlegern und den Kreditnehmern auf der anderen) immer weniger auf die Leitzinsen. Allein schon deshalb, weil sich diese Leitzinsen auf Kreditgrößen beziehen, die im Verhältnis zu jenen in der Wirtschaft immer mehr zurückfallen. Denn während sich die Kredite der Notenbanken weitgehend nur im Gleichschritt mit dem Geldbedarf entwickeln, nehmen die Ersparnisse und Kredite in der Wirtschaft deutlich schneller zu. Damit wird der »Geldhebel« der Notenbanken, mit dem sie in die Wirtschaft eingreifen können, zunehmend wirkungsloser.

Schon seit Jahren geben Notenbanker zu, daß sie die Zinsen am Markt allenfalls noch im Trend verstärken oder abschwächen, aber nicht mehr entscheidend beeinflussen können. Das bestätigt 1992 auch der Ökonom Gerhard Fels, Direktor des Instituts der Deutschen Wirtschaft:

> »Es gehört zu den Grundirrtümern der geldpolitischen Diskussion, in der Notenbank die Instanz zu sehen, die die Höhe der für die Volkswirtschaft relevanten Zinsen bestimmt. Sie kann das Zinsniveau allenfalls kurzfristig beeinflussen, und auch das nicht entgegen den Marktkräften.«

Veränderungen der Lombard- oder Diskontzinsen sind also mehr Theaterdonner und Psychologie als konkreter Eingriff in den Markt. Das gilt besonders für den wichtigsten Marktzins, den sogenannten Kapitalmarktzins. Das ist jener Zins, den man für längerfristige Geldüberlassungen erhält und an dem sich sowohl die Anleger als auch die Investoren in der Wirtschaft orientieren. Dieser wichtigste Zins ist z. B. von Anfang 1990 bis Ende 1992 gefallen, obwohl in dieser Zeit die öffentliche Verschuldung erheblich ausgeweitet und die Leitzinsen dreimal angehoben wurden.

Resignierend schreibt zu diesem Tatbestand Helmut Hesse, Präsident der Landeszentralbank in Niedersachsen im Sommer 1992:

>Die Leitzinsen haben sicher das höchste Niveau in der Geschichte der Bundesrepublik erreicht. Sie waren aber auch noch nie so unwirksam wie heute.«

6. Kapitel
Die Wirkungen von Zins und Zinseszins

> *»Die Wurzel des Übels liegt im momentanen Geldsystem und dem unkritischen Glauben an die Fehlerlosigkeit des Zinses. Dieser macht aber die Reichen reicher und die Armen ärmer, weil er nicht nur als direkter Kreditzins gezahlt wird, sondern als Kostenfaktor in allen Preisen steckt.«*
>
> Kath. Familienverband der Erzdiözese Wien, 1990

Der Zins erscheint fast allen Sparern als herrliche Sache: Man hat nichts dafür getan und erhält trotzdem am Jahresende eine oft beachtliche Summe gutgeschrieben. Und darüber freut man sich natürlich! Schenkt man den Werbeanzeigen der Banken Glauben, dann entstehen diese Zinsgutschriften auf wundersame Weise. Wie der Zusammenschnitt von Bankwerbungen zeigt, kann Geld

angeblich arbeiten, wachsen oder sich aus sich selbst heraus vermehren. Mit diesen Anzeigen werden Illusionen geweckt und die wirklichen Zusammenhänge verschleiert.

Kein Mensch hat bisher arbeitendes Geld gesehen. Arbeit wurde und wird immer nur von Menschen geleistet. Mit oder ohne Hilfe von Gerätschaften, Einrichtungen und Maschinen, die wiederum von Menschen geschaffen wurden. Ebenso dümmlich ist die Aussage, daß Geld wachsen oder sich vermehren könne. Wer einmal die Probe aufs Exempel macht und einen Geldschein in

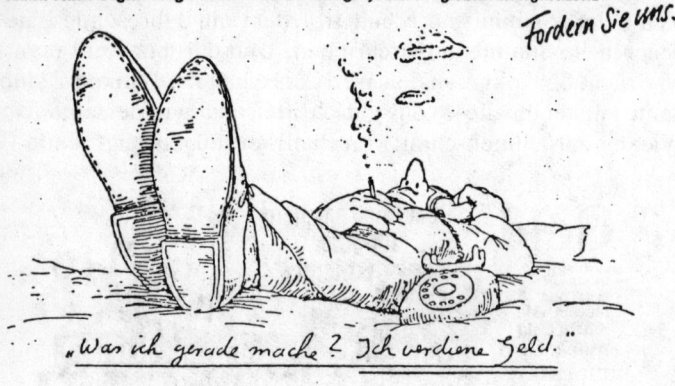
einen Blumentopf steckt, der wird auch mit dem besten Kunst- und Naturdünger keine Geld-Wachstums-Erfolge haben. Und wer den neuen Hunderter mit der hübschen Clara Schumann zu Paul Ehrlich in die Brieftasche legt, wird ebenfalls nicht erleben, daß sie »Junge kriegen«.

Manchmal jedoch schimmert auch die Wirklichkeit in Bankanzeigen durch. So ist ausgerechnet die (damals noch) gewerkschaftseigene »Bank für Gemeinwirtschaft« 1982 auf fast schon zynische Weise der Wahrheit näher gekommen.

Mit dem lukrativen Angebot einer neunprozentigen Verzinsung zeigt die BfG den Geldanlegern, wie man auf dem Rücken liegend zu Geld kommen kann.

Was die Bank jedoch verschweigt, sind die wirklichen Zusammenhänge. Denn »ohne einen Finger krumm zu machen« kann man nur dann zu Geld kommen, wenn dieses Geld einem anderen genommen wird. Und zwar einem, der seine Finger krumm machen oder seinen Kopf anstrengen mußte. Also, immer wenn jemand ohne eigene Leistung eine Mark erhält, muß sie einem anderen, der geleistet hat, aus der Tasche gezogen werden. Eine geheimnisvolle dritte Möglichkeit zur Deckung leistungsloser Einkünfte gibt es nicht. In der Wirtschaft geschehen keine Wunder, und zwei mal zwei ist – wie überall – immer vier.

Die Irrealität des ganzen Zinssystems geht aus einer einfachen Vergleichsrechnung hervor: Hätten alle Bürger bei der BfG vor zehn Jahren jeweils 10000 DM zu neun Prozent angelegt, könnten durch den Zinseszinseffekt alle unsere Kinder schon in 30 Jahren mit 2300 Mark im Monat von den Zinsen leben. Würden sie noch acht Jahre länger warten, hätten sie bereits das Doppelte im Monat zur Verfügung. Noch mal acht Jahre später, also nach insgesamt 56 Jahren, wären alle Bürger unseres Landes Millionäre, mit einem Monatseinkommen von fast 10000 Mark. Auf dem Rücken liegend, ohne einen Finger krumm zu machen! – Daß hier etwas nicht stimmen kann, machen solche Beispiele deutlich.

Woher kommen die Zinsen tatsächlich?

Wie fast alles in der Welt, hat auch der Zins zwei Seiten. Denn die Zinsen, die man von der Bank für Nichtstun erhält, fallen nicht vom Himmel. Vielmehr muß die Bank sie bei jenen Kunden abkassieren, denen sie Kredit vermittelt hat.

Nun wird der Sparer, der keine Schulden gemacht hat, sicher denken, daß er aus dem Schneider ist. – Ist das tatsächlich der Fall?

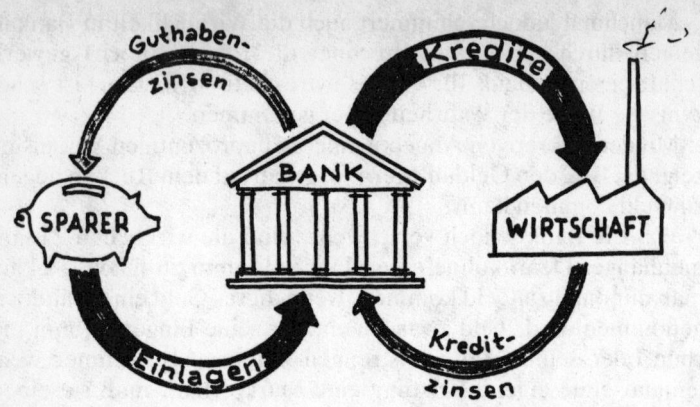

Darstellung 9

In der Darstellung 9 sind die zinsbezogenen Abläufe vereinfacht als Schema wiedergegeben.

Der Sparer gibt sein Geld zur Bank und erhält dafür seine Zinsen. Die Bank verleiht das Geld weiter (zum größten Teil an Unternehmer in der Wirtschaft) und zieht von den Kreditnehmern die Zinsen ein, die sie dem Sparer gibt.

Für den Unternehmer aber sind die Zinsen genauso ein Kostenfaktor wie die Ausgaben für Personal oder Material. Alle Kosten aber muß ein Unternehmer über die Preise an den Markt und damit an den Endverbraucher weitergeben, wenn er überleben will. Das heißt, die Zinsen, die der Sparer erhält, werden ihm mit jeder ausgegebenen Mark aus der Tasche geholt. Es ist also nicht so, wie auch heute noch viele Bürger vermuten, daß sie nur dann Zinsen zahlen müssen, wenn sie selbst einen Kredit aufnehmen, zum Beispiel für das Auto oder als Hypothek für das eigene Heim. Zinsen hat auch der laufend zu zahlen, der selbst keinerlei Schulden hat. Sie sind nur, ähnlich wie die Mehrwertsteuer, in den Preisen versteckt.

Wie hoch sind die versteckten Zinsen?

Im Gegensatz zur Mehrwertsteuer ist die Höhe der in den Preisen versteckten Zinsen nicht einheitlich zu benennen. Sie hängt nämlich nicht nur von dem jeweils gültigen Zinssatz ab, sondern noch mehr von der Höhe des jeweils eingesetzten Kapitals. Das heißt, die Zinskosten in den Preisen sind das Ergebnis von Kapital mal Zinssatz. Welchen prozentualen Anteil die Zinskosten innerhalb des Preises ausmachen, hängt dann wieder von den übrigen Kosten ab, die in die Kalkulation eingehen.

Bei einem handgeflochtenen Korb beispielsweise wird der Zinsanteil sehr gering sein. Sein Preis wird weitgehend vom Lohn bestimmt. Bei Raffinerieprodukten oder bei der Fernwärme beherrschen die Kapitalkosten den Preis, während Lohnkosten kaum zu Buche schlagen. Denn hier stehen millionenschweren Anlagen nur wenige Arbeitskräfte gegenüber.

Der Zins bewirkt als Kostenfaktor also eine Verteuerung aller Güter. Diese überall einfließende Verteuerung muß letztlich – wie bei der Mehrwertsteuer – von den Endverbrauchern getragen werden. Über unzählige Kanäle fließen die zu tragenden Zinslasten von den Verbrauchern dann wieder zu den Kapitalbesitzern. Dabei vereinen sich in fast allen Fällen beide Rollen. So ist jeder, der Geld ausgibt, ein Zinszahler – auch Millionäre und Milliardäre. Und fast jeder ist auch Zinsbezieher, und sei es nur auf seinem Postsparbuch.

Ist der Zins ein Monopoleinkommen?

Preise bilden sich am Markt durch Angebot und Nachfrage, wobei sie normalerweise nicht unter die Gestehungskosten sinken können. Ist eine angebotene Ware knapp und die Nachfrage groß, steigen die Preise und damit die Gewinne. Diese Knappheitsgewinne führen dazu, daß auch andere Produzenten versuchen werden, die knappe Ware oder Leistung anzubieten. Damit konkurrieren sie die überhöhten Preise selbst nach unten. Der Wettbewerb auf freien Märkten sorgt also dafür, daß die Gewinne niemals in den Himmel wachsen.

Betrachten wir unter diesen Aspekten den Zins, dann zeigt sich, daß er der einzige Preis ist, der sich diesen ausgleichenden Markt-kräften entziehen kann.

Jeder Produzent von Waren oder Leistungen ist gezwungen, seine Produkte loszuschlagen. Notfalls sogar unter den Einstands-kosten, wenn er höhere Verluste vermeiden will. Diese ihn zum Angebot zwingenden Kosten sind z. B. Alterung oder Verderb der Ware, Gefahr des Unmodern- oder Überholtwerdens durch neue Produkte usw. In allen Fällen aber entstehen für jede Ware Lager- und Pflegekosten, die den Gewinn sehr schnell aufzehren können. Nur deshalb werden zu lange liegengebliebene Güter in Sonderangeboten und Schlußverkäufen oft weit unter Preis ver-ramscht. Von verbilligten Geldscheinen im Ausverkauf, selbst von alten, abgegriffenen oder zerknitterten, hat man so etwas noch nie gehört!

Im Gegensatz zu dem Halter von Waren unterliegt der Halter überschüssigen Geldes also keinem Angebotszwang. Er kann war-ten, wenn ihm die Belohnung für die Geldhergabe nicht hoch genug erscheint. Das heißt, er kann das gesamte Geldangebot ver-knappen und damit die Marktsättigung verhindern, die zum Ab-sinken des Zinses führen würde. Geld ist also nicht nur aufgrund seiner Liquiditätsvorteile und der Haltbarkeit den Waren und der Arbeit überlegen. Geld ist darüber hinaus ein Monopolgut, auch wenn es sich auf viele Hände verteilt. Ähnlich wie der unvermehr-bare Boden kann darum auch das Geld immer einen Knapp-heitspreis erzielen. Das heißt, im Gegensatz zu den Knappheitsge-winnen am Gütermarkt geht der Zins nie gegen Null herunter.

Was bewirkt der Zinseszins?

Den Begriff Zinseszins haben viele Leser sicher noch aus der Schule in Erinnerung. Vielleicht haben Sie sogar jene verrückten Rechnungen anstellen müssen, zu welcher Größe sich ein Pfennig, angelegt zu Jesu Geburt, bis in unsere Tage vermehrt.

Heinrich Haußmann aus Fürth hat diese Rechnung noch einmal ganz präzise mit Hilfe eines Computers Jahr für Jahr bis 1990 aus-gedruckt. Das Ergebnis ist fast neun Meter lang und verblüffend: Bei einer Verzinsung von fünf Prozent des angelegten Pfennigs im Jahre 0 wäre bis 1990 ein Vermögen entstanden, das man nur noch in Goldkugeln im Gewicht unserer Erde wiedergeben kann: nicht weniger als 134 Milliarden Stück!

Aufschlußreich ist auch die zunehmende Explosivität des Anstiegs. Bis zum Jahr 296 hatte sich erst ein Vermögen von 1 kg Gold angesammelt. Anno 1466 war es schon eine Goldkugel im Gewicht der Erde, 1749 waren es eine Million Stück davon und 1890 eine Milliarde. In den letzten 100 Jahren, von 1890 bis 1990, sind dann noch die »restlichen« 133 Milliarden Goldkugeln dazugekommen. Und da sich nach den Zinseszinsgesetzen jede Menge bei fünf Prozent Verzinsung etwa alle 14 Jahre verdoppelt, werden es im Jahr 2004 schon 268 Milliarden Goldkugeln im Gewicht der Erde sein und 2018 sogar 536!

»Gibt es ein besseres Beispiel dafür, daß der Zins die Erde fressen muß?«, schreibt Margrit Kennedy in ihrem Buch »Geld ohne Zinsen und Inflation«.

Den gravierenden Unterschied zwischen Zins und Zinseszins macht eine weitere Rechnung von Heinrich Haußmann deutlich: Hätte man die Zinsen auf den Pfennig laufend auf ein unverzinsliches Konto abgeschöpft und angesammelt, dann hätte sich das Vermögen in den 1990 Jahren nur auf knapp eine Mark vermehrt, also nur auf das 100fache. Erst die Einbeziehung der anfangs lächerlich geringen Zinsen in das vorgegebene »Kapital« führte zu jener irrealen Ansammlung von Milliarden erdschwerer Goldkugeln.

Spielt der Zinseszins auch in normalen Zeitabläufen eine Rolle?

In der Darstellung 10 ist unten als schwarzer Balken eine Geldanlage von 10 000 Mark wiedergegeben, darüber ihre Entwicklung bei verschiedenen Zinssätzen in 50 Jahren. Die rechts ausgewiesenen Ergebnisse zeigen, daß bei einer Verzinsung von drei Prozent die angelegten 10 000 Mark auf rund 44 000 ansteigen. Geht man von einem verdoppelten Zinssatz aus, also von sechs Prozent, dann steigt das Ergebnis nicht auf das Doppelte an, wie man annehmen könnte, sondern mit 184 000 DM auf rund das Vierfache. Noch mal drei Prozent höhere Zinsen, also neun Prozent, erbringen mit 744 000 Mark gegenüber der dreiprozentigen Verzinsung sogar ein rund 17mal höheres Ergebnis.

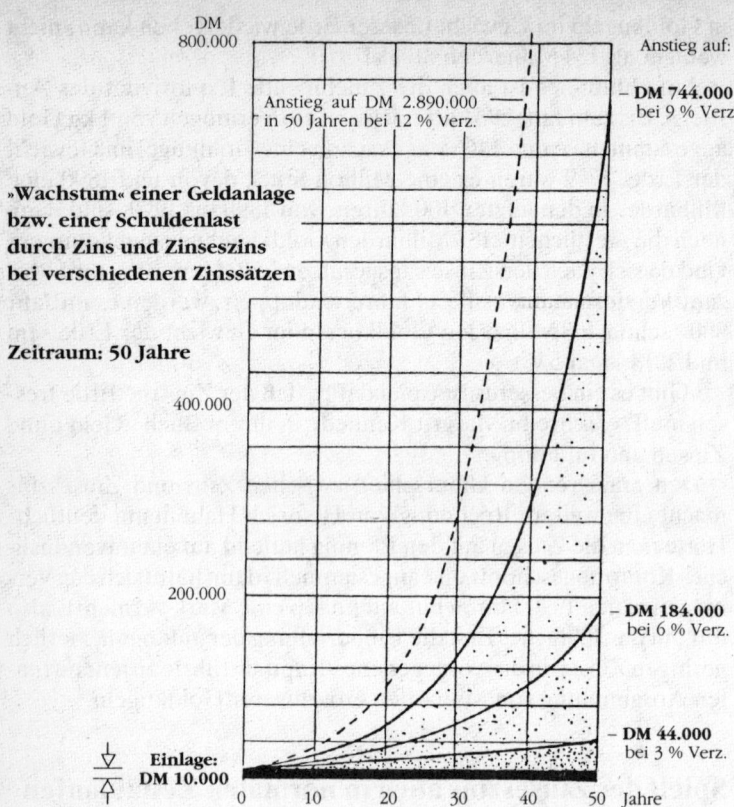

DM
800.000

Anstieg auf:

— **DM 744.000**
bei 9 % Verz.

Anstieg auf DM 2.890.000
in 50 Jahren bei 12 % Verz.

»Wachstum« einer Geldanlage
bzw. einer Schuldenlast
durch Zins und Zinseszins
bei verschiedenen Zinssätzen

Zeitraum: 50 Jahre

400.000

200.000

— **DM 184.000**
bei 6 % Verz.

Einlage:
DM 10.000

— **DM 44.000**
bei 3 % Verz.

0   10   20   30   40   50   Jahre

Darstellung 10

Im Vergleich mit der Einlage von 10000 DM steigt also das Vermögen bei drei Prozent auf das 4,4fache, bei sechs Prozent auf das 18,4fache und bei neun Prozent auf das rund 74,4fache an. Der Zinseszins hat also auch in überschaubaren Zeiträumen bereits enorme Auswirkungen.

Die Entwicklungskurven lassen erkennen, daß der Zinseszinseffekt erst nach ein bis zwei Jahrzehnten zu irrealen Eskalationen führt. Das heißt, eine »junge« Volkswirtschaft, die z. B. nach einem Krieg mit einer neuen Währung und geringen Ersparnissen begonnen hat, wird von dem Problem noch nicht so stark beeinflußt. Außerdem wird anfangs ein großer Teil der Zinsen abgehoben und verbraucht. Im Laufe der Zeit nehmen jedoch die Geldvermögen und -konzentrationen durch den Zinseszinseffekt immer mehr »von alleine« zu. Damit müssen in einer »älter« werdenden Volkswirtschaft auch die Diskrepanzen zwischen den sozialen Schichten zwangsläufig größer werden. Diese Entwicklung mag in Deutschland noch halbwegs tragbar sein. Was uns jedoch bevorsteht, können wir in »älteren« Volkswirtschaften studieren, die nach dem Krieg nicht »bei Null« angefangen haben, z. B. in Großbritannien oder in den USA.

Sind zwölf Prozent Verzinsung irreal?

In der letzten Darstellung ist zusätzlich die Entwicklung von 10 000 Mark bei einer zwölfprozentigen Verzinsung eingetragen. Wie ersichtlich, ist das Endergebnis grafisch nicht mehr darstellbar. Rechnerisch ergibt sich ein Betrag von 2 890 000 Mark. Das heißt, bei zwölf Prozent Verzinsung vermehrt sich die Einlage in 50 Jahren auf das rund 290fache!

Selbstverständlich erhält man zwölf Prozent Verzinsung auf keinem Sparbuch. Trotzdem ist diese Verzinsungshöhe nicht irreal: Noch Anfang der 80er Jahre konnte man US-amerikanische Staatspapiere kaufen, die zu zwölf bzw. sogar 14 Prozent verzinst wurden. Und das bei einer Laufzeit von sage und schreibe 30 Jahren! Bei diesen Papieren handelte es sich um sogenannte Zero-Bonds, auch Null-Coupon-Anleihen genannt. Auf diese Papiere werden die Zinsen nicht jährlich ausgeschüttet. Vielmehr werden sie der Einstandsgröße gutgeschrieben und mit Zins und Zinseszins nach 30 Jahren ausgezahlt. Das heißt, für 10 000 Dollar, die die US-Regierung von einem Geldgeber 1982 erhielt, muß sie im Jahre 2012 bei zwölf Prozent Verzinsung rund 300 000 und bei 14 Prozent rund 500 000 Dollar zurückgeben. Also das 30- bzw. das 50fache des geliehenen Geldes!

Daß eine Regierung eine solche waghalsige Zusage macht, ist bezeichnend für den Zustand, in dem sie sich befindet. Denn realistisch ist ein solches Versprechen doch nur dann, wenn in den 30 Jahren auch die Leistung der Volkswirtschaft und damit die Staatseinnahmen auf das 30- bzw. 50fache ausgeweitet werden könnten. Daß eine solche Steigerung völlig irreal ist, auch wenn es keine Umweltproblematik gäbe, bedarf keiner Erklärungen.

»Realistisch« sind solche Kreditverträge also nur, wenn man von einer entsprechend hohen inflationären Entwertung des Geldes ausgeht. Eine andere »Lösung« kann es für solche Zusagen einfach nicht geben. Das heißt aber auch, daß die US-Regierung eine Kaufkraftstabilität des Geldes auf Dauer gar nicht wollen kann.

Wer oder was bestimmt die Zinshöhe?

Viele Bürger gehen davon aus, daß die Banken die Höhe der Zinsen bestimmen. Wäre das der Fall, dann würde es wohl kaum einmal Zinssenkungen geben.

Der Zins ist jedoch – zumindest solange es unter den Banken noch Wettbewerb gibt – genau wie alle anderen Preise das Resultat von Angebot und Nachfrage. Daß er nach unten unflexibel ist, ändert daran nichts. Steigende Zinsen sind also kein Beweis für höhere Bankgewinne, sondern die Folge verstärkter Kreditnachfrage oder erhöhter Forderungen der Geldgeber. Letztere können aus erhöhten Inflations- oder Risikoerwartungen resultieren.

Für die Banken ist die Höhe der Zinsen gleichgültig. Für sie ist nur die Höhe der Bankmarge von Bedeutung. Wer sich einmal intensiver mit der Entwicklung der Bankmarge befaßt, wird sogar feststellen, daß sich diese bei steigenden Zinsen reduziert und erst bei fallenden Zinsen wieder erholt. Das heißt, die Wirklichkeit widerspricht der allgemeinen Vermutung, daß Banken von steigenden Zinsen Vorteile haben. Dieses auf den ersten Blick überraschende Phänomen zurückgehender Gewinne bei steigenden Zinsen ist leicht erklärbar: Aufgrund der durchweg längeren Laufzeiten der Kredite gegenüber den Einlagen müssen die Banken die Zinsen für die Geldgeber rascher anheben, als sie das bei Kreditnehmern tun können.

Um diesen Nachteil zu verringern, verzögern sie die Anhebung der Sparbuchzinsen möglichst lange. Zwingt man die Banken zu schnellerer Anpassung, verstärkt sich der Auftrieb des gesamten Zinsniveaus.

Woher kommen die großen Zinsschwankungen?

Die relative Einflußlosigkeit der Notenbank-Leitzinsen auf die Zinsen des Marktes wurde bereits dargelegt. Natürlich versuchen die Banken meistens im Schatten solcher Leitzinserhöhungen ihre Kreditzinsforderungen auszuweiten. Sachlich ist das jedoch kaum zu begründen. Denn die Erhöhung sämtlicher Leitzinsen um einen Prozentpunkt, bezogen auf ihre gesamten Notenbankkredite in Höhe von rund 250 Mrd. DM, ergibt für die Banken eine zusätzliche Belastung von gut 2,5 Mrd. DM. Eine Umlage dieser erhöhten Kosten auf die etwa 15mal größeren Bankkredite würde bei diesen nur mit 0,07 Prozent zu Buche schlagen. Eine alleinige Erhöhung der Diskontzinsen um einen Prozentpunkt läßt sich kaum noch umrechnen. Im übrigen können Banken Zinserhöhungen nur durchsetzen, wenn der Markt mitspielt. Deshalb bewegen

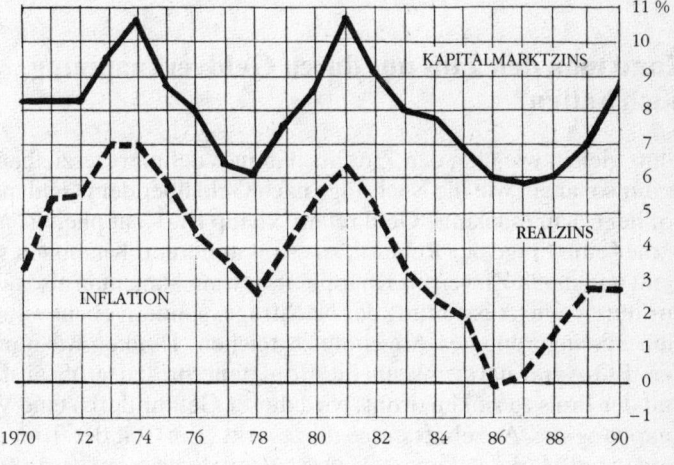

Auswirkung der Inflationsentwicklung auf die Zinshöhe

Darstellung 11

sich die Wirkungen der Leitzinsveränderungen wie auch die allgemeinen marktverursachten Zinsschwankungen meist in relativ moderaten Größenordnungen. Die erheblichen konjunkturbeeinflussenden Schwankungen der Zinssätze werden dagegen von den Inflationsentwicklungen und -erwartungen bestimmt. Das zeigt sich überdeutlich in der Darstellung 11. In ihr sind die Veränderungskurven der Kapitalmarktzinsen und der Inflationsraten eingetragen. Wie die Verläufe zeigen, kann man schon fast von einer Parallelität sprechen. Diese enge Beziehung zeigt, wie empfindlich die Geldanleger reagieren, um den inflationsbedingten Substanzverlusten zu entgehen. Dabei reagieren sie heute schon auf Inflationserwartungen. Früher war das weniger der Fall. Da lebte man noch mehr in der Illusion gleichbleibender Geldkaufkraft und ließ sich von Inflationsentwicklungen überraschen.

Die Differenz zwischen beiden Kurven gibt den jeweiligen Realzins wieder, also den tatsächlichen Gewinn des Geldgebers. Die Schwankungen des Realzinses hängen von den Marktbedingungen und dem Marktverhalten der Geldanleger und der Kreditnehmer ab. Der entscheidende Faktor für die Schwankungen der Gesamtzinsen ist dagegen – wie die Grafik zeigt – die Inflation. Für diese aber sind weder die Banken verantwortlich noch die Marktteilnehmer, sondern allein die geldherausgebende Notenbank.

Kann man den Zins nur durch Geldverknappung hoch halten?

Ganz gleich, wie man den Zins auch immer definiert: erzielbar ist er nur so lange, wie die Nachfrage nach Geld über dem Geldangebot liegt. Kurz: solange Geld relativ knapp ist. Knappheit ist also immer eine Frage der Relation zu etwas anderem. Knappheit von Geld und damit Zinsen als Knappheitsgewinn kann man also nicht nur durch eine Ausweitung der Nachfrage, sondern ebenso durch eine Verringerung des Angebotes erreichen. Denken wir nur an den EG-Agrarmarkt. Wenn die Tomatenernte zu groß ausfällt und der Preis zu sinken droht, wird dieser Gefahr durch eine Verknappung des Angebots entgegengewirkt. Ein Teil der Tomaten wird »vom Markt genommen«, was auf gut deutsch heißt: vernichtet!

Möglich wäre aber auch, das Problem des Tomatenüberschusses durch eine Ausweitung der Nachfrage zu lösen, z. B. durch eine großangelegte Werbekampagne oder die Entwicklung neuer Verwendungsmöglichkeiten für Tomaten usw. Auch damit könnte man den fallenden Preisen entgegenwirken.

Ebenso kann man beim »Preis des Geldes«, dem Zins, ein Absinken durch Ausweitung der Nachfrage verhindern. Damit wird vermieden, daß der Zins unter jene Grenze fällt, bei der sich das Geld zurückhält mit der Folge konjunktureller Störungen. Konkret: Fragen die Bürger nicht genug Güter nach und als Folge davon die Unternehmer nicht genug Kredite, kann man durch großangelegte Werbekampagnen bei den Verbrauchern, Ausweitung der staatlichen Subventionen oder Nachfrage nach Gütern wie Rüstung, Raumfahrt usw. den Zins über jener Grenze halten, unter der es zu deflationären Störungen durch Geldzurückhaltungen kommen würde.

Genau das geschieht bei uns seit einigen Jahrzehnten. Das heißt, wir sind nicht nur auf ständiges Wachstum angewiesen, um die Diskrepanzzunahme zwischen Arm und Reich durch staatliche Rückverteilungen verträglicher zu machen. Wir brauchen auch ein ständiges Wachstum, um die Zinssätze auf einer Höhe zu halten, die Geldzurückhaltungen erst gar nicht entstehen läßt.

7. *Kapitel*
Der Zins als Umverteiler

> »*Kredit kostet Zinsen. Die Zinsen belasten die Letztverbraucher und die Unternehmer, die sich zu ihrem Konsum- oder Investitionsbedarf das Geld hinzuborgen. Die Zinsen entziehen also den Letztverbrauchern und Unternehmern wiederum Geld, obgleich bei ihnen schon ohnehin zu wenig war, und sie fließen hin zu dem Anleger, bei dem ohnehin schon so viel Geld war, daß sich ein Überschuß seiner Gelder über seinen Bedarf ergeben hatte.*
>
> *Dieter Suhr* [*]

Stellen Sie sich einmal vor, irgend jemand würde Ihnen regelmäßig einige Hunderter aus der Brieftasche entnehmen. Ganz sicher würden Sie eine Anzeige erstatten. Nicht anders würden Sie wahrscheinlich reagieren, wenn jemand bei jedem Ihrer Käufe nach Mafia-Art einen bestimmten Anteil der Kaufsumme abkassieren würde. Genau das aber passiert bei uns! Jeden Tag, bei jedem Kauf und in einem ganz gravierenden Umfang.

Gemeint ist diesmal nicht der Staat, der uns bekanntlich gleich zweimal in die Tasche greift, nämlich beim Geldverdienen und beim Geldausgeben. Nein, gemeint ist ein anderer Zugriff, der zwar größenmäßig mit dem des Staates konkurrieren kann und dennoch von uns kaum zur Kenntnis genommen wird. Gemeint ist der Anspruch des Kapitals an uns und unsere Leistung, bekannt unter dem Begriff Zinsen.

---

[*] Jurist und Verfassungsrechtler an der Universität Augsburg 1939–90, »Wachstum bis zur Krise«, 1986

Wie läuft das Abkassieren der Zinsen?

Wenn der Staat die Lohnsteuer erhöht, geht der Arbeitnehmer mit weniger Geld nach Hause. Er weiß auf Heller und Pfennig, wieviel er sich weniger leisten kann. Erhöht der Staat dagegen in gleicher Höhe die Mehrwertsteuer, dann bleibt das Einkommen des Arbeitenden unverändert. Allerdings wird er auch hierbei ärmer, da sich durch die Mehrwertsteuer die Preise erhöhen und er weniger für sein Geld erhält. Was sich ändert, ist lediglich der Steuer-Einzugsweg: Statt beim Verdienen wird der Mehrbetrag beim Verbrauchen kassiert, statt beim Einnehmen beim Ausgeben. Statt offen, greift also der Staat versteckt in unsere Taschen. Aber immerhin: Er gibt den Mehrwert-Zugriff bekannt, und wir können uns mit wenig Mühe die Einkommensverluste ausrechnen.

Bei den Zinsen geht das ähnlich zu. Sie werden nicht beim ausbezahlten Lohn abgezogen (wie manche Marx-Anhänger das auch heute noch vermuten), sondern als Kapitalkosten den Preisen zugeschlagen.

Abkassiert werden also die Zinsen – wie die Mehrwertsteuer – über die zu zahlenden Preise. Während wir jedoch von der Mehrwertsteuer wenigstens den Prozentsatz kennen, wissen wir von den Zinsanteilgrößen in den Preisen meistens nichts. Auch durch Einsicht in die Kalkulationen könnten wir uns kein genaues Bild von den Zinsanteilen machen. Denn auf jeder Kalkulationsstufe werden – wie bei den Arbeitslosen – immer nur die *hinzu*kommenden Zinsanteile ausgewiesen. Doch alle in die Kalkulation mit aufgenommenen Materialkosten der Vorlieferanten bestehen wiederum aus Arbeits- und Kapitalkosten, so daß die wirklichen Zinsanteile wesentlich höher sind.

Das zeigt die Darstellung 12, in der an einem fiktiven Beispiel, von der Rohstoffgewinnung bis zum Endverbrauch, die Entstehung eines Produkts begleitet wird.

Wie man sieht, kommen auf jeder der sechs Stufen unterschiedlich hohe Kapital- und Arbeitskosten hinzu. Sie werden mit den vorherigen, die in dem Einkaufspreis der Vorprodukte enthalten sind, zu einem neuen Gesamtpreis zusammengefaßt. Der tatsächliche Kapitalkostenanteil im Endpreis eines Produkts ist darum kaum noch festzustellen.

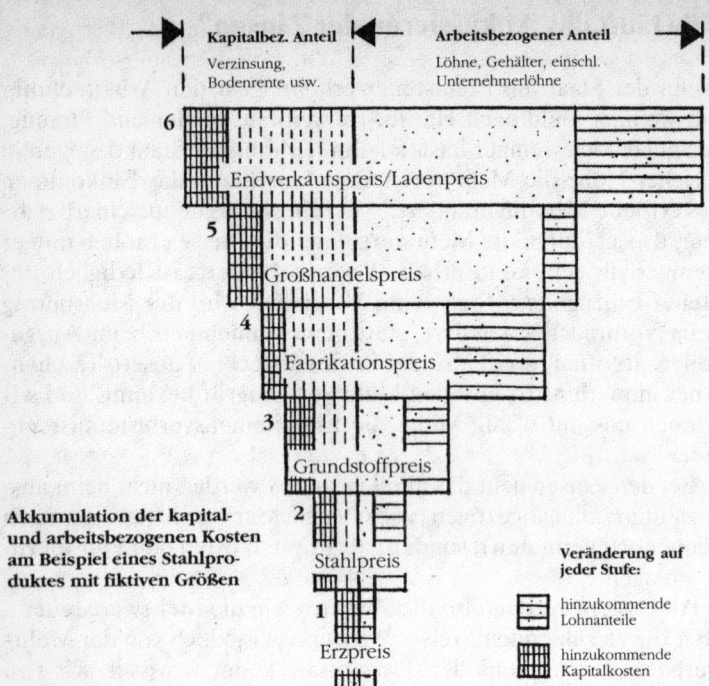

Kapitalbez. Anteil
Verzinsung,
Bodenrente usw.

Arbeitsbezogener Anteil
Löhne, Gehälter, einschl.
Unternehmerlöhne

6

Endverkaufspreis/Ladenpreis

5

Großhandelspreis

4

Fabrikationspreis

3

Grundstoffpreis

**Akkumulation der kapital-
und arbeitsbezogenen Kosten
am Beispiel eines Stahlpro-
duktes mit fiktiven Größen**

2

Stahlpreis

**Veränderung auf
jeder Stufe:**

hinzukommende
Lohnanteile

1

hinzukommende
Kapitalkosten

Erzpreis

Darstellung 12

Der Gewinn wurde in der vorstehenden Darstellung außer acht
gelassen und als Teil des Unternehmerlohns betrachtet, nämlich
als Anreiz, Risiko zu übernehmen und unternehmerisch tätig zu
werden.

Wer erhält die Zinsen?

Natürlich werden die Zinskosten in den Preisen – ähnlich wie bei
der Mehrwertsteuer – von den Zahlern an Empfänger umverteilt.
Würde der Staat die eingezogene Mehrwertsteuer wieder in Höhe
der geleisteten Zahlungen an alle Haushalte zurückverteilen,
dann könnte er sich die ganze Aktion sparen. Verteilt er jedoch

das eingenommene Geld an die sozial schwächeren Bevölkerungsschichten, dann wird deren Los auf Kosten der übrigen verbessert.

Bei den Zinsen werden zwar die Bürger – wie bei der Mehrwertsteuer – mit einem bestimmten Prozentsatz ihrer Endnachfrage zur Kasse gebeten. Doch diese eingezogenen Zinsmilliarden, inzwischen dreimal größer als die genannte Steuer, kommen keineswegs allen Haushalten zugute und schon gar nicht den sozial Schwächeren. Sie fließen vielmehr überwiegend jenen zu, die über die größeren verzinslichen Vermögen verfügen. Konkret: Je reicher man ist, d. h., je mehr zinsbringendes Sach- und Geldvermögen man besitzt, um so größer ist der Anteil, den man aus dem Topf der abkassierten Zinsen erhält. Die größten Verluste tragen diejenigen, die über keine oder keine nenneswerten verzinsten Vermögenswerte verfügen. Sie zahlen nur, ohne etwas zurückzuerhalten. Und da die zinsfordernden Sach- und Geldvermögen deutlich rascher zunehmen als die volkswirtschaftliche Leistung und damit die Staatseinnahmen, ist auch der sozialste Staat von Jahr zu Jahr weniger in der Lage, die zinsstrombedingten Umverteilungen von Arm zu Reich durch steuerfinanzierte Rückverteilungen auszugleichen. Es sei denn, dem Staat gelingt es, das Wirtschaftswachstum ausreichend anzukurbeln, damit von Jahr zu Jahr ein größerer Kuchen zur Verteilung zur Verfügung steht. Doch um den Status quo der Verteilung aufrechtzuerhalten, ist das schon lange nicht mehr möglich. Und das nicht nur aus Umweltgründen.

Wie wirkt der Zins bei der Verteilung des Volkseinkommens?

Im allgemeinen ist man der Auffassung, daß unsere Wirtschaftsleistung etwa hälftig zwischen Staat und Bürgern aufgeteilt wird. Rechnet man die Abgaben für die staatlichen Sozial- und Gesundheitssysteme den Steuern zu, dann ergibt sich tatsächlich eine »Staatsquote« von fast 50 Prozent. Trotzdem trifft diese Aufteilung nicht die Wirklichkeit. Denn das Gros der Staatsquote kommt allen Bürgern wieder zugute. Nicht nur in Form von Renten- und Sozialbeiträgen, sondern auch in Form öffentlicher Einrichtungen, von den Straßen über die Schulen bis zu Sportanlagen usw.

Eine viel aussagekräftigere und zutreffendere Aufteilung, die jedoch statistisch nicht erfaßt wird, ist die zwischen Staat, Arbeit und Kapital. Bleibt man bei der eingangs angeführten Teilung der Einkommen zwischen Bürger und Staat und nimmt zusätzlich die Kapitalansprüche mit in die Betrachtung auf, dann ergibt sich das in der Schema-Darstellung 13 gezeigte Verteilungsbild.

Das Ergebnis ist, daß der arbeitenden Bevölkerung, vor Rückverteilung des Staatsanteils, real nicht mehr die Hälfte, sondern nur

Verteilungsschema Staat, Kapital und Arbeit*

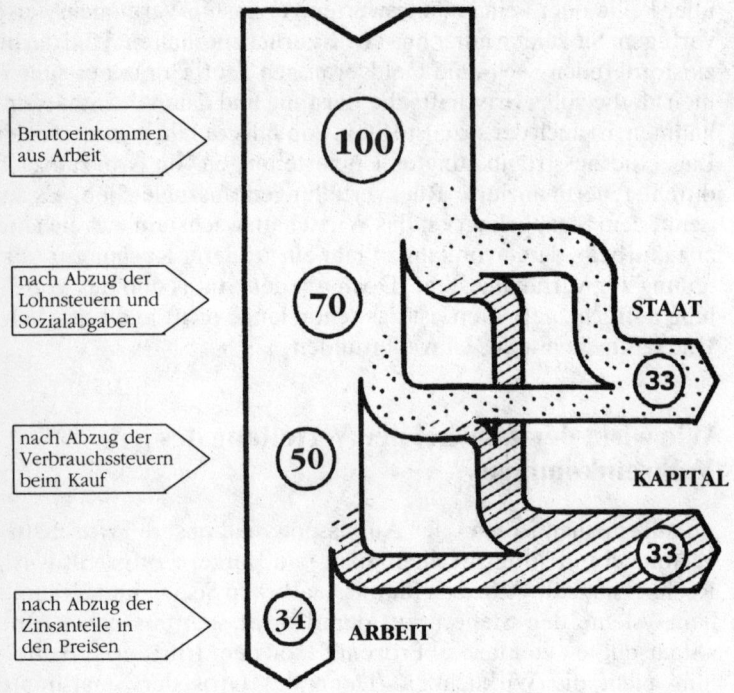

*) vor Zinsversteuerung und staatlichen Rücktransfers

Darstellung 13

110

noch rund ein Drittel verbleibt. Auch die Abzweigungen an den Staat müssen von ihrer realen Kaufkraft her um die Zinsanteile reduziert werden. Das heißt, grob betrachtet verteilt sich heute die gesamte volkswirtschaftliche Leistung mit rund je einem Drittel auf die Arbeit, den Staat und das Kapital.

Welche Rolle spielt der Zinssatz bei der Umverteilung?

Die Zinsanteile in allen Preisen resultieren aus Kapital mal Zins. Sie können also sowohl bei steigendem Kapitaleinsatz zunehmen wie bei steigenden Zinssätzen. Das eingesetzte Sachkapital – ob mit eigenem oder fremdem Geld finanziert – kann aus naheliegenden Gründen nur relativ langsam und kontinuierlich zunehmen. Zinssatzveränderungen jedoch können kurzfristig erfolgen und sind kaum voraussehbar. Außerdem sind ihre Auswirkungen vielmals schwerwiegender:

Steigt das zu verzinsende Kapitalvermögen zum Beispiel um drei Prozent, dann nimmt bei gleichbleibenden Zinssätzen auch die gesamte Zinsbelastung um drei Prozent zu. Steigt jedoch der durchschnittliche Zinssatz um drei Prozent (richtiger: drei Prozentpunkte!), also beispielsweise von sechs auf neun Prozent, dann explodiert die Zinsbelastung rechnerisch um 50 (!) Prozent. Denn sechs Prozent Zinsen ergeben, bezogen auf ein Kapital von 100.000 DM, 6000 DM, neun Prozent jedoch 9000 DM. Das heißt, Zinssatzerhöhungen haben gravierende Folgen für die Zinslastanteile in den Preisen. Entsprechend gravierend sind auch ihre Umverteilungsfolgen. Davon werden am massivsten und direktesten alle Schuldner betroffen, vor allem auch die Unternehmen mit geringem Eigenkapital. Die den Zinsanstiegen folgenden Pleitezahlen geben ein Bild davon.

Willy Brandt hat 1982 die damals extrem hohen Zinsen zu Recht als »mörderisch« bezeichnet. Doch auch der normale Zins »mordet«, wenn auch langsamer. Die Zahl der Menschen in der Dritten Welt, die als Folge der Zinsen, ganz besonders der hohen Zinsen, den Tod gefunden haben, läßt sich statistisch natürlich nicht erfassen. Sie dürfte in die mehrstelligen Millionen gehen.

Genauso aber wie Zinserhöhungen die Probleme eskalieren lassen, werden diese durch Zinssenkungen minimiert. Ein Zins um Null wäre völlig verteilungsneutral. Das heißt, den Werteschaffenden würde der volle Arbeitsertrag verbleiben, auch wenn ein Teil davon den Umweg über staatliche Kanäle macht. Fast alle Probleme unserer Tage würden sich mit einem solchen verteilungsneutralen Zins auf verkraft- und lösbare Größen reduzieren: Der Verschuldungs- und der Wachstumszwang würden ver-

---

Der Zins im Urteil eines Unternehmers

»Ich habe also Gelegenheit gehabt, die heutigen Erscheinungen des Wirtschaftslebens im Bereich eines einzelnen Industriezweiges aus allernächster Nähe anzusehen... Gemäß den Pflichten, welche meine Stellung mir auferlegte, mußte ich nun diese Erscheinungen stets betrachten vom Standpunkt des Unternehmers und Kapitalisten. Gleichzeitig habe ich sie aber auch immer betrachten müssen mit den Augen des Arbeitersohnes... Ich habe also die Vorgänge gleichzeitig von ganz entgegengesetzten Seiten her ansehen und aus beiden ein Fazit mir ziehen können unter dem Gesichtspunkt des öffentlichen Interesses und des Gemeinwohls...

Da ausschließlich die menschliche Arbeit Werte erzeugt..., so kann kein Zweifel darüber bestehen, daß es die Gesamtheit aller Arbeitenden im Volk ist, welche jene Summe für die Gesamtheit aller Besitzenden... dafür aufzubringen hat, daß die Eigentümer der Objekte des Nationalvermögens diese Objekte der Arbeit des ganzen Volkes als Mittel der Gütererzeugung vorenthalten oder darleihen.

Mithin hat... die Gesamtheit aller Arbeitenden in allen Tätigkeitsgebieten, dem Durchschnitt nach, immer zwei Tage in der Woche zu arbeiten, für die Gesamtheit der Besitzenden, d. h. derer, welche Miteigentümer des Nationalvermögens sind, dessen Verzinsung vorweg aufgebracht werden muß... Der Zins ist unter dem volkswirtschaftlichen Gesichtspunkt nur das Kennzeichen der Zwangslage, in welcher die Arbeit sich gegenüber dem Besitz insofern befindet, als die Wertobjekte des Gesamtvermögens als Mittel produktiver Arbeit absolut unentbehrlich sind...

Elimination (Ausmerzung) des Zinswesens aus dem Wirtschaftssystem der Völker ist daher die Voraussetzung für eine haltbare, nicht auf völlige Desorganisation hinsteuernde Wirtschaftstätigkeit.«

Prof. Dr. Ernst *ABBE* in einem kurz vor der Wende vom 19. zum 20. Jahrhudnert gehaltenen Vortrag aus *Zeitschrift für Sozialökonomie*, Nr. 61

---

schwinden und damit ein großer Teil der daraus resultierenden ökologischen Folgen. Die sozialen Spannungen würden nicht mehr zunehmen und den Staat von dem Versuch entlasten, sie durch wachstumsunterfütterte Rückverteilungen erträglicher zu machen. Und mit den sozialen Spannungen würden sich auch die daraus resultierenden Gefährdungen des inneren und des äußeren Friedens zurückentwickeln. Die links in dem Kasten angeführten Aussagen von Ernst Abbe, Physiker und Gründer der Zeisswerke, aus einfachsten Verhältnissen stammend, sind nach wie vor aktuell und richtungsweisend, auch wenn sie schon vor 100 Jahren ausgesprochen wurden.

Was verändert den Verteilungsschlüssel?

Einen Kuchen kann man immer nur einmal essen. Das gilt auch für die Aufteilung des wirtschaftlichen Leistungskuchens zwischen Kapital und Arbeit. Nimmt das Kapital und damit sein Zinsanspruch im Gleichschritt mit der Wirtschaftsleistung zu, dann bleiben die Verteilungsrelationen konstant. Wachsen die zu verzinsenden Kapitalien jedoch schneller, kommt es zu einer Verschiebung der Anteile zu Lasten der Arbeit.

In der Schemadarstellung 14 sind solche Verteilungsverschiebungen in verschiedenen Varianten aufgezeigt. Angenommen ist eine Ausgangs-Verteilungsrelation zwischen Kapital und Arbeit von 20:80 sowie ein gleichbleibendes Wirtschaftswachstum von drei Prozent.

Bei einem regelmäßigen Wirtschaftswachstum von drei Prozent wächst der zur Verteilung anstehende Wirtschaftskuchen in 40 Jahren auf etwa das 3,3fache. Nimmt das zu bedienende Kapital – wie in der oberen karierten Fläche angenommen – ebenfalls jedes Jahr um drei Prozent zu, dann bleibt die Verteilungsrelation zwischen Kapital und Arbeit mit 20:80 gleich. Schon ein Wachstum des Kapitals von vier Prozent ergibt jedoch nach 40 Jahren eine Verschiebung des Verteilungsschlüssels von 20:80 auf 35:65. Das Kapital hat seinen Anteil also um 15 Punkte ausgeweitet, der Arbeitsanteil ist in gleicher Höhe gefallen.

Noch deutlicher, nämlich auf 51 Prozent, fällt der Anteil der

Arbeit bei einem Kapitalwachstum von fünf Prozent zurück. Bei dieser Verteilungskurve kann man bereits erkennen, daß der Anstieg der Arbeitsanteile nicht nur deutlich geringer ist, sondern von Jahr zu Jahr nachläßt. Nach etwa 15 Jahren beginnt er ins Negative umzukippen.

Dieser Umkippeffekt tritt bei einem Kapitalwachstum von sechs Prozent bereits nach 25 Jahren ein. Als Folge kehrt sich der Verteilungsschlüssel von 20:80 in den 40 Jahren auf 77:23 um. Das heißt, der Arbeit kommt nur noch ein Viertel des Kuchens zu, drei Viertel würden vom Kapital beansprucht, wenn einem Wirtschaftswachstum von drei Prozent ein Kapitalwachstum von sechs Prozent gegenübersteht. Noch dramatischer verschieben sich die Anteile bei nachlassendem Wirtschaftswachstum.

Dieses Verteilungsmodell zeigt erneut die Wirkung des Zinseszins, der anfangs nur geringe, schließlich immer größere Verschiebungen bewirkt. Vor allem aber zeigt es, zu welchen gefährlichen

Fiktive Verteilungsentwicklung von Kapital und Arbeit

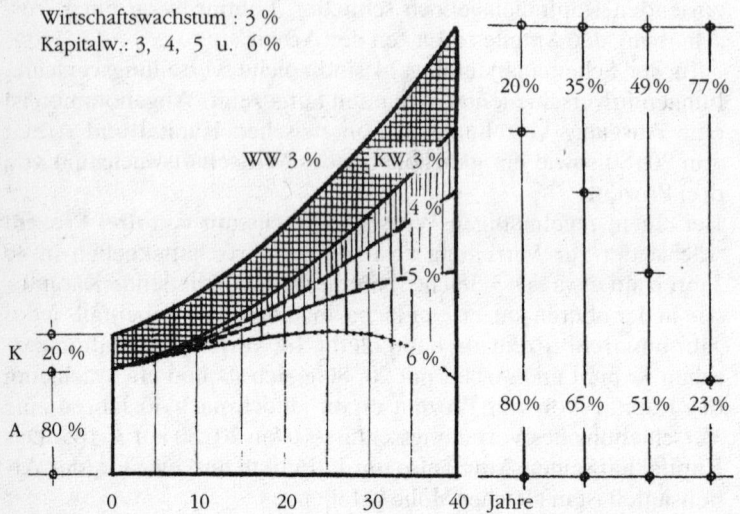

Darstellung 14

Entwicklungen es kommen muß, wenn die zu verzinsenden Kapitalmassen rascher zunehmen als die wirtschaftliche Leistung. Das aber ist in fast allen Volkswirtschaften der Fall. Ganz besonders bei den Geldvermögen, die aufgrund des genannten Zinseszinseffektes einer automatischen Beschleunigung der Zunahme unterliegen.

Das Modell zeigt aber noch etwas: Mit zunehmendem Alter einer Wirtschaftsentwicklung müssen die Verteilungsspannungen zunehmen. Schon geringfügige Rückgänge des Wirtschaftswachstums können sozialpolitische Probleme auslösen. Die Realeinkommen der Arbeitenden stagnieren dann oder gehen sogar zurück, während die Geldvermögen durch den ständig positiven Zins unverändert, in Hochzinsphasen sogar beschleunigt, weiterwachsen.

Erhöhen die Zinsen das Sozialprodukt?

Wer in den volkswirtschaftlichen Gesamtrechnungen die Zinsströme untersucht, der findet für jeden der drei Wirtschaftssektoren, also Unternehmen, Staat und Privathaushalte, die Zinseinnahmen wie -aufwendungen gegenüber den jeweils anderen Sektoren angeführt. Diese Sektorenergebnisse lösen sich im Endergebnis durch Saldierung auf, d. h., sie haben keinen Einfluß auf die Höhe des Sozialprodukts. Lediglich der Saldo der grenzüberschreitenden Zinsströme beeinflußt diese statistische Größe. Fließen beispielsweise mehr Zinsen vom Ausland in die Bundesrepublik als umgekehrt, erhöht sich das Sozialprodukt um den Differenzbetrag.

Diese im ersten Augenblick überraschende Neutralisierung der ganzen inländischen Zinsströme ist letztlich logisch. Das Bruttosozialprodukt ist die Summe aller Wertschöpfungen. Zinsen aber stellen keine Wertschöpfung dar, sondern nur einen Transfer innerhalb derselben.

Als Folge dieses Tatbestandes hinterlassen auch Erhöhungen oder Absenkungen der Zinssätze und Zinsstromgrößen im Sozialprodukt keine Spuren. Wenn »morgen« also die Zinssätze (und damit auch die Transferströme) auf das Doppelte ansteigen würden, hätte das auf das ausgewiesene Endergebnis keinen Einfluß.

Zumindest rechnerisch und theoretisch nicht. Wohl aber würden die indirekten Folgen einer solchen Zinserhöhung, nämlich Firmenpleiten, Arbeitslosigkeit usw., das Sozialprodukt verändern.

Manche Menschen ziehen aus der Unwirksamkeit der Zinsen auf das Sozialprodukt falsche Schlüsse. Sie glauben, daß man deshalb auch die Problematik des Zinses nicht so hoch einschätzen dürfe. Andere klammern sich an jene statistische Größe, die bei der Aufschlüsselung des Volkseinkommens als »Einkommen aus Unternehmertätigkeit und Vermögen« ausgewiesen wird. Dabei hat die darin enthaltene Größe »Einkommen aus Vermögen« mit den tatsächlichen Zins- und Vermögenseinkommen nur wenig zu tun. Denn in ihr wird lediglich der positive Zinssaldo der privaten Haushalte mit dem negativen Zinssaldo des Staates zusammengefaßt, zuzüglich der »Ausschüttungen der Unternehmen mit eigener Rechtspersönlichkeit«. Der sich daraus ergebende Betrag liegt nur bei einem Drittel jener Zinsen, die allein die Banken jährlich den Geldgebern überweisen.

Wieder andere stützen sich auf Aussagen von Wirtschaftsprofessoren, nach denen die Staatsverschuldung – und damit auch die dafür zu zahlenden Zinsen – problemlos sei, weil sich der Staat ja bei seinen eigenen Bürgern verschuldet habe, also gewissermaßen bei sich selbst.

Doch alle diese Versuche, das Problem der Zinsen zu bagatellisieren, können an den tatsächlichen Gegebenheiten und Größenordnungen, mit denen wir uns noch befassen werden, nichts ändern. Durch Augenverschließen ist bislang noch niemals etwas aus der Welt geschafft worden.

Was ist mit der Zinsbesteuerung?

Wer durch Arbeit Einkommen erzielt, muß jede Mark auf Heller und Pfennig versteuern. Bei den Lohn- und Gehaltsempfängern findet der Steuereinzug gleich bei der Auszahlung des Einkommens statt, also direkt an der Quelle. Eine Verzögerung der Steuerzahlung, eine Flucht vor der Steuer oder gar eine Steuerhinterziehung sind praktisch ausgeschlossen. Wer ohne Arbeit Einkommen bezieht, ist zwar auch zur Steuerzahlung verpflichtet. Aber der gleiche Staat, der diese Zahlung verlangt, garantiert ihm

WIRBEL UM ZINSSTEUER

ZINSBESTEUERUNG:

Die Banken im Herzogtum sind gefragt wie nie zuvor
Kapitalflucht nach den Bonner Zinsbeschlüssen.

Hälfte aller Steuerpflichtigen unehrlich?

mit dem Bankgeheimnis gleichzeitig die Nichtkontrolle. Eine Steuerhinterziehung ist also fast ohne Risiko. Die Folge ist, daß nur Bruchteile der Zinserträge versteuert werden.

Aber auch zur völligen Risikovermeidung bieten sich genügend Möglichkeiten: Man braucht z. B. nur seine DM-Guthaben auf eine Bank jenseits der Grenze zu verlagern, nach Luxemburg oder in ein anderes »Steuerparadies«, und schon ist man aus dem Schneider. Ganz Vorsichtige heben sogar ihre DM-Guthaben in bar ab und zahlen das Geld jenseits der Grenze wieder ein, womit für alle Zeiten die Spuren ihrer Steuerflucht verwischt sind. Und wieder geschieht dieses Spurenverwischen mit staatlicher Hilfe, nämlich mit den vom Staat herausgegebenen Zahlungsmitteln, die man zu jeder Spekulation benutzen darf.

Und wenn man die Zinsbezieher zur Steuerzahlung zwingt, haben sie immer noch die Möglichkeit, die Steuerbelastung durch erhöhte Zinsforderungen auszugleichen. Schon der erste Anlauf mit der nur zehnprozentigen Quellensteuer 1987 führte nicht nur zu einer – so die Bundesbank – »verheerenden« Guthabenverlagerung ins Ausland, sondern auch zu ansteigenden Kapitalmarktzinsen. Um diese Steuerflucht (von vielen irrtümlich als »Kapitalflucht« bezeichnet) beim zweiten Anlauf zu begrenzen, wurden den Zinsbeziehern ab 1993 auf das Zehnfache erhöhte Steuerfreibeträge eingeräumt.

Wie hilflos letztlich der Staat gegenüber dem Geldkapital ist, zeigt auch das damals erlassene Amnestiegesetz, mit dem denjenigen rückwirkend die Steuern erlassen wurden, die ihr Vermögen bekanntgaben. Die Steuerhinterziehung wurde also nachträglich legalisiert.

Man stelle sich einmal vor, Vergleichbares würde Arbeitnehmern zugebilligt. Man würde zwar an ihre Steuerpflicht appellieren, gleichzeitig aber Möglichkeiten zu deren Umgehung bieten. Zum Beispiel durch die Einführung eines »Einkommensgeheimnisses«, das den Finanzämtern nur in Sonderfällen Einblick in die Gehaltslisten erlaubt. Oder durch die Einrichtung anonymer Gehaltskonten jenseits der Grenze. – Es ist eigentlich unverständlich, daß die Gewerkschaften diese Gleichbehandlung der Arbeits- und der Zinseinkommen nicht längst verfassungsrechtlich eingeklagt haben!

Doch nicht nur gegenüber den Arbeitsleistenden wird mit den Sonderregelungen für das Geld Unrecht geschaffen. Auch die Investoren im Lande werden damit bestraft. Denn während der Besitzer von Geldvermögen seine Zinseinkünfte fast gefahrlos am Finanzamt vorbeischmuggeln kann, wird der Besitzer von Sachvermögen mit seinem Einkommen voll erfaßt. Wer unter diesen Umständen sein Geld in einen Arbeitsplatz oder in ein Mietshaus steckt, wird also eklatant benachteiligt.

Warum ist heute Zeit Geld?

Der Zins als Leihpreis für Geld ist ein Posten auf Zeit. Geld, als Tauschmittel entstanden, erhält dadurch gewissermaßen eine zweite Dimension: Für die Geldverleiher wird es zu einem zeitbezogenen Einkommensfaktor ohne Leistung. Für den Kreditnehmer zu einem zeitbezogenen Kostenfaktor, den er nur mit zusätzlicher Leistung bedienen kann. Mit dem Zins wird also Zeit zu Geld gemacht. Das Sprichwort »Zeit ist Geld« bringt diesen Tatbestand auf den kürzesten Nenner.

Früher war Zeit für alle Menschen ein Geschenk. Heute trifft das nur noch auf die Zinsgewinner zu. Alle anderen – und das ist die übergroße Mehrheit – müssen »in der Zeit« für die Gewinner tätig sein. Michael Ende hat diese streßauslösende Veränderung für die Menschen, märchenhaft verfremdet und dennoch deutlich, zur Aussage seines Buches »Momo« gemacht.

Weil Zeit Geld ist – Zinsgeld nämlich – müssen heute die Menschen ständig in Bewegung bleiben. Vor allem aber die Maschinen, am besten rund um die Uhr. Notfalls müssen sie auch mit weniger Beschäftigten laufen oder gar ohne sie. Denn ein Unternehmer spart mit jeder Entlassung einer Arbeitskraft Kosten ein, beim Abschalten einer Maschine aber laufen die Fixkosten weiter.

Auch das fatale Sprichwort »Stillstand ist Rückschritt« wird mit unserem Geldsystem erklärbar. Stillstand bedeutet hierbei nicht Erhalt des Status quo, sondern – der Zinsen wegen – Verluste. Denn die Zinsströme laufen bei einer Stabilisierung der Leistung nicht nur weiter, sie nehmen vielmehr durch sich selbst ständig zu. Obwohl jeder weiß, daß er bei gleichbleibender Leistung niemals ärmer werden kann, können wir uns im Zinssystem also ein »Nullwachstum« nicht erlauben. Daß unter solchen Bedingungen Arbeitszeitverkürzungen nur schwer durchsetzbar sind, ist klar.

Unser ständig positiver Zins zwingt uns also ohne Pause nicht nur zum Produzieren und zum Konsumieren, sondern zu einer ständigen Steigerung desselben. Und zwar im Gleichschritt mit dem Geldvermögen und den Schulden, die wiederum durch die ständig positiven Zinsen übermäßig wachsen, gewissermaßen »von alleine«. Diese Verknüpfung von Geld und Zeit haben wir bereits so verinnerlicht, daß wir uns immer mehr zum Leisten und Verbrauchen jagen lassen, ohne jedes Hinterfragen.

Verändert der Zins das Geld?

Der Faktor Zeit verdrängt immer mehr die eigentliche Aufgabe des Geldes, nämlich nichts anderes zu sein als ein Hilfswerkzeug für den Menschen zum Leistungs- und Gütertausch. Für die Fachleute des Geldes, die Banker, scheint diese eigentliche Geldaufgabe nur noch von sekundärer Bedeutung. So wurde dem Vorstandschef der Deutschen Bank, Hilmar Kopper, in einem Fernsehfilm von Gero Gemballa im Frühjahr 1991 einmal die Frage gestellt: »Was gibt dem Geld eigentlich seinen Wert?« Man hätte nun erwartet, daß Kopper auf die volkswirtschaftliche Leistung hingewiesen hätte, die unserem Geld die Deckung gibt. Doch die Antwort des Bankers war kurz und knapp: »Der Faktor Zeit. Der Faktor Zeit bedeutet, daß es sich vermehrt über die Zinsen«. Und auf die Nachfrage des Interviewers, »Geld ohne Zeit ist also nichts?«, bestätigte Kopper das noch einmal ausführlicher: »Geld ohne Zeit ist nichts, das kann man natürlich auf der Stelle ausgeben, aber das vermehrt das Geld nicht, dann dreht man das Geld in etwas anderes hinein.«

Diese Definition des Geldes durch einen unserer führenden Bankfachleute ist bezeichnend. Sie zeigt nicht nur den Krankheitsgrad, den unser Geld inzwischen selbst erreicht hat, sondern auch den Krankheitsgrad unseres Denkens über Geld.

Hugo Godschalk kommentierte dieses Interview in seinem Vortrag auf dem internationalen Kongreß »Chemie – Umwelt – Mensch« im Mai 1991 in Lindau: »Man könnte glauben, die Rolle des Geldes als Tauschmittel wäre etwas Funktionswidriges«.

Die Frage, *wie* sich denn das Geld durch die Zeit vermehrt, ist Kopper leider nicht gestellt worden. Sie hätte vielleicht den Unsinn seiner Aussage offenbart. Denn nicht das Geld vermehrt sich in der Zeit, sondern nur die Geldüberschüsse der Reichen auf Kosten aller anderen. Mit der zinsbedingten Verkoppelung von Geld und Zeit ist also eine ständige Zunahme der Ausbeutung und der Ungerechtigkeit gegeben.

Gibt es einen gerechten Zins?

An einem wirklich freien Markt ist jeder sich bildende Preis immer gerecht. Denn er spiegelt die Werteinschätzung des Gutes wider, über die sich die Beteiligten geeinigt haben.

Kauft jemand im Laden ein Hemd für 20 DM, so ist ihm das Hemd wertvoller als der Geldschein. Für den Verkäufer ist es umgekehrt, sonst würde er das Hemd für die 20 DM nicht hergeben. Ungerecht würde der Handel nur, wenn der Verkäufer ein Hemdenmonopol hätte und den Preis diktieren könnte.

Genauso ist es beim Knappheitspreis des Geldes, dem Zins. Auch er ist immer gerecht, wenn er das Produkt von Angebot und Nachfrage ist. Das heißt, wenn er allein das Verhältnis von Geldüberschüssen auf der einen Seite und Geldbedarf auf der anderen Seite widerspiegelt. Sind beide Seiten ausgeglichen, dann muß der Zins als Knappheitspreis (sieht man von der Bankmarge ab) gegen Null heruntergehen. Denn im Gegensatz zu dem Hemd, dessen

Produktion mit Kosten verbunden ist, hat der Geldhalter keine Kosten für die Produktion des Geldes aufbringen müssen. Das Geld wird den Wirtschaftsteilnehmern vielmehr kostenlos zur Abwicklung ihrer Tausch- und Zahlungszwecke zur Verfügung gestellt. Man erhält es als weitergebbare Quittung, wenn man eine Leistung eingebracht hat. Da aber wegen der Geldvorteile jeder gern Geld annimmt, aber keiner es gerne weitergibt, ergibt sich eine ständige Knappheit. Diese ständige Knappheit hat auch einen ständigen Knappheitspreis zur Folge, so daß der Leihpreis nie auf eine neutrale und gerechte Ebene fallen kann.

Ein wirklich gerechter Zins hängt also nicht nur von einem Ausgleich zwischen Angebot und Nachfrage ab. Er hängt entscheidend ab von der Überwindung der künstlichen Verknappungsmöglichkeit und der Geldvorteile, die Geld zu einem Monopolgut machen. Erst mit Überwindung des daraus resultierenden Sockelzinses kann es einen gerechten Zins geben. Und erst dann kann dieser gerechte Zins, bei ausgeglichenen Marktverhältnissen, gegen Null fallen oder um Null pendeln.

Was sagt die Wissenschaft zum Zins?

Die Wirtschaftswissenschaft hat sich seit etwa 200 Jahren mit dem Zins arrangiert und die Problematik »tabuisiert«, wie es der Sankt Gallener Nationalökonom Hans Christoph Binswanger einmal ausgedrückt hat. Das gilt auch für die christlichen Kirchen, wie der Kasten auf Seite 123 zeigt. Und um mit dem Zins leben zu können, hat man etliche Theorien entwickelt, die ihn als unbedenklich bzw. unverzichtbar darstellen.

»Der Zins ist ein Lohn für den Konsumverzicht«, ist die bekannteste dieser Begründungen. Daß sie nichts mit der Wirklichkeit zu tun hat, stört anscheinend niemanden. Denn der normale Bürger spart nicht, um für Konsumverzicht belohnt zu werden, sondern weil er Geld für Ausgaben in späteren Zeiten ansammelt oder einfach im Moment Geld übrig hat. Und den großen Geldvermögensbesitzern, deren Zinserträge und Neuersparnisse täglich in die Hunderttausende oder sogar Millionen gehen, kann man auch kaum unterstellen, daß sie auf irgendeinen Konsum verzichten.

Wäre im übrigen der Zins tatsächlich ein Lohn für Konsumverzicht, dann müßte auch derjenige Zinsen erhalten, der sein übriges Geld zu Hause unter der Matratze spart. Der Tatbestand, daß man jedoch Zinsen nur dann erhält, wenn man sein übriges Geld verleiht, beweist die Bindung des Zinses an die Geldüberlassung. Der Zins ist also ein Preis für den Verleih von Geld, oder noch treffender: eine an die Leihzeit gekoppelte Prämie für die Aufgabe der Vorteile, die mit dem Geldbesitz verbunden sind, vor allem für die Aufgabe der Liquidität.

John Maynard Keynes, wohl der bedeutendste Ökonom unseres Jahrhunderts, hat übrigens schon in den 30er Jahren die These von der Konsumverzichtsbelohnung widerlegt. Trotzdem wird dieser praxisfremde Unsinn auch heute noch an fast allen Universitäten verbreitet. In seinem Hauptwerk »Allgemeine Theorie der Beschäftigung, des Zinses und des Geldes« (Man beachte Wortwahl und Wortfolge im Titel!), hat Keynes den Zins dagegen treffend als »Belohnung für die Nichthortung von Geld« definiert. Das heißt, der Zins ist das Mittel, mit dem man die Geldhalter bewegen muß, ihr übriges Geld an andere zu verleihen.

Natürlich gibt es in der Wissenschaft noch eine ganze Reihe anderer Zinserklärungen und -begründungen. Sie alle helfen jedoch nicht über den Tatbestand hinweg, daß die Geldhalter beim Zins die Marktgesetze außer Kraft setzen und einen ständig positiven Zins erpressen können.

Kritische Worte zum Zins sind ganz selten einmal von einem Wirtschaftswissenschaftler zu hören, so zum Beispiel von dem bereits erwähnten Hans-Christoph Binswanger, der in seinem Buch »Geld und Natur« auf die zinsbedingten Wachstumszwänge hinweist. Und daß Wolfram Engels, der Mitherausgeber der »Wirtschaftswoche«, bei seinem Kommentar in der Nr. 1/93 seiner Zeitschrift vom »Zinsverbot der Religionen« ausging, muß man fast als einen Tabubruch ansehen. Noch mehr gilt das für seine abschließenden Sätze, in denen er eine Welt ohne Zins als »wahrscheinlich ökonomisch optimal« bezeichnet und meint, daß vielleicht »Jesus, Moses und Mohammed«, die bekanntlich allesamt das Zinsnehmen verurteilt haben, »die besseren Geldtheoretiker« waren.

Kirche und Zinsverbot

Das Abrücken der Kircheh vom Zinsverbot hat den Aufstieg des modernen Kapitalismus entscheidend begünstigt. Nachdem die Zinswirtschaft die Menschengemeinschaft in beispielloser Weise zerrüttet hat und die Gegensätze zwischen Arm und Reich globale Ausmaße angenommen haben, ist eine Umkehr von Theologen und Ökonomen vonnöten. Die Traditionen des Zinsverbotes müssen der Öffentlichkeit wieder ins Bewußtsein gebracht werden, um Gegenmacht gegen die internationale Finanzwelt aufzubauen und nach Mitteln und Wegen zu suchen, die wirksamer zum Ziel einer zinsfreien Wirtschaft führen als umgehbare Verbote. Heute ist weltweit sichtbar geworden, daß die internationalen Kapitalkräfte – und diese haben sich vorwiegend in »christlichem« Umfeld entwickelt! – in der Zinspraxis kriminelle Ausmaße angenommen haben.

Ökonomisch gesehen bedeutet Zinsnehmen von einem bestimmten Punkt an eine Vermehrung des Geldes ohne Koppelung an die Produktion von Gütern. Dieser Prozeß führt auf Dauer zum Ruin jeder Volkswirtschaft.

Dietrich Schirmer, Studienleiter an der Ev. Akademie Berlin
»Zum Problem des Zinsnehmens«, Zeitschrift für Sozialökonomie, Sept. 1980

8. *Kapitel*
Der Dauerbrenner Inflation

> *»Stabiles Geld ist nicht alles, aber ohne stabiles Geld ist alles andere nichts.«*
>
> *Karl Schiller*

Diese Aussage des ehemaligen bundesdeutschen Wirtschaftsministers Karl Schiller läßt sich zwar auf viele andere Bereiche übertragen, z. B. »Gesundheit ist nicht alles, aber ohne Gesundheit ist alles andere nichts«. Bezogen auf Wirtschaft und Gesellschaft ist die »Gesundheit« des Geldes – seine Stabilität – jedoch tatsächlich von grundlegender Bedeutung.

Ist die Notwendigkeit stabilen Geldes eine Erkenntnis unserer Tage?

Schon vor fast 500 Jahren hat Nikolaus Kopernikus in seinem »Memorandum über Geld und Inflation« geschrieben: »Unter den unzähligen Übeln, welche den Zerfall ganzer Staaten herbeiführen, sind wohl vier als die vornehmlichsten anzusehen: innere Zwietracht, große Sterblichkeit, Unfruchtbarkeit des Bodens und die Verschlechterung der Münze. Die ersten drei liegen so klar zutage, daß sie schwerlich jemand in Abrede stellen wird. Das vierte Übel jedoch, welches von der Münze ausgeht, wird nur von wenigen beachtet, und nur von solchen, welche ernster nachdenken, weil die Staaten allerdings nicht gleich beim ersten Anlauf, sondern ganz allmählich und gleichsam auf unsichtbare Weise dem Untergang anheimfallen.« Aber auch aus unserer Zeit gibt es genügend gewichtige Stimmen. So hat John Maynard Keynes gesagt, daß es keine spitzfindigere und tödlichere Methode gibt, um die gesellschaftlichen Grundlagen zu zerstören, als die Vernichtung der Währung. Und von Fritz Leutwiler, dem früheren Präsidenten der Schweizerischen Nationalbank, stammt der Satz »Demokratie setzt, wenn sie funktionsfähig bleiben soll, eine stabile Währung voraus.«

Doch alle diese Mahnungen haben die Wissenschaft bislang nicht bewegen können, sich intensiver über ein störungsfrei funktionierendes Geld Gedanken zu machen. Für die meisten Ökonomen ist Geld auch heute noch ein »Schleier« oder »Schmiermittel«, ohne direkte Auswirkungen auf das wirtschaftliche Geschehen.

Das Dilemma ist entsprechend: Die wenigen Ökonomen, die sich mit Geld befassen, sind sich nicht einig, was Geld eigentlich ist und wer es schöpfen kann. Und die Notenbanken versuchen vergeblich, über immer neue Geldmengenkreationen die Geldwertstabilität zu erreichen.

Was ist eigentlich Inflation?

Die meisten Menschen verwechseln immer noch Inflation mit steigenden Preisen. Dabei ist ein steigendes Preisniveau nur die *Folge* der Inflation, an der sie meßbar wird. Statt von steigenden Preisen müßte man also von sinkender Kaufkraft des Geldes reden. Aber auch hier läßt man sich von den vordergründigen Vorgängen irritieren. Ähnlich wie man immer noch vom Sonnenuntergang redet, obwohl die Ursache das Wegdrehen der Erde ist.

Der Begriff und das Faktum Inflation (von inflare = aufblähen) beziehen sich also immer auf das Geld, konkreter: die Aufblähung der Geldmenge. Gemeint ist damit jene Ausweitung, die über die der volkswirtschaftlichen Leistung hinausgeht. Die Folge einer solchen Ausweitung ist die Störung des Gleichgewichtes zwischen Angebot und Nachfrage. Dem gegebenen Angebot stehen mit den vermehrten Geldscheinen überhöhte Ansprüche gegenüber. Auf jeden Schein kommt weniger Leistung. Oder anders ausgedrückt: Man muß für jede Leistung mehr Geldscheine hergeben als zuvor. Gemessen an der Leistung sinkt also die Kaufkraft des Geldes. Gemessen am Geld steigt das allgemeine Preisniveau.

Mit dem Begriff Inflation ist auch die Verantwortlichkeit geklärt: diejenigen, die an der Notenpresse sitzen und das Zuviel an Scheinen in Umlauf geben. Und das sind in unseren Tagen alleine die staatlichen oder vom Staat eingesetzten Notenbanken.

Noch vor 20 Jahren sahen manche Politiker und Wissenschaftler in der Inflation – zumindest der gemäßigten – ein positives Stimulans für die Konjunktur. Inzwischen hat man die vielschichtigen negativen Folgen auch geringer inflationärer Preisauftriebe erkannt. 1987 schrieb der Chefredakteur der »Welt«, Peter Gillies:

»Inflation ist nicht nur Betrug am Sparer, nicht nur die unsozialste Form der Umverteilung, sondern auch die Erwerbslosigkeit von morgen. Längst ist widerlegt, daß fünf Prozent Inflation leichter zu ertragen seien als fünf Prozent Arbeitslosigkeit; vielmehr sind null Prozent Inflation die vorzüglichste Voraussetzung für null Prozent Erwerbslose. Der Glaube, Vollbeschäftigung lasse sich mit ›ein bißchen Preissteigerung‹ erkaufen, mußte weltweit teuer bezahlt werden.«

Ist eine stabile Währung wirklich so wichtig?

Stellen wir uns einmal vor, jedes Jahr würde die Länge unseres Meters verändert. Überraschend und ungeplant. Mal mehr und mal weniger. Für alle, die mit Längenmaßen disponieren und rechnen müssen, würden die Ergebnisse zur Glücksache: Die Hose von gestern würde nicht zur Jacke von heute passen, die Fenster nicht in die Maueröffnung usw. Genauso macht ein ständig verändernder Geldmaßstab das Wirtschaften zum Glücksspiel: Die Kosten von gestern passen nicht zu den Preisen von heute, die empfangenen Löhne nicht zu den erbrachten Arbeitsleistungen, die Kaufkraft der Tilgungen nicht zu jener der ausgeliehenen Ersparnisse. Alle mittel- und längerfristigen Dispositionen sind Zufällen ausgeliefert. Betrug und Spekulation werden Tür und Tor geöffnet.

Hinzu kommt noch, daß wir den Maßstab Geld vielmals häufiger benutzen als alle anderen Maßeinheiten. Und dennoch läßt der Staat es zu, daß an dem Maßstab Geld weiterhin herumgespielt und -manipuliert wird. Der gleiche Staat, der mit peinlicher Genauigkeit von tausendstel Gramm und Zentimeter die übrigen Maßeinheiten überwacht und jede Abweichung mit Akribie verfolgt! Dabei setzt er – wie Vergangenheit und Gegenwart zur Genüge zeigen – mit der Instabilität des Geldes seine eigene Existenz aufs Spiel. Nicht zuletzt durch die sozialen Spannungen, die sich mit jeder Inflation ergeben. Auch hierzu hat der bereits zitierte Fritz Leutwiler in seiner letzten Rede vor der Vollversammlung der Schweizerischen Nationalbank Klartext geredet:

»Auf keine andere Weise als durch Inflation können in so kurzer Zeit so wenige so reich und so viele so arm gemacht werden.«

Ist die Inflation in der Bundesrepublik eigentlich bedeutsam?

Liest man von den 1000prozentigen Hyperinflationen in Lateinamerika, dann neigt man dazu, die Inflationsproblematik für etwas Exotisches zu halten. Vergegenwärtigt man sich aber, daß auch die Mark von 1950 heute keine 30 Pfennig mehr wert ist, dann kommt uns das Thema näher. Denn dieser Kaufkraftverfall bedeutet, daß ein arbeitender Mensch für einen 100-DM-Schein aus dem Jahre 1950 heute nur noch Gegenleistungen im Wert von 30 DM erhält. Das gilt keineswegs nur für die vergessenen Scheine unter dem Kopfkissen. Auch die kleinen Sparer, deren Guthaben »mit gesetzlicher Kündigungsfrist« den Anschein besonderen Schutzes suggeriert, wurden in den vergangenen Jahrzehnten durch die schleichende Inflation um mehrstellige Milliardenbeträge enteignet. Denn im Gegensatz zu den betuchteren Geldanlegern, die sich durch erhöhte Zinsforderungen gegen Inflationsverluste absichern, lag die Verzinsung der normalen Sparguthaben in der meisten Zeit unter den Inflationssätzen.

Aber auch aufgrund unserer jüngeren Geschichte haben wir allen Grund, uns mit Fragen der Geldwertstabilität intensiver zu befassen. Zweimal in diesem Jahrhundert ist unser Geldsystem bereits inflationär zusammengebrochen und nachfolgend die Wirtschaft. Ganze Generationen wurden dabei um die Früchte ihres Fleißes gebracht und Millionen Menschen ins Unglück gestürzt. Niemand sollte glauben, daß sich Ähnliches bei uns nicht wiederholen könnte. Und daß es zu solchen Währungs- und Wirtschaftszusammenbrüchen keiner Kriege bedarf, erleben wir zur Genüge in aller Welt. Macht man sich noch einmal die Größenordnungen und die Abläufe der Inflation Anfang der 20er Jahre klar, dann kann man über die Unbedarftheit der jeweiligen Verantwortlichen nur den Kopf schütteln.

Da hat man nach dem Ersten Weltkrieg jahrelang fast wie im Rausch die Notenpresse laufen lassen: Weil als Folge die Preise stiegen, brauchte man mehr Geld. Und weil man mehr Geld in Umlauf gab, stiegen die Preise. Am Ende stiegen sie so schnell, daß den Arbeitenden der Lohn bis zu zweimal täglich ausgezahlt wurde, damit sie ihn möglichst rasch, vor dem neuen Preisanstieg, ausgeben konnten. Zum Stillstand kam dieser Wahnsinn schließlich nur durch den Mangel an Papier bzw. die Unmöglichkeit, die vorhandenen Scheine, Briefmarken oder Preisschilder mit immer größeren Zahlen zu überdrucken. Am Ende kosteten normale Briefmarken bereits Milliarden, und die gesamte umlaufende Geldmenge lag bei der schier unvorstellbaren Größe von rund 500 Trillionen, also einer 500 mit 18 Nullen! Genauso hilflos standen die Verantwortlichen wenige Jahre später vor dem selbstverschuldeten Zusammenbruch deflationärer Art.

Ganz sicher haben sie inzwischen dazugelernt, und eine Wiederholung jener angeführten Hyperinflation ist nicht so schnell zu befürchten. Aber von Stabilität ist man auch in unserem Land noch weit entfernt, und nichts deutet bisher darauf hin, daß die heutigen Verantwortlichen sie in den Griff bekommen werden.

Können auch die Käufer Inflation auslösen?

Preise werden durch Angebot und Nachfrage bestimmt. Nachfragen kann jeder nur in Höhe seines Einkommens. Einkommen entstehen durch Leistungen, aus denen wiederum das Angebot resultiert. Gibt jeder sein Einkommen regelmäßig aus oder überläßt er sein übriges Einkommen leihweise einem anderen, dann bleibt das Verhältnis zwischen Angebot und Nachfrage stabil: Der Markt wird regelmäßig geräumt, die Beschäftigung bleibt erhalten. Ebenso das allgemeine Preisniveau und damit die Kaufkraft des Geldes.

Störungen dieses Gleichgewichts kann es von seiten der Nachfrager nur durch Zurückhalten von Einkommen geben. Die Folgen sind deflationärer Natur: Liegenbleibende Angebote, Arbeitslosigkeit, Preisverfall. Die Behauptung, Käufer könnten durch Beschleunigung der Nachfrage und damit des Geldumlaufs Inflationen auslösen, ist dagegen graue Theorie. Ein beschleunigtes Ausgeben von Geld setzt nämlich beschleunigtes Einnehmen voraus. Das heißt, die Nachfrager müssen zuerst einmal schneller

Geld verdienen. Schneller verdienen heißt: mehr leisten. Und mit der Mehrleistung steigt das Angebot, so daß das Gleichgewicht gewahrt bleibt.

Zu einer inflationären Nachfragebeschleunigung kann es nur kommen, wenn die Geldmenge *ohne* Leistungsausweitung erweitert wird. Dazu aber ist – wie bereits dargelegt – nur die Notenbank in der Lage.

Allerdings können die Nachfrager an einer Inflation auslösend mitbeteiligt sein. Dann nämlich, wenn sie vorher Geld aus dem Kreislauf zurückgehalten und die Notenbanken das fehlende Geld durch zusätzliche Banknoten ersetzt haben. Kommt es dann irgendwann zu einer Enthortung der zurückgehaltenen Bestände, führt das zu einer ungedeckten Übernachfrage mit entsprechenden Folgen für das Preisniveau. Aber auch dieser Preisschub geht auf das Konto der Notenbank, die ja das ungedeckte, doppelte Geld herausgegeben bzw. nicht verhindert hat, daß es vorher dem Kreislauf entzogen wurde.

Beeinflussen Einzelpreiserhöhungen die Inflation?

Gemessen wird die Inflation an den Veränderungen des Preisniveaus, also dem Durchschnitt aller Preise. Als Maßstab dafür dient im allgemeinen der Preisindex für die privaten Lebenshaltungskosten. Diese werden vom Statistischen Bundesamt mit Hilfe eines »Warenkorbs« ermittelt. Durch Vergleiche mit den Vormonats- oder Vorjahreswerten ergeben sich dann die jeweiligen Inflationsquoten.

Dieses Verfahren ist jedoch deshalb fragwürdig, weil man nicht zwischen geldmengenbedingten Gesamtpreisveränderungen und marktbedingten Einzelpreisveränderungen unterscheidet. Beide werden als Ausgabenerhöhungen registriert. Dabei handelt es sich im Fall der Einzelpreiserhöhungen um keine Ausweitungen der gesamten Korbausgaben, da jeder Haushalt sein Geld immer nur einmal ausgeben kann.

Machen wir uns das an einem Beispiel klar:

Werden aufgrund einer Mißernte die Kartoffeln teurer, dann muß der Haushalt entweder mehr als bisher für Kartoffeln ausgeben oder weniger Kartoffeln kaufen. Kauft man die gleiche Kartoffelmenge wie bisher, dann ist man gezwungen, die Nachfrage nach anderen Gütern zu reduzieren. In allen Fällen bleiben die Gesamtausgaben des Haushaltes gleich. Es kommt nur zu einer Verlagerung innerhalb der gekauften Mengen. Da jede Reduzierung der Nachfrage auf die Preise der davon betroffenen Güter drückt, pendelt sich über die Mengen das Gesamtpreisniveau schließlich wieder ein.

Dieser Tatbestand wird bei der Ermittlung der Preisniveauveränderungen nicht berücksichtigt. Man geht einfach davon aus, daß die nachgefragten Mengen im Warenkorb, trotz der Einzelpreiserhöhung, gleichbleiben und daß die Haushalte insgesamt mehr als vorher ausgeben. Dieses rechnerische Fehlergebnis hat jedoch mit Inflation nichts zu tun. Nur Ausweitungen der Geldmenge können die Nachfrager befähigen, ihre Nachfrage ohne Leistungssteigerung auszuweiten bzw. bei steigenden Einzelpreisen die gleiche Gütermenge wie bisher zu kaufen. Ohne diese inflationäre Geldvermehrung ist das den Bürgern nur durch Leistungssteigerungen möglich, womit die Kaufkraft gesichert bleibt.

Wie ist das bei Erhöhungen der Löhne oder der Erdölpreise?

Solange die Notenbank steigende Preise nicht mit zusätzlichem Geld unterfüttert, ist der Vorgang immer derselbe:

Steigende Benzin- oder Heizölpreise zwingen die Haushalte entweder zu einer Reduzierung ihres Verbrauchs an Erdölprodukten oder zu einer Nachfrageverringerung bei anderen Gütern. Auch hier ergeben sich also nur Mengenkorrekturen innerhalb des Warenkorbes, jedoch keine größere Gesamtnachfrage in Geld gemessen.

Natürlich kann man zum Ausgleich der erhöhten Kosten auch Geld von seinem Sparkonto abheben oder einen Kredit aufnehmen. Aber auch das führt zu keiner vergrößerten Gesamtnachfrage.

Denn mit der Abhebung vom Sparbuch entzieht man einem bisherigen Kreditnehmer entsprechende Kaufkraft, und mit der eigenen Kreditaufnahme übernimmt man die Kaufkraft eines anderen

Sparers. An dem gesamten Nachfragepotential verändert sich nichts und damit auch nicht am gesamten Preisniveau.

Bei Lohnerhöhungen muß man unterscheiden zwischen solchen, die durch Leistungsanstiege gedeckt sind, und solchen, die darüber hinausgehen. Mit den leistungsgedeckten bleibt die Einkommensverteilung zwischen Arbeitnehmern und Arbeitgebern gewahrt. Mit den ungedeckten Lohnforderungen kommt es zu einer Umverteilung der Einkommen zugunsten der Arbeitnehmer. Diese Umverteilungen sind nur in einem begrenzten Umfang möglich. Darüber hinaus führen sie zu Invesitionsrückstellungen, Entlassungen und Betriebsschließungen. Gleicht die Notenbank jedoch die überhöhten Lohnforderungen durch zusätzliches Geld aus, dann verteilt sich die ungedeckte Lohnerhöhung durch inflationäre Kaufkraftverwässerung auf alle Einkommen in der Volkswirtschaft. Auch hier kann es also immer nur zu Inflationen kommen, wenn die Notenbank die überhöhten Forderungen mit Mehrgeld abdeckt. Das gilt nicht nur bei Löhnen, sondern auch für die sogenannte »importierte Inflation« als Folge von Exportüberschüssen, deren Erträge von der Bundesbank gegen DM eingetauscht werden.

Können Inflationsraten durch gleich hohe Lohnanpassungen ausgeglichen werden?

Wenn im Laufe eines Jahres das allgemeine Preisniveau um drei Prozent gestiegen ist und die Löhne um den gleichen Satz angehoben werden, dann scheint die Welt – wenn auch mit Verspätung – wieder in Ordnung zu sein. Das ist jedoch nur dann der Fall, wenn *alle* Einkommensbezieher mit einer solchen dreiprozentigen Anhebung der Einkommen zufrieden sind. Fordern jedoch die Geldkapitalbesitzer für ihre Vermögensbestände einen dreiprozentigen Inflationsausgleich, das heißt um drei Prozent erhöhte Zinsen, dann stimmt die Rechnung nicht mehr. Denn ein Zinsanstieg von z. B. sechs auf neun Prozent läßt die Zinseinkommen nicht um drei, sondern – wie bereits in Kapitel 7 dargelegt – um 50 Prozent ansteigen. Von dieser Explosion der Zinsforderungen und -lasten werden jedoch keinesfalls nur die verschuldeten Privathaushalte betroffen, sondern jeder. Denn die Schuldner in der Wirtschaft müssen diese erhöhten Kosten an die Endverbraucher weitergeben, wenn sie selbst überleben wollen. Berücksichtigt man, daß heute auf jeden der rund 35 Millionen Erwerbstätigen in der vereinigten Bundesrepublik insgesamt rund 180 000 DM Schulden entfallen, steigt die rechnerische Zinsbelastung pro Kopf durch einen dreiprozentigen inflationsbedingten Zinsanstieg von 10 800 auf 16 200 DM an, also um 5400 DM. Hat ein Erwerbstätiger ein Jahreseinkommen von z. B. 60 000 DM, dann schlägt eine dreiprozentige Lohnanpassung jedoch nur mit einem Plus von 1800 DM zu Buche. Das heißt, die Lohnerhöhung reicht gerade einmal aus, um ein Drittel des rechnerischen Zinslastanstiegs auszugleichen. Verständlich, daß es aufgrund dieser Zusammenhänge irgendwo zu Engpässen bzw. Finanzierungslücken kommen muß. Da das Kapital auf jeden Fall seine erhöhten Forderungen durchsetzt (sonst kommt es zu seinem Rückzug), ziehen die Arbeitleistenden den kürzeren. Zuerst trifft das die Unternehmen, die ihrerseits versuchen, nicht überwälzbare Zinslasten durch Lohneinsparungen auszugleichen. Das heißt, im Endeffekt wird die Differenz von allen Arbeitleistenden getragen, entweder über höhere Preise oder rückläufige Arbeitseinkommen, bis hin zum Verlust des Arbeitsplatzes durch Entlassung oder Firmenschließung.

Was hängt sonst noch mit den inflationsbedingten Zinserhöhungen zusammen?

Der explosive Anstieg der Zinskosten in Inflationszeiten ist wahrscheinlich der Hauptgrund dafür, daß sich einmal angelaufene Inflationsentwicklungen so schwer abbremsen lassen.

Die Größenordnungen sind aber auch atemberaubend. So stiegen beispielsweise während der inflationsbedingten Hochzinsphase, 1978 bis 1981, die Zinsströme bei den Banken auf das Doppelte an. Selbst der relativ geringe Inflations- und Zinsauftrieb Ende der 80er Jahre ließ die Zinserträge der Banken in vier Jahren von 243 auf 445 Mrd. DM hochschnellen, also um rund 83 Prozent. Die Zinsaufwendungen der Banken, d. h. die Zinsausschüttungen an die Geldgeber, stiegen sogar um 101 Prozent, nämlich von 171 auf 344 Mrd. DM. Man stelle sich einmal vor, die Einkommensteuern oder die Gesundheitsausgaben – Posten vergleichbarer Größenordnung – würden in 3 – 4 Jahren verdoppelt oder die Löhne und Gehälter um 80 oder 100 Prozent erhöht: Die Medien wären voll davon, und die Schlagzeilen würden in ihrer Größe alles andere übertreffen. Die vergleichbaren Explosionen der zinsbezogenen Größen wurden jedoch praktisch nicht zur Kenntnis genommen. Auch die Gewerkschaften rühren das Thema nicht an. Sie streiten vielmehr jedes Jahr lautstark und medienwirksam auf der Vorderbühne mit den Arbeitgebern um den Rest des Kuchens, den das Kapital den Werteschaffenden übriggelassen hat. Der entscheidende Deal auf der Hinterbühne, der sich an den obengenannten Größen festmachen läßt, steht dagegen nie zur Debatte.

Solange die Gewerkschaften selbst noch versucht haben, beim großen Kapitalmonopoly mitzuspielen, konnte man diese Vorderbühnenpolitik ja noch verstehen. Nach der großen Pleite, von der »Neuen Heimat« bis zu co-op und der BfG, besteht jedoch für dieses Blinde-Kuh-Spiel kein Grund mehr. Es sei denn, man hält die Zinseinnahmen der Streikkassen für wichtiger als die Überwindung der vielfach größeren Zinsausbeutung der Gewerkschaftsmitglieder.

Auch bei dem letzten großen Arbeitskampf der ÖTV im Frühjahr '92 war keine Rede von Zinsen und Inflation. Dabei ging es bei den erkämpften 5,4 Prozent weitgehend nur um den Ausgleich für die vierprozentige Verwässerung der Löhne, die man der Bundesbank zu verdanken hatte. Die mickrigen 1,4 Prozent, die man über den Inflationsausgleich hinaus erstreikt hat, hätte man vom Arbeitgeber Staat auch kampflos bekommen.

Hätte man nicht die Bundesbank bestreiken müssen? Statt auf dem Rücken der Bürger den Staat zu erpressen, verdrängend, daß man das selbst ist? Warum fordert man nicht endlich stabiles Geld, anstatt immer wieder hinter den inflationären Lohnenteignungen herzulaufen? – Es fällt schwer, dafür Erklärungen zu finden!

Tut man es vielleicht, weil es optisch erfolgreicher erscheint, bei inflationärem Geld 5,4 Prozent erkämpft zu haben als bei stabilem Geld 1,4 Prozent? – Eines steht jedenfalls fest: Solange sich die Gewerkschaften nicht um unsere Geldordnung kümmern, kann die soziale Frage keiner Lösung zugeführt werden.

9. Kapitel
Das Problem der Geldhortung

> *»Der Bargeldumlauf wächst relativ stark,*
> *wenn die Zinsen besonders niedrig sind,*
> *weil es dann nicht viel kostet, sich liquide zu*
> *halten, der Zinsverlust ist gering... Unter*
> *solchen Umständen nimmt auch das Horten*
> *von DM-Banknoten im Ausland zu.«*
>
> Helmut Schlesinger*

Gibt es heute noch Geldhortung, und welche Arten muß man unterscheiden?

»Wer hortet denn heute noch Geld?« Diese Frage wird immer wieder gestellt, wenn nach Vorträgen das Gespräch auf Geldzurückhaltungen und deren Folgen kommt. Dabei denken die meisten nur an jene Hortung »unter der Matratze«, über die man ab und zu in den Zeitungen lesen kann. Vielmals gewichtiger als diese »klassische Hortung« ist heute gewiß jene, die mit der Schattenwirtschaft oder anderen illegalen Einkünften zusammenhängt, bis hin zu kriminellen Kassenbeständen. Hier werden häufig über Jahre hinweg große Bargeldbestände unter Verschluß gehalten, entweder um der Versteuerung oder der Strafverfolgung zu entgehen. So schreibt die Bundesbank in ihrem Oktober-Monatsbericht 1992 von der »außerordentlich kräftigen« Ausweitung der Bargeldmenge im August: »Hierzu trugen offensichtlich Sondereinflüsse bei, in erster Linie wohl Bargeldhortungen als Folge der Neuregelung der Zinsbesteuerung und als Folge der Erschwerung der Geldwäsche.«

Immer bedeutender wird auch die Hortung von Hartwährungen in Weichwährungsländern, mit der sich die Bürger dieser Länder dem Inflationsbetrug der eigenen Notenbanken zu entziehen versuchen. In manchen Ländern laufen diese ausländischen Geld-

---

* Derzeitiger Präsident der Bundesbank, am 24. 1. 1988 im Hessischen Rundfunk

scheine sogar als eine Art von Zweitwährung um. Auch diese Geldanteile müssen der »Hortung« zugerechnet werden, da sie dem Wirtschaftskreislauf des Herausgeberlandes genauso entzogen sind wie Geld unter dem Kopfkissen.

Größer und noch problemerzeugender als die vorgenannten Hortungsarten sind jedoch die schwankenden Geldhaltungen in Spekulations- und Transaktionskassen. Diese Kassenhaltungen werden bei sinkenden bzw. niedrigen Zins- und Inflationsraten auf- und bei steigenden bzw. hohen Sätzen wieder abgebaut. Ursache dafür ist, daß mit sinkenden Zins- und Inflationsraten deren umlaufsichernde Wirkung nachläßt und damit die Liquiditätsvorliebe wächst.

Welchen Umfang haben die Hortungen?

Auf diese entscheidende Frage findet man in den Statistiken keine Antwort. Dort wird nur eine Bargeldgröße ausgewiesen, nämlich die herausgegebene, wobei die Kassenhaltungen der Banken zumeist abgezogen werden. Diese in die Wirtschaft gegebene Geldmenge wird von der Bundesbank immer als »umlaufende« bezeichnet, obwohl in Wirklichkeit nur ein Teil derselben die Konjunktur in Gang hält. Der übrige Teil ist dem Kreislauf mehr oder weniger lange entzogen. Für die Größe dieses stillgelegten Teils gibt es leider keine statistischen Anhaltspunkte. Dabei wäre es nicht schwer, durch repräsentative Befragungen der Wirtschaftsteilnehmer, die monatlich benötigten Geldbestände und deren Einsatzhäufigkeit festzustellen. Damit würde man nicht nur annähernde Zahlen über die tatsächlich umlaufende Geldmenge erhalten, sondern auch über die wirkliche »Umlaufgeschwindigkeit«, die heute durch die stillgelegten Geldanteile total verfälscht wird. Durch Abzug der aktiven konjunkturwirksamen Geldmenge von der gesamten herausgegebenen ergäbe sich dann als »Rest« die inaktive. Ganz gleich, wo dieser Teil auch immer liegen mag, hätte man damit das Hortungsvolumen eingekreist.

Mangels solcher Untersuchungen ist man heute weitgehend auf Indizien angewiesen, wenn man Hortungen nachweisen will. Eines dieser Indizien ist z. B. der Tatbestand, daß die kleinen Noten zwei- bis viermal häufiger wegen Verschmutzung und Verschleiß aus dem Verkehr gezogen werden als die großen. Daraus kann man schließen, daß die großen Noten, also die 500- und 1000-DM-Scheine, weniger oft für Tauschvorgänge eingesetzt bzw. zwischenzeitlich länger stillgelegt werden.

Ein anderes Indiz für die Geldhortungen ist die Relation zwischen der tatsächlichen Geldmenge und dem Geldbedarf der Endverbraucher. Geht man davon aus, daß im Durchschnitt jeder Haushalt etwa 60 Prozent seiner Nachfrage mit Bargeld tätigt, ergab sich 1989 eine monatliche Ausgabengröße von 2340 DM je westdeutschen Haushalt. Nimmt man an, daß dieser benötigte Geldbetrag durch zwei Abhebungen in die Hände der Haushalte gelangt, das Geld also zweimal im Monat umgeschlagen wird, würde der tatsächliche Geldbedarf je Haushalt nur bei rund 1170 DM liegen. Diesem Bedarf stand jedoch 1989 je Haushalt ein »Bargeldumlauf« von 5440 DM gegenüber.

Weitere Indizien für Geldhortungen sind die Tips von Anlageberatern, die ihren Kunden in Niedrigzinsphasen oft hohe liquide Geldhaltungen empfehlen.

Auch der Tatbestand, daß die Bargeldmenge langfristig von 1973 bis 1988 von 5,2 auf 6,8 Prozent des BSP angestiegen ist, also um ein Drittel mehr als die Wirtschaftsleistung, kann angesichts des ausgeweiteten giralen Übertragungsverkehrs nur mit zunehmender Stillegung größerer Geldbestände erklärt werden, ganz gleich, wo auch immer.

Wie groß sind die niedrigzinsbedingten Geldausweitungen?

Über die Größe dieser bei niedrigen Zinssätzen zunehmenden Hortungsbestände gibt es ebenfalls keine statistischen Unterlagen. Man kann jedoch ihre Veränderungsraten einkreisen, wenn man die Geldbestandshaltungen in Niedrig- und Hochzinsphasen miteinander vergleicht.

Eine extreme Niedrigzinsphase, in der der Kapitalmarktzins bei sechs Prozent lag, hatten wir von 1986 bis 1988. In diesen Jahren nahm die reale wirtschaftliche Leistung um rund sechs Prozent zu, was auch eine gleich hohe Vermehrung der Geldmenge erfordert hätte. Nach den Unterlagen der Bundesbank wurde jedoch die

Bargeldmenge in den beiden Jahren um 27 Prozent ausgeweitet, also dreieinhalbmal mehr als das Sozialprodukt. Diese Entwicklung ist in der Darstellung 15 im Vergleich zur Zunahme des nominellen Sozialprodukts (= 9 %) wiedergegeben.

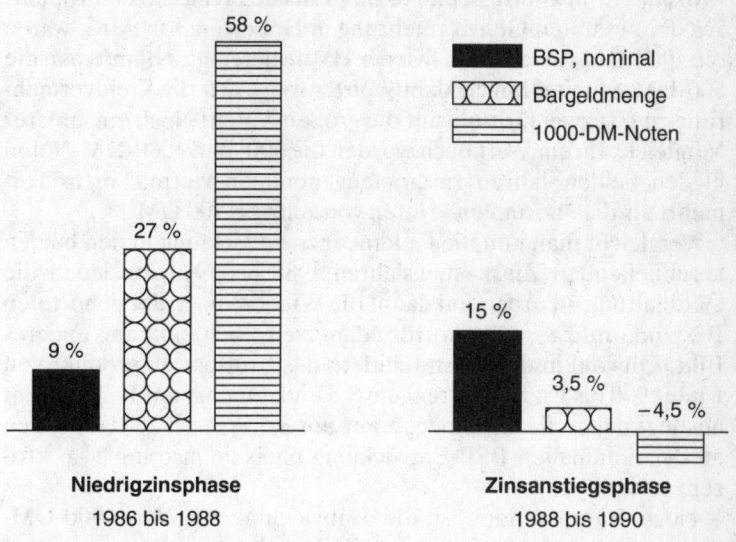

Entwicklungsvergleich BSP, Bargeld und 1000-DM-Noten

Darstellung 15

Geht man von den absoluten Größen aus, dann nahm die Bargeldmenge (ohne Bank-Kassenbestände) in der Niedrigzinsphase von 112,2 Mrd. auf 142,6 Mrd. DM zu, also um 30,4 Mrd. Zur monetären Unterfütterung der sechsprozentigen Leistungssteigerung aber hätten rund 7 Mrd. DM gereicht. Von den überschüssigen 23,4 Mrd. DM gingen rechnerisch etwa 3 Mrd. DM inflationstreibend in die Nachfrage, wodurch das BSP-Wachstum nominell um neun Prozent anstieg. Der »Rest« des zusätzlich herausgegebenen Geldes in Höhe von rund 20 Mrd. DM (immerhin 18 Prozent der Ausgangs-Geldmenge Ende 1986!) wurde jedoch nicht nachfragewirksam. Das heißt, die bereits vorhandene Hortungsmasse unbekannter Größe wurde allein in diesen zwei Jahren um 20 Mrd. ausgeweitet.

Für die Annahme einer hohen Geldhortung in den beiden Niedrigzinsjahren spricht noch ein zweiter Tatbestand, nämlich die überproportionale Zunahme der 1000-DM-Scheine. Diese größten Noten nahmen in den zwei Jahren um sage und schreibe 58 Prozent zu, also fast neunmal mehr als das reale Sozialprodukt. An der gesamten Geldvermehrung in Höhe von 30,4 Mrd. waren die 1000-DM-Scheine mit fast der Hälfte beteiligt. Nimmt man die 500-DM-Scheine hinzu, dann konzentriert sich die Geldvermehrung zu fast zwei Dritteln auf die großen Noten! Noch ein anderer Vergleich: Ihrem Wert nach wurden die 500- und 1000-DM-Noten in den beiden Jahren zusammengenommen viermal mehr vermehrt als die »normalen« Noten von zehn bis 100 DM.

Vergleicht man nun die Geldmengenentwicklung in den beiden anschließenden Zinsanstiegsjahren 1988 bis 1990, in denen die Geldhaltung »teurer« und damit die Wiederanlage der gehorteten Bestände interessanter wurde, dann zeigt sich ein ganz anderes Bild: Obwohl in den alten Ländern das Bruttosozialprodukt von Ende 1988 bis Ende 1990 real um 8,5 und nominal um 15,1 Prozent anstieg, nahm die Geldmenge nur um 3,5 Prozent zu. Gemessen an der nominellen BSP-Entwicklung blieb sie also um 11,6 Prozent zurück!

Noch frappierender ist die Entwicklung bei den 1000-DM-Scheinen, wie die Grafik zeigt: Während diese »Riesen« in den beiden Vorjahren noch um 58 Prozent zugenommen hatten, verringerte sich ihr Bestand 1989 und 1990 um 4,5 Prozent. Gegenüber dem nominellen BSP-Anstieg fielen sie sogar um fast 20 Prozent zurück!

Welche Folgen haben Geldhortungen heute?

Früher wurden Geldhorte durch Entzug von Münzen aus dem Kreislauf aufgebaut. Die Folgen des daraus entstehenden Geldmangels waren Nachfragerückgang und Preisverfall, die entscheidenden Merkmale einer Deflation, deren eskalierende Entwicklung kaum zu stoppen ist.

Auch die eingangs angeführten heutigen Hortungen »unter der Matratze« oder in »schwarzen Kassen« werden überwiegend durch Entzug von Geld aus den laufenden Einkommen angesammelt.

Wer heute jedoch bei sinkenden Zins- und/oder Inflationsraten seine Transaktions- oder Spekulationskassen kurzfristig aufstocken will, der kann das kaum auf diese Weise tun. Er wird vielmehr die gewünschte Aufstockung durch Abhebungen von seinem Bankkonto vornehmen. Da solche massierten Geldabhebungen die Kassen der Geschäftsbanken überfordern, müssen diese sich bei der Notenbank »frisches« Geld besorgen, vor allem in den für Hortungen beliebten großen Stückelungen. Das heißt, der Aufbau von Hortungen, ob langfristig angesammelt oder kurzfristig angehoben, wird also mit Hilfe der Notenpresse ermöglicht.

Obwohl also diese Hortungen heute durchweg nur mit vorübergehendem Entzug von Geld aus dem Wirtschaftskreislauf verbunden sind, bleiben sie für die Wirtschaft nicht ohne Wirkung. So besteht einmal die Gefahr, daß ein Teil dieser Hortungsbestände bei ihrem Abbau als zusätzliche ungedeckte Nachfrage auf den Markt kommt. Aber auch wenn die Hortungsbeträge in voller Höhe wieder bei den Banken eingezahlt werden, ist der Vorgang mit negativen Auswirkungen verbunden: Einmal werden den Banken durch die vorausgegangene Geldabhebungen Einlagenbestände und damit Kreditpotentiale entzogen. Zum anderen müssen sich die Banken bei der Notenbank höher verschulden, um an das zusätzlich erforderliche Bargeld zu kommen. Beides, sowohl die Verknappung des Kreditpotentials wie die an die Notenbank zu zahlenden Zinsen, schlägt als Erhöhung der Kreditkosten und damit als Belastungsanstieg für die Wirtschaft durch. Es ist also so, daß die zunehmende Hortung bei niedrigen Zinsen nicht nur das weitere Fallen der Zinsen abbremst, sondern schließlich sogar zu ihrem erneuten Anstieg beiträgt. Das heißt, diese niedrigzinsbedingten Geldhortungen lösen zwar keinen akuten Geldmangel aus, wie das früher der Fall war, aber sie verstärken den Druck auf einen Wiederanstieg der Zinsen, der zusätzlich noch durch das Umparken langfristiger Guthaben auf kurzfristige Anlagen verstärkt wird.

Man kann also zusammenfassend sagen, daß früher, zur Zeit der edelmetallgebundenen Währungen, Geldhortungen deflationäre Entwicklungen nach sich zogen, heute jedoch Inflationsgefahren. Dabei folgten früher die Deflationen den Hortungen gewissermaßen auf dem Fuße, während heute die inflationären Folgen mit kaum bestimmbarer Zeitverzögerung wirksam werden. Auch wenn die gehorteten Gelder bei den Banken wieder eingezahlt und von diesen an die Notenbanken zurückgegeben werden, bleibt die Inflationsgefahr durch die Ausweitung des Kreditpotentials bestehen. Bei den Geldhortungen im Ausland ergeben sich ähnliche Auswirkungen: Solange das Geld dort ruht (oder auch innerhalb des anderen Landes als Zweitwährung kursiert) und durch Geldneudruck die Lücke bei uns geschlossen wurde, ist die Abwanderung relativ problemlos. Im Gegenteil: Wir haben dadurch sogar einen Vorteil, weil das Ausland für das Geld geleistet hat, ohne von uns eine Gegenleistung abgefordert zu haben. Kommt es jedoch zu einem Rücklauf dieses Geldes, ist nicht nur unsere Nachleistung fällig, sondern wir handeln uns auch noch einen Inflationsschub ein. Außerdem wird durch diesen Geldexodus in beiden Ländern die Geldmengensteuerung erschwert: Die herausgebende Notenbank setzt Geld in Umlauf, das sich ihren Eingriffen entzieht. Die Notenbank des »Gastlandes« muß mit einem Zweitwährungskreislauf leben, auf den sie keinen Einfluß hat.

Lassen sich Geldhaltungsschwankungen langfristig nachweisen?

In welchem Maß Veränderungen der Zinshöhe die Geldhaltungsgewohnheiten beeinflussen, zeigt die folgende Grafik 16: Wie daraus ersichtlich, nehmen mit steigenden Zinssätzen die liquiden Geldhaltungen tendenziell ab und mit sinkenden Zinssätzen zu. Den Höhpunkten der Zins- und Inflationsentwicklungen stehen jeweils die Tiefpunkte der liquiden Geld- und Guthabenhaltung gegenüber.

Das trifft nicht nur auf das Bargeld zu, sondern ebenso auf die »Zentralbankgeldmenge« (Bargeld plus Anteile der Sicht-, Spar- und Termineinlagen) und die »Geldmenge M1« (Bargeld plus gesamte Sichteinlagen). Wie die »Parallelität« von Bargeld und M1 zeigt, werden die verstärkten Bargeldhaltungen nicht auf Kosten

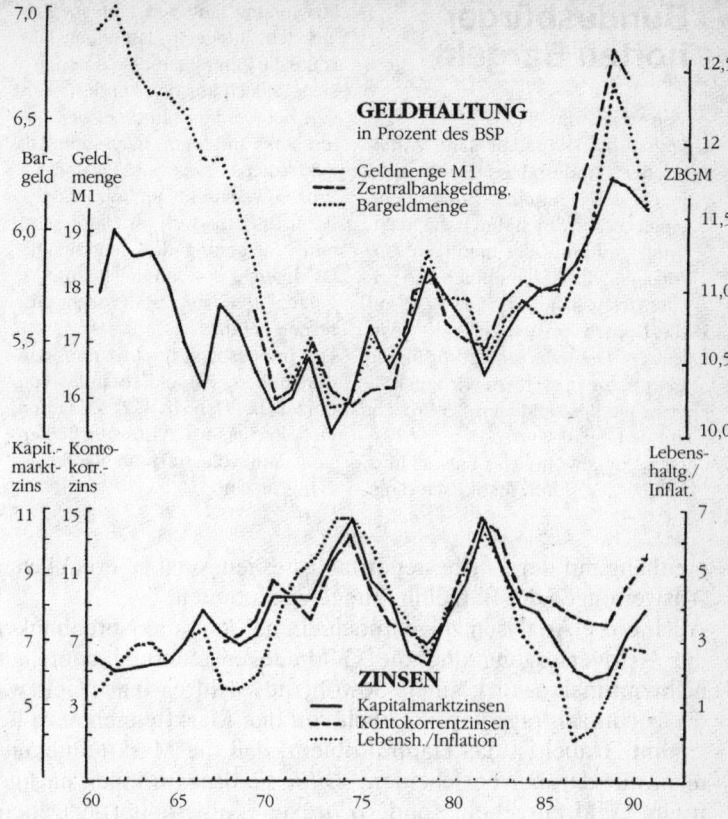

Darstellung 16

der Sichteinlagen aufgestockt, sondern beide letztlich auf Kosten anderer Guthaben.

Selbst die Bundesbank geht in Niedrigzinszeiten von erhöhten Hortungen aus, wie das Eingangszitat zu diesem Kapitel und der nachstehende Zeitungsauszug beweisen. Aber auch im Zusam-

Bundesbürger horten Bargeld

Von Wolf Pampel

Frankfurt – Die momentane Vorliebe der Bundesbürger für Bargeld macht der Deutschen Bundesbank einen dicken Strich durch die Rechnung. Aufgrund der niedrigen Zinsen legen die Unternehmen und privaten Haushalte weniger Geld auf die Konten bei Banken und Sparkassen. Die jederzeitige Verfügung über Bargeld ist ihnen wichtiger als etwa die bescheidenen 2,5 Prozent auf dem Sparkonto.

Diese ungewöhnliche Entwicklung macht der Bundesbank allerdings zunehmend Sorgen: Ihre Orientierungsgröße zur Steuerung der Geldausweitung läuft seit Jahresbeginn aus dem Ruder. Im laufenden Jahr sollte die Zentralbank-Geldmenge – sie setzt sich aus den Mindestreserven der Kreditinstitute bei der Notenbank und dem Bargeldumlauf zusammen – zwischen 3,5 und 5,5 Prozent wachsen. Der hohe Bargeldumlauf hat jedoch im Oktober zu einer Steigerung der Zentralbank-Geldmenge im Vergleich zum 4. Quartal 1985 von 7,75 Prozent Jahresrate geführt.

Die Bundesbank fürchtet nun, daß die hohen Bargeldbestände von derzeit 119 (Januar: 112) Milliarden DM plötzlich in den Konsum fließen und damit die Inflation wieder in Gang setzen.

menhang mit der Zinsbesteuerung ist es jedesmal zu erheblichen Ausweitungen der Bargeldhaltungen gekommen.

Auch diese Analysen zeigen noch einmal, daß die Notenbanken die Geldversorgung und die Geldmengensteuerung heute gar nicht optimal regeln können. Sowohl die Nachfrage nach Geld wie die Nichtnachfrage wird letztlich von den Marktteilnehmern bestimmt. Dabei ist das Hauptproblem, daß die Marktteilnehmer nicht nur darüber entscheiden, *wofür* sie das von ihnen nachgefragte Geld ausgeben, sondern *ob* sie es überhaupt ausgeben! Wäre dabei der dem Kreislauf entzogene Geldanteil stabil, dann könnten die Notenbanken diesen durch zusätzliches Neugeld ausgleichen. Die ständigen Schwankungen dieser Hortungsgrößen aber gestatten keinen wirksamen Ausgleich und damit keine präzise Steuerung der Geldmenge.

Die Geldhortungen werden also so lange ein Problem sein, solange man die geldrechtlichen und umlauftechnischen Voraussetzungen nicht ändert, die sie heute möglich machen.

10. Kapitel
Das Dilemma der
Geldmengensteuerung

> *»Ich möchte bekennen, daß mich die prakti-*
> *schen Ergebnisse der Geldmengensteuerung*
> *sehr enttäuscht haben... In der Theorie*
> *besteht weiter Einigkeit darüber, daß die*
> *Geldmenge allein noch nicht alles besagt,*
> *sondern es sehr auch auf die jeweilige Um-*
> *laufgeschwindigkeit des Geldes ankommt.*
> *Diese entzieht sich aber bisher einer ge-*
> *nauen Berechnung. Bei der Berechnung der*
> *zulässigen Geldmengenvermehrung wird*
> *die Umlaufgeschwindigkeit... mehr oder*
> *weniger geschätzt. Es fehlt also in der Praxis*
> *letztlich an einer exakten Geldmengenbe-*
> *rechnung.«*
>
> Karl Klasen*

Zweifellos haben die Notenbanken in diesem Jahrhundert viel da-
zugelernt. Leider jedoch immer erst nach großen Opfern für die
Bürger. 1923, in der Hyperinflation, mußte die Bevölkerung das
Lehrgeld mit dem Verlust ihrer gesamten Ersparnisse bezahlen,
Millionen sogar mit ihrer Existenz.

Kaum zehn Jahre später saß die Reichsbank erneut in einer
hoffnungslosen Falle, diesmal in einer des Geldmangels. Zwar
hatte man die Gefährlichkeit inflationärer Überentwicklungen begriffen, nicht aber die noch größere der deflationären Geldmen-
genverringerungen. Den Lernprozeß, daß man die Geldmenge
alleine an die Wirtschaftsleistung binden darf und nicht an das
Gold im Keller, bezahlten sechs Millionen Menschen mit Arbeitslosigkeit und bitterer Not.

---

* Ehemaliger Präsident der Bundesbank, »Die Welt« vom 3. 10. 1983

»All die unglückseligen Ereignisse, die Reichtum und Glück auf der ganzen Welt so empfindlich getroffen haben, sind den Leitern der Notenbanken anzukreiden«,

schrieb damals John Maynard Keynes. Und vielleicht muß man sogar die 50 Mio. Toten des Zweiten Weltkrieges auf das Konto unzulänglicher Kenntnisse der Reichsbanker verbuchen. Denn ohne die große Deflation wäre uns der Aufstieg Hitlers höchstwahrscheinlich erspart geblieben.

Nach dem Zweiten Weltkrieg ging der Lernprozeß im nachhinein weiter: Falsche festgeschriebene DM-Dollar-Wechselkurse führten zur Bereicherung anderer Länder auf unsere Kosten. Die Folge des Billigeinkaufs bei uns führte zu einem Exportboom, dem man nur mit dem Import von zwei Millionen Gastarbeitern nachkommen konnte. Da die exportüberschußbedingten Dollarzuflüsse außerdem in DM umgewandelt werden mußten, bescherte uns der falsche Wechselkurs eine laufend zunehmende Inflation. Denn das Einfangen der zuviel gedruckten Scheine war weitaus schwieriger als ihre Inumlaufsetzung.

Auch die Gefährlichkeit dieser noch relativ geringen Inflationsraten – lange Zeit von vielen Fachleuten als Wirtschaftsstimulans gesehen – hat man erst begriffen, als die inflationären Zinsauftriebe die Konjunktur mehrmals in die Knie zwangen.

Gibt es auch in unseren Tagen Lernbedarf?

Auch heute stehen die Notenbanken immer noch vor Schwierigkeiten. Vor allem vor dem Problem, die Geldmenge kaufkraft- und konjunkturstabil zu steuern. Die Schwierigkeiten dabei fangen mit dem Dilemma an, daß man die Menge einer Sache steuern möchte, unter der bislang jeder etwas anderes versteht. So kann man noch im Monatsbericht der Bundesbank vom Januar 1992 lesen:

»Da Geld nicht eindeutig und einheitlich definiert ist, gibt es analog dazu auch verschiedene Abgrenzungen für die Geldmenge.«

Machen wir uns das ganze Dilemma der heutigen Gegebenheiten an einem Beispiel klar:

Wenn ein Autofahrer die Aufgabe hat, die Geschwindigkeit eines Wagens stabil zu halten, dann braucht er lediglich den Tachostand zu beobachten: Sinkt die Tachonadel unter die einzuhaltende Marke, dann führt er dem Motor über den Gashebel mehr Treibstoff zu. Schlägt die Tachonadel nach oben aus, drosselt er die Zufuhr. Über die »richtige« Treibstoffmenge braucht sich der Fahrer keine Gedanken zu machen: Hält er die vorgegebene Geschwindigkeit ein, dann ist die zugeführte Treibstoffmenge automatisch optimal dosiert.

Würde der Autofahrer die Geschwindigkeit über eine festgelegte Treibstoffmenge stabilisieren wollen, dann müßte er diese im voraus errechnen und sich beim Fahren daran orientieren. Doch auch dann, wenn er Steigungen, Gefälle und Windverhältnisse auf der zurückzulegenden Strecke kennen und bei der Vorausberechnung einbeziehen würde, dürfte die Geschwindigkeit allenfalls einmal zufällig dem gewünschten Maß entsprechen.

Geradezu unmöglich wäre für den Fahrer jedoch die Einhaltung einer bestimmten Geschwindigkeit, wenn ein Dritter während der Fahrt die Treibstoffzufuhr beeinflussen könnte. Das heißt, wenn irgend jemand die Möglichkeit hätte, jeweilige Entscheidungen des Fahrers durch Entzug oder Zuführung von Treibstoff zu konterkarieren.

Nehmen wir jetzt noch an, daß eigentlich niemand weiß, was Treibstoff ist und welche Treibstoffmenge auf den Motor tatsächlich wirkt, dann wird das Ganze zu einer kabarettreifen Farce.

Man braucht statt »Treibstoff« nur Geld einzusetzen und statt »Tachostand« den des Preisniveaus, um das Dilemma auf den Bereich der Notenbanken zu übertragen.

Wie praktizieren die Notenbanken ihre Stabilitätsbemühungen?

Anstatt die nachfragewirksame Geldmenge direkt am »Tachostand« des Preisniveaus zu steuern, beschreiten die meisten Notenbanken seit etwa zwei Jahrzehnten den komplizierten Weg der Geldmengenvorausberechnung. Jedes Jahr aufs neue verkünden sie, von welchem Geldbedarf sie in den nächsten zwölf Monaten ausgehen werden. Das Ergebnis ihrer Hochrechnungen und Schätzungen, die Zuwachsrate, geben sie jeweils in Prozentgrößen bekannt. Das tun sie in der Erwartung, daß sich die Wirtschaft und vor allem die Tarifpartner an diesen Werten orientieren. Als Orientierungsgröße für die Vorausberechnungen beziehen sie sich jedoch meist nicht auf das von ihnen selbst herausgegebene Bargeld, sondern auf sogenannte Geldmengenaggregate, die in den einzelnen Ländern wiederum unterschiedlich sind.

Eine größere Anzahl der Notenbanken, darunter die britische, orientiert sich z. B. an der sogenannten Geldmenge M1. Das ist die Zusammenfassung der Bargeldmenge mit den Sichtguthaben der »Nichtbanken«, also der Wirtschaftsteilnehmer außerhalb des Bankenapparates. Obwohl über die Größe dieser Sichtguthaben nicht die Notenbanken bestimmen, sondern die Wirtschaftsteilnehmer mit ihren Zahlungsgewohnheiten, scheint diese Mischgröße noch halbwegs logisch. Denn immerhin gehören die Sichtguthaben, neben dem Bargeld, zum Nachfragepotential in der Wirtschaft. Die Schweizer Nationalbank benutzt als Orientierungsgröße die sogenannte Notenbankgeldmenge. Diese enthält ebenfalls die in Umlauf gegebene Bargeldmenge, zuzüglich jener Guthaben, die die Geschäftsbanken bei der Nationalbank unterhalten, vor allem zum Zwecke der internen Verrechnungen.

Die Deutsche Bundesbank hat 1974 als Vergleichsgröße für ihre Geldmengensteuerung ein eigenes Aggregat kreiert, die sogenannte Zentralbankgeldmenge (ZBGM). Diese besteht etwa zur Hälfte aus dem Bargeld, zur anderen Hälfte aus bestimmten Anteilen der Sichteinlagen sowie der Termin- und Spareinlagen bis vier Jahre Laufzeit. Dieses Aggregat ist also eher als ein Konglomerat von Geld und Guthaben zu bezeichnen. Denn zumindest mit den beiden letztgenannten Posten sind darin Anteile enthalten, die überhaupt kein Geld sind, sondern Buchungen von Ersparnissen, die man anderen überlassen hat.

Bei den Vorausberechnungen der jährlichen Geldmengen-Zuwachsrate legt die Bundesbank vor allem die Ausweitungen des Produktionspotentials zugrunde, aber auch Geldabflüsse ins Ausland oder ähnliche Faktoren. Außerdem rechnet sie mit rund zwei Prozent eine sogenannte »unvermeidliche Preissteigerungsrate« ein, die man also planmäßig mit neuem Geld unterfüttert.

Wie sieht das Ergebnis dieser Stabilitätsbemühungen aus?

In der Darstellung 17 sind die Zielvorgaben der Bundesbank und die tatsächlichen Ergebnisse seit Einführung dieser Art von Geldmengensteuerung eingetragen. Das schraffierte Feld gibt dabei jeweils die Bandbreite oder Prozenthöhe der angestrebten Wachstumsraten wieder, die Kurve mit den Kreispunkten das tatsächliche Ergebnis. Wie ersichtlich, hat man für die Jahre 1975 bis 1978 und das Jahr 1989 jeweils einen festen Prozentsatz vorgegeben, ansonsten wechselnde Bandbreiten von zwei bis drei Prozent. Im Jahr 1991 wurde sogar mitten in der Jahresperiode die Bandbreite noch einmal um einen Prozentpunkt nach unten korrigiert, weil sich die Entwicklung der Geldmenge in der ersten Hälfte des Zeitraums deutlich unterhalb des Zieltrichters bewegte.

Doch trotz des meist relativ großen Spielraums und der fast jährlichen Korrekturen der Bandbreite war die Erfolgsquote in den meisten Jahren enttäuschend. In der ganzen dargestellten Zeit hat man allenfalls sechsmal ins Schwarze getroffen. Zweimal lag man gerade noch am Rande des Korridors, während die Ergebnisse in den übrigen Jahren oft weit neben den Zielvorgaben lagen.

Das Ergebnis dieser Art von Stabilitätspolitik über Geldmengen-Zielvorgaben erinnert auf fatale Weise an das beliebte Schülerspiel »Schiffe versenken«. Auch hier landen die meisten Versuche im Wasser, und Volltreffer sind weitgehend dem Zufall zu verdanken.

In welcher Größenordnung die tatsächlichen Entwicklungen der Zentralbankgeldmenge oft neben den Erwartungen und Vorausberechnungen gelegen haben, zeigt die nachstehende Originalgrafik der Bundesbank für die Jahre 1984 bis 1987 (Darstellung 18). Während sich die Entwicklung der Geldmenge in den beiden ersten Jahren optimal im Zieltrichter bewegte, schoß sie in den beiden folgenden Jahren weit über das Ziel hinaus. Dieses fast schon peinliche Abweichen von der Zielvorgabe war dann der Anlaß für die Bundesbank, nach einer anderen Geldmenge als Orientierungsgröße Ausschau zu halten. Man fand sie in der sogenannten Geldmenge M3, deren Entwicklung den Zielvorgaben der Jahre 1986 und 1987 näher lag.

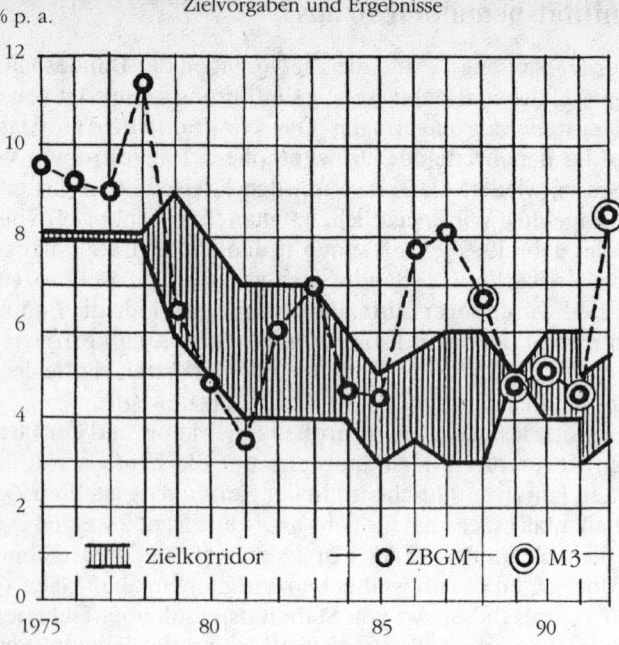

Geldmengensteuerung der Bundesbank 1975–1992
Zielvorgaben und Ergebnisse

Darstellung 17

Was ist der wesentliche Unterschied zwischen Zentralbankgeldmenge und Geldmenge M3?

Während die ZBGM etwa zur Hälfte aus Bargeld besteht, ist in der neuen, fast fünfmal größeren Orientierungsgröße M3 das Bargeld nur noch mit rund elf Prozent vertreten. Dies ist darauf zurückzuführen, daß in die Geldmenge M3 die Sichteinlagen, die Termineinlagen bis vier Jahre Laufzeit und die Spareinlagen mit gesetzlicher Kündigungsfrist in voller Höhe eingehen. Das heißt, die Geldmenge M3 besteht fast zu 90 Prozent aus Guthabenbeständen. Die Folge ist, daß in dieser Größe Überentwicklungen des Bargeldes nur geringfügige Auswirkungen haben. Während

148

eine zehnprozentige Bargeld-Überentwicklung bei der ZBGM rechnerisch immerhin noch eine fünfprozentige Ausweitung bewirkte, läßt sie die Geldmenge M3 nur um gut ein Prozent ansteigen. Durch den Umstieg auf dieses größere Aggregat werden also Ausreißer innerhalb der Bargeldmenge weitgehend verdeckt. Das heißt, die grundlegende Geldmenge in der Wirtschaft, die Bargeldmenge, für die allein die Bundesbank verantwortlich ist und die sie allein vermehren kann, geht in der großen Menge M3 gewissermaßen unter.

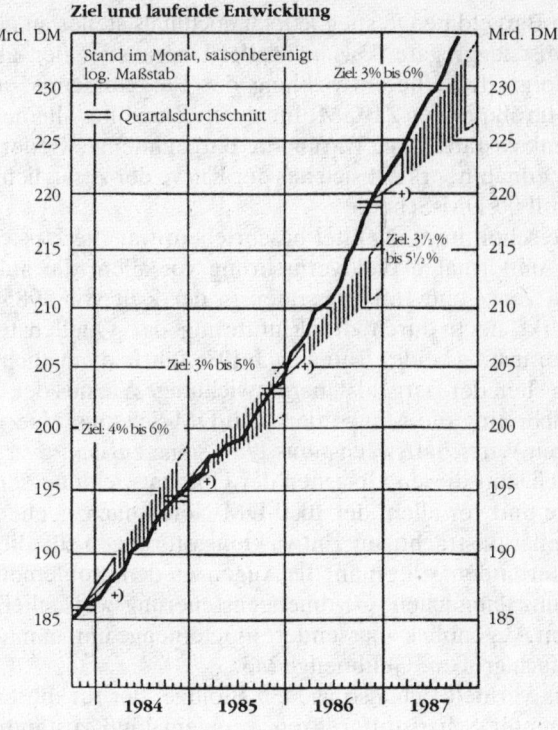

Wachstum der Zentralbankgeldmenge

Darstellung 18

Wodurch kam es zu den großen Abweichungen der Zentralbankgeldmenge?

Die Ursachen für das Ausreißen der ZBGM in den Jahren 1986 und 1987 gehen aus der nachfolgenden Darstellung 19 hervor. In ihr sind noch einmal die Entwicklungen der ZBGM und der Geldmenge M3 in den kritischen Jahren 1985 bis 1989 eingetragen, und zwar in ihrer prozentualen Zunahme. Außerdem wurde zusätzlich die Entwicklung der Bargeldmenge sowie der 1000-DM-Scheine aufgenommen, zum Vergleich mit der Wirtschaftswirklichkeit auch noch die Entwicklung des realen Sozialprodukts.

Wie die Grafik sichtbar macht, nahm die ZBGM in den Jahren 1986, 1987 und 1988 tatsächlich schneller zu als die Geldmenge M3.

Die Bargeldmenge stieg jedoch nochmals steiler an als die beiden Mischaggregate. Das heißt, der Überanstieg der ZBGM war die Folge der Überentwicklung der Bargeldmenge, also jener Hauptgröße in der ZBGM, für deren Zunahme alleine die Bundesbank zuständig ist. Warum die Bargeldmenge wiederum so explosiv zunahm, erklärt sich aus der Kurve der zusätzlich eingetragenen 1000-DM-Scheine.

Wie schon im 9. Kapitel beschrieben, war die Ursache dieser völlig unnormalen Geldvermehrung vor allem die äußerst niedrigen Zins- und Inflationsraten in der Zeit von 1985 bis 1987, verstärkt noch durch die Einführung der Quellensteuer. Der Wiederanstieg beider Raten nach 1988 führte dann auch zu einem Abbrechen der Bargeld-Überentwicklung. Wie aus der Grafik ersichtlich, ging die Menge der 1000-DM-Scheine, trotz des deutlicheren Wirtschaftswachstums 1989, sogar zurück.

Doch statt diesen Ursachen der Überentwicklung der Bargeldmenge und vor allem der 1000-DM-Noten nachzugehen und solche inflationsträchtigen Entwicklungsstörungen für die Zukunft zu unterbinden, stieg man, die Augen vor den Problemen der eigenen unzulänglichen Geldmengensteuerung verschließend, auf eine im Augenblick »passendere« Geldmenge um, nämlich auf die mehrfach größere Geldmenge M3.

Man verhielt sich also wie ein Biologe, der für die Einhaltung bestimmter Schadstoffgrenzen in einem Fluß zuständig ist und beim Überschreiten der Grenzwerte seine Messungen in einen See verlegt, in dem das Flußwasser nur noch einen Bruchteil ausmacht. Es ist eigentlich unverständlich, daß diese Vogel-Strauß-Politik der Bundesbank von der Fachwelt fast kommentarlos hingenommen wurde.

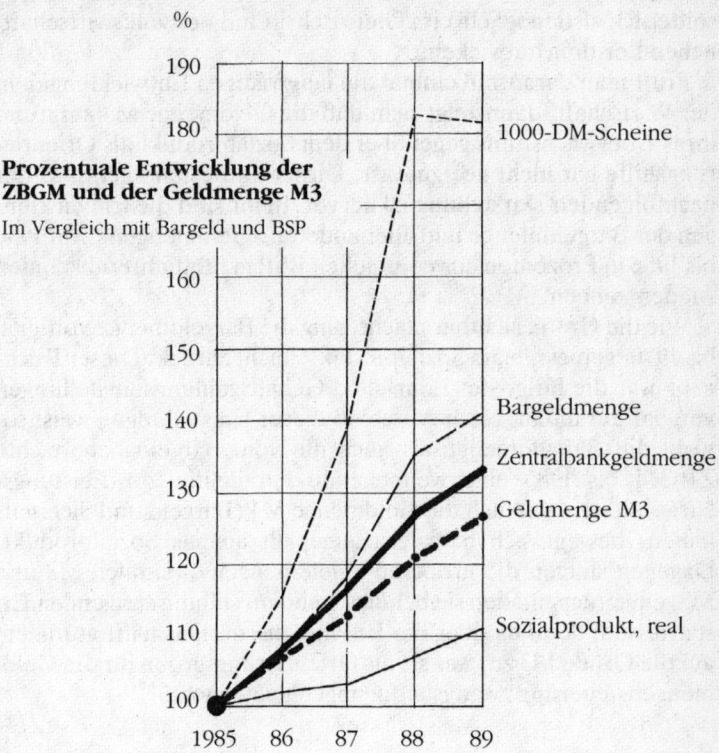

%

190

180 — — — — — 1000-DM-Scheine

Prozentuale Entwicklung der ZBGM und der Geldmenge M3

Im Vergleich mit Bargeld und BSP

160

150

140 — — — — — Bargeldmenge

— — — — — Zentralbankgeldmenge

130

— — — — — Geldmenge M3

120

110 — — — — — Sozialprodukt, real

100

1985   86   87   88   89

Darstellung 19

151

Ist die Geldmenge M3 als Orientierungsgröße überhaupt geeignet?

Erinnern wir uns: Die Gesamtnachfrage in einer Volkswirtschaft muß dem Gesamtangebot entsprechen. Das gesamte Nachfragepotential – Bargeld und mit Vorbehalten auch die Sichtguthaben – sollte sich also möglichst im Gleichschritt mit der volkswirtschaftlichen Leistung entwickeln.

Prüft man daraufhin einmal die langfristigen Entwicklungen in der Wirtschaft, dann zeigt sich, daß die Geldmenge M3 aufgrund ihres Überwachstums gegenüber dem Sozialprodukt als Orientierungshilfe gar nicht geeignet ist. Dieser Tatbestand geht aus der nachfolgenden Darstellung 20 hervor. In ihr sind die Entwicklungen der Bargeldmenge und aller anderen »Geldmengen« von 1950 bis 1985 in Prozenten des nominellen BSP in Fünfjahresabständen wiedergegeben.

Wie die Grafik sichtbar macht, ging die Bargeldmenge von 1950 bis 1970, gemessen am Sozialprodukt, leicht zurück. Dieser Rückgang war die Folge der Lohn- und Gehaltszahlungsumstellungen von bar auf unbar. Nach Abschluß dieser Umstellungen weist sowohl die Bargeldmenge als auch die vom Bargeld beherrschte ZBGM bis 1985 eine weitgehende Parallelität zur Leistungsentwicklung auf. Auch die Geldmenge M1 (Bargeld und Sichtguthaben) bewegt sich halbwegs angepaßt an das Sozialprodukt. Dagegen steigen die größeren »Geldmengen«, nämlich M2 und M3, entsprechend den sie beherrschenden, ständig steigenden Ersparnissen, deutlich über das BSP hinaus an. Das trifft vor allem auf die Größe M3 zu, was sie als Orientierungsgröße für die Geldmengensteuerung zwangsläufig ungeeignet macht.

Wie haben sich die »Geldmengen« ab 1985 entwickelt?

In der langfristigen Darstellung 20 sind die Veränderungen ab 1985 im Jahresabstand dargestellt, wegen der vereinigungsbedingten Größensprünge jedoch nur bis 1989.

Zu erkennen ist, daß von 1985 bis 1989 die Entwicklung der Größe M3 leicht nachließ, während sie bei allen anderen »Geld-

152

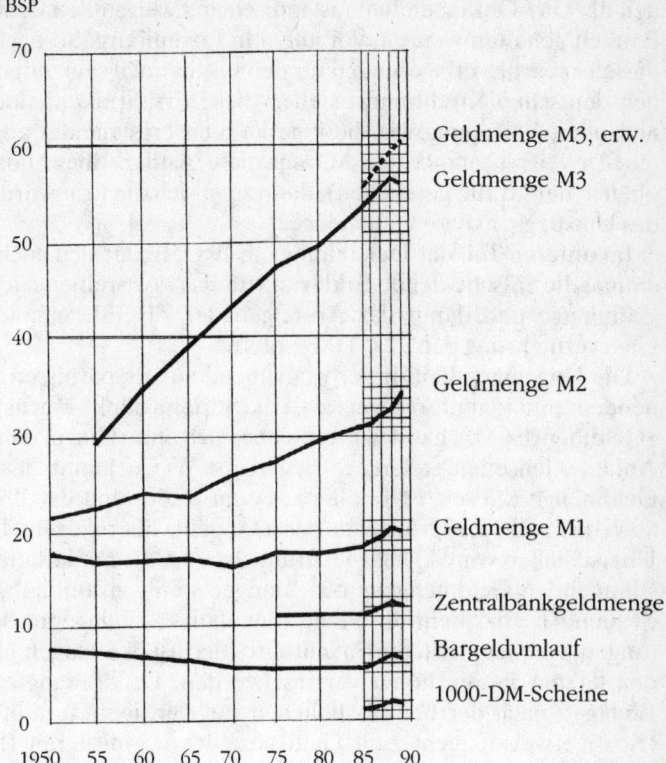

Langfristige Entwicklung der Geldmengen
in Prozent des BSP

1950 bis 1989

Darstellung 20

153

mengen« anstieg. Dieser Tatbestand scheint für den Umstieg auf M3 zu sprechen. In Wirklichkeit jedoch ist die relative Verlangsamung der M3-Entwicklung lediglich eine Folge statistischer Erfassungsabgrenzungen. Denn bei der Berechnung dieser Größe fallen jene Ersparnisse unter den Tisch, die aus steuerlichen Gründen als DM-Guthaben bei ausländischen Zweigstellen deutscher Banken gehalten werden, vor allem in Luxemburg. So nachteilig diese Ersparnisverlagerungen für den Fiskus auch sein mögen, für den deutschen Kreditmarkt stehen diese Ersparnisse jedoch genauso zur Verfügung wie die innerhalb unseres Landes angelegten. Erweitert man darum M3 um diese Auslandsbestände (wie oben in der Grafik geschehen), dann zeigt sich die Fragwürdigkeit des Umstiegs in diese Geldmenge.

Im unteren Teil der Darstellung, ab 1985, findet sich auch noch einmal die entscheidende Erklärung für das »Ausreißen« der Bargeldmenge und damit das Ansteigen der ZBGM, nämlich die Übervermehrung der 1000-DM-Noten.

Die Ungeeignetheit dieser weitgehend aus Ersparnissen bestehenden und damit rascher als das Sozialprodukt wachsenden »Geldmenge« M3, hat sich inzwischen auch ohne Hinzuziehen der Anlagen jenseits der Grenze bewiesen: Wie bekannt, läuft die Geldmenge M3 seit 1991 völlig aus dem Ruder und hat 1992 wie auch 1994 die Zielgröße um das Doppelte überstiegen. Dieses Überschießen von M3 hat wiederum Gründe, die mit inflationsbestimmenden Geldmengenentwicklungen wenig zu tun haben. Es ist nämlich vor allem die Folge spekulativer Einlagenumschichtungen von langfristigen in mittelfristige Bankeinlagen, die in den letzten Jahren höher verzinst wurden. Da die langfristigen Einlagen nach der bei uns üblichen fragwürdigen Terminologie (richtigerweise) nicht zum Geld gezählt, die mittleren (fälschlicherweise) jedoch als »Geld« erfaßt werden, müssen solche zinshöhenbedingten Umschichtungen die ganze ausgedachte »Geldmengensteuerung« über den Haufen werfen.

Was ist das größte Dilemma der Notenbanken?

Erinnern wir uns an den Autofahrer: Wenn er sich nicht mit Benzinmengenberechnungen belastet, sondern einfach mit dem Gaspedal auf die Tachonadel reagiert, kann er die gewünschte Geschwindigkeit präzise einhalten. Das allerdings nur, wenn niemand ihm dabei ins Handwerk pfuscht. Denn der Versuch des Fahrers, den Motor durch erhöhte Treibstoffzufuhr zu beleben, bleibt wirkungslos, wenn die zusätzlich zugeführte Treibstoffmenge von einem Dritten »aus dem Verkehr gezogen« wird. Umgekehrt kann der Motor durch den Fahrer nicht gedrosselt werden, wenn jener Dritte den zuvor entzogenen Treibstoff nach Belieben in den Motor einspritzen kann.

Als Autofahrer braucht man sich über solche Einmischungen jedoch keine Gedanken zu machen. Fahrzeug und Motor sind so konstruiert, daß mit solchen Störungen nicht zu rechnen ist. Anders ist das aber bei den Notenbanken:

Sieht eine Notenbank die Konjunktur erlahmen, kann sie zwar – wie unser Fahrer – den Wirtschaftsmotor mit einer zusätzlichen Geldspritze zu beleben versuchen. Im Gegensatz zu unserem Fahrer weiß sie jedoch nicht, ob der zusätzliche »Treibstoff« die Wirtschaft erreicht, also nachfragewirksam wird. Denn das hängt nicht von der Notenbank ab, sondern von Dritten, nämlich den Empfängern des Mehrgeldes. Sie entscheiden jeden Tag aufs neue darüber, ob sie dieses Geld ausgeben, verschenken oder verleihen (womit der Kreislauf geschlossen bleibt) oder ob sie einen mehr oder weniger großen Teil davon dem Kreislauf entziehen.

Die Notenbanken wissen zwar von diesen Störungsmöglichkeiten, die ihre ganzen Bemühungen zur Stabilisierung von Konjunktur und Kaufkraft unterlaufen. Sie ziehen jedoch bis heute daraus keine Konsequenzen. Ja, sie verwischen diesen Tatbestand noch durch die von ihnen benutzten Begriffe. So bezeichnen sie das von ihnen herausgegebene Geld immer als »umlaufende Bargeldmenge«, obwohl ein erheblicher Teil derselben dem Umlauf entzogen ist. Auch bei ihren Berechnungen der sogenannten »Umlaufgeschwindigkeit« tun sie immer so, als ob die herausgegebene Geldmenge mit der tatsächlich umlaufenden und nachfragenden identisch sei. Entsprechend fragwürdig sind die darauf aufbauenden Berechnungsergebnisse. Erschwerend kommt noch hinzu, daß die nicht umlaufenden – also gehorteten – Teile der Bargeldmenge keinesfalls stabil sind, sondern – wie im 9. Kapitel dargelegt – großen Schwankungen unterliegen.

Was müßte zur Erreichung der Stabilität geändert werden?

Niemand kann sich vorstellen, daß der Konstrukteur eines Motorwagens Dritten die Möglichkeit einräumen würde, in die Regelung der Geschwindigkeit beliebig einzugreifen.

Die Verantwortlichen für unser Geld, die Notenbanken, lassen dies jedoch tatenlos zu. Ja, sie bezeichnen diese Eingriffe geradezu als ein zu verteidigendes Stück persönlicher Freiheit. So schrieb die Bundesbank auf die Frage, ob jedermann berechtigt sei, Geld aus dem Verkehr zu ziehen:

»Die Möglichkeit, rechtmäßig erworbenes Geld dem Zahlungsverkehr auf gewisse Zeit zu entziehen, ist Ausfluß des Grundsatzes, daß der Eigentümer beweglicher Sachen hiermit... nach Belieben verfahren darf... Ein ›Horten‹ von Bargeld kann somit von der Bundesbank nicht verhindert werden. Es sind hierdurch aber bisher praktisch keine ernsthaften währungspolitischen Probleme entstanden, auch nicht aus der Sicht der Steuerung des Geldumlaufs.«

Angesichts der hier dargelegten ständigen Probleme bei der Stabilerhaltung der Geldkaufkraft kann man über den letzten Satz nur den Kopf schütteln. Nicht minder kann man es über den Tatbestand, daß es in das Belieben eines jeden gestellt ist, das von der Bundesbank herausgegebene Geld als öffentliche Einrichtung oder als beliebig verfügbares Privateigentum zu sehen und entsprechend zu behandeln. Solange der Gesetzgeber diese Unlogik und Unrechtslage unverändert läßt, wird man weder die Mengensteuerung noch die Kaufkraftstabilität des Geldes in den Griff bekommen. Auch nicht durch immer neue »Geldmengenkreationen« oder ein immer häufigeres Umsteigen von der einen auf eine andere Größe. Das vor allem nicht, solange man in diesen »Geldmengen« weiterhin Geld und Guthaben zusammenfaßt.

Im übrigen ist es überhaupt nicht die Aufgabe der Notenbanken, sich eine wie auch immer geartete Geldmenge vorzugeben, an der man sich dann festzuklammern versucht. Es ist vielmehr allein ihre Aufgabe, die Kaufkraft des Geldes stabil zu halten und die Wirtschaft mit ausreichenden Geldmitteln zu versorgen. Halten sie die Geldkaufkraft stabil, das heißt, orientieren sie die Geldversorgung allein an den Schwankungen des Preisstandes, so ist automatisch auch die zweite Aufgabe optimal gelöst, nämlich die Versorgung der Wirtschaft mit den erforderlichen Tausch- und Verrechnungsmitteln. Denn deren Menge ist immer richtig, wenn die Kaufkraft stabil bleibt. Doch um diese Ziele zu erreichen, benötigen sie keine im voraus prognostizierten Geldmengenziele. Wohl aber eine klare juristische Einordnung unseres Geldes als öffentliche Einrichtung und eine wirksame Umlaufsicherung. Nur dann ist es möglich, die nachfrageaktive Geldmenge mit der herausgegebenen in Übereinstimmung zu bringen. Und nur dann sagt auch die »Umlaufgeschwindigkeit« etwas aus, die heute von den schwankenden, nicht umlaufenden Geldmengenbeständen und durch die Einbeziehung von Guthabenanteilen total verfälscht wird. Daß man mit Geldmengenaggregaten, die nur zu einem geringen Teil nachfragewirksam sind, keine Kaufkraftstabilität erreichen kann, bedarf keiner weiteren Erklärungen.

11. Kapitel
Die »Geldschöpfung« der Banken

*Es kann an sich kaum bezweifelt werden,
daß das Banksystem insgesamt keine größere Geldmenge schaffen kann, als mit der
von der Zentralbank geschaffenen Zentralbankgeldmenge vereinbar ist.«*

Deutsche Bundesbank, Juli 1971

Können Banken Geld schöpfen?

In fast allen Lehrbüchern kann man heute noch lesen, daß die
Banken an der »Geldschöpfung« beteiligt sind. Daß damit keine
Herstellung von Geldscheinen oder Münzen gemeint sein kann,
ist klar, dazu sind nur die Notenbanken berechtigt. Wahrscheinlich ist mit dieser Aussage also »Kreditschöpfung« gemeint. Wird
darunter das Umschöpfen von Kaufkraft aus dem Einlage- in den
Kredittopf verstanden, dann kann man diese Formulierung akzeptieren. In den meisten Lehrbüchern wird der Vorgang jedoch so
dargestellt, als ob die Banken auch ohne Einlagen der Sparer bzw.
darüber hinaus Kredite schöpfen könnten. Ja, in vielen Beschrei-
bungen sind diese Einlagen gar nicht existent. Sie sehen immer nur
den »Bankausgang«, aus dem laufend neue und immer größere
Kredite herauskommen, ohne den »Bankeingang« zu beachten, in
den die Sparer ihre Überschüsse einbringen.

Andere sagen, daß geschöpfte Kredite problemlos wären, weil
sie irgendwann auch wieder zu einer Einlage würden, womit sich
die Schöpfung gewissermaßen selbst ausgleicht. Diese Argumen-
tation ist so überzeugend wie die eines Geschäftsmannes, der reinen Gewissens Falschgeld produziert, weil irgendwann die Kunden mit dem Falschgeld auch wieder in seinem Laden einkaufen
werden. Daß mit beiden Schöpfungen – dem Falschgeld wie den
Krediten ohne Ersparnis – das Nachfragepotential ungedeckt vermehrt wird, dürfte einsichtig sein. Denn nur Kredite, die aus leistungsbezogenen Ersparnissen stammen, sind durch reale Gegen-

werte gedeckt. Wenn also die Banken tatsächlich ohne Spareinlagen Kredite schöpfen, ist das genauso ein Fall für den Staatsanwalt wie die Inumlaufsetzung von Falschgeld.

Gibt es Beweise für diese Geld- oder Kreditschöpfung?

Wer die jährlichen Ergebnisse örtlicher Banken überprüft, wird fast immer feststellen, daß die Einlagen der Kunden die Kreditgewährungen übersteigen. Die daraus resultierenden Überschüsse werden entweder in Wertpapieren angelegt oder fließen anderen Banken, vor allem Hypothekenbanken zu, die selbst keine Sparerkunden haben. In den Bilanzen der einzelnen Banken wie des gesamten Bankenapparates sind selbstverständlich Passiva und Aktiva – wie bei allen Bilanzen – ausgeglichen. Eine Bank, die mehr ausgeliehen als an Mitteln erhalten hat, ist jedoch nirgendwo zu finden. Auch der Präsident der Landeszentralbank in Baden-Württemberg, Guntram Palm, bestätigte, bezogen auf die Kreditaufnahme des Staates, in der Stuttgarter Zeitung vom 13. November 1992 noch einmal diesen Sachverhalt: »Die zur Abdeckung der öffentlichen Defizite benötigten Mittel werden von den in- und ausländischen Sparern... bereitgestellt.« Und der Wirtschaftsjournalist Franz Thoma schreibt in der Süddeutschen Zeitung vom gleichen Tag: »...das Geld, das Banken über Anleihen kreditieren... stammt vom Bürger. Würde er nicht sparen, wäre zum Verleihen nichts da. Dann bliebe nur noch der Druck von Banknoten. Und das führte in finanziellen Ruin.«

Den »Beweis« für die »Geldschöpfung« der Banken kann man also wieder nur in Lehrbüchern entdecken, ungeprüft weitergegeben von Ausgabe zu Ausgabe. Ähnlich wie vor einigen Jahrzehnten die Theorie von der notwendigen Golddeckung für alle Währungen noch in den Lehrbüchern zu finden war, als die Praxis längst ohne sie funktionierte. Der Geldschöpfungsbeweis in den Lehrbüchern ist sogar in mathemtatische Formeln gekleidet, was einer Theorie offensichtlich auch dann das nötige Gewicht verleiht, wenn sie in der Wirklichkeit keine Bestätigung findet.

Kurz: Nach der Theorie sind die Geldschöpfungsmöglichkeiten der Banken im Prinzip unbegrenzt. Eingeschränkt werden sie lediglich durch die Kassenhaltung und die Mindestreserven, die von den Banken in den meisten Ländern bei den Notenbanken gehalten werden müssen. Auch das wird mathematisch exakt vorgerechnet: Liegen diese Rücklagen insgesamt bei fünf Prozent, dann können die Banken aus einer Einlage das 19fache an Kredit schöpfen, bei Rücklagen von zehn Prozent das Neunfache und bei einer Rücklage von 20 Prozent nur das vierfache, also immer reziprok zur Einlage des Sparers.

Wie läßt sich die Geldschöpfungstheorie erklären?

Sehen wir uns in Darstellung 21 noch einmal das Kreislaufmodell an mit den monatlichen Ersparnisbildungen und Kreditgewährungen (vgl. Darstellung 5, 3. Kapitel). Statt der sich akkumulierenden Guthaben- und Kreditbestände sind im unteren Teil der Darstellung 21 die bei jedem Einkommensumlauf hinzukommenden Beträge eingesetzt, zusätzlich dazwischen eine Buchungsreihe mit den Reservebildungen der Bank in Höhe von jeweils zehn Prozent der Neuersparnis.

Da die im ersten Umlauf bei der Bank eingehende Geldeinzahlung hier mit 20 Geldeinheiten (GE) eingesetzt ist, ergibt sich eine Rückhaltung in der Reserve von 2 GE und eine Ausleihung von 18 GE. (Auf den Tatbestand, daß aufgrund dieser Reservehaltungen die reale Nachfrage nach dem ersten Umlauf auf 98 und nach dem fünften bereits auf rund 92 GE zurückgeht, soll hier nicht weiter eingegangen werden.)

Wichtig für die Geldschöpfungsfrage ist nun, daß sich die aus den Krediten ergebenden rücklaufenden Guthabenbuchungen, entsprechend den sich ansammelnden Geldeinheiten in der Bankreserve, mit jedem Umlauf um zehn Prozent verringern, während die direkte Nachfrage mit 80 Prozent der Einkommen konstant bleibt. Als Folge dieser ständigen (wenn auch kleiner werdenden) Reduzierungen müssen schließlich irgendwann alle Postenzugänge bei der Bank bei null enden. Zählt man dann die in der Reserve angesammelten Geldeinheiten zusammen, kommt man auf 20 GE, also genau den Betrag, der als Ersteinzahlung bei der Bank eingegangen war. Die Addition der Einzahlungs- bzw. Guthabenbeträge ergibt eine Summe von 200 GE, die der Auszah-

Kreislauf mit Nachfragesplitting und Bank-Reservebildung

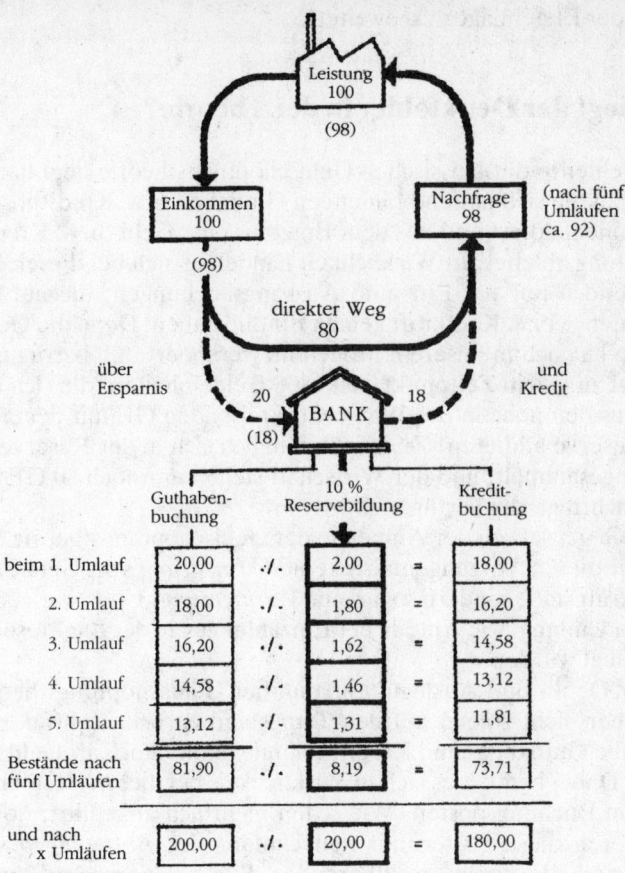

Darstellung 21

lungs- bzw. Kreditbeträge 180 GE. Damit scheint die »multiple Geldschöpfung« bewiesen, denn bei einer Reservehaltung von zehn Prozent wurden nach x Umläufen die Kredite auf das Neunfache der Ersteinlage ausgeweitet!

Wo liegt der Denkfehler in der Theorie?

Der Fehler in der klassischen Geldschöpfungstheorie liegt darin, daß man die sich laufend bildenden Guthaben bzw. Kreditposten zusammenaddiert und aus dem Ergebnis eine Geld- bzw. Kreditschöpfung ableitet. In Wirklichkeit handelt es sich bei diesen Posten jedoch nur um Ein- und Ausgangsbuchungen, die auf die Geldmenge bzw. Kaufkraft keinen Einfluß haben. Denn die Geldmenge hat sich in unserem Modell nie verändert. Sie betrug und beträgt zu jedem Zeitpunkt exakt 100 Geldeinheiten, die sich immer aus den noch in der Wirtschaft kreisenden GE mit denen in der Reserve addieren! Zum Schluß haben sich in der Reserve 20 GE angesammelt, und der Wirtschaft stehen nur noch 80 GE für die Nachfrage zur Verfügung.

Im Gegensatz zu der Annahme der Geldschöpfungstheorie findet bei diesen Vorgängen also keine *Vermehrung* von Geld oder Kaufkraft statt, sondern sogar eine *Verringerung*! Und zwar genau in dem Umfang, wie Anteile der Einzahlungen in der Bankreserve stillgelegt wurden.

Der Denk- und Auslegungsirrtum der Geldschöpfungstheorie ist sicher nicht zuletzt auf den Tatbestand zurückzuführen, daß man alle Guthaben- und Kreditbestände immer noch als Geld ansieht. Dabei handelt es sich in Wirklichkeit bei diesen Beständen nur um Buchungsposten. Wie schon mehrfach angeführt, dokumentieren diese Posten nur den Umfang der *Abtretungen* von Geld und die daraus resultierenden *Rückzahlungsverpflichtungen*. Ihre Addition spiegelt also nur die Umsätze der Bank wider, die sich ständig erhöhen können, ohne daß sich die Kaufkraft oder die Geldmenge vergrößern.

Gibt es Indizien für die Geldschöpfung?

Wer den Vorgängen im Bankenbereich genauer nachgeht, wird nicht nur vergeblich nach Beweisen für die Geldschöpfung fahnden, sondern ebenso erfolglos nach Indizien. Wohl aber sprechen Dutzende von Indizien für das Gegenteil. Zum Beispiel der Tatbestand, daß die Industrieländer trotz riesiger Kreditgewährungen meist nur geringe Inflationsraten haben, während die größten Inflationen überwiegend in Ländern mit geringeren Banktätigkeiten anzutreffen sind. Das heißt, gäbe es bei uns eine Geld- oder Kreditschöpfung durch die Banken, dann müßten wir längst eine trabende bis galoppierende Inflation haben.

Wenn die Banken Kredite schöpfen könnten, müßten auch ihre Gewinne beträchtlich höher sein, da ja die Zinsen für die geschöpften Kredite in vollem Umfang bei ihnen verbleiben. Weiter spricht gegen die Theorie, daß selbst signifikante Veränderungen der Mindestreserve keine Spuren bei der Kreditgewährung hinterlassen. So wurde beispielsweise in der Bundesrepublik die Mindestreserve von 1973–81 und 1993–94 halbiert und in der Schweiz vor etlichen Jahren sogar abgeschafft, ohne daß es zu jener Kreditexplosion gekommen wäre, von der die Theorie ausgeht.

Weiter könnte man auch fragen, warum sich die Banken eigentlich so viel Mühe um die Sparerkunden machen, wenn sie diese doch gar nicht für die Kreditausweitung brauchen. Und schließlich wäre noch zu fragen, warum die US-Regierung in aller Welt Kredite zusammenkratzen muß, wo doch die US-Banken sich selbst und der ganzen Nation einen Gefallen täten, die Etatlücken durch eigene Schöpfungen zu schließen. – Die Liste der Gegenindizien ließe sich fortsetzen. So z. B. mit dem Tatbestand, daß man in den 50er Jahren auch dann oft Wochen oder Monate auf die Auszahlung zugesagter erststelliger Hypotheken warten mußte, wenn die Restfinanzierung stand und die Absicherung durch Grundstück und Rohbau gegeben war. Begründung: »Wir haben zur Zeit keine Mittel.« – Offensichtlich wußten die Banken damals noch nichts von ihrer »Schöpfungsfähigkeit«. Sie waren noch auf neue Einlagen, rücklaufende Kredite oder die Überlassung von Überschüssen anderer Banken angewiesen. Heute »schwimmen« die Banken eher in Geld und haben Schwierigkeiten, seriöse Kreditnehmer zu finden. Doch das ist nicht die Folge von »Geldschöpfungen«, sondern die der Guthabeneskalationen, bedingt vor allem durch den Zinseszinseffekt.

Haben die hohen Sichtguthaben mit Schöpfung zu tun?

Die Sichtguthaben in der BRD waren Ende 1993 mit rund 514 Mrd. DM etwa 2½ mal so hoch wie die von der Bundesbank herausgegebene Bargeldmenge. Das – so wird häufig angenommen – könne nur auf Geldschöpfungen der Banken zurückzuführen sein. In Wirklichkeit spiegeln sich in beiden Größen jedoch nur die Zahlungsgewohnheiten in unserer Wirtschaft wider, genauer: der Bedarf an liquiden Zahlungs- bzw. Verrechnungsmitteln. Wenn »morgen« aufgrund der codierten Scheck- und Kreditkarten die bargeldlosen Zahlungen zunehmen, werden die Wirtschaftsteilnehmer ihre Geldbestände zugunsten erhöhter Sichtguthaben noch weiter reduzieren. Das heißt, sie zahlen das nicht mehr benötigte Bargeld auf ihre Sichtguthaben ein. Sowenig aber wie in diesem Fall die Banken etwas »schöpfen«, sowenig war das in der Vergangenheit der Fall.

Im übrigen lagen die Sichtguthaben von 1970 bis 1989 – von zwischenzeitlichen Schwankungen abgesehen – ziemlich konstant beim Doppelten der Bargeldmenge, während sie in den 50er und 60er Jahren relativ zugenommen hatten. Grund für diesen Anstieg war die Umstellung der Lohnzahlungen von bar auf unbar in dieser Zeit. Auch hier gab es keine Schöpfungstätigkeit der Banken. Vielmehr wurden mit der Aufstockung der Sichtguthaben die Bargeldbestände abgebaut, sogar relativ mehr, als die Sichtguthaben zunahmen, was auf deren größere Umschlagshäufigkeit zurückzuführen ist.

Teil III

Die problematischen Folgen im Geldbereich

12. Kapitel
Die Überentwicklung der Schulden

> »Ein immer größerer Teil unserer Arbeit
> wird von bestehenden Verpflichtungen ab-
> sorbiert, denen wir nicht ausweichen kön-
> nen. Dies erklärt vieles, was uns bisher
> rätselhaft war: den steigenden Streß am Ar-
> beitsplatz; die Querelen in den Familien
> wegen Geld,... die um sich greifende Um-
> weltvernichtung.«
>
> Paul C. Martin*

Bei dem Wort Verschuldung fallen einem zuerst einmal die Schulden der Entwicklungsländer ein, und das nicht ohne Grund. Denn
dieses Verschuldungsproblem, seit Anfang der 80er Jahre erkannt, ist keinesfalls einer Lösung näher gekommen. Durch die
zinsbedingten Aufschuldungen hat es vielmehr noch ständig zugenommen, auch wenn das Thema zwischenzeitlich immer wieder
aus den Schlagzeilen verschwindet.

Doch bei diesen weitgehend bekannten und vieldiskutierten
Verschuldungen der Entwicklungs- und Schwellenländer handelt
es sich nur um die sichtbar gewordene Spitze eines weltweit eskalierenden Schuldeneisbergs. Allein die öffentliche Verschuldung
in der Bundesrepublik war schon Mitte der 80er Jahre deutlich
größer als die gesamte Außenschuld Lateinamerikas.

In der Darstellung 22 ist die entscheidende Entwicklungsphase
der Auslandsverschuldung in der Dritten Welt von 1975 bis 1987
einmal derjenigen der Inlandsverschuldungen in der Bundesrepublik und den Vereinigten Staaten von Amerika gegenübergestellt.

Wie ersichtlich, nahm die Verschuldung in den Entwicklungsländern in den zwölf Jahren auf das 6,5fache zu. Die Gesamtverschuldung in der BRD stieg in der gleichen Zeit auf das
2,5fache, in den USA auf das 3,7fache.

---

* Wirtschaftsjournalist, »Zahlmeister Deutschland«, 1991

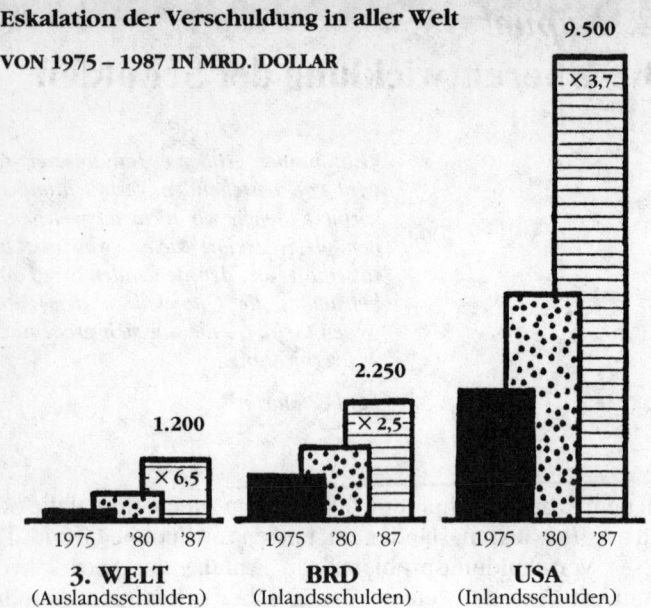

Eskalation der Verschuldung in aller Welt

VON 1975 – 1987 IN MRD. DOLLAR

9.500

– × 3,7 –

2.250

– × 2,5 –

1.200

– × 6,5 –

1975 '80 '87	1975 '80 '87	1975 '80 '87
3. WELT	**BRD**	**USA**
(Auslandsschulden)	(Inlandsschulden)	(Inlandsschulden)

Darstellung 22

Vergleicht man die jeweiligen Bestandsgrößen im Jahr 1987, dann lag die gesamte Inlandsverschuldung in der BRD, also die Verschuldung der Unternehmen, der privaten und öffentlichen Haushalte zusammengenommen, mit 2250 Mrd. Dollar fast beim Doppelten der Dritte-Welt-Verschuldung; die gesamten Schulden in den USA mit 9500 Mrd. Dollar beim Achtfachen. Inzwischen hat sich der »Vorsprung« der Industrienationen noch vergrößert. Während die Dritte-Welt-Verschuldung von 1987–93 um etwa 35 % anstieg, nahm die bundesdeutsche Gesamtverschuldung bis Ende 1993 um 67 % zu, die der USA in ähnlicher Höhe.

Natürlich kann man Inlands- und Auslandsverschuldung nicht ohne weiteres vergleichen. Während die Auslandsverschuldung bei den Industrienationen nur eine untergeordnete Rolle spielt, ist sie in den Entwicklungsländern dominierend. Das hängt hauptsächlich mit dem gering entwickelten Bankwesen in den meisten Entwicklungsländern zusammen. Die Mehrheit der Bevölkerung ist dort zum Sparen gar nicht in der Lage, und die wenigen Reichen legen ihr Geld fast immer im Ausland an, allein schon wegen der meist instabilen politischen Verhältnisse und inflationären Inlandswährungen. Neben den ungerechten Austauschverhältnissen liegen hier auch die hauptsächlichen Gründe für die Kreditaufnahme im Ausland.

Wie muß man Verschuldungen bewerten?

Schulden muß man immer an den Verdienst- und Leistungsgrößen des Kreditnehmers messen. Wenn ein Normalverdiener 50 000 DM Schulden hat, dann drückt ihn das wesentlich mehr, als wenn ein Spitzenverdiener einen gleich hohen Kredit aufnimmt. So gesehen muß man auch die Verschuldungen in und zwischen den Ländern an der jeweiligen Leistungsfähigkeit der Volkswirtschaften messen, wenn man sie beurteilen will. Das ist in der nachfolgenden Darstellung 23 geschehen.

Für die Entwicklungsländer wurden hier die 15 höchstverschuldeten Volkswirtschaften herangezogen und deren Auslandsschuld mit dem Bruttosozialprodukt verglichen. Bei der BRD und den USA steht die gesamte Inlandsschuld der Wirtschaftsleistung gegenüber. Wie aus der Grafik ersichtlich, lagen die Auslandsschulden der herangezogenen Entwicklungsländer mit 46 Prozent knapp unter der Hälfte ihres Sozialprodukts. Im Durchschnitt aller Entwicklungsländer lag der Prozentsatz 1987 noch niedriger, nämlich bei 36 Prozent.

Vergleicht man jetzt die Situation in den beiden Industrienationen, dann lag die Gesamtverschuldung in der BRD 1987 bei 180 Prozent des BSP. In den USA hatte sie mit 210 Prozent bereits das Doppelte der Leistungsgröße überschritten.

Natürlich ist auch hier der Vergleich von Auslands- und Inlandsschulden mit Vorbehalten zu betrachten. Aber selbst wenn wir annehmen, daß die Inlandsverschuldung in den Entwicklungsländern im Durchschnitt die Höhe der Auslandsschulden erreicht, wäre der Gesamtverschuldungsgrad immer noch geringer als in den Industrienationen.

Aufschlußreich ist auch die Umrechnung der jeweiligen Schuldengrößen auf die betroffene Bevölkerung. Danach ergab sich 1987 für die Entwicklungs- und Schwellenländer ein Schuldenpro-Kopf-Anteil an Auslandsschulden von etwa 350 Dollar, während jeder Bundesbürger mit 26000 Dollar (damals ca. 65000 DM) und jeder US-Bürger mit rund 45000 Dollar Inlandsschulden belastet war.

Natürlich spielt die Frage Inlands- oder Auslandsschulden auch bei den schuldenbezogenen Zinszahlungen eine Rolle. Zinszahlungen auf Inlandsschulden bleiben im Lande, also gewissermaßen in der Familie. Bei Auslandsschulden fließen die Zinszahlungen dagegen in andere Länder ab. Außerdem müssen diese Zinsen in harten Devisen verdient werden, also durch Exporte ins Ausland. Für die Normalbürger jedoch, die am Ende der Kette letztlich alle Zinsen bezahlen müssen, ist dieser Aspekt zweit-

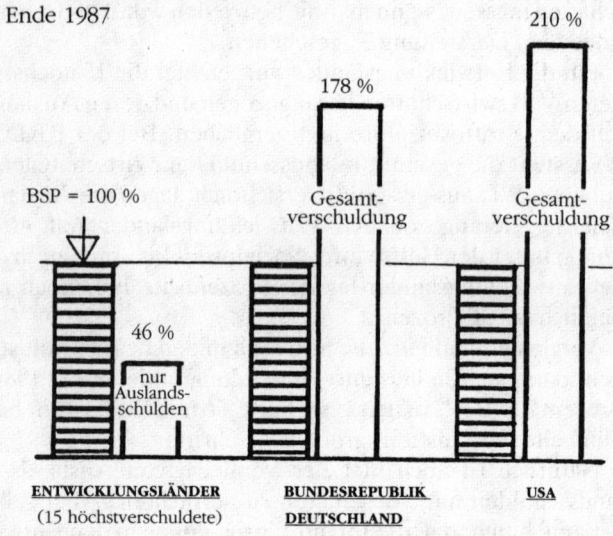

Verschuldungen in Prozent des BSP

Stand Ende 1987

Darstellung 23

rangig: Sie werden auf jeden Fall in Höhe der aufzubringenden Schuldzinsen ärmer, ganz gleich, ob diese einem Geldgeber im Inland oder im Ausland zugute kommen.

Wer macht die Schulden in der Bundesrepublik?

Statistisch unterscheidet man bei uns drei Wirtschaftssektoren. Diese Sektoren betreffen die privaten Haushalte, die Unternehmen und den Staat. Auf diese Sektoren bezogen, werden in der Statistik alle Einkommen, Ausgaben, Vermögen, Verschuldungen usw. ermittelt. Der Unternehmenssektor wird meist noch unterteilt in Produktionsunternehmen und Wohnungswirtschaft.

Die Tabelle gibt die Schuldenverteilung 1990 für die alten Länder, 1993 für Gesamtdeutschland wieder:

	1990			1993		
Privathaushalte	271 Mrd. DM	=	6%	354 Mrd. DM	=	6%
Produktionsunternehmen	2003 Mrd. DM	=	46%	2743 Mrd. DM	=	46%
Wohnungswirtschaft	1013 Mrd. DM	=	23%	1312 Mrd. DM	=	22%
öffentlichen Haushalte	1057 Mrd. DM	=	24%	1582 Mrd. DM	=	26%
Gesamte Verschuldung	4344 Mrd. DM	=	100%	5991 Mrd. DM	=	100%

Wie die Tabelle zeigt, hat sich durch die Vereinigung an der Verteilung nicht viel verändert. Der größte Teil, fast 70 Prozent der Schulden, betrifft den Unternehmenssektor. Davon wiederum entfällt ein Drittel auf die Wohnungswirtschaft. In dieser statistischen Größe sind übrigens auch alle privaten Hypotheken für Eigenheime und Eigentumswohnungen mit erfaßt. Der Staat ist an der Gesamtverschuldung – wie erkennbar – mit rund einem Viertel beteiligt.

Wie die langfristige prozentuale Verteilung der Gesamtschulden in Darstellung 24 zeigt, hat sich bei der Aufteilung der Schulden auf die einzelnen Sektoren bzw. Untersektoren von 1950 bis 1993 einiges verändert. 1950 lagen die Schulden des gesamten Unternehmenssektors bei 67 Prozent, die der öffentlichen Haushalte bei 32 Prozent. Die privaten Haushalte waren damals fast noch

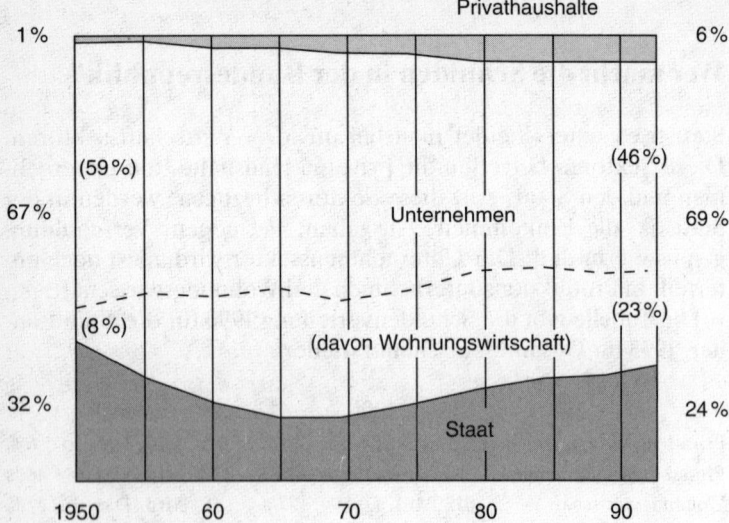

Schuldenanteile der Sektoren in Prozent
1950 bis 1993, Westdeutschland

Privathaushalte

1%

6%

(59%)

(46%)

67%

Unternehmen

69%

(8%)

(23%)

(davon Wohnungswirtschaft)

32%

Staat

24%

1950   60   70   80   90

Darstellung 24

ohne Schulden. Ihr Anteil lag bei knapp einem Prozent. Betrachtet man die Verteilung 1970, dann entfielen damals auf den Staat nur noch 15 Prozent der gesamten Schulden, auf den Unternehmenssektor 82 und den privaten vier Prozent.

Um gut die Hälfte nahm die Verschuldung der privaten Haushalte in den folgenden 23 Jahren zu, nämlich von knapp vier Prozent 1970 auf gut sechs Prozent 1993. Der Anteil der Wohnungswirtschaft ging mit dem Bauvolumen von 26 auf 22 Prozent zurück, derjenige der Produktionsunternehmen noch deutlicher, von 56 auf 45 Prozent. Die Verschuldung des Staates stieg von 15 auf 27 Prozent.

Wie hat sich die bundesdeutsche Gesamtverschuldung entwickelt?

Natürlich sagen weder die relativen Verteilungen der Schulden noch die vielstelligen Milliardenbeträge viel aus. Interessanter wird es, wenn man die langfristige Entwicklung der Gesamtverschuldung mit anderen Größen vergleicht.

In der Darstellung 25 ist die Entwicklung der westdeutschen Gesamtverschuldung von 1950–1993 in Mrd. DM derjenigen des Bruttosozialprodukts (BSP), also der wirtschaftlichen Leistung gegenübergestellt, und zwar in *realen*, also inflationsbereinigten Zahlen (1985 = 100).

Wie auf einen Blick erkennbar, lag die Höhe der Verschuldung 1950 noch deutlich unter der Größe des BSP. Im Jahr 1960 zog die Schuldensumme an der Leistung vorbei und 1993 lag sie beim Zweifachen der Wirtschaftsleistung. Während das BSP in den 43 Jahren real auf rund das Sechsfache zunahm, stieg die Gesamtverschuldung real auf das 18fache der Ausgangsgröße.

Natürlich ist es etwas fragwürdig, eine sich ansammelnde Bestandsgröße wie die Verschuldung mit einer sich jährlich neu ergebenden Stromgröße wie dem BSP zu vergleichen. Wenn man jedoch bedenkt, daß aus diesem Sozialprodukt die überproportional wachsenden Schulden mit Zinsen bedient werden müssen, dann wird die enge Beziehung zwischen der Schulden- und der Leistungsgröße erkennbar. In der nachfolgenden Tabelle wird die *nominelle* Verschuldungsentwicklung der einzelnen Sektoren in gerundeten Milliardenbeträgen wiedergegeben. Außerdem wird ihr Anstiegsfaktor in den 43 Jahren ausgewiesen, im Vergleich mit der Steigerung des Bruttosozialprodukts.

Aus diesem langfristigen Vergleich der nominellen Größen geht wiederum die dreimal raschere Zunahme der Gesamtverschuldung gegenüber der Leistungsgröße hervor. Während erstere auf das 86fache anstieg, nahm die Leistungsgröße nur auf das 27fache zu. Sichtbar wird aber auch die unterschiedliche Entwicklung der Verschuldung in den einzelnen Sektoren. So lag die Verschuldungsentwicklung der Produktionsunternehmen mit dem Faktor 66 unter der Durchschnittsentwicklung, ebenfalls die des Staates mit dem Faktor 74. Weit über dem Durchschnitt entwickelte sich die Verschuldung der Wohnungswirtschaft (Faktor 246) und die

Verschuldung der privaten Haushalte. Obwohl die Konsumenten-schulden an der Gesamtverschuldung nur mit sechs Prozent beteiligt sind, stiegen sie auf das 338fache an.

Die Entwicklung dieser westdeutschen Sektorenschulden ist in der Darstellung 26 noch einmal grafisch wiedergegeben, und zwar jeweils in Fünfjahresabständen und in Prozenten des BSP.

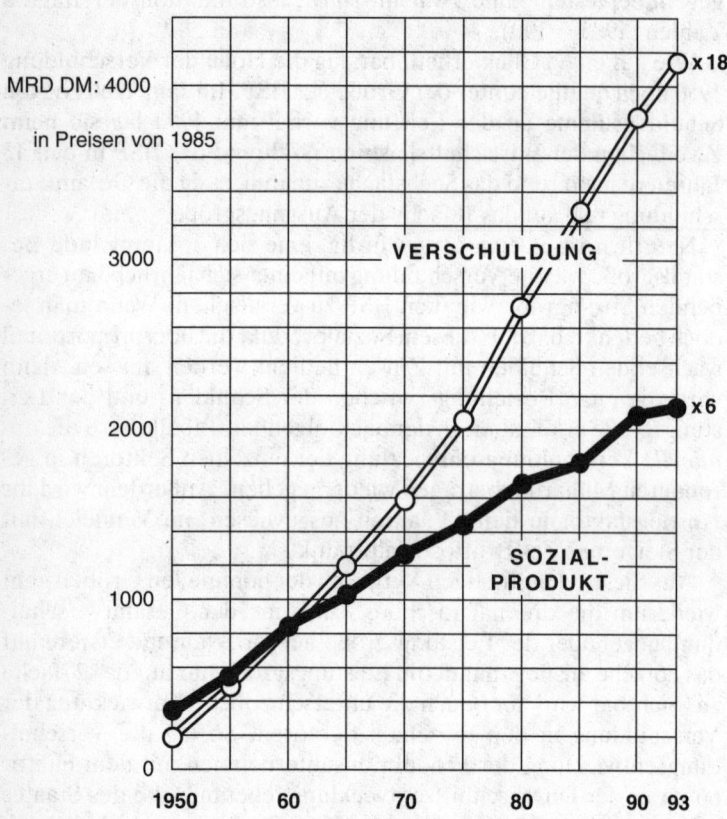

Scherenöffnung zwischen Verschuldung und Sozialprodukt

Darstellung 25

174

Während die Gesamtverschuldung 1950 noch bei 63 Prozent des BSP lag, hatte sie 1985 179 Prozent erreicht und diesen Betrag bis 1990 gehalten. Zum erstenmal seit 1950 ist also die Verschuldung über fünf Jahre hinweg nur im Gleichschritt mit dem Sozialprodukt gestiegen. Als Ursache dafür kann man in der Grafik den relativen Rückgang der Schuldenausweitung im Bereich der Wohnungswirtschaft ausmachen, jenem Sektor, der bis 1985 in einem besonderen Maße für den Schuldenauftrieb gesorgt hat. Ersichtlich ist auch, daß die Entwicklung der Staatsverschuldung bis 1965 relativ rückläufig war und die deutliche Zunahme erst ab 1976 eingesetzt hat, vor allem ab 1990.

Die zusätzlich Kreiskette in der Grafik gibt die Entwicklung der bankvermittelten Kredite, gemessen am Sozialprodukt, wieder. Sie zeigt einen überproportionalen Anstieg von 29 Prozent 1950 auf 135 Prozent 1993. Dieser Überanstieg dürfte hauptsächlich auf den Tatbestand zurückzuführen sein, daß die Banken im Laufe der Jahrzehnte immer mehr als Kreditvermittler eingeschaltet wurden. In den ersten Nachkriegsjahren war dagegen die Direktvergabe von Krediten – vor allem im Bereich der Hypotheken – noch häufiger üblich.

Entwicklung und Verteilung der Verschuldung 1950–1993, Westdeutschland, Größen in Mrd. DM

Alte Länder	1950	1960	1970	1980	1990	Anstieg
private Haushalte	1	9	33	141	271	×338
Produktions-unternehmen	39	168	468	1124	2003	× 66
Wohnungs-wirtschaft	5	71	222	599	1013	×246
öffentliche Haushalte	21	53	124	483	1057	× 74
Gesamt-verschuldung	66	301	847	2347	4344	× 86
BSP zum Vergleich	105	303	676	1485	2426	× 27

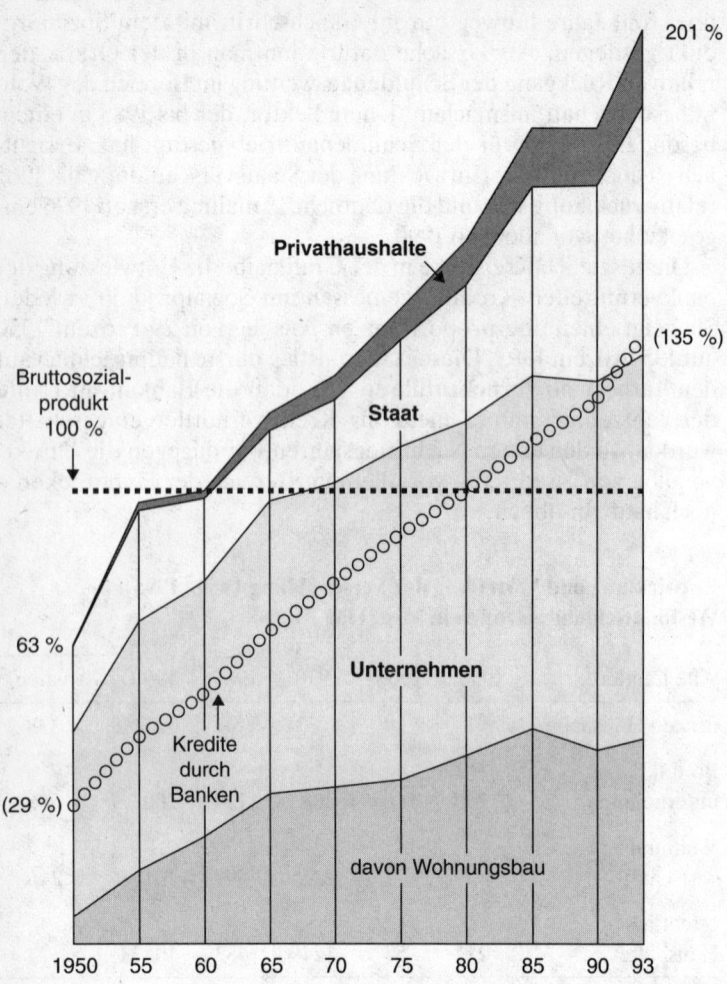

Gesamtverschuldung in Relation zum BSP

Bundesrepublik Deutschland 1950 –1993, alte Länder

201 %

Privathaushalte

(135 %)

Bruttosozial-
produkt
100 %

Staat

63 %

Unternehmen

Kredite
durch
Banken

(29 %)

davon Wohnungsbau

1950 55 60 65 70 75 80 85 90 93

Darstellung 26

176

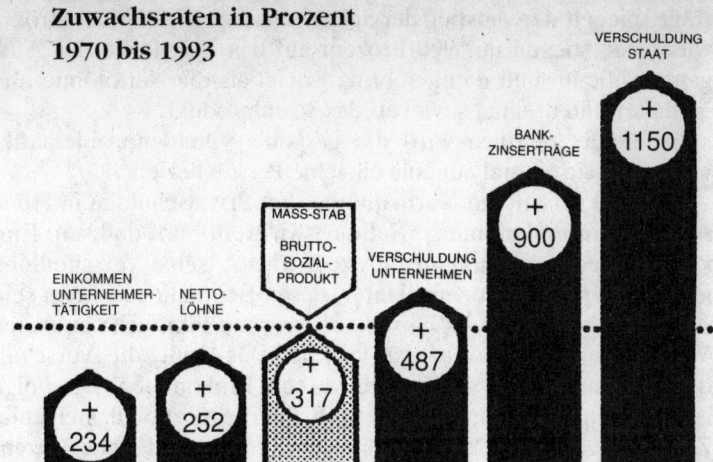

Zuwachsraten in Prozent
1970 bis 1993

VERSCHULDUNG
STAAT

BANK-
ZINSERTRÄGE

+ 1150

+ 900

MASS-STAB

BRUTTO-
SOZIAL-
PRODUKT

VERSCHULDUNG
UNTERNEHMEN

EINKOMMEN
UNTERNEHMER-
TÄTIGKEIT

NETTO-
LÖHNE

+ 487

+ 317

+ 252

+ 234

Darstellung 27

Die Schuldenentwicklungen im Vergleich

Anschaulicher wird die Entwicklung der Schuldenlast, wenn man sie einmal mit mehreren anderen Größen vergleicht. Da man in einer Volkswirtschaft letztlich alles an der Leistung messen muß, wird in der Darstellung 27 wieder das Bruttosozialprodukt als Maßstab herangezogen.

Wie ersichtlich, wurde die nominelle Wirtschaftsleistung in den 23 Jahren von 1970 bis 1993 um 317 Prozent gesteigert. Die Nettolöhne und -gehälter nahmen im gleichen Zeitraum jedoch nur um 252 Prozent zu, die Einkommen aus Unternehmertätigkeit um 234 Prozent. Beide Größen blieben also hinter der Leistungsentwicklung zurück.

Rechts neben dem BSP sind in der Grafik einige geldbezogene Größen eingetragen. Zuerst die Verschuldung der Unternehmen. Sie nahm von 1970 bis 1993 um 487 Prozent zu, also doppelt so stark wie die Einkommen aus Unternehmertätigkeit. Die öffentlichen Schulden nahmen mit 1150 Prozent fast viermal so stark zu wie das BSP. Die zusätzlich ausgewiesene Größe der Bankzinser-

177

träge spiegelt den Anstieg der Schuldenlasten wie der Zinsströme wider. Sie stiegen mit 900 Prozent auf das Zehnfache der Ausgangsgröße an und damit fünfmal soviel als die Nettolöhne und -gehälter und dreimal soviel als das Sozialprodukt.

Besonders deutlich wird die gesamte Schuldenproblematik, wenn man sie einmal auf eine einzelne Person bezieht.

Nehmen wir an, ein Normalbürger hat Privatschulden in Höhe seines Jahreseinkommens. Nehmen wir weiter an, daß sein Einkommen jedes Jahr um vier Prozent wächst, seine Verschuldung jedoch um sieben Prozent. Unter diesen Bedingungen steigt sein Jahreseinkommen in 40 Jahren auf das rund Fünffache an, seine Verschuldung jedoch auf das 15fache. Das heißt, die Verschuldung nimmt dreimal so rasch zu wie sein Einkommen. Die Folge ist, daß unser Normalbürger auch überproportional steigende Zinsen tragen muß. Wenn er bei einem Zinssatz von sechs Prozent im ersten Jahr ebensoviel Prozente seines Einkommens für die Bedienung seiner Schulden abzweigen mußte, sind es nach 40 Jahren schon 18 Prozent, also das Dreifache. Nehmen wir an, daß außerdem die Zinssätze von sechs auf acht Prozent gestiegen sind, dann muß er im 40. Jahr sogar 24 Prozent seines Einkommens für den Schuldendienst abzweigen.

Es bedarf keiner Erklärung, daß eine solche Auseinanderentwicklung von Einkommen und Schulden auf Dauer untragbar wird. Denn rechnerisch ist es nur eine Frage der Zeit, wann unser Beispielbürger nur noch für die Schuldenzinsen arbeiten muß. Da er nicht von der Luft leben und alles Einkommen abgeben kann, bricht die Entwicklung bereits lange vorher zusammen.

Treffen Einzelbeispiele unsere Wirklichkeit?

Das vorbeschriebene Einzelbeispiel mit seinen Größen wurde nicht willkürlich gewählt. Es entspricht vielmehr ziemlich genau unserer bundesdeutschen Wirklichkeit, nämlich der Entwicklung der verfügbaren Einkommen und der anteiligen Schulden je Erwerbstätigen. In der nachfolgenden Darstellung 28 werden diese gegebenen Relationen sichtbar, und zwar bezogen auf die Stichjahre 1950, 1970 und 1990.

Die linken Säulen in der Grafik geben jeweils die Durchschnittsgröße des verfügbaren Einkommens je Erwerbstätigen wieder. Die rechten Säulen zeigen die Höhe der Schulden, die in den Stichjahren jeweils auf jeden Arbeitsleistenden rechnerisch entfielen.

Wie die zusätzlich unter den Säulen eingetragenen nominellen DM-Beträge zeigen, sind die verfügbaren Einkommen pro Kopf in den 40 Jahren erheblich gestiegen, nämlich von 3300 DM auf 53300 DM, also auf das 16fache. Die Schuldenbeträge nahmen jedoch fast dreimal so schnell auf das 46fache zu. Entsprechend haben sich die Relationen zwischen Einkommen und Schulden verschoben. Während 1950 Einkommens- und Schuldensäule noch gleich hoch waren, hatte letztere 1970 die doppelte und 1990 die dreifache Höhe des Einkommens erreicht. Damit nahm auch der Zinsanteil zu, den jeder Erwerbstätige rechnerisch zu tragen bzw. zu erarbeiten hatte, nämlich von 200 über 2100 auf 11 800 DM.

Rechnet man die Schuldenzinsen in Arbeitszeiten um, dann mußte 1950 jeder Erwerbstätige etwa drei Wochen für diesen Posten arbeiten, 1990 knapp elf Wochen, also fast ein Vierteljahr.

Daß sich diese dargelegten Zinslasten nur auf die Bedienung der Schulden und der dahinterstehenden Geldvermögen beziehen, sei nur am Rande erwähnt. In Wirklichkeit kommt zu dieser Belastung noch die Verzinsung des schuldenfreien Sachkapitals hinzu, deren Größenordnung jedoch statistisch nicht erfaßt wird. Zusammen mit der Kapitalverzinsung des Bodens dürften sich die hier angeführten Größen fast noch einmal verdoppeln.

Die Grafik läßt schon optisch erkennen, daß die bisherige Entwicklung nicht mehr lange so weitergehen kann. Irgendwann müssen die arbeitenden Menschen entweder unter der ständig steigenden Schuldendienstbelastung zusammenbrechen oder unter der einstürzenden Schuldensäule.

Einkommen : Gesamtverschuldung

Je Erwerbstätigen
in der Bundesrepublik Deutschland

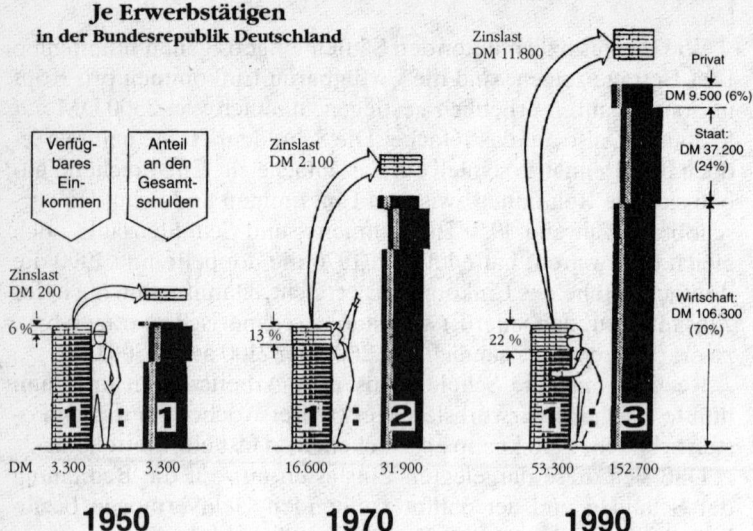

Darstellung 28

13. Kapitel
Staatsverschuldungen

> »Die Verschuldung der öffentlichen Hände
> beginnt zu einer wirklichen Bedrohung un-
> seres Gemeinwesens zu werden. Das Ver-
> trauen der Bevölkerung in die Fähigkeit, die
> immer weiter ausufernde Staatsverschul-
> dung zu bändigen, ist praktisch geschwun-
> den.«
>
> Kurt Biedenkopf*

Als Ronald Reagan Anfang 1981 Präsident der USA wurde, hat er
den Bürgern die Schwere seines Amtes vor der Fernsehkamera
demonstriert. Er zeigte ihnen ein Paket Dollarnoten im Wert
einer Million und verwies darauf, daß die gesamte Staatsverschuldung, in den gleichen Geldscheinen aufeinandergetürmt, eine
Höhe von 70 Kilometern habe. Als er acht Jahre später sein Amt
verließ, hat er diese Demonstration aus gutem Grund nicht wiederholt: Die aufeinandergetürmten Dollarnoten der Staatsschuld
hatten nämlich in seiner Regierungszeit eine Höhe von über 200
Kilometern erreicht. Glücklicherweise war sein Nachfolger Bush
von der gleichen Partei, so daß dieser sich die Show verkneifen
mußte, und Clinton war so klug, sich nicht vorschnell festzulegen.

Wie rasch sind die Staatsschulden in den USA gewachsen?

In den USA ist die öffentliche Verschuldung in den 80er Jahren
von 1000 Mrd. Dollar auf 3000 Mrd. angestiegen. Der durchschnittliche Anstieg lag also bei 200 Mrd. im Jahr, pro Banktag bei
800 Millionen Dollar. Alleine von der staatlichen Finanzverwal-
tung in den USA wurden also täglich für 800 Mio. Dollar Neukre-

---

* Ministerpräsident von Sachsen, »Die Welt«, 28. 11. 1989

dite geordert, und zwar zusätzlich zu der noch größeren Nachfrage durch Unternehmen und Privathaushalte. Und da in den USA diesem wachsenden Kreditbedarf keine ausreichenden Ersparnisse gegenüberstanden, mußte man die benötigten Mittel zunehmend im Ausland aufnehmen, vor allem in Japan und in der Bundesrepublik. Die öffentlichen Haushalte in den Vereinigten Staaten leben also nicht nur über ihre Verhältnisse, sie müssen auch noch jedes Jahr höhere Zinszahlungen an ausländische Gläubiger leisten. Das aber ist mit entsprechenden Reichtumsabflüssen aus den USA verbunden. Verhindern könnten die USA diesen Abfluß nur, wenn sie im Umfang der wachsenden Auslandsverschuldung ihre Exportüberschüsse steigern würden. In Wirklichkeit aber werden die Folgen der Überschuldung noch durch ein Außenhandelsdefizit verschärft.

Am 6. Februar 1991 schrieb das »Handelsblatt« dazu:

»Als die Reagan-Bush-Administration 1981 antrat, um die ›fiskalpolitische Verantwortungslosigkeit‹ der Demokraten zu beenden und den Haushalt bis 1984 auszugleichen, hatten alle Präsidenten seit George Washington insgesamt Staatsschulden in Höhe von 925 Milliarden Dollar aufgehäuft. Sie haben sich seither in etwa vervierfacht, und mit rund 200 Milliarden liegt der Netto-Zinsaufwand pro Jahr mittlerweile fast so hoch wie die gesamten Kosten des Staatsbetriebs ohne Militär und Transferzahlungen.«

Doch wenden wir uns lieber der eigenen Haustür zu!

Ist auch die Staatsverschuldung in der Bundesrepublik ein Problem?

Als Helmut Kohl 1982 das Kanzleramt antrat, hat er die von ihm übernommene Bundesschuld nicht mit Geldscheinbündeln, sondern in seiner Regierungserklärung am 13. 10. 1982 nur verbal angeprangert:

»Ende dieses Jahres wird sich der Schuldenstand des Bundes auf über 300 Milliarden DM erhöhen; bei Bund, Ländern und Gemeinden zusammengenommen auf über 600 Milliarden DM, mit Bahn und Post zusammen addiert auf rund 700 Milliarden DM. Allein der Zinsendienst der öffentlichen Hand wird Ende dieses Jahres rund 60 Milliarden DM betragen... Die Neuverschuldung reicht kaum noch aus, um die jährliche Zinslast zu bezahlen.«

Liest man den letzten Satz, dann hätte man eigentlich schon damals stutzig werden müssen. Denn er besagt inhaltlich genau das, was wir seit 1981 den überschuldeten Entwicklungsländern dauernd vorgeworfen haben, nämlich daß sie die Zinsen ihrer alten Schulden mit neuen Schulden bedienen.

Was aber hätte eine Demonstration à la Reagan für Kohl an Möglichkeiten geboten? Nun, eine Million Mark in zehn Bündeln von je hundert 1000-Mark-Scheinen hätte auch er leicht mit einer Hand fassen können. Und die von ihm damals übernommene Staatsschuld hätte aufeinandergestapelt mit 70 Kilometern Höhe jener Dollarsäule nicht nachgestanden. Bei welchem Kilometerstand Helmut Kohl sein Amt einmal verlassen wird, bleibt abzuwarten. Ende 1992 war die Säule mit 1400 Mrd. jedenfalls schon 140 Kilometer hoch.

1.311.000.000.000 Mark Deutschlands Schulden

Guten Morgen, lieber Leser. Schön, daß Sie aufgewacht sind. Am besten, Sie legen sich gleich wieder hin. Aber Sie werden keinen Schlaf mehr finden.

Denn in den 20 Sekunden, in denen Sie diese Zeilen lesen, mußte Deutschland rund 80.000 Mark Zinsen für seine Staatsschulden zahlen. Pro Tag sind's 363 Millionen. Insgesamt beträgt die Staatsverschuldung 1311 Milliarden Mark. Kurz gesagt 1,3 Billionen, ausgeschrieben 1.311.000.000.000 Mark. Und es werden immer mehr.

Mit dieser Nachricht begrüßte »Bild« bereits am 4.3.1992 die aufgewachten Leser, die sicher mit den vielen Nullen ihre Schwierigkeiten hatten. Leider werden sie durch den Text auch noch in die Irre geführt, denn »Deutschlands Schulden« bestehen nicht nur aus jenen des Staates, vielmehr kommen die Schulden der Wirtschaft und der Privathaushalte noch hinzu. Wie wir gesehen haben, ergibt sich daraus eine fast viermal so große Gesamtbelastung an Schulden und zu zahlenden Zinsen.

Wie verhält sich die Staatsverschuldung zu den Staatseinnahmen?

Der Vergleich Einnahmen und Lasten entscheidet immer über die Tragbarkeit von Verschuldungen. 1950 waren die gesamten öffentlichen Schulden noch genauso hoch wie die gesamten Steuereinnahmen von Bund, Ländern und Gemeinden. Bis 1960 war die Gesamtverschuldung auf 81 Prozent der Jahres-Steuereinnahmen zurückgegangen und 1970 sogar auf 77 Prozent. Von da an ging es wieder bergauf: 1980 lag die Schuldenquote bereits bei 127 Prozent, und 1990 hatte sie den Satz von 184 Prozent erklommen. Gemessen an den Steuereinnahmen, stieg die Staatsschuld also von 1970 bis 1990 auf das 2,4fache an. Der Überanstieg der öffentlichen Schulden ist also keinesfalls nur eine Folge der Vereinigung der beiden deutschen Staaten, wie es heute oft hingestellt wird.

Diese seit zwei Jahrzehnten andauernde Überschuldung wird besonders deutlich, wenn man sich die Entwicklung beim größten öffentlichen Schuldenmacher ansieht, also der Bonner Regierung:

Wie die Darstellung 29 erkennen läßt, sah bis 1973 alles noch ganz manierlich aus. Die Verschuldung des Bundes lag etwa bei der halben Höhe der Bundeseinkünfte und entwickelte sich parallel dazu. Ab 1974 jedoch begann der überproportionale Anstieg. 1977 hatte die Schuld bereits die Bundeseinkünfte erreicht, und die Schere zwischen beiden Größen begann sich zu öffnen.

Der Überanstieg der Bundesschulden zeichnet sich auch deutlich ab, wenn man – wie in den Kreisen der Grafik – die Schuldenhöhe an der Wirtschaftsleistung mißt, also am Sozialprodukt. Während die Verschuldung 1970 noch bei sieben Prozent dieser Leistungsgröße lag, hatte sie 1990 mit 23 Prozent mehr als den dreifachen Satz erreicht.

Verlängert man die bisherige Entwicklung nach den vorliegen-
den Prognosen bis 1995, dann wird die Scherenöffnung zwischen
Einkünften und Schuldenlasten noch wesentlich dramatischer.
Angesichts dieser Entwicklung kann man nur fragen, wann der
einst so fette Bundesadler endgültig zu einem ausgerupften Pleite-
geier verkommt. Doch ist diese ausufernde Staatsverschuldung
keinesfalls nur eine Frage der Belastung oder der schwindenden
Bewegungs- und Gestaltungsfreiheit im politischen Alltag. Sie hat
auch andere schwerwiegende Folgen, die oft nicht genügend
beachtet werden, z. B. im ökologischen Bereich. Darauf hat u. a.
der Bundes-Arbeitskreis Wirtschaft und Finanzen des BUND in
einer Analyse des Bundeshaushaltsplans 1992 hingewiesen:

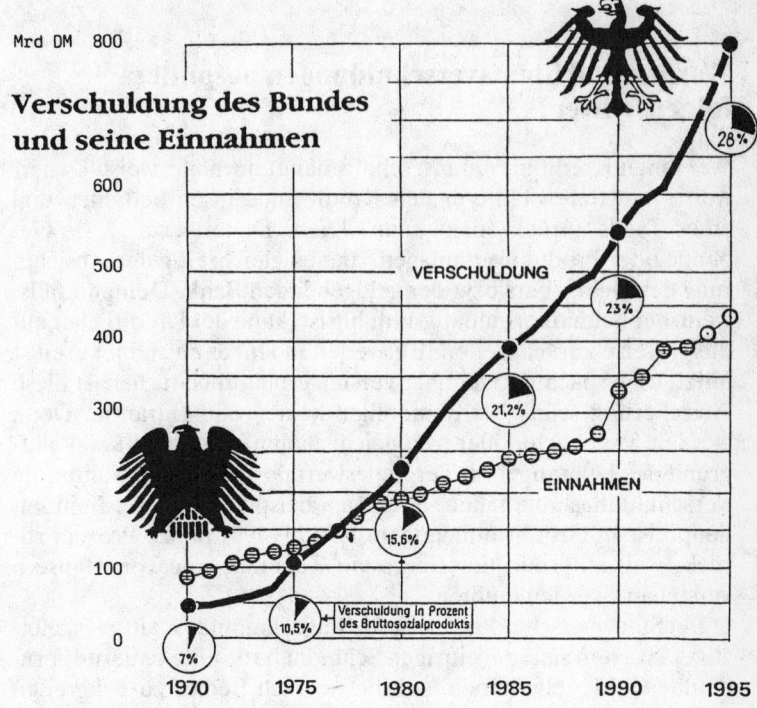

Darstellung 29

185

»Der Anstieg der Staatsverschuldung ist aus mehreren Gründen bedenklich. Erstens bewirkt eine Ausweitung der Staatsnachfrage grundsätzlich eine Zurückdrängung privater Investitionen, bedingt durch steigende Zinssätze. Zweitens sinkt die Flexibilität der Haushaltspolitik, da ein immer größerer Teil für Zinszahlungen und Tilgung aufgebracht werden muß. Und drittens ist der Staat wegen der zunehmenden Verschuldung gezwungen, an seiner an Wachstum orientierten Politik festzuhalten, um den Schuldenberg mit wachsendem Steueraufkommen zu bewältigen. Wirtschaftswachstum ist jedoch mit schwerwiegenden Folgen für die Umwelt verbunden. Durch Wirtschaftswachstum werden erhebliche ökologische Folgekosten produziert, die die Mehreinnahmen überkompensieren können und gleichzeitig zu irreparablen Umweltschäden führen.«

Warum sind Staatsverschuldungen besonders folgenschwer?

Wer einen Kredit aufnimmt, schafft damit normalerweise Dauerwerte, mit deren Hilfe er den Kredit mit Zinsen bedienen und eines Tages zurückzahlen kann. Diese Dauerwerte, z. B. Gebäude oder Produktionsanlagen, dienen gleichzeitig der Absicherung des Geldgebers bzw. der geldgebenden Bank. Denn notfalls, wenn der Schuldner zahlungsunfähig ist, kann der Kreditgeber auf diese Werte zurückgreifen. Entweder, indem er das Objekt selbst nutzt, es verpachtet oder aber versteigern läßt. Natürlich ist diese Absicherung selbst bei Immobilien keine volle Garantie. Denn werden viele Schuldner zeitgleich zahlungsunfähig, kann aufgrund des Überangebots der Tageswert der Immobilien unter die Verschuldungshöhe fallen. So gingen beispielsweise die Immobilienpreise in Großbritannien von 1988 bis 1991 um 25 Prozent zurück, weil aufgrund der Rezession Zehntausende von Häusern versteigert werden mußten.

Bei Staatsverschuldungen ist die Lage, zumindest anfangs, günstiger. Staaten sind die einzigen Schuldner, die eine dauernd sprudelnde Geldquelle haben, auf die sie nach Bedarf zurückgreifen können, nämlich den Steuerzahler. Wie fragwürdig allerdings auch diese Quelle werden kann, zeigt uns die Geschichte. Zu diesen Sackgassenentwicklungen, aus denen sich auch ein Staat nicht mehr herausmogeln kann, kommt es manchmal schneller, als man denkt. Vor allem, wenn verantwortungslose Politiker im Hinblick auf Wahlen (und solche stehen immer an) lieber neue Schulden machen, als an das Portemonnaie der Bürger heranzutreten.

Über dieses Verhalten macht sich selbst die Bundesbank mit vorsichtigen Worten Sorgen:

»Der durch Wahltermine ›verkürzte Zeithorizont‹ und die mangelnde politische Repräsentanz künftiger Generationen sind zwei der Hauptfaktoren, die in der Demokratie eine... Tendenz zur überhöhten Staatsverschuldung bewirken.«

So Prof. Dr. Otmar Issing, Mitglied des Direktoriums der Deutschen Bundesbank, in einem Vortrag in Innsbruck am 6.3.1992.

Was als Sicherheit für den Geldgeber verbleibt, sind zwar auch bei Staatsschulden überwiegend Dauerwerte. Aber was können Gläubiger mit den Dauerwerten des Staates anfangen? Zum Beispiel mit einer Turnhalle oder einem Stück Autobahn? Mit einer Kaserne, einer Kanone oder einer Kläranlage?

So pünktlich und zuverlässig der Staat also auch über Jahre und Jahrzehnte hinweg die Zinsen für seine Schulden zahlen mag (allzuoft mit neuen, wiederum verzinslichen Krediten finanziert!): an irgendeiner Stelle platzt einmal der Ballon, mit oder ohne Revolution und Bürgerkrieg. Und was dann die Gläubiger noch erhalten werden, gehört in das Reich der Spekulation, die wir anderen überlassen wollen.

Wie sieht die Staatsverschuldung in den anderen europäischen Ländern aus?

Vergleicht man den Stand der Staatsverschuldungen in Europa, gemessen an der Wirtschaftsleistung, dann geht es uns noch recht gut: Auch 1992 gehörten wir immer noch zu den Musterknaben. Mit 46 Prozent Staatsschulden, bezogen auf das Sozialprodukt, lagen wir mit Spanien und Schweden gleichauf. Geringer ist der Satz mit etwa 30 Prozent nur in der Schweiz und mit 38 Prozent in Großbritannien. Großbritannien ist übrigens der einzige westeuropäische Staat, der seine öffentlichen Schulden in den letzten zwei Jahrzehnten relativ verringern konnte. Allerdings z. T. mit fragwürdigen Methoden, wie dem Ausverkauf staatlicher Versorgungseinrichtungen, vor allem von Elektrizitäts- und Wasserwerken. Auch auf Kosten der sozial schwachen Bevölkerungsschichten hat sich der britische Staat saniert. Nicht zuletzt als Folge dieser Maßnahmen sind für rund 30 Prozent der Briten in den letzten zehn Jahren die Realeinkommen gesunken, und das trotz allgemeinen Wirtschaftswachstums. Alle übrigen westeuropäischen Länder haben höhere Staatsverschuldungsquoten als die Bundesrepublik. Spitzenreiter sind Italien, Irland und Belgien, bei denen die Verschuldungsgrößen das jährliche Sozialprodukt deutlich übersteigen. Das heißt, die relative Verschuldung ist in diesen Ländern mehr als doppelt so hoch wie in Deutschland; in Italien sogar fast dreimal so hoch. Dort gibt der Staat jeden Tag inzwischen an die 800 Mio. DM mehr aus, als er einnimmt. Wir haben erst ein Viertel dieser Spendabilitätssätze erreicht.

Wie Italien, Irland und Belgien bis 1996 bzw. 1999 ihre Verschuldung auf die EG-Norm von 60 Prozent des Sozialprodukts zurückführen sollen und wollen, bleibt schlicht ein Rätsel.

Und wie ist das in Osteuropa?

Hier sind die Entwicklungen so offen, daß alle Aussagen für die Zukunft nur Spekulationen sein können. Man kann nur hoffen, daß es in einigen der Länder nicht zur Wiederholung dessen kommt, was in Jugoslawien vor unseren Augen geschieht.

Lohnend in bezug auf die Staatsverschuldung Osteuropas ist jedoch ein Rückblick ins vergangene Jahrzehnt. Denn der Zusammenbruch der Ostblockstaaten war nicht zuletzt auch eine Folge der eingetretenen Überschuldung. Das geht aus der nachfolgenden Darstellung 30 hervor, in der die Entwicklungen der Auslandsschulden in den RWG-Staaten von 1980 bis 1989 eingetragen sind. Wie erkennbar, war Polen Spitzenreiter bei der Westverschuldung. Die sogenannte Schuldenkrise brach auch nicht erst 1982 in Lateinamerika aus, sondern bereits 1981 mit der Zahlungsunfähigkeit Polens. Rückblickend schrieb dazu das »Handelsblatt« am 14. 11. 1991:

Auslandsverschuldung der Ostblockstaaten / 1980–1989

Quelle: RWG-Statistiken

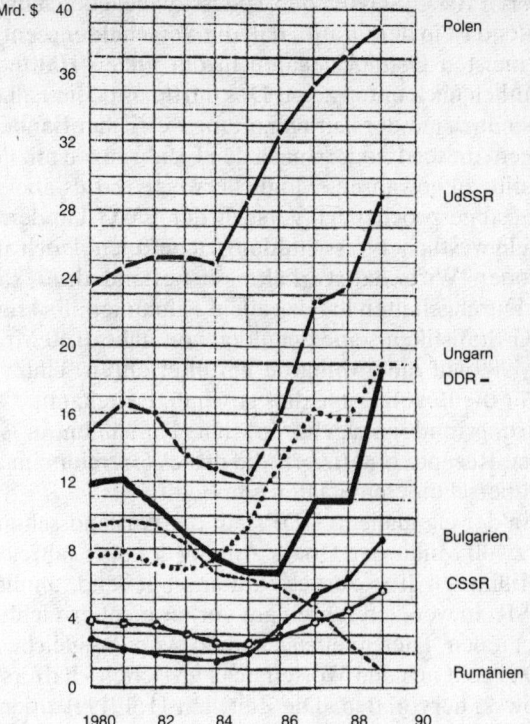

Darstellung 30

»Obgleich zahlungsunfähig und von den internationalen Kapitalmärkten verdrängt, stieg die polnische Auslandsverschuldung von 1981 bis 1990 von 26 auf 48 Milliarden Dollar. Die Verdoppelung der Auslandsschuld resultierte ausschließlich aus der Nichtbezahlung fälliger Zinsen; es wurde kein einziger Dollar getilgt oder als Realkapital zur Stärkung der polnischen Exportwirtschaft importiert.«

In diesen wenigen Sätzen zeichnet sich das Schicksal all jener Staaten ab, die sich für die Bedienung ihrer Schulden immer wieder neu verschulden müssen. Dieses Schicksal dürfte auch den meisten anderen RWG-Staaten den Todesstoß gegeben haben.

Auffallend ist in der Grafik, daß die Verschuldungsentwicklung bei den meisten Ostblockstaaten in der ersten Hälfte der 80er Jahre deutlich nach unten zeigt. Das dürfte mit dem Fall der Zinssätze, aber auch mit der Zurückhaltung westlicher Banken zusammenhängen, diesen Ländern nach den Erfahrungen mit Polen weitere Kredite zu gewähren. Möglicherweise war es aber auch ein (vielleicht abgesprochener) Versuch der RWG-Länder, sich aus den Fesseln westlicher Verschuldung zu befreien. Doch angesichts der maroden Wirtschaftsverhältnisse bestand dazu kaum eine Chance. Durchgehalten hat das allein Rumänien. Es konnte nach den RWG-Statistiken seine Schulden von nahezu 10 Mrd. Dollar 1981 bis 1989 auf eine Milliarde herunterfahren. Unter welchen Opfern für die Bevölkerung dies geschah, ist bekannt. Ohne dem Weltwährungsfond anzugehören, hat Rumänien in schärfster Weise jene Rezepte praktiziert, die dieses Gremium im allgemeinen den überschuldeten Staaten empfiehlt.

Auch in der ehemaligen DDR fällt die Auslandsschuld im Westen von zwölf Milliarden Dollar Anfang der 80er Jahre auf knapp sieben Milliarden 1985 zurück, um anschließend, ähnlich wie in der UdSSR, in wenigen Jahren auf vorher nicht erreichte Größen hochzuschießen. Hier spielte sich im Prinzip das gleiche ab wie in Polen. Das geht aus den Worten des Devisenbeschaffers Schalck-Golodkowski hervor, den »Die Zeit« am 11. 1. 1991 zitiert:

»Der Präsident der Außenhandelsbank, Professor Polze, mußte jährlich, allein um die Zahlungsfähigkeit des Staates zu sichern, neue Kredite in Höhe von fünf bis sechs Milliarden D-Mark aufnehmen. Wir hatten ja nicht nur die laufenden Einfuhren zu bezahlen, sondern auch die Zinsen für die Schulden und die Zurückzahlung aufgenommener Kredite. Uns haben die Zinsen erdrückt, die Zinslast war gewaltig.«

Angesichts dieser milliardenschweren Überschuldungen, in die die Ostwirtschaften bei dem Versuch, mit dem Westen gleichzuziehen, geraten waren, mutet es fast rührend an, wie gerade jener

Schalck-Golodkowski den Machthabern in Ost-Berlin mit den verschiedensten, oft illegalen Tricks selbst Kleckerbeträge harter Devisen aus dem Westen beschaffen mußte.

Über die Situation in der ehemaligen UdSSR mag ein Auszug aus der »Börsenzeitung« vom 25.8.1989 Auskunft geben, auch wenn sich die darin erwähnten Problementwicklungen inzwischen mehrfach überschlagen haben:

»Der Staatshaushalt der UdSSR weist nach Berechnungen des DIW 1989 ein Rekorddefizit von 100 Mrd. Rubel oder etwa 10 Prozent des Bruttosozialprodukts auf. Seine Finanzierung erfolgte überwiegend durch die Notenpresse, so daß die Inflation zugenommen hat. Der Geldüberhang wird offiziell auf 70 bis 80 Mrd. Rubel geschätzt, inoffiziell ist von der doppelten Summe die Rede. Die Auslandsverschuldung der UdSSR von 54 Mrd. Dollar und ihr Schuldendienst von 19 Mrd. Dollar im Jahr liegen erheblich höher als angenommen.«

Wie glücklich wären Jelzin und die anderen Regierenden der GUS-Staaten, wenn diese Sätze heute noch Gültigkeit hätten! Das gilt vor allem für die Inflation, in deren Folge der Wert des Rubels bereits Ende 1992 auf 0,3 Pfennig abgesunken war. Wer bei diesen Relationen einem Russen einen 10-Mark-Schein schickt, verschafft ihm mehr Kaufkraft, als er in einem Monat verdienen kann. Daß bei solchen Zuständen nicht nur der Außenhandel zusammenbricht, sondern auch die Arbeitsmoral und damit das ganze Wirtschaftsgefüge, liegt auf der Hand.

14. Kapitel
Unternehmensschulden, Privatschulden, Schuldenüberwindung

> *»Kreditfinanzierte Unternehmen machen meist erst andere kaputt, bevor sie selbst dran sind.«*
>
> Lothar Späth*

Vergleicht man im Unternehmenssektor die Entwicklung der Leistung mit jener der Verschuldung, dann zeigt sich im Prinzip das gleiche Bild wie beim Staat. Auch hier nehmen die Schulden rascher zu als die Leistung, aus der man sie bedienen muß. Dies geht aus der Darstellung 31 hervor, in der die Verschuldungsmaßnahme der Unternehmen mit deren Bruttowertschöpfung verglichen wird. Während 1950 die Schuldenlast erst bei 50 Prozent der jährlichen Wertschöpfungsgröße lag, hatte sie 1990 bereits 150 Prozent derselben erreicht. Mit einem realen Anstieg auf das 19fache in den 40 Jahren nahm die Verschuldung genau dreimal so rasch zu wie die Unternehmensleistung, die real auf das 6,3fache gesteigert werden konnte. Die Folge dieser Schulden-Überentwicklung schlägt sich in immer größeren Zinsanteilen nieder, die aus dem wirtschaftlichen Ergebnis abzuführen sind. Dazu schrieb Carl Zimmerer 1990 in Nr. 13 der Zeitschrift »Kreditwesen«:

> »Im Durchschnitt aller Wirtschaftsunternehmen wird jetzt mehr als ein Viertel des Cash-flow durch Zinsverpflichtungen aufgezehrt. Während der siebziger Jahre hatte sich die Quote noch in einer Spanne zwischen 8 und 13 Prozent bewegt, und selbst Mitte der achtziger Jahre hatte sie erst bei rund 15 Prozent gelegen. So ist es heute treffender als je zuvor, von einer ›dept economy‹ – einer zu stark auf Verschuldung basierenden Volkswirtschaft – zu sprechen.«

---

* Früherer Ministerpräsident von Baden-Württemberg, 1982

Wertschöpfung der Produktionsunternehmen im Vergleich zur Verschuldung

1950 bis 1990 / in Preisen von 1985

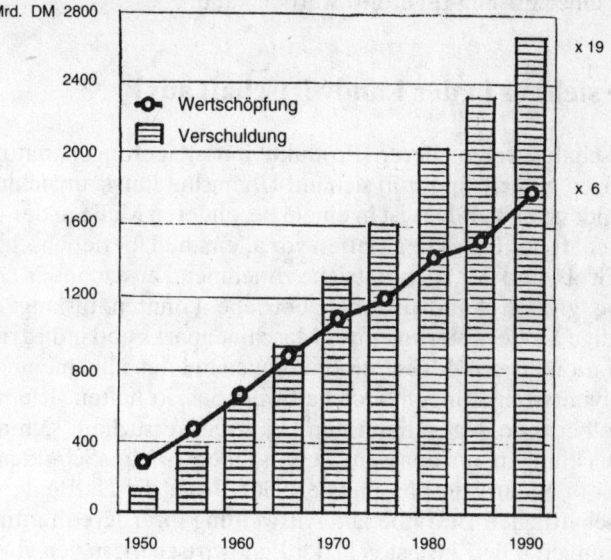

Darstellung 31

Der Schweizer Werner Rosenberger, Präsident der INWO (Internationale Vereinigung für Natürliche Wirtschaftsordnung), hat sogar für unsere Epoche den Begriff »Schuldenzeitalter« geprägt. Nach seiner Auffassung hat es noch nie in der Geschichte der Menschheit eine Überschuldungsentwicklung dieser Größenordnung gegeben. Ursache dafür ist weniger die weltweite wirtschaftliche Verflechtung als die 40jährige Geldvermögenseskalation, deren Folgen man durch ständiges Wirtschaftswachstum bisher ohne größere ökonomische bzw. monetäre Zusammenbrüche überstehen konnte.

Allerdings ist es weltweit schon lange nicht mehr möglich, die Wirtschaftsleistung dem Tempo der Überschuldungsentwicklung anzupassen, und das nicht nur aus ökologischen Gründen. Es bleibt also die Frage, ob und wie dieses zunehmende Dilemma noch einer Lösung zugeführt werden kann.

Wie sieht es in der Landwirtschaft aus?

Wirtschaftszweige, deren Produktivitätssteigerungen natürliche Grenzen gesetzt sind, tun sich mit Überschuldungsentwicklungen besonders schwer. Das ist in einem besonderen Maße in der Landwirtschaft der Fall. Hier klaffen vor allem die Überlebenschancen der Groß- und der Kleinbetriebe zunehmend auseinander.

Die großen Landwirtschaftsbetriebe konnten bislang durch ständige Modernisierung ihrer Maschinenparks und industrieähnlich rationalisierte Massentierhaltungen mit den allgemeinen Produktivitätssteigerungen noch halbwegs Schritt halten. Klein- und Mittelbetriebe dagegen geraten bei ihren Versuchen, sich diesen Entwicklungen anzupassen, sehr schnell in die Schuldenfalle. Selbst in Niedrigzinsphasen wie 1986/87 war die Hälfte der landwirtschaftlichen Betriebe zur Ausweitung ihrer Kreditaufnahme gezwungen. Die Zinslasten in der Landwirtschaft, in den vorangegangenen zehn Jahren um 80 Prozent gestiegen, erforderten im Durchschnitt je Vollerwerbsbetrieb jährliche Zahlungen von 5670 Mark, hieß es 1988 im »Landwirtschaftsblatt Weser-Ems«, Nr. 13.

Als Folge dieser Entwicklungen kamen und kommen immer mehr Betriebe an den Rand der Zahlungsunfähigkeit. So konnte man 1987 in einer westfälischen Tageszeitung lesen:

»Im Westmünsterland steht einigen Landwirten das Wasser so bis zum Hals, daß sie nur noch durch den scheibchenweisen Verkauf ihres Grund und Bodens Überlebens-Kapital flüssig machen können. Nüchtern betrachtet, bedeutet dies einen Tod auf Raten.«

Und weiter heißt es in dem Bericht:

»Banken im ländlichen Raum merken die ganze Misere am

deutlichsten: Kreditrahmen werden bis zum äußersten ausgeschöpft, Hofzusammenbrüche durch Landverkäufe gerade noch vermieden. Nach außen hin fällt das nicht in jedem Fall auf: Kapitalanleger aus der Industrie nutzen die Gunst der niedrigen Bodenpreise, kaufen das Land und verpachten es den Bauern wieder.

Auch das Fernseh-Wirtschaftsmagazin »plus-minus« wußte in der Sendung vom 15. 8. 1986 Ähnliches zu berichten. Danach erleiden in Niedersachsen 15 bis 20 Prozent der Bauern laufende Einkommensverluste. Zehn bis 15 Prozent können sich nur durch Bodenverkäufe halten, und fünf bis zehn Prozent der Betriebe sind »ohne Sanierungschancen«, also praktisch bereits pleite.

Daß der Verkauf von Boden und die Zurückpachtung allenfalls kurzfristig einmal Luft schaffen können, liegt auf der Hand. Denn der Zwang zur Pachtzahlung bedeutet eine erneute und noch höhere Belastung für die Bauern. Während sie als Eigentümer in schwierigen Zeiten lediglich auf den Kapitalertrag ihres Bodens verzichten müssen, müssen sie die Pacht auf jeden Fall – unabhängig von der Ertragssituation – an den Käufer des Bodens bezahlen.

Die ganze Situation in der Landwirtschaft ist geradezu absurd: In Brüssel werden immer größere Milliardenbeträge zur Lagerung oder Vernichtung landwirtschaftlicher Produktionsüberschüsse aus dem Fenster geworfen. Vor Ort aber werden die Bauern um des Überlebens willen gezwungen, noch mehr Überschüsse aus dem Boden herauszuholen. Die jetzt geplante »Lösung«, einen Teil der Bauern für das Brachliegenlassen ihres Bodens zu bezahlen, setzt dieser Irrationalität die Krone auf. Denn die weiterproduzierenden Bauern bleiben auch künftig gezwungen, mit Einsatz von Chemie und Maschinen das Letzte aus ihren Böden herauszuholen, und sei es auch nur, um noch eine Weile mit ihrer wachsenden Schuldenlast fertig zu werden.

Konsumentenschulden – ein Kredit mit Zukunft?

Wie bereits die Aufschlüsselung der Gesamtschulden im 12. Kapitel gezeigt hat, sind die privaten Schulden der geringste Posten. Anfang der 50er Jahre unter einem Prozent liegend, haben sie heute einen Anteil von gut sechs Prozent an der Gesamtverschuldung.

Diese relativ bescheidene Größe hängt einmal damit zusammen, daß unter der Bezeichnung »Schulden der privaten Haushalte« nur die Konsumentenschulden erfaßt werden, also die Kredite für den Kauf von Autos, Möbeln usw. oder die Finanzierung von Ferienreisen. Hypothekenkredite für Haus- oder Wohnungseigentum werden dagegen statistisch dem Unternehmenssektor zugerechnet, aus welchen Gründen auch immer. Zum anderen sind die privaten, personenbezogenen Schulden bei uns noch eine relativ »junge Sache«. Schuldenmachen für Konsumgüter war früher ausgesprochen verpönt. Nicht nur bei den Bürgern, sondern auch bei den Banken. Es galt die gesunde Regel: Erst sparen, dann ausgeben. Bei den Banken hatte man in den ersten Nachkriegsjahrzehnten auch kaum Bedarf an solchen Kunden. Die Nachfrage nach dinglich abgesicherten Krediten war so groß, daß man sich nur ungern auf das fragwürdige Pflaster der Personenkredite wagte. Vor allem von den Großbanken wurden Kleinkreditwünsche oft als Zumutung empfunden. Man überließ dieses Geschäft in den 50er Jahren ohne Neid den örtlichen Sparkassen oder speziellen Kundenkreditinstituten.

Doch angesichts der zunehmenden Überfülle auf den Einlegerkonten und der nachlassenden Kreditwürdigkeit selbst mancher Großunternehmen oder ganzer Länder veränderte sich die Einstellung, oft gegen Widerstände in den eigenen Reihen. So telegrafierte eine Filiale der Deutschen Bank bei der Einführung von Personalkrediten an die Zentrale in Frankfurt noch empört: »Der Mob stürmt den Schalter. Bitte um Anweisung, ob wir schließen sollen.« – Doch das ist längst passé, und es hat sich herumgesprochen, daß auch beim Geld Kleinvieh Mist macht. Ja, inzwischen wird das Kleinkreditgeschäft in fast allen Instituten geradezu forciert. Auch im Konkurrenzkampf gegen Kaufhäuser und Autokonzerne, die ihr übriges Geld auf diese Weise selbst verleihen, statt es den Banken zu überlassen.

Welche Größe haben die Konsumentenschulden?

Die Konsumentenkredite wurden in den letzten Jahrzehnten so hochgepuscht, daß ihr Anstiegstempo seit 1950 alle anderen Schuldenentwicklungen in den Schatten stellt. Während die öffentlichen Schulden von 1950 bis 1990 auf das 50fache und die der gesamten Unternehmen auf das 68fache stiegen, nahmen die Konsumentenkredite, genau gerechnet, auf das 300fache zu, nämlich von 0,9 Mrd. auf 271 Mrd. Kaufen auf Pump, vor ein, zwei Generationen noch anrüchig, wird heute dank enthemmender Werbung von einem immer größeren Teil der Bürger als normal angesehen. So werben selbst seriöse Sparkassen mit Anzeigen wie: »Für neue Möbel, ein neues Auto, einen Traumurlaub – mit unserem S-Kredit erfüllen Sie sich alle Ihre Wünsche.«

Mit 271 Mrd. DM Ende 1990 entfielen auf jeden Haushalt in den alten Bundesländern rechnerisch 10000 Mark an Konsumentenschulden. Da bisher jedoch noch rund zwei Drittel der Haushalte der Verführung zum »schnellen Geld« widerstanden haben, liegt die Kredithöhe bei den tatsächlich verschuldeten Familien oder Singles bei etwa 30000 Mark. Aber hinter dieser Durchschnittssumme versteckt sich wiederum eine unterschiedliche Verteilung. So ergab bereits die Einkommens- und Verbrauchsstichprobe 1983, durchgeführt vom Statistischen Bundesamt, bei rund 0,5 Prozent der Haushalte Durchschnittsschulden von 72000 Mark. Wohlgemerkt nur für den Konsumbedarf! Dabei handelt es sich bei diesen offiziellen Zahlen nur um die Kredite bei Banken. Die Kreditgewährungen der Kaufhäuser und Autofirmen wie auch der vielen dubiosen Kreditvermittlungsfirmen kommen also hinzu.

Diese Entwicklung der privaten Schulden hat selbst Hans Tietmeyer, inzwischen Präsident der Deutschen Bundesbank, im Mai 1991 zu einer Anmerkung bewogen:

> »Ein wichtiger Faktor für das Konsumverhalten scheint auch die Verführung zum Gegenwartskonsum zu sein... Gleichzeitig erweckt die Kreditwerbung den Eindruck zusätzlicher Ausgabenspielräume. Dieser Eindruck wird wohl auch unterstützt durch die zunehmende Verbreitung bargeldloser Zahlungssysteme, welche den Zugang zu Krediten erleichtert und erweitert haben.«

Doch gemessen an den Verhältnissen in einigen anderen Ländern, vor allem den USA, steckt die Überschuldung der Privathaushalte bei uns noch in den Kinderschuhen.

Welche Folgen hat der Kauf auf Pump?

Wie bei allen Kreditaufnahmen sind auch die für Konsumzwecke bis zu einer gewissen Höhe problemlos. Vor allem, solange sie in einem gesunden Verhältnis zum Einkommen stehen. Kritisch wird es jedoch, wenn zu ihrer Bedienung die laufenden Einkünfte nicht mehr reichen und man die entstehenden Zinslöcher mit neuen Schulden schließt. Das mag in vielen Fällen das Resultat leichtfertiger Kreditaufnahmen sein. Meist jedoch ist es die Folge plötzlicher Einkommensrückgänge durch Arbeitslosigkeit, Krankheit oder unvorhergesehener finanzieller Belastungen. Von den insgesamt rund neun Millionen verschuldeter Haushalte gelten bereits 1,5 Millionen – also jeder sechste – als überschuldet. Darunter sind junge Familien und Alleinerziehende mit Kindern in einem besonderen Maß vertreten. Da in unserer Gesellschaft Kinder gleich zu einem doppelten sozialen Abstieg führen (Wegfall des Einkommens der Mutter und erhöhte Kosten durch das Kind), versuchen allzu viele, diese plötzliche Verarmung durch Kreditaufnahme auszugleichen. Der überall präsente Lebensstandard der Kinderlosen, die »nicht so dumm sind, sich Puten anzuschaffen« (um sich dann aber später ihre Rente von den Kindern der anderen verdienen zu lassen!), verführt zusätzlich zu dieser Flucht in die Verschuldung. Wer möchte in unserer Prestige-Gesellschaft schon seinen sozialen Abstieg sichtbar werden lassen?

Wie so ein Abstieg abläuft, kann man in einem Zeitungsbericht aus dem Jahre 1990 lesen:

»Am Anfang stand ein Kredit von 10000 Mark. Bei der Rückzahlung gab es Schwierigkeiten. Der Kreditvertrag wird gekündigt, hohe Verzugszinsen werden fällig, Bearbeitungsgebühren, Pfändungskosten usw. Neue Kredite zum Tilgen der Zinsen und des alten Darlehens werden aufgenommen. Am Ende die gleichen Schwierigkeiten – ein Teufelskreis.

Zehn Jahre später hat der Kreditnehmer zwar insgesamt

10 000 Mark zurückgezahlt, blickt aber auf einen noch abzutragenden Schuldenberg von gut 32 000 Mark. Aus anfangs 10 000 Mark, die man einmal ausgeben konnte, ist eine Belastung von 42 000 Mark herangewachsen.«

Was den so Verschuldeten oft bleibt, ist weniger als die Sozialhilfe. Alles andere wird gleich vom Lohn gepfändet. Das Interesse an jeder Arbeit erlischt. Der weitere Abstieg ist in vielen Fällen vorgezeichnet: zerrüttete Ehen, Alkohol, Drogen, Obdachlosigkeit oder gar Kriminalität. Opfer sind in den meisten Fällen die Kinder, an die allzu viele nur beim Paragraphen 218 denken.

Was tut man gegen diesen Teufelskreis?

Man sollte meinen, daß solche sich häufenden Armutsentwicklungen die Politiker zum Nachdenken bewegen würden. Sowohl über die Strukturen unseres Geldsystems wie über den sozialen Abstieg der Familien. Auch von Kirchen und Gewerkschaften könnte man eigentlich entsprechendes Reagieren erwarten. Aber weit gefehlt! Was wie Pilze aus dem Boden schießt, sind allein sogenannte Schuldnerberatungsstellen. Diese beraten aber keineswegs die Haushalte – wie man annehmen könnte – vor Aufnahme der Schulden. Sie werden vielmehr erst um Hilfe gerufen, wenn die Familien bereits im Schuldensumpf versunken sind, also wenn es zu spät ist. Und dann wird wieder einmal kräftig an den Symptomen kuriert, damit die eigentlichen Ursachen erst gar nicht zur Sprache kommen.

Eine weitere Symptombehandlung ist in Vorbereitung: Die Einführung eines Konkursrechtes auch für Bürger und Familien. Denn während sich heute ein überschuldeter Unternehmer allen Zahlungen durch einen Offenbarungseid entziehen kann, bleiben die privaten Schuldner lebenslange Zinssklaven. Selbst dann, wenn sie bei einem ungenügenden Versteigerungsergebnis Haus und Hof hergeben mußten.

Die Folge einer solchen konkursähnlichen Aussteigemöglichkeit aus den Kreditverpflichtungen wird eine noch leichtfertigere Kreditaufnahme sein. Die Folge davon wiederum ist ein erhöhtes Risiko für die Banken. Höhere Risiken aber treiben die Bankmargen nach oben und damit die Bruttozinsen, die alle Kreditnehmer zahlen müssen. Auch ein Teufelskreis, bei dem man dann mit viel Geschrei die bösen Banken als Übeltäter ausmacht, nur weil man Zinsen nicht von sachbezogenen Vermittlungskosten unterscheiden kann. Vor allem aber, weil man den Problementwicklungen im Bereich der Banken und Kredite nicht auf den Grund zu gehen versucht.

Kann man die Überschuldung überwinden?

Daß zunehmende Überschuldungen auf Dauer zum Zusammenbruch der Gesellschaft führen müssen, liegt auf der Hand, vor allem, wenn man an die Zinslasten denkt. Natürlich ist – wie allzuoft gehabt – auch eine »Lösung« des Problems über eine entsprechend hohe Geldinflationierung möglich: Die Schuldner können sich dann mit wertlosem Geld der Verpflichtungen entledigen, und die Geldgeber sind ihre Ersparnisse los. Aber diese Art der Entschuldung endet erfahrungsgemäß ebenfalls in einem Zusammenbruch. Entkommen kann man der ganzen Misere nur durch einen Abbau der Schulden. Aber das ist graue Theorie. Um beispielsweise nur die öffentliche Verschuldung in der BRD auf Null zu bringen, müßte der Staat jedem Bürger in Ost und West, vom Baby bis zum Greis, inzwischen 25 000 DM aus der Tasche ziehen. Dieser Weg würde uns zwar billiger kommen als das Stehenlassen der Schulden, ist aber kaum praktikabel.

Selbst wenn wir uns verpflichten würden, ohne Lohnerhöhung jede Woche zehn Stunden zusätzlich zu arbeiten, und damit dem Staat im Jahr 400 oder 500 Milliarden zusätzlich zukommen ließen, ist eine solche Lösung nicht realisierbar. Denn einmal müßten wir ja Abnehmer für den produzierten Leistungsüberschuß von 20 Prozent finden. Zum anderen wäre es erforderlich, daß jene Leute, die dem Staat das Geld geliehen haben, das zurückerhaltene Geld auch ausgeben, also den Leistungsüberschuß aus den zusätzlichen zehn Arbeitsstunden aufkaufen. Das heißt, sie müßten ihre ganzen Geldvermögensüberschüsse, die sie mangels Verwendungsmöglichkeit über Jahrzehnte angesammelt haben, in wenigen Jahren verpulvern. Lassen sie ihr Geld aber weiter bei den Banken stehen, müssen diese neue Schuldner für die zurückgezahlten Staatskredite finden. Das aber heißt, die Staatsverschuldung würde zwar verschwinden, aber dafür müssen an anderer Stelle neue Schulden in gleicher Höhe gemacht werden.

Eine wirkliche Reduzierung der öffentlichen Verschuldung wäre nur möglich, wenn der Staat alle Geldvermögen mit einer Sondersteuer in Höhe der staatlichen Zins- und Tilgungszahlungen belasten würde. Das heißt, er müßte einen entsprechenden Anteil der Gesamtersparnisse gewissermaßen konfiszieren. Diese »eleganteste« Lösung, die man mit Freibeträgen für die kleinen Sparer garnieren könnte, dürfte in einem Rechtsstaat jedoch kaum gangbar sein. Und da sich kein Politiker traut, wenigstens die Neuverschuldung durch höhere Steuern oder Ausgabenkürzungen ernsthaft abzufangen, bleibt uns nur der bittere Marsch in die weitere Überschuldung. Und da die hinter den Schulden stehenden Geldvermögen alleine durch die Zinsgutschriften jeden Tag um etwa 800–1200 Millionen anschwellen, sind weitere Schuldenanstiege unumgänglich.

Anfang 1991 hat der Ökonom Hugo Godschalk diese Zwänge in einem Vortrag mit treffender Ironie charakterisiert:

»Neue Schuldner braucht das Land. Wenn die nicht auftauchen, wer soll denn für unser Zinseinkommen arbeiten? Die Maueröffnung und der Zusammenbruch des Kommunismus in Osteuropa ist deshalb ein Glücksfall in der Geldgeschichte: eine marode Wirtschaft, die Milliardenkredite braucht. – Vorausgesetzt, daß diese Kredite dort zum Wirtschaftswachstum führen, kann das Kapital vorläufig aus dem dort produzierten Mehrwert bedient werden. Wir haben wieder etwas Luft entdeckt in unserem monetären Luftballon. Der Crash – in welcher Form auch immer – ist damit, wenn überhaupt, nur aufgeschoben. Der am Horizont vorhersehbare Schuldenkollaps der 90er Jahre findet womöglich im Osten statt.«

Inzwischen ist – wie wir wissen – auch dieser Ausweg verstopft. Die osteuropäischen Länder sind nicht mehr kreditwürdig und erhalten von den Banken nur dann neues Geld, wenn unser Staat, d. h. der Steuerzahler, die Garantie dafür übernimmt. Das heißt, wir müssen nicht nur für unsere eigenen Schulden geradestehen, sondern zunehmend auch für solche des Auslandes.

Verringern sich durch Zahlungsunfähigkeiten die Schulden in der Welt?

Kann jemand seinem Nachbarn einen Kredit nicht zurückzahlen und verzichtet dieser großzügig darauf, dann verschwindet mit der Schuld auch eine gleich hohe Forderung aus der Welt. Diese gleichzeitige »Vernichtung« von Forderungen und Schulden war früher, auch bei Direktvergabe größerer Kredite, die Regel: Hatte jemand einem Unternehmen Geld geliehen, das in Konkurs geriet, konnte er meistens auch sein Guthaben in den Schornstein schreiben. Mit dieser gleichzeitigen Vernichtung von Geldschulden und Geldvermögen wurde nebenbei erreicht, daß beide Größen »nicht in den Himmel« wuchsen. Überschuldungsentwicklungen in den heutigen Größenordnungen kamen also kaum zustande. Vielmehr regulierte sich auf diese Weise der Markt gewissermaßen selbst, wenn auch für den einzelnen oft auf brutale Weise. Das aber ist heute bei den bankvermittelten Krediten anders: Muß eine Bank eine Forderung in den Schornstein schreiben, dann merkt der Sparer davon nichts. Auch dann nicht, wenn die Verluste, wie beispielsweise bei den Schulden der Dritten Welt, Milliardenhöhen erreichen. Solche ausgleichenden Kürzungen der Einlagen sind den Banken verboten. Ihnen bleibt also nur der Weg, die Verluste anderweitig auszugleichen. Das geschieht vor allem durch entsprechend höhere Risikoaufschläge, die sie in die Zinsmargen einrechnen. Das heißt, die gesamten Kreditkunden, auch die pflichtbewußten, pünktlichen Zahler, werden entsprechend höher belastet.

Rund die Hälfte dieser Verluste zahlt bei uns im übrigen der Steuerzahler. Denn die Banken können ihre abgeschriebenen Forderungen bei der Steuer absetzen, auch wenn Mißmanagement oder Leichtfertigkeit der Banker die Verlustursache sind. Das heißt, statt diejenigen zur Kasse zu bitten, die seit Jahren über die Zinserträge von den Krediten profitieren (und möglicherweise durch diese Zinsen den Kreditnehmer in den Ruin getrieben haben!), zahlt die Allgemeinheit die Zeche.

Läßt sich das Schuldenproblem durch Tilgungen lösen?

Selbstverständlich kann jede einzelne Schuld durch Rückzahlung aus der Welt geschafft werden. Versilbert beispielsweise ein Durchschnitts-Konsumentenschuldner sein Hab und Gut für 30 000 Mark und trägt die Einnahme zur Bank, dann ist er seine Schulden los. Würden zehn Prozent der Konsumentenschuldner das versuchen, ginge allerdings der Preis für Hausrat und gebrauchte Autos so in den Keller, daß sie ihre Schulden nur noch zu einem Bruchteil abtragen könnten. Außerdem kämen die Banken in die größten Schwierigkeiten. Sie müßten nämlich, nicht anders als bei der Tilgung von Staatskrediten, für die zurückgezahlten Millionen und Milliarden schnellstens neue Schuldner finden, um ihren laufenden Zinsverpflichtungen gegenüber den Guthabenbesitzern nachkommen zu können. Und da diese Zinszahlungen die bereits vorhandenen Ersparnisse laufend erhöhen, bleibt die Gesamtverschuldung nicht nur erhalten, sondern sie steigt zwangsläufig weiter an. Diese Kreditgewährung aus den anwachsenden Geldersparnissen ist jedoch nicht nur wegen der Zinszahlungen an die Sparer erforderlich. Sie ist auch erforderlich, um die sich sonst ansammelnden Geldüberschüsse wieder in die Nachfrage zurückzuführen. Denn ohne diese Rückführung würden sich Nachfrageunterbrechungen im Wirtschaftskreislauf ergeben, mit schweren Folgen für die Konjunktur.

Das heißt, mit dem Anwachsen der Ersparnisse sind immer größere Kredite nicht nur möglich, sondern notwendig. Die Folge ist ein dauernder und zunehmender Verschuldungszwang.

Rüdiger Pohl, einer der »Fünf Weisen«, hat das einmal, bezogen auf das Verhalten des Staates, deutlich gemacht:

»Wohlgemerkt: Staatliche Kreditaufnahme ist kein Selbstzweck. Aber wenn – wie heute in der Bundesrepublik – das Kapitalangebot aus privaten Ersparnissen steigt, gleichzeitig die Kapitalnachfrage... der Unternehmen wegen der schwachen Investitionsneigung gering bleibt, dann muß der Staat das am Markt entstehende Kapitalüberangebot aufnehmen, weil anderenfalls eine deflationäre Wirtschaftsentwicklung einsetzen würde.«

Diese Aussagen, die »Die Zeit« am 11. 12. 1987 veröffentlichte, läßt auch die vielbeklagte Staatsverschuldung in einem anderen Licht erscheinen.

Um nicht mißverstanden zu werden: Selbstverständlich sollte der Staat nach Möglichkeit ganz auf Kreditnachfrage verzichten, da dieser Finanzierungsweg – auch für die sozialste Maßnahme – langfristig immer der unsozialste ist. Denn mit jedem Kredit werden die bereits Reichen auf Kosten der anderen immer noch reicher. Aber wie das Zitat zeigt, kann der Staat in bestimmten Situationen, die Folge unserer geldbezogenen Fehlstrukturen sind, zur Verschuldung geradezu gezwungen sein. Denn das Risiko eines geldmangelbedingten Konkunktureinbruchs ist so groß, daß daneben eine höhere Verschuldung nur als kleineres Übel erscheint.

Das Problem der Geldschulden ist also letztlich eines der zinsbedingt wachsenden Geldüberschüsse und kann deshalb auch nur mit diesen verschwinden.

15. Kapitel
Überentwicklung der Geldvermögen

*»Es sind gar nicht primär Konsum- und Ge-
winnsucht, die den Kapitalismus rastlos vor-
wärtstreiben, sondern die durch Zins und
Zinseszins lawinenartig wachsenden Geldvermögen und ein unerbittlicher Zwang, unter dem die Schuldner stehen, nämlich mit
jeder Produktion auch den Zins erwirtschaften zu müssen.«*

Josef Hüwe*

Der Begriff Geldvermögen ist verbunden mit der Vorstellung von
Reichtum und Wohlstand. Man denkt dabei an Truhen voller
Geldstücke oder mit Geldscheinbündeln gefüllte Tresore. Zum
Geldvermögen gehören aber nicht nur solche Bargeldhaltungen,
sondern auch die Ansprüche aus verliehenem Geld. Dabei spielt
es keine Rolle, ob man diese Geldüberlassungen länger- oder kür-
zerfristig getätigt hat, ob direkt oder über eine Bank.

Unter Geldvermögen versteht man also die Summe von (Bar-)
Geld und Geldguthaben. Trotz dieser Zusammenfassung muß
man jedoch zwischen beiden Bestandteilen präzise unterscheiden.
Geld ist immer das Primäre, die Voraussetzung dafür, daß man
Geld verleihen und ein Guthaben erwerben kann. Guthaben bestätigen die Geldüberlassung und den Anspruch auf Rückerhalt.
Außerdem kann Geld alleine von der zuständigen Notenbank
vermehrt werden, Guthaben jedoch von jedem Wirtschaftsteilnehmer.

---

* »Zinswirtschaft heute – Zum veränderten Erscheinungsbild des Kapitalismus«,
»Der Dritte Weg«, November 1991

Wie setzen sich Geldvermögen im einzelnen zusammen?

Neben dem Bargeld gehören – wie gesagt – alle Guthabenbestände zu den Geldvermögen. Statistisch werden hierfür alle Ausleihungen zwischen den drei Sektoren Privathaushalte, Unternehmen und Staat erfaßt, Geldüberlassungen *innerhalb* dieser Bereiche jedoch nicht. Kredite eines Unternehmens an ein anderes oder eines Bürgers an seinen Nachbarn finden in der Statistik keinen Niederschlag. Ebenfalls nicht die Direktkredite von Kaufhäusern oder Autohändlern an ihre Kunden oder die Vermittlungen privater Geldverleiher.

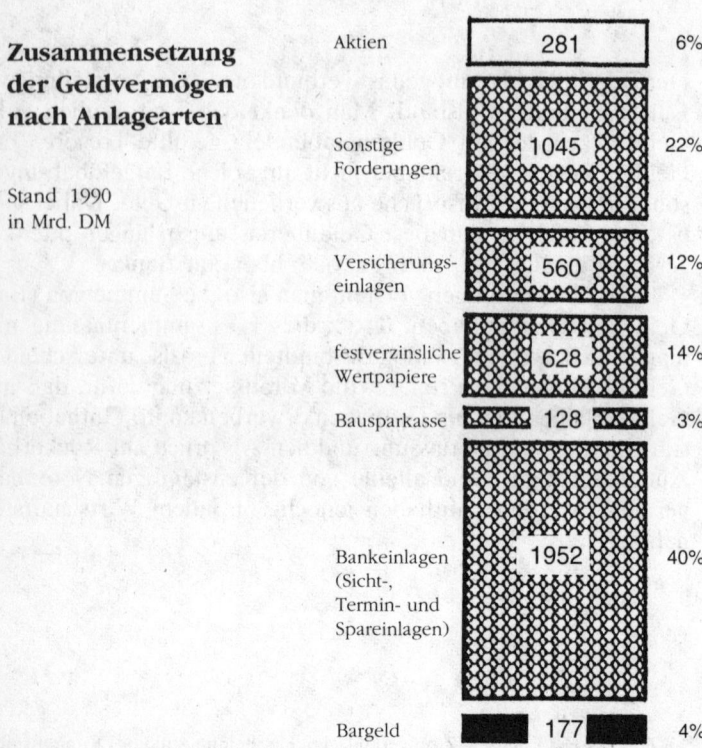

Zusammensetzung der Geldvermögen nach Anlagearten

Stand 1990
in Mrd. DM

Aktien	281	6%
Sonstige Forderungen	1045	22%
Versicherungseinlagen	560	12%
festverzinsliche Wertpapiere	628	14%
Bausparkasse	128	3%
Bankeinlagen (Sicht-, Termin- und Spareinlagen)	1952	40%
Bargeld	177	4%

Darstellung 32

Geht man von den Veröffentlichungen der Bundesbank aus, dann lagen die gesamten Geldvermögen aller Sektoren Ende 1990 bei 4825 Mrd. DM. Ihre Zusammensetzung geht aus Darstellung 32 hervor.

Für viele überraschend ist sicherlich der Posten Aktien in der Geldvermögensstatistik. Denn Aktien sind weder Geld noch ein Anspruch auf Geld, sondern eine nicht rückforderbare Risikobeteiligung an einem Unternehmen, also an Sachvermögen. Die Begründung für die Einbeziehung der Aktien, daß diese ähnlich wie Wertpapiere gehandelt und leicht in Geld umgewandelt werden können, ist sicher mehr als fragwürdig. Denn das trifft ebenso auf Gold und fast alle Handelsgüter zu.

Ebenfalls wird manchen die geringe Größe der Aktienbestände verwundern, die mit ihrem Nennwert nur bei sechs Prozent der statistisch ausgewiesenen Geldvermögen liegen. Außerdem haben sie sich in den letzten 40 Jahren wesentlich langsamer entwikkelt als die übrigen Geldvermögen. Während diese von 1950 bis 1990 auf das 95fache anstiegen, nahmen die Aktien nur auf das 25fache zu. Oder anders ausgedrückt: 1950 machten die Aktien noch rund ein Fünftel der gesamten Geldvermögen aus, heute nur noch ein Siebzehntel. Aufgrund der spekulativen Kursschwankungen und der seitenlangen Notierungen in Wirtschaftszeitungen wird die Bedeutung der Aktien meist überschätzt.

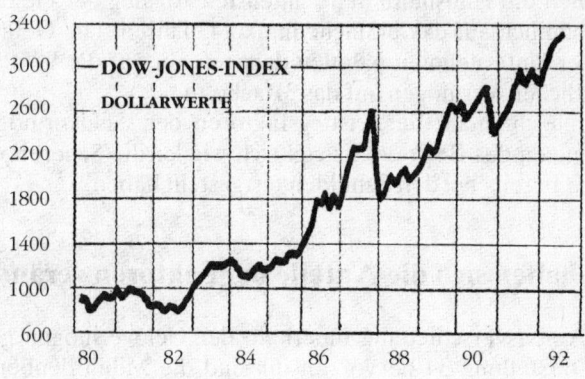

Darstellung 33

Überraschend wird ferner für manchen sein, daß sich der größte Teil der bundesdeutschen Aktien mit 39 Prozent in den Händen von Unternehmen befindet, die Privathaushalte nur mit 19 und die Banken mit elf Prozent am Aktienbesitz beteiligt sind. Der Rest verteilt sich u. a. mit 20 Prozent auf das Ausland und mit sieben Prozent auf den Staat. Auch der so groß aufgemotzte »Aktien-Crash« 1987 ist längst ausgebügelt. In den Kurven des Dow-Jones-Index beispielsweise ist der Einbruch Ende 1987 zwar deutlich zu erkennen, jedoch von den anschließenden Anstiegen inzwischen auf fast das Doppelte überholt (siehe Darstellung 33). Die Frage ist nur, wann dem rasanten Weiteranstieg ein erneuter Crash ein Ende macht.

Wem gehören die Geldvermögen?

Wie die Schulden werden auch die Geldvermögen statistisch auf die drei Sektoren Privathaushalte, Unternehmen und Staat verteilt. Die jeweiligen Anteile und ihre Entwicklungen gehen aus der nachfolgenden Tabelle hervor, in der die Werte ab 1950 eingetragen sind:

Vergleicht man die Größen, dann haben die privaten Haushalte, die an der Gesamtverschuldung nur mit sechs Prozent beteiligt waren, bei den Geldvermögen den Hauptanteil. Auch verzeichnen die Haushalte den schnellsten Anstieg der Geldvermögen, nämlich auf das 143fache in den 43 Jahren. Die Geldvermögen der Unternehmen nahmen dagegen nur auf das 90fache, die öffentlichen Vermögen auf das 31fache zu.

Vergleicht man die Anstiegsfaktoren der Geldvermögen mit denjenigen des BSP, dann zeigt sich wieder die Scherenöffnung, die wir bereits bei den Schulden festgestellt haben.

Wie haben sich die Anteile der Sektoren verändert?

Die Anteilsverschiebung innerhalb der Geldvermögen geht aus der Darstellung 34 hervor. In ihr sind die Milliardenbeträge in Prozente umgerechnet und im Fünfjahresabstand eingetragen.

Der deutliche Anteilsanstieg bei den öffentlichen Haushalten

Verteilung der Geldvermögen
(nominelle Größe in Mrd. DM)

	1950	1960	1970	1980	1990	1993	Anstieg
private Haushalte	25	166	518	1474	2900	3573	× 143
Unternehmen	20	72	211	599	1410	1796	× 90
öffentliche Haushalte	15	99	191	317	515	462	× 31
gesamtes Geldvermögen	60	337	920	2390	4825	5829	× 97
BSP zum Vergleich	105	303	676	1485	2426	2820	× 27

von 1950 bis 1955 dürfte weitgehend das Verdienst des ersten Finanzministers Schäffer gewesen sein. Sein aufgebauter »Juliusturm« erreichte 1955 35 Prozent der Geldvermögen. Von da an ging es bergab, kontinuierlich auf acht Prozent im Jahre 1993. Dieser Rückgang des Staatsanteils fand weitgehend zugunsten der Privathaushalte statt. Der Korridor der Unternehmen blieb relativ konstant. Erst in den 80er Jahren konnte er leicht ausgeweitet werden.

In Prozenten des BSP aufgetragen, wie in Darstellung 35, wird die Verschiebung der Anteile innerhalb der Sektoren noch deutlicher. Wie auch die Schulden, haben die Geldvermögen 1960 die Größe des Sozialprodukts überstiegen.

Vergleicht man die Situation 1950 mit der von 1993, dann kamen zu Beginn der Entwicklung auf jede Mark Sozialprodukt rund 57 Pfennig Geldvermögen, die aus der Wirtschaftsleistung mit Zinsen zu bedienen waren. 1993 war es mit 207 Pfennig ein dreieinhalbmal höherer Betrag. Das heißt, aus dem erarbeiteten Sozialprodukt muß heute ein dreieinhalbmal höherer Anteil zur Bedienung des Geldvermögens abgeführt werden als 1950.

Nimmt man die nominellen Größen der privaten Geldvermögen unter die Lupe, dann sind diese in den 43 Jahren von 25 Mrd.

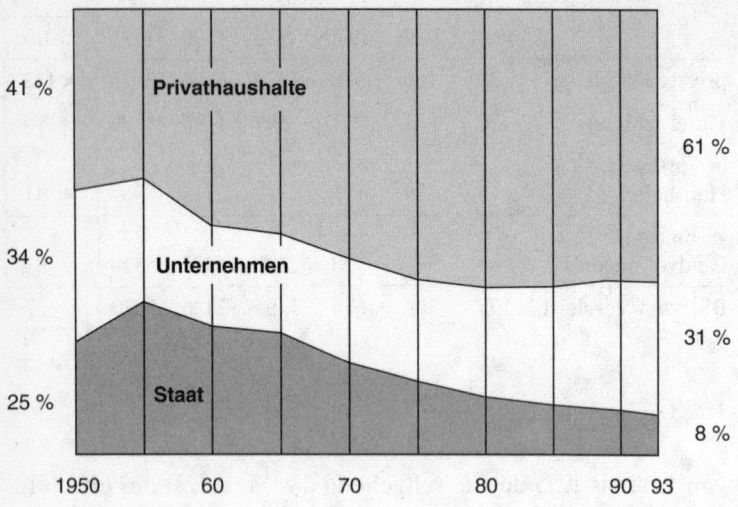

Verteilung der Geldvermögen – Anteile der Sektoren in Prozent
1950 bis 1993, alte Länder

Darstellung 34

auf 3573 Mrd. förmlich explodiert. Hier, bei den privaten Haushalten, haben sich also die großen Geldvermögensüberschüsse angesammelt, die sich überwiegend in den anderen Sektoren als Verschuldung niederschlagen.

Grundsätzlich könnte man sagen, daß diese mehrfach dargelegte Verschiebung der Geldvermögen zugunsten der privaten Haushalte positiv ist. Denn in einer Demokratie soll nicht der Staat wohlhabend und damit übermächtig sein, sondern die werteschaffenden Bürger. Problematisch ist bei diesen Verschiebungen nur, daß den großen Geldvermögensbildungen in den Händen der Privathaushalte immer größere Verschuldungen im Bereich der Wirtschaft und des Staates gegenüberstehen. Noch problematischer aber ist, daß sich die Geldvermögen bei den Privathaushalten immer extremer verteilen und sich dabei keinesfalls bei den Werteschaffenden konzentrieren.

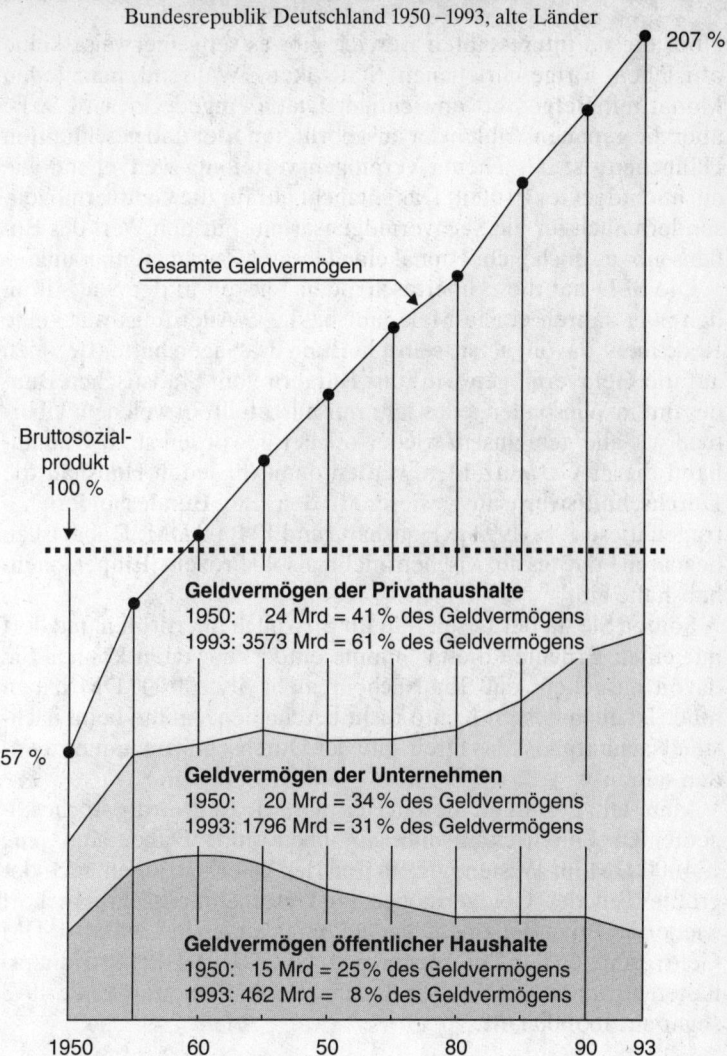

Geldvermögen in Prozent des BSP

Bundesrepublik Deutschland 1950 –1993, alte Länder

207 %

Gesamte Geldvermögen

Bruttosozial-
produkt
100 %

Geldvermögen der Privathaushalte
1950:   24 Mrd = 41 % des Geldvermögens
1993: 3573 Mrd = 61 % des Geldvermögens

57 %

Geldvermögen der Unternehmen
1950:   20 Mrd = 34 % des Geldvermögens
1993: 1796 Mrd = 31 % des Geldvermögens

Geldvermögen öffentlicher Haushalte
1950:   15 Mrd = 25 % des Geldvermögens
1993: 462 Mrd = 8 % des Geldvermögens

1950   60   50   80   90   93

Darstellung 35

Wie verteilen sich die privaten Geldvermögen?

Über diesen interessanten Bereich gibt es seltsamerweise keine offiziellen fortgeschriebenen Statistiken. Während man jeden Monat mit Bergen oft unwichtiger Daten eingedeckt wird, z. B. über die genauen Zahlen der ausgebrüteten Eier und geschlüpften Hähnchen, ist das Thema Vermögensverteilung weitgehend wie ein unentdeckter Erdteil. Das gilt nicht nur für die Geldvermögen, sondern auch für die Sachvermögensarten. Für den Wert des Bodens gibt es noch nicht einmal eine Gesamt-Zusammenfassung.

Die SPD hat diese überraschenden Lücken in der Statistik in den 50er Jahren einige Male laut beklagt. Allerdings war keine Rede mehr davon, als sie selbst in Bonn das Sagen hatte. Bezogen auf die Geldvermögen wird uns Bürgern vom Statistischen Bundesamt in Wiesbaden jedes Jahr nur mitgeteilt, in welchem Übermaß wir alle gemeinsam wieder reicher geworden sind. Und anhand dieser Gesamtzahlen werden dann für jeden Haushalt die Durchschnittswerte ausgewiesen. In den alten Bundesländern betrugen diese z. B. 1993 je Haushalt rund 124000 DM. Dabei ist zu beachten, daß es inzwischen mehr als 40 Prozent Einpersonenhaushalte gibt.

Sollten Sie, lieber Leser, nun Ihr Sparbuch überprüfen und dort nur einen Bruchteil dieser Summe entdecken, dann können Sie davon ausgehen, daß Ihr Nachbar mehr als 200000 DM haben muß. Ist auch dessen Konto recht bescheiden, müßte beim nächsten Nachbarn fast das Dreifache der Durchschnittssumme zu finden sein, usw.

Man sieht bereits an diesem Beispiel, wie fragwürdig solche allgemeinen Durchschnittsumrechnungen sind. Dabei sind jene 124000 DM im Westen nur ein Teil der Wahrheit, denn auch der größte Teil der Geldvermögen im Unternehmenssektor gehört wiederum Privatpersonen. Schlägt man von jenen 1794 Mrd. DM Geldvermögen der Unternehmen nur zwei Drittel den Privathaushalten zu, dann erhöht sich der Durchschnittsbetrag Ende 1993 sogar auf 166000 DM.

Gibt es Anhaltspunkte für die Verteilung der privaten Geldvermögen?

Selbstverständlich gibt es einige Statistiken, aus denen Verteilungsschlüssel zu entnehmen sind. Z. B. die Erklärungen zur Einkommens- oder Vermögenssteuer. Allerdings kann man damit nicht allzuviel anfangen. Denn bei beiden gibt es nicht nur große Freigrenzen und die verschiedensten Absetzungsmöglichkeiten. Es gibt vor allem allzugroße Grauzonen der versehentlichen oder bewußten Vergeßlichkeit, gerade wenn es um die Angaben zum Geldvermögen geht. Und das geheiligte Bankgeheimnis sorgt dafür, daß es sich bei diesen Grauzonen um keine Bagatellen handelt. Wäre das anders, könnten wir uns das ganze Theater um die Quellen- und Zinsabschlagsteuer sparen.

Der Wirklichkeit näher – zumindest relativ – kommt jedoch eine Untersuchung des Statistischen Bundesamtes. Es handelt sich um die »Einkommens- und Verbrauchsstichprobe«, die alle fünf Jahre bei rund 45 000 bundesdeutschen Haushalten auf freiwilliger Basis durchgeführt wird. Die mitmachenden Haushalte müssen dabei ein Jahr lang Buch über ihre Einkommen und Ausgaben führen, einen Monat lang akribisch genau, die restlichen elf Monate nur im groben. Für das ganze Jahr Buchungsarbeit wurden die Haushalte in den 80er Jahren mit 70 DM entlohnt. Inzwischen werden 200 DM geboten.

Am Ende des Jahres werden die Haushalte dann noch einmal zum Einsammeln der letzten Unterlagen von ihrem Betreuer aufgesucht. Dabei befragt man die Haushalte – meist ohne Vorwarnung und auf die Schnelle – auch nach ihren wesentlichsten Geldvermögensarten und nach ihren Konsumentenschulden. Das alles natürlich anonym und unter dem Siegel der Verschwiegenheit gegenüber dem Finanzamt.

Aus den erfragten Größen der Geldvermögen und Konsumentenschulden errechnet man dann für jeden Haushalt das sogenannte »Nettogeldvermögen«, das »positiv« heißt, wenn die Vermögen die Schulden übersteigen, und »negativ«, wenn es umgekehrt ist. Wer also 20 000 DM Miese und keinen Pfennig auf der hohen Kante hat, der hat in der Sprache der Statistiker ein »negatives Nettogeldvermögen von 20 000 Mark«, was allemal besser klingt als »Schulden«.

Was kann man diesen Stichprobenerhebungen entnehmen?

Bei der Stichprobenerhebung 1983 (die nachfolgenden Ergebnisse wurden leider nicht so differenziert ausgewertet), hat man die so ermittelten »Nettogeldvermögen« nach ihren jeweiligen Anteilen auf 26 Haushaltsgruppen verteilt. Danach hatten acht Prozent der Privathaushalte ein »negatives Nettogeldvermögen«, also mehr Schulden als Vermögen bzw. nur Schulden. Bei der »Spitzengruppe« der Schuldenmacher lag der Minussaldo bei 72 000 Mark. Wohlgemerkt: nur für Konsumentenschulden! Also für Möbel, Reisen und natürlich die Autonachfrage, mit der wir die Konjunktur (auf Pump) weiter anheizen.

Fünf Prozent aller Haushalte hatten nach der Auswertung einen Nullsaldo, das heißt, sie hatten entweder soviel Schulden wie Vermögen oder von beiden gar nichts. Die restlichen 87 Prozent der Haushalte waren besser dran. Sie verfügten über ein »positives Nettogeldvermögen«.

Trägt man die Verteilung einmal grafisch auf, wie in der Darstellung 36 geschehen, dann werden die Unterschiede plastischer. Dies trifft vor allem für die »positiven Nettogeldvermögen« zu, die anfangs nur sehr zögernd ansteigen. Dafür schießen sie gegen Ende um so kräftiger in die Höhe, nämlich auf 341 000 DM in der Spitzengruppe.

Teilt man einmal die gesamten Haushalte in zwei Hälften und rechnet bei jeder Hälfte die gesamten Nettogeldvermögen zusammen, dann hat nach dieser Erhebung die ärmere Hälfte gerade vier (!) Prozent des gesamten Geldvermögens in der Hand, die andere Hälfte den »Rest« von 96 Prozent. Dabei konzentriert sich auch hier das Gros der gesamten Vermögen bei den letzten zehn Prozent der Haushalte. Allerdings »verschönt« diese Erhebung die Wirklichkeit erheblich, da die Haushalte mit einem Monatseinkommen von mehr als 25 000 Mark »außen vor« gelassen wurden. Nach Auskunft des Statistischen Bundesamtes geschah das wegen »statistischer Unsicherheiten«. Konkret: Aus dieser reichsten Gruppe der Haushalte hatten sich zu wenige zur Teilnahme an der Erhebung bereit gefunden, was man verstehen kann. Denn einmal sprechen diese Superreichen nicht gerne über ihr Vermögen. Zum anderen dürfte sie ein Honorar von 70 DM kaum ver-

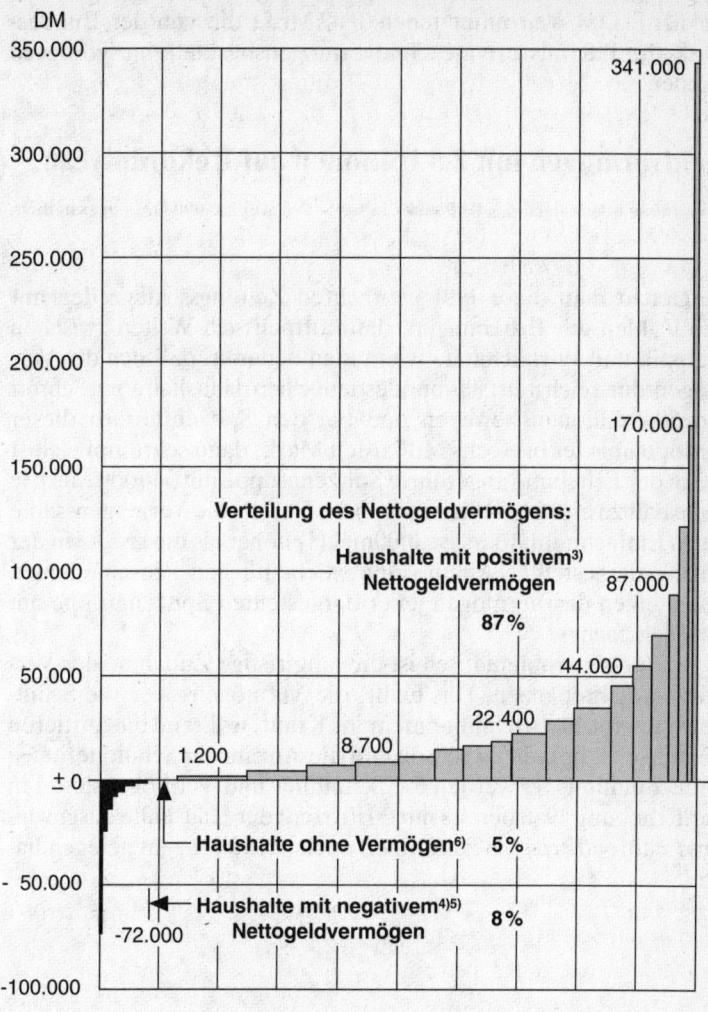

Geldvermögen privater Haushalte Ende 1983

Ergebnis der Einkommens- und Verbrauchstichprobe

DM

350.000 — 341.000

300.000

250.000

200.000

170.000

150.000

Verteilung des Nettogeldvermögens:

Haushalte mit positivem[3]
Nettogeldvermögen 87.000

100.000

87 %

44.000

50.000

22.400

8.700

1.200

± 0

Haushalte ohne Vermögen[6] 5 %

- 50.000

← Haushalte mit negativem[4][5] 8 %
Nettogeldvermögen

-72.000

-100.000

0   10 % 20 % 30 % 40 % 50 % 60 % 70 % 80 % 90 % 100 %
der erfaßten Privathaushalte

Darstellung 36
Quelle:Wirtschaft und Statistik 5/1985

locken, zur Freude der Statistiker ein ganzes Jahr lang über alle Einkommen und Ausgaben Buch zu führen. Entsprechend bewegt sich auch das Gesamtergebnis dieser Befragungen mit 504 Mrd. DM weit unter jenen 1842 Mrd., die von der Bundesbank für 1983 als private Geldvermögensbestände ausgewiesen werden.

Geldvermögen mit 2,8 Billionen auf Rekordniveau

Ersparnisse übersteigen das BSP eines Jahres – Pro Kopf 45000 DM angesammelt

Vergleicht man diese 1991 gebrachten Zeitungsschlagzeilen mit den Zahlen der Erhebungen, dann öffnen sich Welten zwischen Statistik und Wirklichkeit. Wenn man bedenkt, daß sich die Vermögen der reichsten 300 bundesdeutschen Haushalte im Schnitt um 500 Millionen bewegen und bei den Spitzenführern dieser Gruppe um vier bis sechs Milliarden Mark, dann schrumpft selbst die in der Erhebung angeführte Spitzengruppe mit 340000 Mark je Haushalt zu einem Nichts zusammen: Bereits die Vermögenssäule eines Einfachmilliardärs ist 3000mal (!) höher als die größte in der Grafik dargestellte. Allein seine wöchentlichen Zinseinnahmen übersteigen das Vermögen jener dargestellten Spitzengruppe um ein Mehrfaches!

Besonders problematisch ist die langfristige Zunahme der Verteilungsdiskrepanzen. Das heißt, die Vermögens- wie die Schuldenspitzen schießen immer mehr ins Kraut, während die mittleren Vermögen langsamer wachsen und die Anzahl der Schuldnerhaushalte zunimmt. So werden die Schuldner und Vermögenslosen in der Erhebung 1988 bereits mit 20 Prozent der Haushalte ausgewiesen, während sie 1983 zusammen noch bei 13 Prozent gelegen haben.

Wie entstehen Geldvermögen, und woher kommt das Überwachstum?

Wie jeder von uns weiß, kommt man normalerweise nur zu Geldvermögen, wenn man von seinem Einkommen etwas auf die Seite legt. Mit Glück kann man natürlich auch bei Lotto oder Toto zu ansehnlichem Vermögen kommen. Doch wenn man bedenkt, daß die Geldvermögen in der alten Bundesrepublik 1991 um 409 Milliarden zugenommen haben (tagtäglich also um mehr als 1000 Millionen!), dann werden die paar Dutzend Lotto-Millionäre zu einer unerheblichen Größe. Vergegenwärtigt man sich jedoch, daß allein die Banken 1991 ihren Kunden 304 Milliarden DM an Zinsen gutgeschrieben haben, dann kommen wir der Sache näher: Geldvermögen entstehen bzw. vermehren sich nicht nur aus zurückgelegten Arbeitseinkommen, sondern vor allem durch Zinsgutschriften, also gewissermaßen »von alleine«! Und diese wundersame Selbstvermehrung nimmt mit dem Überwachstum der Geldvermögen immer rascher zu, beschleunigt bei steigenden Zinssätzen. Da aber auch in der besten Wirtschaft nichts vom Himmel fällt und alle zur Verteilung kommenden Einkünfte nur aus Arbeit entstehen, müssen die Arbeitsleistenden im gleichen Umfang ärmer werden wie die bereits Reichen reicher.

Der Zins- und Zinseszinseffekt, der vorhandene Geldvermögen mit Verdoppelungsraten wachsen läßt, bewirkt also eine ständige Einkommensumschichtung von der Arbeit zum Besitz, die sich nach mathematischen Gesetzmäßigkeiten beschleunigt. Dabei sammeln sich auf den Konten der Vermögensbesitzer nicht nur die Zinsen aus den Geldvermögen an, sondern auch die Renditen aus den Sachvermögen, die sich in ihrer Höhe an den Geldzinssätzen orientieren.

Auf dieses Überwachstum der Geldvermögen hat Rüdiger Szallies, Geschäftsführer der Gesellschaft für Konsumforschung in Nürnberg, in der Zeitschrift »Sparkasse« Nr. 4/1991 hingewiesen:

»Während sich das Nettoeinkommen der Bundesbürger in den letzten 25 Jahren vervierfacht hat, stieg die Sparquote... um den Faktor 8. Das private Geldvermögen... wuchs um den Faktor 16. Bereits Anfang dieser Dekade wird das private Geldvermögen die 3-Billionen-DM-Grenze überschreiten und sich bis zum Jahr 2000 auf ca. 5 Billionen DM hinaufkatapultiert haben.«

Da die Geldvermögensbesitzer ihre Zinserträge nur zu einem geringen Teil selbst ausgeben oder investieren, können sie nur über Kredite in den Kreislauf zurückgeschleust werden. Diese Zurückschleusungen sind jedoch wieder mit Zinsen verbunden, die diejenigen aufbringen müssen, die bereits zuwenig Geld hatten und es sich leihen mußten. Die Folgen sind ein weiteres beschleunigtes Geldvermögenswachstum und ein entsprechend vergrößerter erneuter Verschuldungszwang. Diese sich selbst nährende Problementwicklung macht die Schemadarstellung 37 deutlich.

Ursache dieses Dilemmas sind die Wirkungsmechanismen unseres Geldes, die einer positiven Rückkoppelung entsprechen. Positiv rückgekoppelte Systeme aber sind aus einfachen mathematischen Gründen immer zum Zusammenbruch verurteilt.

Was sagt die Wissenschaft zur Überentwicklung der Geldvermögen?

Während die Geldvermögensexplosion und -konzentration in den Schlagzeilen der Printmedien ab und zu Spuren hinterläßt, ist das Ganze für die Wissenschaft kein Thema. Allenfalls einige Außenseiter streifen es einmal. So z. B. der US-Ökonom Ravi Batra, der sich mit seinem Titel »Die große Rezession von 1990« aufs Prognose-Glatteis wagte. Doch er weist darin zumindest einmal auf die zunehmenden Reichtumskonzentrationen als Auslöser ökosozialer Spannungen und damit einer möglichen Krise hin:

»Nach einem Bericht der ›New York Times‹ hat sich die Zahl der Milliardäre in den Vereinigten Staaten im Jahre 1986 von 14 auf 26 erhöht und damit innerhalb eines Jahres nahezu verdoppelt. Sie nehmen damit einen immer größeren Anteil des Volkseinkommens auf Kosten der Armen für sich in Anspruch.

Von den superreichen Amerikanern verfügen fünf Prozent über mehr Einkommen als 40 Prozent der Gesamtbevölkerung. Und unter den Allerreichsten der Reichen verfügt ein Prozent über ein größeres Vermögen als 90 Prozent der Bevölkerung.«

DER MONETÄRE TEUFELSKREIS

Eskalation der Geldvermögen und Schulden

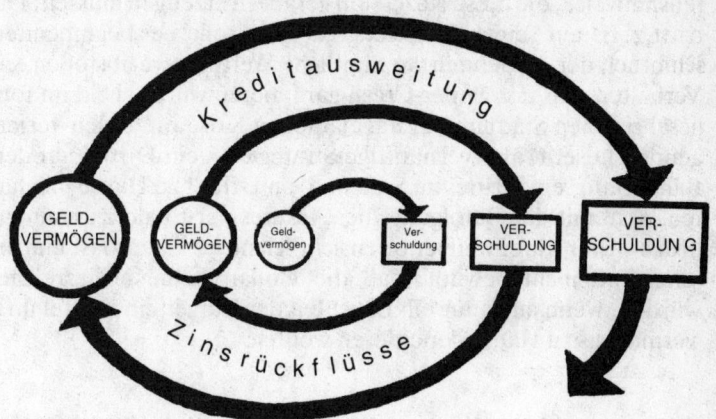

Folgen:

steigende Zinseinkommen
wachsende Geldvermögen
größeres Kreditpotential

Folgen:

steigende Zinslasten
rückläufige Arbeitseinkommen
zunehmender Wachstumszwang

Darstellung 37

Von den wesentlichsten Ursachen und Folgen dieser Vermögenskonzentration, nämlich den immer größeren Zinsströmen, ist allerdings auch bei Batra nicht die Rede. Vielmehr macht er als Hauptgrund für die Reichtumszunahme die Steuergesetze aus. Und als Auslöser für die Krise sieht er den Tatbestand der wachsenden Bankrisiken, die mit dem zunehmenden »Geldaufnahmebedürfnis der unteren und mittleren Einkommensgruppen« verbunden sind: »Je höher die Vermögenskonzentration ist, desto höher ist auch die Zahl der potentiellen Bankzusammenbrüche.« Bei diesen Erklärungen stützt er sich vor allem auf die Entwicklung der späten 20er Jahre in den USA, in denen – nach seinen Untersuchungen – ähnlich große Vermögensdiskrepanzen entstanden waren wie in unserer Zeit.

Wie fragwürdig jedoch selbst die geldbezogenen Kenntnisse eines sozial engagierten Wirtschaftswissenschaftlers sind, kommt am Ende seines Buches zum Vorschein. Vor den Folgen der von ihm erwarteten Rezession warnend, erteilt er den Lesern Verhaltenshinweise, die diese Rezession geradezu erzeugen müssen. Das trifft z. B. auf seinen Vorschlag zu, man solle bei beginnendem Einbruch der Aktienmärkte sämtliche Wertpapiere abstoßen, ein Verhalten, das den Super-Crash garantieren würde. Und im fortgeschrittenen Stadium der angelaufenen Krise rät er den vermögenden Lesern, als »vernünftige Strategie... ein Drittel auf dem Bankkonto, ein Drittel im Safe und ein Drittel zu Hause« zu halten. Daß mit der Befolgung dieses Rates der totale Zusammenbruch sicher wäre, weiß er offensichtlich nicht. Ebenso ist ihm anscheinend nicht bewußt, daß die Dollarscheine nicht reichen würden, wenn auch nur ein Bruchteil der Bürger ein Drittel ihres Vermögens zu Hause deponieren wollten.

Gibt es noch andere problematische Folgen der Geldvermögenseskalation?

Dieter Suhr, Jurist und Verfassungsrechtler in Augsburg und 1990 leider allzufrüh verstorben, hat sich in den 80er Jahren intensiv mit Fragen der Geldordnung und deren Auswirkungen befaßt. Mehr als ein halbes Dutzend Bücher auf wissenschaftlichem Niveau geben davon Zeugnis. Auch wenn die Wirtschaftswissenschaft ihn bislang »übersehen« und niemand sich zu einer Rezension oder kritischen Prüfung seiner Veröffentlichungen bereit gefunden hat, wird man an seinen Untersuchungen nicht vorbeigehen können.

Bezogen auf die Überentwicklung der Geldvermögen hat Dieter Suhr einmal den Begriff des »monetären Wasserkopfs« geprägt, dessen Größe den »Wirtschaftskörper« immer mehr belastet. Diese Problematik des Überwachstums läßt sich jedoch nicht nur an der zurückbleibenden Entwicklung der Leistungsgrößen festmachen. Sie kann auch verdeutlicht werden an der Diskrepanz zwischen der Entwicklung der Geldvermögen und der mit ihrer Hilfe geschaffenen Sachvermögenswerte.

In der Darstellung 38 sind diese relativen Verschiebungen zwischen Geld- und Sachvermögen für die Jahre 1950, 1970 und 1990 grafisch sichtbar gemacht. Die »Körper« der Figuren geben dabei jeweils die Anlagevermögen in der Bundesrepublik wieder, und zwar zu ihrem Netto-Wiederbeschaffungspreis, das heißt zu ihrem Tageswert.

Zu den Anlagevermögen gehören alle in der Wirtschaft eingesetzten reproduzierbaren Sachvermögen, also alle Wohn- und Wirtschaftsgebäude, Produktionsanlagen, Maschinen, Büroeinrichtungen usw.

1990 setzten sich diese Anlagevermögen nach den Erfassungen des Statistischen Bundesamtes wie folgt zusammen:

Wohnungsbauten:	3353 Mrd. DM
sonstige Bauten:	2426 Mrd. DM
Ausrüstungen:	1263 Mrd. DM
insgesamt also	7042 Mrd. DM

Welche Folgen hat der »monetäre Wasserkopf«?

Wie die Darstellung in ihren Relationen erkennen läßt, wird der »Wasserkopf« der Geldvermögen für den Sachvermögenskörper immer weniger tragbar. Lag die Größe der Geldvermögen, bezogen auf die Anlagevermögen, 1950 noch bei 32 Prozent, hatte sie 1970 bereits 52 Prozent erreicht und 1990 69 Prozent.

Die Problematik dieser Überentwicklung wird vor allem klar, wenn man sich vergegenwärtigt, daß den Geldvermögen entsprechende Verschuldungen gegenüberstehen. Diese Verschuldungen erfahren ihre Deckung und Absicherung aber alleine durch die mit ihrer Hilfe geschaffenen Sachwerte. Da diese aber seit 1950 »nur« auf das 38fache angestiegen sind, die Geldvermögen jedoch auf das 82fache, steigt der Verschuldungsgrad der Sachvermögen immer mehr an.

1950 entsprachen die Schulden gut einem Drittel der Anlagevermögen. 1970 lagen sie bereits bei der Hälfte, und 1990 hatten sie drei Fünftel der Sachwerte bereits überschritten. Nimmt man einmal an, daß sich diese Entwicklung fortsetzt, dann läge der Verschuldungsgrad im Jahr 2010 bei 75 Prozent und im Jahr 2030 bei 88 Prozent. Das heißt, die in der Wirtschaft eingesetzten Sach-

DER »MONETÄRE WASSERKOPF«
in der Bundesrepublik Deutschland

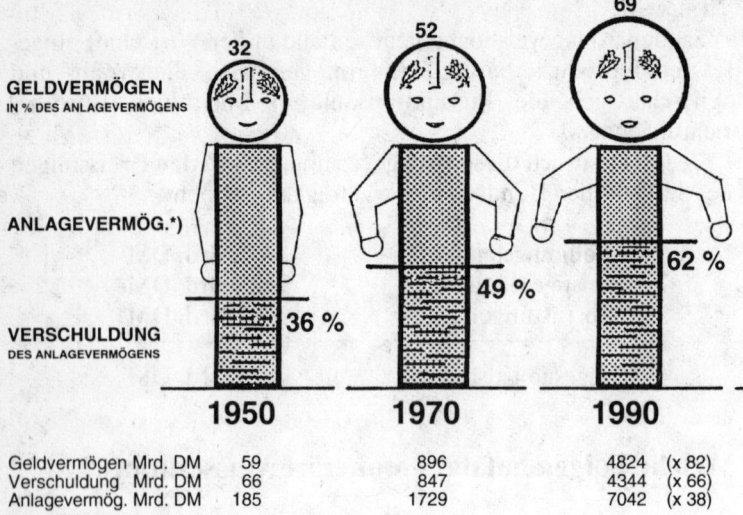

Geldvermögen Mrd. DM	59	896	4824	(x 82)
Verschuldung Mrd. DM	66	847	4344	(x 66)
Anlagevermög. Mrd. DM	185	1729	7042	(x 38)

*) reproduzierbare Anlagevermögen zu Netto-Wiederbeschaffungspreisen

Darstellung 38

vermögen »versinken« immer mehr in Schulden. Mit der zunehmenden Verschuldung nimmt jedoch nicht nur die Unsicherheit für die Geldgeber zu, sondern auch die Konkursanfälligkeit für die Sachvermögensbesitzer. Schon bei geringen Zinserhöhungen und/oder Konjunktureinbrüchen werden die Unternehmen Opfer ihrer nicht mehr zu bedienenden Schulden. Und wenn eines Tages die Banken die Risiken nicht mehr auffangen können und dem Staat nur noch die Flucht in eine inflationäre Geldvermehrung übrigbleibt, dann werden schließlich auch die Geldbesitzer Opfer ihres Vermögens-Überwachstums.

Der in Aachen lehrende Ökonom Karl-Georg Zinn hat diese Entwicklung im »Jahrbuch für Nationalökonomie und Statistik 1986« einmal angesprochen:

»Die Wachstumsrate des Geldvermögens der privaten Haushalte der Bundesrepublik betrug seit 1980 im Jahresdurchschnitt über 12 %. Entsprechend hoch lag auch der Anstieg der Zinseinkommen, damit war eine starke Zunahme der Zinseinkommensquote verbunden. Diese Entwicklung wirft die Frage auf, wie lange sich die Zunahme des Zinseinkommensanteils fortsetzen kann und welche Konsequenzen für Inflation und Beschäftigung aus dem Zinsquotenanstieg resultieren. Da die starke Geldvermögensbildung nicht mit einem entsprechenden Zuwachs des Realvermögens verbunden war..., stellt sich weiterhin das Problem einer möglichen (wachsenden) Diskrepanz von Geld- und Realvermögensbeständen.«

16. Kapitel
Die Überentwicklung der Zinsströme

> *»Das Zinssystem bevorzugt in krasser Weise die Besitzenden. Der Ertrag des Wachstums dient nicht in erster Linie dem Volkswohlstand, sondern konzentriert sich bei wenigen, sichert das exponentielle Wachstum der großen Vermögen. Die Verfügungsgewalt verlagert sich immer mehr auf gewaltige private, anonyme Gebilde, welche von der Geldseite her politische Macht und Willensbildung zu manipulieren verstehen.«*
>
> *Werner Rosenberger* [*]

Daß mit der Überentwicklung von Geldvermögen und Schulden auch die Zinsströme überproportional ansteigen, ist verständlich. Die Größe der Zinsströme wird jedoch nicht nur vom Umfang der Vermögens- und Schuldenbestände bestimmt, sondern auch von der Höhe der Zinssätze. Diese aber weisen langfristig einen zunehmenden Trend auf. So lagen die Kapitalmarktzinsen im Schnitt der 50er Jahre bei 6,3 Prozent, in den 60er Jahren bei 6,6 und in den 70er Jahren bei 8,1 Prozent. Im Mittel der 80er Jahre führte das lange Zinstal zu einem Absinken des Durchschnittssatzes auf 7,6 Prozent. 1990 bis 1992 lagen sie erneut höher, nämlich bei 8,6 Prozent. Während Geldvermögen und Schulden von 1950 bis 1993 rund 3 ½mal so rasch angestiegen sind wie die wirtschaftliche Leistung, nahmen die geldbezogenen Zinsgrößen, als Folge der höheren Zinssätze, sogar sechsmal so rasch zu. Das heißt, bezogen auf die Wirtschaftsleistung mußte 1993 eine sechsmal größere Zinsbelastung erarbeitet werden als in den 50er Jahren. Oder anders ausgedrückt: Aus jeder Mark Sozialprodukt ist heute ein sechsmal größerer Anteil zur Bedienung des Geldkapitals erforderlich.

---

[*] Präsident der Internationalen Vereinigung für Natürliche Wirtschaftsordnung (INWO), »Die Welt im Umbruch – Entwurf einer nachkapitalistischen Wirtschaftsordnung«, 1991

Zur Überprüfung dieser Angaben nachfolgend noch einmal die wichtigsten Zahlen aus den offiziellen Statistiken. Für die Zinsgrößen sind hier die Erträge und Aufwendungen der Banken in Mrd. DM herangezogen worden:

Zinsstromgrößen im Vergleich / Mrd. DM, alte Länder

	1950	1960	1970	1980	1990	1993	Anstieg
Geldvermögen	59	337	926	2390	4825	5829	× 99
Schulden	66	303	852	2327	4325	5680	× 86
Bruttosozial-produkt	105	303	676	1485	2426	2820	× 27
Zinserträge der Banken	3,0*	12	49	172	335	490	×163
Zinsaufwendungen der Banken	2,2*	7	35	132	257	360	×164

* eigene Ansätze

Es sei noch einmal daran erinnert, daß es sich bei den hier behandelten Zinsen nur um jene für das Geldkapital handelt. Die Verzinsung des Sachkapitals – soweit schuldenfrei – ist in diesen Größen also nicht enthalten. Aber auch die den Statistiken zu entnehmenden geldbezogenen Zinsgrößen geben nicht die vollen Belastungen und Einkommen wieder. Denn in der volkswirtschaftlichen Gesamtrechnung (VGR) werden nur die Zinsströme *zwischen* den drei Wirtschaftssektoren erfaßt, also zwischen Unternehmen, Staat und Privathaushalten. Die *innerhalb* der Sektoren anfallenden Zinsen sind den Unterlagen nicht zu entnehmen, ebensowenig alle Zinsen, die mit Kaufkrediten u. ä. zusammenhängen.

Rechnet man die bankbezogenen Werte auf die Arbeitstage um, dann haben die Kreditinstitute 1993 an jedem der etwa 240 Banktage rund 2000 Millionen Mark an Zinsen eingezogen und fast 1500 Millionen Mark den Geldgebern gutgeschrieben. Zwar muß man von den bankbezogenen Zinstransfers etwa ein Drittel für die bankinternen Kreditgewährungen abziehen, wenn man die volkswirtschaftlich relevanten Größen erhalten will. Dafür aber müssen mindestens in gleicher Größe Zinserträge hinzugerechnet werden, die nicht aus Bankeinlagen stammen. Neben den Zinseinkünften aus Versicherungsanlagen gehören hierzu vor allem die Erträge aus Wertpapieren, Anlegerfonds sowie die statistischen nicht erfaßten Zinsströme.

Verändern sich die Zinsströme mit der volkswirtschaftlichen Leistung?

Das Sozialprodukt wie auch die Geldvermögen und Schulden entwickeln sich zwar unterschiedlich schnell, aber relativ kontinuierlich. Die zinsbezogenen Größen unterliegen dagegen in ihrer Entwicklung sehr starken Schwankungen. Diese Schwankungen resultieren aus den Veränderungen der Zinssätze, mit denen die monetären Bestandsgrößen multipliziert werden. Dabei haben steigende Zinssätze besonders gravierende Folgen, da sich ihre Wirkung mit dem Überanstieg von Geldvermögen und Schulden gewissermaßen potenziert. In welchem Umfang hierdurch die volkswirtschaftlichen Einzelgrößen auseinanderdriften, zeigen einige Vergleiche aus der letzten großen Zinsanstiegsphase von 1978 bis 1981, in der die Zinssätze am Kapitalmarkt von 6,1 auf 10,6 Prozent hochschnellten.

In diesen drei Jahren nahm das BSP um 20 Prozent zu und die Steuereinnahmen um 15 Prozent. Die Zinserträge der Banken kletterten in der gleichen Zeit jedoch um 92 Prozent, die Zinsauszahlungen sogar um 120 Prozent. Das heißt, die Zinsbelastung der Wirtschaft nahm innerhalb von drei Jahren viereinhalbmal so schnell zu wie die Wirtschaftsleistung, die Zinseinkommen der Geldgeber sogar sechsmal so schnell und achtmal so schnell wie die Steuereinnahmen des Staates.

Von 1988 bis 1990, also innerhalb von zwei Jahren, stiegen die Kapitalmarktzinsen zwar »nur« von 6,0 auf 8,9 Prozent an. Trotzdem führte auch dieser Zinssatzanstieg zu erheblichen Auseinanderentwicklungen innerhalb der Volkswirtschaft: So nahm das Sozialprodukt in den beiden Jahren um 15 Prozent zu und die Steuereinnahmen um zwölf Prozent. Die Bankzinserträge – und damit die Belastung der Wirtschaft – nahmen jedoch mit 38 Prozent zweieinhalbmal, die Zinseinnahmen der Geldgeber mit 50 Prozent sogar knapp dreieinhalbmal so schnell zu wie das BSP.

Kaum zu begreifen ist, daß solche dramatischen Diskrepanzentwicklungen sowohl in den Medien als auch in der Politik kaum beachtet werden. Selbst die Fachwelt schweigt diskret. Dabei handelt es sich bei den Zinsströmen um keine Kleckerbeträge, deren Veränderungen in den gesamten volkswirtschaftlichen Größen untergehen. Vielmehr lagen die Bankzinserträge bereits 1981 weit über den Steuereinnahmen des Bundes und beim Doppelten der gesetzlichen Krankenversicherungsausgaben. 1990 hatten sie – trotz deutlich niedrigerer Zinssätze gegenüber 1981 – bereits das 1,3fache der Bundessteuern und das 2,6fache der Versicherungsausgaben erreicht, und gemessen an den Nettolöhnen und -gehältern, lagen sie bei 45 Prozent, 1993 bei 56 Prozent.

Wie sieht die langfristige Auseinanderentwicklung aus?

Alle Ansprüche in einer Volkswirtschaft können immer nur an einer Größe gemessen werden, dem Bruttosozialprodukt. Das gilt auch für die Größe und Entwicklung der Zinslasten. In der nachfolgenden Darstellung 39 werden darum die prozentualen Entwicklungen des nominellen BSP und der geldbezogenen Zinsbelastung in Westdeutschland ab 1970 einander gegenübergestellt. Dabei wurden als Schlüsselgröße für die Gesamtzinslast wieder die Zinserträge der Banken herangezogen.

Die Grafik macht als erstes deutlich, in welchem Maß die Zinsbelastung und das Sozialprodukt in ihrer Entwicklung auseinanderdriften. Während das BSP in den dargestellten 23 Jahren »nur« auf das 4,2fache zunahm, stieg die Verzinsung auf das zehnfache ihrer Ausgangsgröße. Das heißt, die Schuldenzinsbelastung der Volkswirtschaft war 1993 fast 2 ½mal so hoch wie 1970.

Was weiter auffällt, sind die plötzlichen Veränderungen der Bankzinserträge. Ursache dieser Ausreißer sind die Schwankungen der Zinssätze. Wie durch die Schraffur markiert, schossen diese jeweils in den Jahren 1972 bis 1974, 1978 bis 1981 und 1988 bis 1991 in die Höhe. Ebenso wie die Anstiege zeichnen sich auch die anschließenden Zinssenkungen in der Grafik ab. Das trifft vor

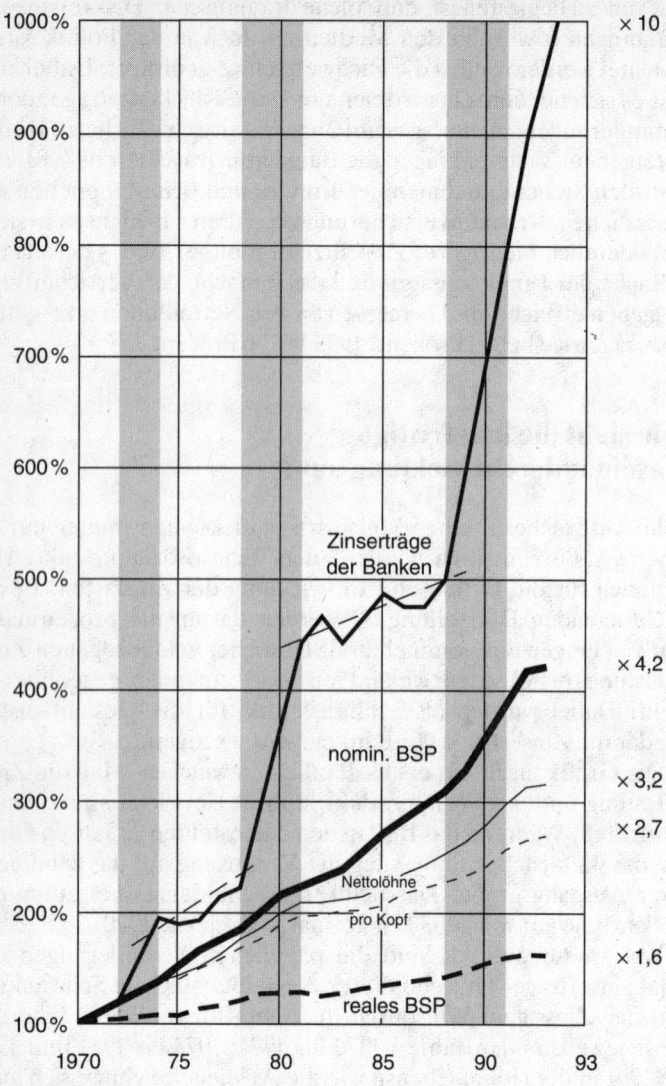

Prozentuale Entwicklung des Sozialproduktes

im Vergleich zu den Zinserträgen der Banken 1970–1993

Zinserträge der Banken

nomin. BSP

Nettolöhne
pro Kopf

reales BSP

× 10
× 4,2
× 3,2
× 2,7
× 1,6

Darstellung 39

228

allem für die lange Zinssenkungszeit von 1981/1982 bis 1988 zu. Wie die zusätzlichen Trendlinien erkennen lassen, kam es von 1982 bis 1988 sogar zu einem relativen Rückgang der volkswirtschaftlichen Zinsbelastung: Fast gleichbleibenden absoluten Zinslastgrößen stand ein wachsendes Sozialprodukt gegenüber.

In der Entwicklungskurve des nominellen BSP zeichnen sich die Folgen der Zinsbelastungsänderungen nur geringfügig ab, da die realen Wirtschaftseinbrüche durch die dann hohen Inflationen nominal ausgeglichen werden. Etwas deutlicher treten sie bei der Entwicklung des realen BSP hervor. Hier kann man erkennen, daß die Wirkungen hochzinsbedingter Überlastungen erst mit Verzögerung in der Wirtschaft Spuren zeigen.

Aufschlußreich sind auch die beiden zusätzlich eingetragenen Lohnkurven. Im Gegensatz zum BSP, das in den 23 Jahren auf das 4,2fache zunahm, stieg die Gesamtsumme der Nettolöhne und -gehälter nur auf das 3,2fache, obwohl die Zahl der Arbeitnehmer gegenüber den Selbständigen erheblich zugenommen hat. Diese Verschiebung innerhalb der Beschäftigtenstruktur zeigt sich in der Kurve der Nettoeinkommen je Arbeitnehmer: Statt im Gleichschritt mit der gesamten Lohnsumme auf das 3,2fache, stieg das Pro-Kopf-Einkommen nur auf das 2,7fache an, ein gutes Drittel weniger als das BSP.

Dieser Rückfall gegenüber der volkswirtschaftlichen Gesamtleistung ist im Hinblick auf die ständig steigenden Zinslasten besonders bedenklich. Denn diese Zinslasten werden zum größten Teil über die Preise an die Endverbraucher weitergegeben. Das heißt, sie verringern zusätzlich den Realwert der sowieso zu kurz gekommenen Nettolöhne.

Die geldbezogenen Zinsen beim Staat

Im Vordergrund der Schulden- und Zinsdebatte steht seit der Vereinigung der beiden deutschen Länder die Verschuldung des Staates. Schon einmal war sie ein Thema der Medien, nämlich in der hochzinsbedingten Rezession Anfang der 80er Jahre. Damals explodierten nicht nur die Zinslasten der Wirtschaft, sondern auch die der öffentlichen Haushalte. Da als Folge der würgenden Zinsen die Konjunktur stark rückläufig war, gingen außerdem die

Steuereinnahmen zurück. Nicht anders als die heutige Regierung hat auch die damalige unter Schmidt »die Flucht nach vorne« in die höhere Verschuldung angetreten. Die Folgen höherer Schulden sind jedoch noch höhere Zinsen.

»220000 DM Zinsen zahlt der Staat pro Minute«, meldete der Steuerzahlerbund im Juli 1992 über alle Medien. Pro Stunde sind das 13,2 Millionen, an jedem Kalendertag rund 317 Millionen. Das entspricht dem Gegenwert von rund 1000 Einfamilien-Reihenhäusern oder 1500 Mietwohnungen, die der Staat auf Kosten der Steuerzahler gewissermaßen jeden Tag verschenkt. Allerdings nicht an sozial schwache Bürger, sondern an solche, die meist schon ein Haus oder mehrere besitzen. Mit den öffentlichen Zinszahlungen eines Jahres ließen sich also rund 350000 Häuser oder 550000 Mietwohnungen finanzieren. Das entspricht der Wohnsubstanz einer Großstadt mit eineinhalb Millionen Einwohnern!

Noch griffiger werden die vom Staat gezahlten Zinsen, wenn man sie einmal auf die Bürger in Ost und West umrechnet. Pro Kopf ergibt sich für 1992 dann ein Betrag von rund 1400 DM. Umgerechnet auf jeden Beschäftigten bzw. jeden Haushalt, sind das rund 3300 DM. Das heißt, jeder Erwerbstätige in Gesamtdeutschland mußte 1992 fast einen Monat lang nur für die Schuldenzinsen des Staates arbeiten. Aufgrund der Übernahme der vereinigungsbedingten »Sondertöpfe« dürften es 1994 bereits 1 ½ Monate sein.

Welche Folgen haben höhere Zinsbelastungen für den Staat?

Wie jeder andere, kann auch der Staat jede Mark nur einmal ausgeben. Das gilt auch für die Zinsen: In dem Maße, wie er hierfür mehr zu zahlen hat, müssen andere Ausgaben eingeschränkt werden.

Vor 20 Jahren war der Posten »Schuldenzinsen« in den Ausgabenlisten noch »unter ferner liefen« zu finden. Anfang der 80er Jahre hatte dieser Posten beim Bund schon den dritten Platz im Etat erobert, hinter den Ausgaben für »Arbeit und Soziales« und »Verteidigung«. Mitte der 80er Jahre zogen die gesamten öffentlichen Zinszahlungen an den Verteidigungsausgaben vorbei. Inzwischen haben das die Zinszahlungen des Bundes schon allein geschafft.

Weil die Neuverschuldungen weitgehend durch die laufenden

Zinszahlungen aufgefressen werden, muß der Staat an anderen Stellen sparen. Das ist vor allem in Hochzinsphasen der Fall. Gespart wird aber nicht nur im Sozialbereich, sondern auch bei den Investitionen. Das geht aus der Darstellung 40 hervor. Deutlich sichtbar sind darin die Rückgänge der Investitionsausgaben ab 1974 und 1980.

Schuldenzinslasten und Investitionsausgaben des Staates von 1970 bis 1990

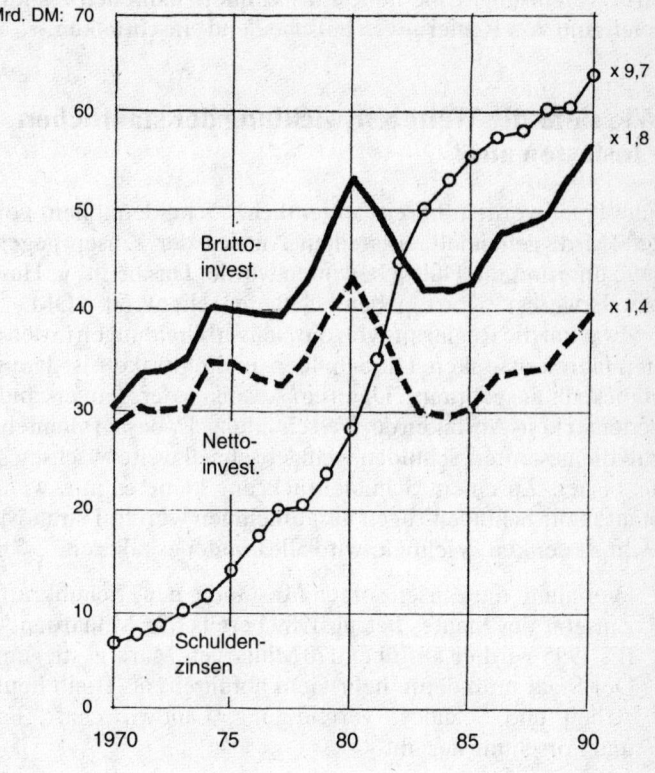

Darstellung 40

Diese Reduzierungen waren jeweils die Folge erhöhter Zinsbelastungen und verringerter Staatseinnahmen in den Hochzinsphasen. Ließ der Überanstieg der Zinslasten nach, wie ab 1977 und 1983, nahmen die Investitionsausgaben wieder zu. Daß solche Reduzierungen der staatlichen Investitionen die hochzinsbedingten Konjunktureinbrüche noch verstärken müssen, liegt auf der Hand.

Gottfried Bombach, Professor für Nationalökonomie an der Universität Basel, hat in der Zeitschrift »Der Monat«, Schweiz. Bankverein, Anfang 1991 geschrieben: »Das eigentliche Problem liegt nicht in der Existenz einer Staatsschuld, ...sondern im Zwang ihrer Verzinsung. Eine hohe Zinslastquote kann den Handlungsspielraum von Regierungen entscheidend einschränken.«

Wie sieht die Weiterentwicklung der staatlichen Zinslasten aus?

Für 1995 werden bereits öffentliche Schuldenhöhen von ca. 2200 Mrd. gehandelt, was einen Anstieg der Zinsen gegenüber 1992 um rund die Hälfte bedeuten würde. Das heißt, je Haushalt bzw. Erwerbstätigen ergeben sich dann mehr als 5000 DM.

Zwar hat die Regierung vor, die Neuverschuldungen in den nächsten Jahren zu senken. Die Schulden- und Zinsrakete ist damit aber keinesfalls ausgebrannt. Denn ein Absinken der Neuverschuldung bedeutet kein Absinken der Verschuldung. Es besagt vielmehr nur, daß die gesamten Schulden weniger schnell weiterwachsen sollen als bisher. Zu einem Schuldenrückgang käme es nur, wenn der Staat mehr Schulden tilgen als aufnehmen würde. Daran ist aber nicht zu denken. Vielmehr wird alles weiter eskalieren.

> »Vor allem die Zinsen sorgen für ständig neue Schubkraft. Der Zinsetat des Staates betrug 1989 bereits 67,6 Milliarden Mark. Bis 1995 wird er auf über 170 Milliarden Mark gestiegen sein. Der Staat muß dann mehr Geld abführen, als Bonn heute für Arbeit und Soziales, Verteidigung, Landwirtschaft, Familie und Forschung ausgibt.«

Das schrieb der »Spiegel« Anfang April 1992, und weiter hieß es in dem Artikel:

»Die Zinsexplosion läßt sich kaum noch verhindern. Obwohl alle um die Brisanz der Finanzlage wissen, hantieren Kohl und Waigel mit den Milliarden-Schulden bis heute so unbekümmert, als handele es sich um einen Kleinkredit. Selbst die Zinsen werden mit immer neuem Leihgeld bezahlt.«

Das heißt, man verhält sich weiterhin wie die vielgescholtenen Entwicklungsländer, die seit 20 Jahren schon versuchen, auf diese Weise über die Runden zu kommen.

Obwohl solche Meldungen fast täglich durch die Medien gehen, regt sich in der Bevölkerung kaum jemand darüber auf. Während sich sonst bei allen drohenden Gefahren Bürgerinitiativen bilden, Kongresse veranstaltet und Protestschreiben an die Regierung gerichtet werden, tut sich hier nichts. Alles starrt nur auf die Zahlen mit den vielen Nullen wie das Kaninchen auf die Schlange. Auch die Gewerkschaften sind offensichtlich blockiert. Keine Streikandrohung gegen eine solche Politik, die nur in einem Desaster enden kann.

Es scheint so, als ob beim Thema Geld und Zinsen alles in Lethargie verfällt: »Über Geld spricht man nicht!« – Anscheinend hat man mit Hilfe solcher Sprichworte die Gehirne so manipuliert, daß diese Abstinenz auch für die Schulden und die Zinsen gilt. – Die seit 200 Jahren erfolgte Tabuisierung der Zinsthematik durch Staat, Wissenschaft und Kirche trägt ihre Früchte.

Was wäre, wenn der Staat die Bürger direkt zur Kasse bitten würde?

Man stelle sich einmal vor, der Staat würde – statt die Zinszahlungen mit immer neuen Schulden zu finanzieren – dem Bürger die Zinsen direkt aus der Tasche ziehen. Zum Beispiel über eine Sonderabgabe von 3000 DM je Beschäftigten im Jahr. Oder er würde die Steuern um die Zinsbeträge anheben, was einer durchschnittlichen Erhöhung der Einkommensteuer um 40 Prozent gleichkäme; vielleicht auch die Mehrwertsteuer erhöhen, die dadurch von heute 15 Prozent auf 31 Prozent ansteigen würde. Schon die Ankündigung einer solchen Maßnahme würde die Öffentlichkeit kopfstehen lassen. Dabei wäre das genau jenes Sparrezept, mit dem wir den Entwicklungsländern oder auch privaten Schuldnern immer so schnell zur Seite stehen.

Wahrscheinlich würden die Gewerkschaften zum Generalstreik aufrufen und vorrechnen, daß die ganzen mühsam erkämpften Lohnerhöhungen der letzten Jahre durch solche rigorosen Steuererhöhungen mehr als futsch sind. Doch gegen die versteckte Beutelschneiderei durch höhere Schulden, die uns alle vielmals mehr kostet und noch die zukünftigen Generationen in einem unvorstellbaren Maße belastet, hat man nichts einzuwenden.

Wir alle nehmen diese Ausbeutung schicksalsergeben hin, auch wenn sie nach mathematischen Gesetzen aus sich selbst weiterwachsen muß.

»In Deutschland ist eine Zinsspirale in Gang gekommen, die jeden Bankkaufmann frösteln läßt. In den Berufsschulen wird die brutale Dynamik von Zins und Zinseszins gern am Beispiel der Seerosen erklärt: In einem Teich verdoppelt sich die Zahl der Seerosen mit jedem Tag. Nach einem Jahr ist das Gewässer zur Hälfte bewachsen. Die Preisfrage lautet: Wann ist der Teich zu 100 Prozent dicht? Antwort: Einen Tag später«,

schreibt der »Spiegel« in Nr. 13/92. Aber der »Spiegel« irrt sich in einem Punkt: Bisher haben kaum Bankkaufleute ihr Frösteln irgendwo zum Ausdruck gebracht. Sie machen vielmehr betont in Optimismus und freuen sich über die Zuwachsraten ihrer Bankgeschäfte. Warnungen hört man allenfalls einmal von der Bundesbank. Doch was nützen solche Warnungen der Geldbehörde, wenn sie gegen die Ursache der Überschuldung, das Überwachstum der Geldvermögen, nichts unternimmt. Vor allem nichts gegen die Ursache der Geldvermögenseskalation: die ständig positiven und damit viel zu hohen Zinsen, zusätzlich hochgetrieben von der Inflation! Ob Staatsverschuldung oder nicht: Solange die Geldhalter nicht gezwungen sind, ihre Zinsforderungen den Marktkräften unterzuordnen, und die Verantwortlichen der Bundesbank nicht zur Kaufkraftstabilität, wird sich an der »Zinsspirale« nicht viel ändern.

17. Kapitel
Zinsgrößen im Unternehmenssektor

> *»Der Unternehmer ist ein Arbeiter, der im Unternehmergewinn seinen Arbeitslohn verdient, der ihm vom Gewinn bleibt, nachdem ihm die Banken den Zins abgenommen haben, den der Unternehmer erst aus den Arbeitern herauswirtschaften muß. Insofern bildet der Unternehmergewinn keinen Gegensatz zur Lohnarbeit, sondern nur zum Zins.«*
>
> *Karl Marx* *

Auch bei den bundesdeutschen Unternehmen steigen die Zinsbelastungen überproportional an. Nicht nur gemessen an der Leistung, sondern auch an der Verschuldung. So sind z. B. die Zinszahlungen der Produktionsunternehmen von 1960 bis 1990 (für die 50er Jahre liegen keine differenzierten Zahlen vor) auf das 16fache gestiegen, während die Verschuldung »nur« auf das Zwölffache zunahm. Die Wertschöpfung der Unternehmen – also ihre Leistung – nahm dagegen in den gleichen 30 Jahren nur auf das Siebenfache zu.

1990 betrug die Zinsbelastung der westdeutschen Produktionsunternehmen 173 Mrd. DM bei einer Verschuldung dieses Teilsektors in Höhe von 2021 Mrd. DM. Das heißt, im Durchschnitt waren diese Schulden mit 8,6 Prozent zu verzinsen, 1960 lag der Zinssatz noch bei sechs Prozent.

Legt man die Größen für 1990 auf die rund 23 Mio. Beschäftigten in diesem Sektor um, dann war jeder Arbeitsplatz im Durchschnitt mit 87 000 DM Schulden und rund 7500 DM Zinsen belastet. 1988 waren es erst 5700, 1993 bereits knapp 11 000 DM.

---

* »Das Kapital«, 3. Band

Was zeigen die langfristigen Entwicklungen im Bereich der Produktionsunternehmen?

In der folgenden Darstellung 41 werden die prozentualen Entwicklungen von drei Größen aus dem Bereich der Produktionsunternehmen verglichen: die Entwicklung der Nettowertschöpfung (also der Leistung), der Schuldenzinslast und der Einkommen aus Unternehmertätigkeit. Der Zeitraum umfaßt die 23 Jahre von 1970 bis 1993, bezogen auf die alten Länder.

Ähnlich wie die BSP-Entwicklung in der Darstellung 39, zeigt auch die der Wertschöpfung einen relativ gradlinigen Verlauf. Um so stärker, und zwar gegenläufig zueinander, schwanken die beiden anderen Kurven. Die Erklärung für dieses Auseinanderdriften ist wieder die Zinsentwicklung, die im unteren Teil der Darstellung zusätzlich eingetragen ist.

Von 1970 bis 1972, bei einem gleichbleibenden Zins auf mittlerer Höhe, verlaufen auch alle Entwicklungskurven fast deckungsgleich. Mit dem Anstieg der Zinssätze schießen verständlicherweise jeweils auch die Zinsbelastungen nach oben. Einen umgekehrten Verlauf nimmt die Entwicklung der Einkommenskurve: Wenn die Zinslasten steigen, fallen die Einkommen aus Unternehmertätigkeit mit etwa einem Jahr Verzögerung jeweils zurück. In den Zinssenkungsphasen erholen sie sich mit leichten Verzögerungen und nähern sich wieder der Leistungsentwicklung.

Der jeweilige Einkommensrückgang beweist, daß die Unternehmen nicht in der Lage sind, solche plötzlichen Kostenanstiege voll über die Preise weiterzugeben. Das gilt besonders für gesättigte Märkte. Selbst in dem langen Zinstal der 80er Jahre ist ihnen das nicht ganz gelungen. Denn betrachtet man den Tiefpunkt ihrer Einkommen im Jahr 1982, dann ist der Aufholprozeß dank des relativen Zinslastrückgangs zwar beträchtlich. Er reichte jedoch nicht aus, um bis 1988, dem Ende des Zinstals, Anschluß an die Leistungskurve zu finden. Die Klage der Gewerkschaften über die großen Zugewinne der Unternehmer in den 80er Jahren ist also nur vordergründig berechtigt, nicht aber, wenn man die langfristige Entwicklung betrachtet.

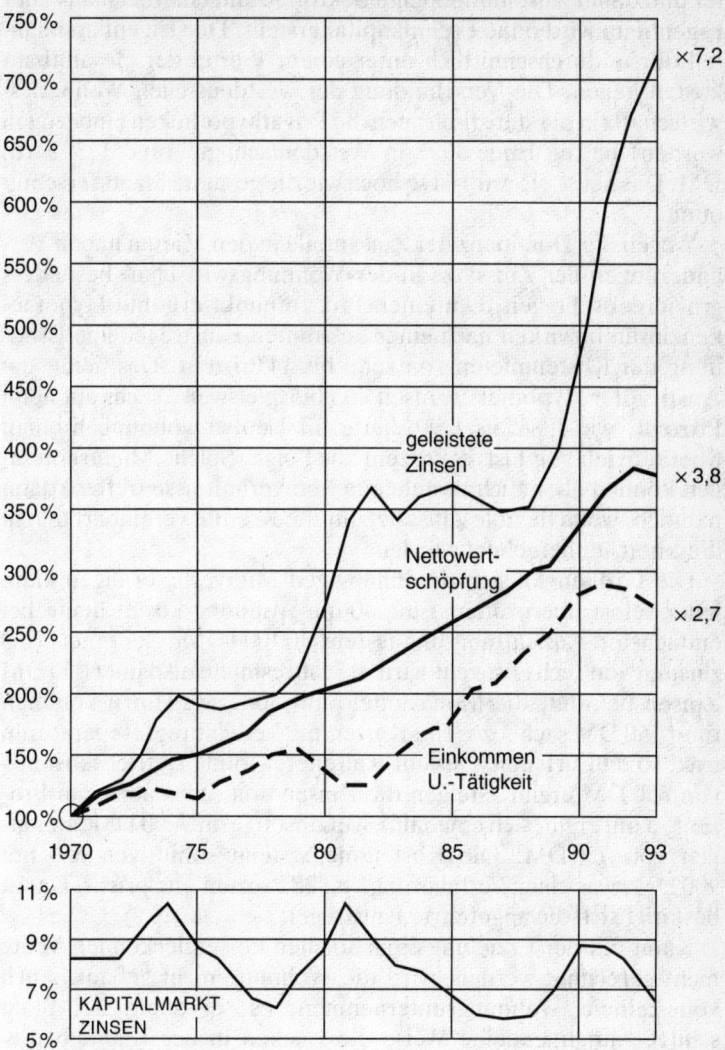

Zinsbelastung und Nettowertschöpfung der Produktionsunternehmen
im Vergleich zu den Einkommen aus Unternehmertätigkeit

Prozentuale Entwicklung 1970 bis 1993, Westdeutschland

geleistete Zinsen × 7,2

Nettowertschöpfung × 3,8

Einkommen U.-Tätigkeit × 2,7

KAPITALMARKT ZINSEN

Darstellung 41

237

Wie hoch ist die Belastung der Wohnungswirtschaft?

Der Wohnungsbau ist traditionell ein besonders schuldenbelasteter und damit zinsempfindlicher Sektor. Kaum ein Mietshaus oder Eigenheim wird ohne Fremdkapital erstellt. Der Eigenkapitalanteil dürfte durchschnittlich unter einem Viertel der Gesamtbaukosten liegen. Die Verschuldung der westdeutschen Wohnungswirtschaft (in die statistisch auch die Privathypotheken einbezogen werden) betrug Ende 1993 in Westdeutschland rund 1230 Mrd. DM. Das heißt, sie war fast so hoch wie die gesamte Staatsverschuldung.

Wegen der Dominanz der Zinsanteile in den Mieten haben Veränderungen der Zinssätze in der Wohnungswirtschaft besonders gravierende Folgen. Um einen Prozentpunkt erhöhte Hypothekenzinsen bewirken nach einer bekannten Faustregel eine Erhöhung der Kostenmieten von zehn bis 14 Prozent. Das heißt, ein Anstieg der Hypothekenzinsen von beispielsweise sechs auf neun Prozent, wie 1988 bis 1990, hatte für Neubauwohnungen einen Mietauftrieb von fast 40 Prozent zur Folge. Solche Mieterhöhungen können aber auch bestehende Mietverhältnisse treffen, dann nämlich, wenn flexible Zinssätze für die Kredite vereinbart und in die Miete einberechnet wurden.

Die Größen solcher zinsabhängigen Mietverteuerungen kann jeder selbst überprüfen: Eine 40-qm-Wohnung kostet heute bei einfachster Ausstattung mindestens 100000 DM. Bei einer Verzinsung von sechs Prozent wird die Jahresmiete also mit 6000 DM Zinsen belastet, die Monatsmiete mit 500 DM. Hinzu kommen rund 150 DM sachbezogene Kosten für Verwaltung, Reparaturen usw., so daß sich eine Gesamt-Kaltmiete – ohne Betriebskosten – von 650 DM ergibt. Steigen die Zinsen von sechs auf neun Prozent, dann ergibt sich eine Jahresverzinsung von 9000 DM, monatlich von 750 DM. Die Kostenmiete steigt somit von 650 auf 900 DM, was einer Verteuerung von 38 Prozent entspricht. Damit bestätigt sich die angeführte Faustregel.

Kann mit der Erzielung einer solchen kostendeckenden Miete nicht gerechnet werden, wird die Wohnung nicht gebaut. Auch von keinem Wohnungsunternehmen, es sei denn, der Staat schließt auf irgendeine Weise die Lücken in der Kapitalbedienung.

Die Auswirkungen steigender Zinssätze auf die Kostenmiete sind in der Darstellung 42 noch einmal als Schema wiedergegeben.

Daß als Folge solcher Zinserhöhungen die Neubaumieten für die meisten Bürger unbezahlbar werden, liegt auf der Hand. Doch nicht nur auf Neubauwohnungen schlagen solche Preiserhöhungen durch. Erfahrungsgemäß greift ein solcher Preisauftrieb schließlich auch auf das gesamte Mietniveau über. Das vor allem, wenn aufgrund der hohen Kosten die Neubautätigkeit zurückgeht oder durch andere Gründe, wie z. B. größere Einwandererschübe, die Nachfrage nach Wohnungen das Angebot übersteigt. Kommt dann noch ein Auftrieb der Bodenpreise hinzu, verteuert sich die Schaffung von Wohnraum noch mehr. Diese vor allem in Ballungsräumen hochspekulierten Bodenpreise sind auch der entscheidende Grund, warum dort die Mieten weit über dem allgemeinen Durchschnitt liegen.

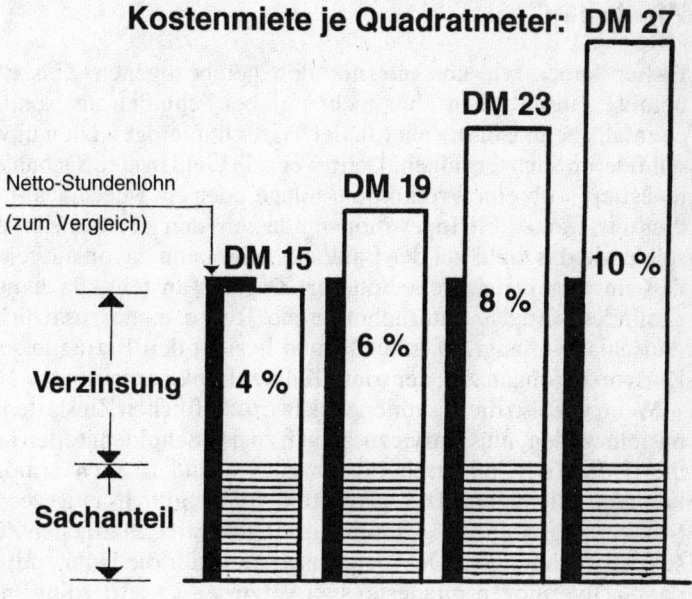

Darstellung 42

239

Doch statt in diesen Fällen die Forderung nach einer stabilen Währung und nach einer Überprüfung der Geld- und Bodenordnung zu stellen, schimpft man allenthalben auf die Vermieter oder ruft nach Vater Staat, der doch gefälligst für mehr und billigere Wohnungen sorgen soll. Der Staat kann jedoch das Bauen oder Wohnen nur verbilligen, wenn er vorher den Bürgern in die Tasche greift und Teile der Zinskosten übernimmt. Das heißt, alle Maßnahmen des Staates dienen im Endeffekt immer nur dazu, die Zinsansprüche des Kapitals in voller Höhe zu befriedigen. Das trifft auch dann zu, wenn er die besser betuchten Einkommensbezieher durch Steuergeschenke zum Bau von Wohnungen zu animieren versucht.

Die sich immer wiederholende »Wohnungsnot« hat also ganz handfeste Gründe.

Gibt es in der Wirtschaft nur schuldenbezogene Zinslasten?

Bisher haben wir uns nur mit den geldbezogenen Zinslasten befaßt. Zinsen fallen aber nicht nur bei Schulden an, sondern ebenfalls beim Einsatz aller in der Wirtschaft eingesetzten unverschuldeten Sachvermögen. Denn wer sein Geld in eine Sachanlage investiert – ob eine Produktionsanlage oder ein Mietshaus –, tut dies nur, wenn diese Investition mindestens den gleichen Zins einspielt wie das Geld bei der Bank. Ja, man kann davon ausgehen, daß im allgemeinen ein höherer Zinssatz ansteht, da man ja zumindest für das unternehmerische Risiko einen zusätzlichen Aufschlag verlangt. Das heißt, man bezieht den Betrag in seine Zinsvorstellungen ein, der sonst Teil der Bankmarge ist.

Wenn wir also die gesamten volkswirtschaftlichen Zinslasten ermitteln wollen, müssen wir zusätzlich zu den Schuldengrößen auch die Höhe der unverschuldeten zinstragenden Sachvermögen kennen. Richtiger: Die gesamten wirtschaftlich eingesetzten Sachvermögen sind die Grundlage der volkswirtschaftlichen Zinsstromberechnungen. Der Geldzins diktiert nur die Höhe, mit der das Sachvermögen mindestens zu verzinsen ist. Allerdings muß man diese gesamten Sachvermögen um die verschuldeten Anteile reduzieren, um Doppelberechnungen zu vermeiden.

Im Gegensatz zu den geldbezogenen, gibt es über die sachvermögenbezogenen Zinsen keine statistischen Unterlagen. Deshalb muß man als Basis der Zinsberechnungen von den Bestandsgrößen der Sachvermögen ausgehen. Von den Sachvermögen wiederum werden in den Statistiken nur die sogenannten »reproduzierbaren« angeführt. Über die nicht reproduzierbaren, das sind der Boden und die Bodenschätze, gibt es kein Zahlenmaterial. Für deren Verzinsung – soweit wirtschaftlich genutzt – ist man also auf Schätzungen angewiesen.

Wie groß ist das zu verzinsende Gesamtvermögen?

Die westdeutschen Anlagevermögen (Gebäude und Ausrüstungen) zum Netto-Wiederbeschaffungswert (Tageswert!) werden für Ende 1990 mit rund 7000 Mrd. DM ausgewiesen. Zusammen mit den Vorratsbeständen in der Wirtschaft und dem öffentlichen Tiefbau ergibt sich ein Betrag von rund 8500 Mrd. DM. Rechnet man jetzt noch den Boden mit einer Schätzsumme von 2500 Mrd. DM hinzu (allein der Verkehrswert der bebauten Fläche dürfte an die 2000 Mrd. DM reichen!), kommt man auf rund 11 000 Mrd. DM Gesamtwert des volkswirtschaftlichen Sachvermögens.

In der Grafik 43 ist dieser Wert als rechteckiger Block dargestellt. Ein gutes Viertel dieses Blocks wird als privat genutzt angenommen und mit 3000 Mrd. DM in Abzug gebracht. Weitgehend besteht dieser privat genutzte Anteil aus dem selbstgenutzten Wohnungseigentum einschließlich Boden. Der übrige Teil des Blocks, in einer Größe von 8000 Mrd. DM, ist dann das wirtschaftlich eingesetzte zinstragende Sachvermögen.

Auf den gesamten Sachvermögen von rund 11 000 Mrd. DM lastet eine Verschuldung von rund 4400 Mrd. DM. Diese verteilt sich etwa mit rund 800 Mrd. DM auf die privat genutzten Sachvermögen, mit 3600 Mrd. DM auf die wirtschaftlich genutzten.

Die gesamten zur Verzinsung anstehenden Größen setzen sich demnach aus der Gesamtverschuldung in Höhe von 4400 Mrd. DM und dem schuldenfreien Teil des wirtschaftlich eingesetzten Sachvermögens in gleicher Höhe zusammen. Insgesamt muß nach dieser Überschlagsrechnung ein Betrag von 8800 Mrd. DM laufend verzinst werden.

Legt man eine durchschnittliche Verzinsung aller Kapitalien von sieben Prozent zugrunde, dann ergibt sich eine gesamte Bruttozinslast von rund 620 Mrd. DM. Nach Abzug der Bankmarge und ähnlichen Kosten verbleibt eine Nettozinslast von 540 Mrd. DM. Zieht man davon ein Viertel für die Zinsen ab die dem Staat zufließen und den Organisationen ohne Erwerbscharakter, kann der Rest von rund 400 Mrd. DM als Zinseinkommen der privaten Unternehmen bzw. der Privathaushalte betrachtet werden.

Bezieht man die Bruttozinslast von 620 Mrd. DM auf das Bruttosozialprodukt (in der Grafik als Kreisfläche eingetragen), dann ergibt sich ein Anteil von 26 Prozent. Verglichen mit dem Volkseinkommen hat die Zinslast eine Größe von 33 Prozent, verglichen mit dem verfügbaren Einkommen der Haushalte eine von 41 Prozent. Bezogen auf jeden Haushalt ergab sich nach dieser Rechnung 1990 eine Gesamtzinslast von 23 000 DM.

Sind solche Zinslast-Hochrechnungen realistisch?

Natürlich kann man bei solchen Überschlagsrechnungen mit teilweise geschätzten Zahlen manches anzweifeln. Aber versuchen wir auf einem anderen Weg, der überschaubarer ist, der Wirklichkeit nochmals auf die Spur zu kommen:

In der alten Bundesrepublik gab es 1990 rund 27 Millionen Haushalte und etwa ebenso viele Beschäftigte. Das heißt, auf jeden Haushalt kam eine Wohnung bzw. ein Eigenheim und ein Arbeitsplatz. Nehmen wir für beide Investitionen – also Wohnung und Arbeitsplatz jeweils einschließlich Boden – je einen Tageswert von 120 000 DM an, dann ergibt sich ein Betrag von 240 000 DM. Nimmt man noch den Wert der öffentlichen Infrastrukturen – von den Straßen über Schulen, Krankenhäuser und Rüstung bis hin zu den Versorgungssystemen – mit 90 000 DM hinzu, dann kommen wir auf durchschnittliche Investitionen je Haushalt in Höhe von insgesamt 330 000 DM. Verzinst mit sieben Prozent ergibt sich wiederum eine Bruttozinsgröße von 23 000 DM je Haushalt bzw. je Erwerbstätigen.

Sicher kann man auch die angenommenen Zinssätze in Frage stellen. Aber bei den öffentlichen Kalkulationen in den Gemeinden werden seit Anfang der 80er Jahre im allgemeinen Verzinsungen in Höhe von 7,5 Prozent zugrunde gelegt. Und das Deutsche Institut der Wirtschaft in Köln weist ebenfalls für die 70er und 80er Jahre Nettoeigenkapitalrenditen von 7,5 bis 8,5 Prozent aus.

Die überschlägig errechnete Brutto-Zinslast von 620 Milliarden DM gewinnt im übrigen an Glaubwürdigkeit, wenn man die geldbezogenen Zinsertragsgrößen der Banken zum Vergleich heranzieht. Nach Angaben der Bundesbank lagen diese 1990 bei 340 Mrd. DM, so daß sich für die Verzinsung der wirtschaftlich

Kapitaleinsatz und Kapitalverzinsung in der BRD

Überschlagsrechnung für 1990 in Mrd. DM / alte Länder

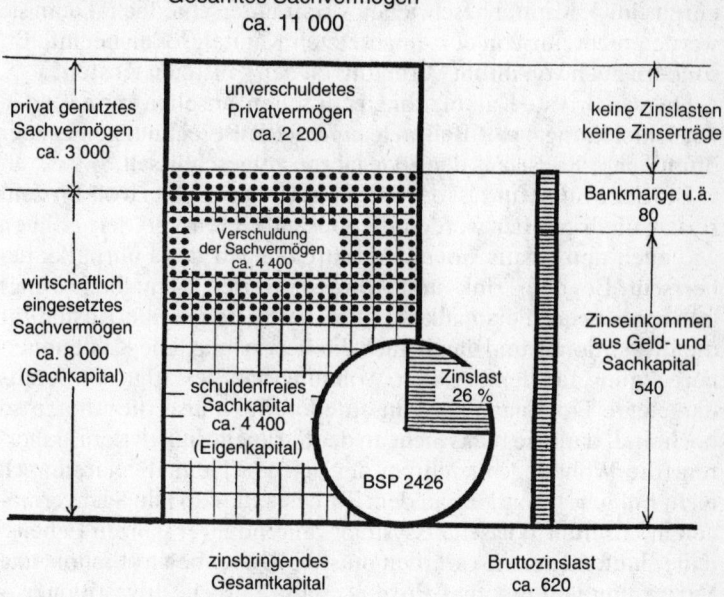

Darstellung 43

* entgangene Zinserträge = Kosten der Eigennutzung

eingesetzten schuldenfreien Sachvermögen in Höhe von 4400 Mrd. ein »Rest« von 280 Mrd. DM bei einem Durchschnittszinssatz von 6,4 Prozent ergibt.

1993 lagen allein die Zinserträge der Banken in Westdeutschland bereits bei 490 Mrd. DM.

Wie hoch sind die gesamten Zinsanteile in Einzelpreisen?

Bezogen auf das Volkseinkommen, lagen die Bruttozinslasten 1990 bei 33 Prozent. Demnach sind in allen unseren Ausgaben bzw. in allen Gütern und Leistungen, die wir damit erwerben, rund ein Drittel Zinsen enthalten. Natürlich ist das eine Durchschnittssumme. Die tatsächlichen Zinsanteile in den Preisen sind – wie bereits im 5. Kapitel beschrieben – sehr unterschiedlich. Denn sie werden nicht nur von den eingesetzten Kapitalgrößen beeinflußt, sondern auch von ihrem Verhältnis zu den sonstigen Kosten.

Da man private Kalkulationen nur selten einsehen kann, sind in der Darstellung 44 als Beispiele einmal die Berechnungen einiger öffentlicher Preise aus den 80er Jahren aufgeschlüsselt. Bei der Müllabfuhr ist der Zinsanteil im Preis mit zwölf Prozent relativ niedrig. Hier werden die Gesamtkosten von den Löhnen wie auch den relativ hohen Abschreibungen des Fuhrparks beherrscht. Bei den Trink- und Abwasserpreisen (Kanalbenutzung) fallen geringere Personalkosten an, dafür steigen die Kosten für die Investitionen und damit auch die Verzinsung. Die Kostenmietberechnung für den sozialen Wohnungsbau bestätigt die bereits dargelegte Dominanz der Zinsanteile. Wenn also die Mieten so hoch sind, dann liegt das nicht an der Skrupellosigkeit der Bauherren (die Wohnungsmieten bei der »Neuen Heimat« waren auch nicht billiger!), sondern an dem Tatbestand, daß alle Sachvermögen in unserem Wirtschaftssystem während ihrer ganzen Lebensdauer laufend verzinst werden müssen. Dabei bewirkt schon eine Verzinsung von nur fünf Prozent, daß sämtliche Investitionen – neben der Abschreibung – alle 20 Jahre über die Zinsen gewissermaßen erneut bezahlt werden müssen. Das heißt, unser ganzes wirtschaftlich eingesetztes Volksvermögen muß in 100 Jahren über die Zinsen fünfmal zusätzlich erarbeitet werden. Ohne diese

ZINS IM PREIS

Müllabfuhrgebühren

a) Abschreibung, Sach- und Personalkosten, Sonstiges	88 %
b) Kapitalverzinsung	12 %

Gebühr
110-l-Tonne: 194,– DM = 100 %

12 %

Trinkwasser

a) Energiekosten	7 %
b) Unterhalt der Anlagen	6 %
c) Wasseraufbereitung	1 %
d) Personal- und Sachkosten	18 %
e) Abschreibung	30 %
f) Kapitalverzinsung	38 %

Preis je cbm: 1,36 DM = 100 %

38 %

Kanalbenutzung

a) Sachkosten	19 %
b) Personalkosten	7 %
c) Abschreibung	27 %
d) Kapitalverzinsung	47 %

Gebühr je cbm: 1,87 DM = 100 %

47 %

Kostenmiete

a) Wagnis und Gewinn	1 %
b) Betriebs- und Verw.Kosten	6 %
c) Instandhaltung	5 %
d) Abschreibung	11 %
e) Kapitalverzinsung	77 %

Miete je qm: 13,40 DM = 100 %

77 %

Darstellung 44

245

ständige Honorierung des Kapitals käme es heute zu einem Geld- bzw. Investitionsstreik mit unabsehbaren Folgen.

Als Ergänzung zu den obigen Beispielen nachfolgend noch einige Kalkulationsbeispiele aus den Haushaltsansätzen der Stadt Nürnberg für das Jahr 1991, die von Günther Riegel herausgezogen wurden. Danach betrug der Zinsanteil bei der Abwasserbeseitigung 23 Prozent, bei der Schadgasreinigung für die Müllverbrennung 31 Prozent, bei den Ausgaben für die U-Bahn 44 Prozent und – als Spitzenposten – beim Campingplatz 61 Prozent. Natürlich sind auch solche öffentlichen Kalkulationen wegen unterschiedlicher Kosten und Kostenerfassung der einzelnen Kommunen nicht ohne weiteres vergleichbar.

Zu beachten ist bei allen diesen Einzelbeispielen, daß hier immer nur die Zinskosten auf der letzten Kalkulationsebene ausgewiesen sind. Die in die Berechnungen eingehenden Sachkosten bestehen jedoch wiederum – wie bereits in Darstellung 12 aufgezeigt – aus Arbeits- und Kapitalkosten unterschiedlicher Zusammensetzung, die sich auf den Vorstufen gebildet haben. Das heißt, im Durchschnitt muß ein Drittel der in die Kalkulation eingehenden Sachkosten dem Zinsanteil noch zugerechnet werden.

18. Kapitel
Zinslasten und Zinseinkünfte der Privathaushalte

»Der Zins ist ein Tribut, den der Schaffende – vom Industriearbeiter bis zum Bauern und Unternehmer – dem Geldleiher entrichten muß, damit überhaupt gearbeitet werden kann. Der Zins wird in den Preis aller Waren eingerechnet und dadurch auf die Konsumenten abgewälzt. Er ist eine erdrükkende Last für die große Mehrheit und eine mühelose Einnahmequelle für eine kleine Minderheit der Bevölkerung. Der Zins ist arbeitsfreies Einkommen und daher ethisch nicht zu verantworten.«

Hansjürg Weder*

Was ist mit den direkten Zinsen?

Bisher haben wir uns nur mit den Zinslasten beschäftigt, die wir alle über Preise, Steuern und Gebühren auf versteckte, indirekte Weise zahlen. Ein relativ geringer Anteil der gesamten Zinsen wird von den Haushalten aber auch direkt gezahlt. Dies sind einmal die Zinsen jener Kredite, die mit der Finanzierung des Eigenheims oder der Eigentumswohnung zusammenhängen. Sie stecken meist in einer gleichbleibend hohen Monats- oder Jahresrate, die neben den (abnehmenden) Zinsen eine (zunehmende) Tilgung enthält. Das Risiko solcher Investitionsverschuldungen ist relativ gering. Denn die Kredite sind durch die geschaffenen Gebäude und meistens auch durch den Boden abgesichert. Trotzdem kommt es auch in unseren Tagen immer wieder zu Tausenden von Zwangsversteigerungen als Folge eingetretener Zahlungsun-

---

* Schweizer Nationalrat, 1990

fähigkeit. Solche Zahlungsunfähigkeiten sind in den meisten Fällen hochzinsbedingt, und das aus zwei Gründen: Einmal können Hauseigentümer schon durch geringe Anstiege der Hypothekenzinssätze in Schwierigkeiten geraten. Zum anderen sind erhöhte Zinsen meist mit Konjunktureinbrüchen, Arbeitslosigkeit und damit rückläufigem Einkommen verbunden, so daß sich der Effekt verdoppeln kann. Gefährlicher, weil nicht durch Sachvermögen gedeckt, sind jedoch die Zinsbelastungen durch Konsumentenkredite, die seit Jahren besonders rasch zunehmen.

Wie hoch sind die Zinsbelastungen aus Konsumentenkrediten?

Für 1993 wird für die Konsumentenkredite in den alten Bundesländern eine Zinslast von 39,2 Mrd. DM ausgewiesen. Bezogen

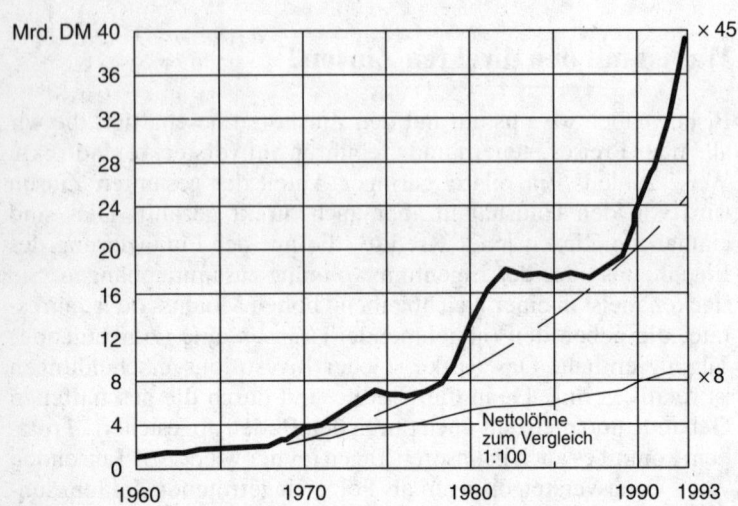

Zinsen auf Konsumentenschulden
Westdeutsche Privathaushalte, 1960 bis 1993, Mrd DM

Darstellung 45

248

auf die Schuldensumme von 338 Mrd. DM, entsprach das einer Durchschnittsverzinsung von 11,6 Prozent.

Verteilt man die gesamten Zinsen von 39,2 Mrd. DM auf die neun Millionen tatsächlich verschuldeten Haushalte, dann kommt man auf eine Jahreszinsbelastung von rund 4000 DM. Diese Summe entspricht etwa dem durchschnittlichen Brutto-Monatseinkommen eines Arbeitnehmers.

Die Entwicklung der Konsumenten-Zinsbelastungen in den letzten 33 Jahren geht aus Darstellung 45 hervor. Ins Auge fallend ist einmal der insgesamt steile Anstieg der Belastung ab 1968, zum anderen die deutlichen Ausreißer 1974, 1982 und 1993. Vergleicht man die Entwicklung der Zinslasten mit derjenigen der Nettoarbeitseinkommen, dann zeigt sich wieder die gefährliche Scherenöffnung: Die Zinslasten stiegen von 1960 bis 1993 auf das 45fache an, die Nettolöhne und -gehälter nur auf das Achtfache.

Zieht man die Entwicklung von 1978 bis 1982 und 1988 bis 1993 heran, dann haben sich in diesen Jahren die konsumbezogenen Zinsbelastungen der Privathaushalte jeweils mehr als verdoppelt. In welche Schwierigkeiten Haushalte durch solche plötzlichen Belastungsanstiege geraten können (zu denen sie sich allzu häufig durch überzogenes Konsumdenken und die Werbung verleiten lassen), bedarf kaum einer Erläuterung. Mußte z. B. ein durchschnittlich verschuldeter Haushalt 1988 noch 2000 DM für die Verzinsung aufbringen, so waren 1993 bereits 4400 DM dafür erforderlich.

Wie verteilen sich die Zinseinkünfte der Privathaushalte?

Wie im 15. Kapitel dargelegt, verfügten die Privathaushalte 1990 mit rund 2900 Mrd. DM über den größten Teil der Geldvermögen. Entsprechend waren die den Privathaushalten zufließenden Zinserträge mit 136 Mrd. DM wesentlich größer als die abfließenden Zinslasten für die Konsumentenkredite in Höhe von 24 Mrd. DM.

Zu diesen Zinserträgen des Jahres 1990 schrieb die Münchener »Abendzeitung« am 26. April 1991:

Die Bundesbürger ließen Geld arbeiten: 136 Milliarden Mark

■ Im vergangenen Jahr kassierten die privaten Haushalte in den alten Bundesländern 136 Milliarden DM, für die sie nicht zu arbeiten brauchten. Sie ließen ihr Geld für sich arbeiten. Genauer: Sie ließen jene für sich arbeiten, die Kredite aufgenommen haben und dafür Zinsen zahlen mußten.

Die Zinseinnahmen von 136 Mrd. DM ergaben rechnerisch für jeden der 27 Millionen Haushalte einen Betrag von gut 5000 DM. In Wirklichkeit dürfte aber nur ein kleiner Teil der Haushalte über solche Gutschriften verfügen. Die übergroße Mehrheit mußte sich mit einem Bruchteil dieses Betrages zufriedengeben. Das rechnete auch die »Abendzeitung« ihren Lesern vor:

Allerdings – nicht jeder Haushalt hat Vermögenseinkommen, und wenn, dann oft nur in bescheidener Höhe. Das Gros der privaten Haushalte – 80 Prozent – bekam nämlich nur 26 Prozent vom Vermögens-Einkommenskuchen; die übrigen 74 Prozent vom Kuchen – das sind rund 100 Milliarden DM – gingen an nur 20 Prozent der Haushalte.

Rechnet man die prozentualen Aufteilungen in DM-Beträge um, dann mußten sich vier Fünftel der Haushalte im Durchschnitt mit Zinseinnahmen von 1640 DM begnügen, während das restliche Fünftel durchschnittlich 18630 DM kassierte, also mehr als das Elffache. Bei alldem ist wieder zu beachten, daß es sich bei diesen Beträgen nur um die Zinseinnahmen aus Geldvermögen handelt. Die Zinsen aus den Sachvermögen, wahrscheinlich ein ähnlich hoher Betrag, sind jeweils noch hinzuzurechnen. Diese zinstragenden Sachvermögen aber konzentrieren sich noch stärker bei einer Minderheit der Haushalte als die Geldvermögen.

Was sind die niedrigsten und die höchsten Zinseinkommen?

Die niedrigsten Zinseinkommen liegen verständlicherweise bei null. Die Größe dieser Haushaltsgruppe ohne nennenswerte Zinseinkommen ist nicht genau zu quantifizieren. Sie dürfte zwischen zehn und 15 Prozent der Gesamthaushalte liegen. Bei den nachfolgenden 30 Prozent liegen die Zinseinkommen weitgehend im Bereich zwei- und dreistelliger Zahlen.

Die höchsten Zinseinkommen sind noch schwerer zu erfassen. Vor allem, weil bei den wohlhabenderen Haushalten das Gros der Zinseinkünfte aus Sachvermögen stammt.

Am 8. 3. 1990 konnte man in den Tageszeitungen lesen:

600 deutsche Megamillionäre

Superreiche sitzen auf 300 Milliarden

München (dpa/vwd). – In der Bundesrepublik gibt es rund 600 »Megamillionäre«, deren Vermögen zwischen 100 Millionen und mehreren Milliarden DM beträgt.

Im Schnitt verfügte also jeder der 600 reichsten Deutschen über 500 Mio. DM. Legt man eine durchschnittliche Verzinsung dieses

Vermögens in Höhe von nur sechs Prozent zugrunde, dann hatte jeder dieser reichsten Haushalte ein jährliches Zinseinkommen von 30 Mio. DM, ein monatliches von 2,5 Mio. DM.

Im Dezember 1992 berichtete das Wirtschaftsmagazin »forbes« von 95 bundesdeutschen Milliardären, die zusammen über die hübsche Summe von 233 Mrd. DM verfügten. Dieses Vermögen entspricht – um es faßbarer zu machen – dem Lebensarbeitsverdienst von 155 000 Normalverdienern, wenn man für jeden anderthalb Millionen ansetzt. Wohlgemerkt: dem Verdienst! Nicht den Ersparnissen! Geht man von fiktiven Lebensersparnissen in Höhe von 30 000 DM je Normalverdiener aus, dann müßten wir den 95 Milliardären 7,8 Millionen Normalsparer gegenüberstellen, um auf die 233 Mrd. DM zu kommen.

Nehmen wir auch bei diesen 95 Milliardären eine bescheidene Verzinsung von sechs Prozent an, dann wurden sie 1992 gemeinsam um 14 Mrd. DM reicher. Pro Kopf und Jahr waren das rund 147 Mio., pro Woche 2,8 Mio. Geht man davon aus, daß jeder Erwerbstätige jede dritte Stunde für die Kapitalrenditen arbeitet, dann mußten 1992 rund eine Million Arbeitnehmer wegen dieser 95 Milliardäre jede Woche 13 Stunden mehr arbeiten, als es für ihren eigenen Lebensrahmen erforderlich war.

Besonders problematisch ist, daß nur ein Bruchteil der Zinserträge von den Reichen vorkonsumiert wird. Ganz einfach, weil man auch beim großzügigsten Lebenswandel täglich keine Hunderttausende von Mark und noch mehr verbraten kann. Die Folge ist, daß das Gros der Zinseinnahmen erneut gegen Zinsen angelegt werden muß, wodurch sich schon bei sechs Prozent die gegebenen Vermögen alle zwölf Jahre verdoppeln. Das heißt, in 24 Jahren kommt es zu einer Vervierfachung und in 36 Jahren zur Verachtfachung. Dieser exponentielle Wachstumsmechanismus des Zinseszinses erklärt auch, wie es überhaupt zu solchen Vermögen in den Händen jener 95 Milliardäre kommen konnte.

Woher erhält Fräulein Quandt täglich 650 000 DM?

Einen besonders exemplarischen Fall schilderte »Bild« am 27. Juli 1990 unter der Überschrift:

Fräulein Quandt
3 Milliarden
heiratete
Herrn
Klatten
4600 Brutto

um dann im Text einige interessante Einzelheiten aufzudecken:

Der gebürtige Hamburger hat die Liebesprobe bestanden und braucht nicht mehr für 4600 Mark brutto im Monat zu arbeiten. Er hat schließlich im Nobel-Ort Kitzbühel (Österreich) ein scheues Mädchen geheiratet, das alleine an Zinsen täglich über 650.000 Mark verdient.

Jan hätte sich zwölf Jahre als Angestellter abplagen müssen, um die Tageseinnahme seiner Frau zu verdienen.

Beim Einkommen von Herrn Klatten ist das Wort »verdienen« sicher angebracht. Ob es auch für die 650 000 DM zutreffend ist, die das bisherige Fräulein Quandt jeden Tag auf ihrem Konto gutgeschrieben findet, scheint jedoch fragwürdig. Denn der Begriff »verdienen« ist eigentlich nur bei erarbeitetem Einkommen, also bei eigenen Leistungseinbringungen zutreffend.

Natürlich stammen jene 650 000 DM pro Tag auch aus Arbeitsleistungen, aber aus der Arbeit anderer. Denn statt des Jan Klatten, der dazu zwölf Jahre benötigt hätte, müssen 12 × 365 = 4380 Normalverdiener à la Klatten jeden Tag ihren vollen Verdienst an Susanne Quandt abliefern. Da aber auch Normalverdiener nicht von Luft und Liebe leben können, müssen dreimal so viele »Klattens«, nämlich 13 140, jeden Tag ein Drittel ihres Tagesverdienstes hergeben, damit der Zinsertrag von 650 000 DM zusammenkommt. Und da auf die gleiche Weise auch alle anderen Vermögen laufend mit Zinsen bedient werden müssen, gilt dieser Schlüssel auch für alle Arbeitsleistenden in der alten Bundesrepublik, in der 1993 rund 29 Mio. Erwerbstätige ein Kapital von ca. 10 Billionen DM bedienen mußten.

19. Kapitel
Die Überentwicklung der Spekulationen

»Die grenzüberschreitenden Umsätze im Wertpapierverkehr haben sich in den achtziger Jahren sprunghaft erhöht. Sie erreichten 1988 nicht weniger als 1,3 Billionen DM, womit sie sich in den letzten sieben Jahren mehr als verzehnfacht haben.«

»Unser Geld« *

In einer »jungen« Volkswirtschaft, das heißt einer Volkswirtschaft, die nach einem Zusammenbruch mit neuem Geld neu begonnen hat, sind Spekulationen anfangs so gut wie unbekannt. Alle Einkommen fließen wieder in den Konsum, überschüssige Einkommen als Ersparnisse in die dringend notwendigen Investitionen.

Dieser normale Zustand verändert sich im Laufe der Jahre, bedingt durch zwei Entwicklungen, die sich gegenseitig verstärken: Einmal geht mit den eintretenden Sättigungsprozessen der Bedarf an sinnvollen Investitionen zurück. Zum anderen sammeln sich bei Minderheiten immer größere Geldvermögen an. Sowohl diese Geldvermögensakkumulationen wie die sinkenden Renditen verführen dazu, auch in riskantere Geschäfte einzusteigen. Manche begnügen sich mit den vom Staat in solchen Zeiten zunehmend installierten Spielcasinos, andere finden es interessanter, an den Börsen zu spekulieren. Mit immer neuen Varianten werden diese Börsen schließlich selbst zu einem Spielcasino, in dem Befugte und auch Unbefugte mit Millionen und Milliarden herumjonglieren. Dabei können sich an diesem Super-Monopoly nicht nur ein paar Superreiche beteiligen. Vielmehr bieten clevere Finanzmakler mit »Investmentfonds« und ähnlichen Einrichtungen auch dem

---

* Lehrbuch für Schüler, Mitherausgeber Deutsche Bundesbank, Ausgabe 1989/
  90

»kleinen Mann« Gelegenheit zum Mitspielen. Daß so was auch bei breitgestreutem Risiko danebengehen kann, erlebten Hunderttausende bei einem der ersten weltweit agierenden Fonds, der von dem fast legendären Bernie Cornfield in den 60er Jahren gegründet wurde und keine zehn Jahre später in die Zahlungsunfähigkeit geriet.

Wie verhielten sich die Banken?

Anfangs skeptisch und die Fonds als Konkurrenz ablehnend, stiegen die Banken schließlich selbst in immer größerem Umfang in diese Fonds-Geschäfte ein. Ja, sie boten sogar ihren weniger betuchten Kunden die Möglichkeit, sich per Kredit an diesem Spiel zu beteiligen. Einmal brachten sie auf diese Weise die sich bei ihnen anhäufenden Ersparnisse unter, zum zweiten waren sie bei jedem Spielvorgang als Provisionskassierer mit dabei. Doch damit nicht genug: Schließlich begannen sie sogar mit den Kundeneinlagen selbst »große Räder« zu drehen, um auf diese nicht ganz risikolose Weise die Zinsen für die Ersparnisse zu erwirtschaften. Besondere Abteilungen mit mehr oder weniger versierten Spezialisten wurden eingerichtet, die allzuoft (und fast immer unbehelligt) nebenbei einige eigene »Pferdchen« mitlaufen ließen. Nur wenn sie eine Bank in die Zahlungsunfähigkeit ritten und nichts mehr zu vertuschen war, kam so was einmal an die große Glocke. Man erinnere sich nur an die Herstatt-Bank mit ihren cleveren »Devisenbeschaffern«. Wie viele Millionen und Milliarden auf diese Weise insgesamt in den Sand gesetzt wurden, wird man nie erfahren.

Aber nicht nur solche Spezialisten aus der Umgebung der Banken und Börsen wagten sich mit immer größeren Summen in die Spekulationsgefilde. Auch große Unternehmen mit übergroßen »Kriegskassen« stiegen in die lukrativen Geschäfte ein, bei denen die kleinen Mitspieler mit weniger Insider-Wissen meistens die Verlierer sind. Die Provision der Banken einsparend, richteten sich die ganz großen Unternehmen sogar eigene Spekulationsabteilungen ein, mit Dutzenden von Mitarbeitern, die auf diese weniger bekannte Art die überschüssigen Milliarden »arbeiten« ließen. In welchem Maße man mit solchen Geschäften Gewinne machen kann, läßt sich z. B. an der »Explosion« der liquiden Mittel der Firma Siemens in den 80er Jahren ablesen. Weniger Glück hatte bekanntlich das VW-Werk mit dieser Masche. Hier verschwand auf nicht ganz astreine Weise ein Betrag von einer halben Milliarde, was fast nicht bemerkt worden wäre.

Die Folge solcher Entwicklungen war und ist, daß unser Geld, einmal als Tauschmittel erdacht, immer mehr zu einem Spekulationsmittel verkommt. Je mehr jedoch diese falsch verstandene Freizügigkeit des Geldverkehrs zunimmt, desto gefährlicher und explosiver wird die gesamte Situation.

Welche Folgen haben Aktienspekulationen?

Aktien galten früher oft als eine Art Lebensversicherung, manchmal sogar über Generationen hinweg. Heute sind sie fast nur noch ein Spekulationspapier. Zwar bieten auch die Dividenden einen Kaufanreiz, aber wichtiger sind die Kursgewinne, die man zwischen Kauf und Verkauf zu machen hofft. Da zu jedem Kaufvorgang zwei gehören und beide jeweils glauben, richtig zu handeln, ist das Ende offen. Wer die richtige Nase hatte, zeigt sich erst hinterher.

Normalerweise sind – wie bei einer Spielbank – von Spekulationsverlusten nur andere Mitspieler betroffen. Kommt es aber zu einem überzogenen Börsenboom und irgendwann zu einem Platzen des Ballons, dann wird von den davon ausgehenden Irritationen und Störungen auch das normale Wirtschaftsgeschehen belastet. Allerdings kommt es dabei nicht zu jenen »vielstelligen Milliardenverlusten an Geld«, von denen 1987 selbst Wirtschaftsjournalisten berichteten. Denn verloren geht dabei nur spekulative Luft aus unrealistischen, hochgerechneten Gewinnhoffnungen, und selbst diese nur dann, wenn man nach dem Kursfall verkauft.

Doch da in solchen Situationen sogar die Notenbanken oft den Kopf verlieren und – mangels funktionierender Umlaufsicherung – die Notenpresse laufen lassen, kann solch ein platzender Spekulationsballon sogar zur Inflation beitragen.

Welche vielfältigen Auswirkungen die spekulativen Überentwicklungen haben, hat Wilhelm Hankel in seinem Buch »Vorsicht, unser Geld« dargelegt.

»Wenn der Kapitalumschlag das 15- bis 20fache des Güterum-
schlages per Zeitperiode erreicht, dann schlägt dieser ›spekulative Faktor‹ auch 15- bis 20mal stärker zu Buche als... die in
Inlandswährung fakturierten Export- und Importpreise. Man
verdient am reinen Geldhandel mehr als am ›ehrlichen‹ Waren-
geschäft. Aber nicht nur das. Die einstmals sicheren Geldmaß-
stäbe und -kosten werden unsicher – insbesondere der Zins-
maßstab.«

Und die Folge für uns alle hat er ebenfalls beschrieben:

»70 % Bezieher fester und von der Konjunktur abhängiger Ar-
beits- und Leistungseinkommen, vornehmlich in der Ersten
und industrialisierten Welt, können nur müde oder resigniert
lächeln, wenn ihnen die Vorzüge eines freien, deregulierten
und gänzlich vaterlandslosen Welt-Kapitalmarktes gepriesen
werden. Sie leiden unter den Folgen von Weltdepression,
Schuldenkrise, Währungswirrwarr und Zinseskalation und ahnen, daß die hektische und unkontrollierte Roulette- und Kasi-
noatmosphäre dieser Märkte der eigentliche und tiefere Grund
aller hausgemachten Probleme ist: von Arbeitslosigkeit bis
Börsenunsicherheit und Firmenpleiten.«

Das Problem der Wechselkursspekulation

Wechselkurse geben den Preis einer Währung, ausgedrückt in
einer anderen, wieder. Ein Wechselkurs von 1:2,2 zwischen Dollar und DM besagt beispielsweise, daß man für einen Dollar 2,20
DM geben muß.
   Vor nicht allzulanger Zeit konnte man den Wechselkursen noch
die tatsächliche Kaufkraft der verschiedenen Währungen ablesen.
Der Kurs spielte sich auf eine Höhe ein, daß man mit dem einge-
tauschten Geld im anderen Land in etwa die gleichen Gütermengen
erwerben konnte wie mit dem eigenen Geld in der Heimat. Solche
Kurse, die die »Kaufkraftparität« der Währungen widerspiegeln,
veränderten sich nur langsam gegeneinander. Entweder war das
dann die Folge unterschiedlicher Leistungsentwicklungen oder
unterschiedlicher Kaufkraftveränderungen.

Diese »normalen« Zeiten sind jedoch längst vorbei. Kauf und Verkauf von Währungen finden heute nur zu einem Bruchteil für Handels- oder Urlaubszwecke statt. Vielmehr werden Währungen spekulativ gekauft und verkauft, manchmal nur für Tage oder Stunden. Das ist einmal darauf zurückzuführen, daß die Wechselkurse nicht vom Markt, sondern von der Politik her bestimmt bzw. richtiger: manipuliert werden. Die Folge solcher festgelegten Wechselkurse sind zunehmende Ungerechtigkeiten beim Leistungsaustausch zwischen den beteiligten Ländern. Irgendwann, wenn dann der marktfern festgelegte Wechselkurs nicht mehr zu halten ist, kommt es zu einer Zwangsanpassung an die Realität. Diese, die Marktgesetze außer Kraft setzenden Wechselkursfestlegungen führen jedoch nicht nur zu immensen Vorteilen einer Seite auf Kosten der anderen (man denke nur an den Dollar-DM-Kurs bis 1973!), sie bieten auch der Spekulation ein völlig neues Feld mit ungeahnten Gewinnmöglichkeiten. Denn wer eine solche Anpassung vermutet, braucht nur kurz vorher in die unterbewertete Währung einzusteigen, um sie nach der Anhebung wieder loszuschlagen. Das heißt, er kann in kürzester Zeit Gewinne machen, die alles bisher Dagewesene in den Schatten stellten.

Wie kommt es zu den verrückt spielenden Wechselkursen?

Wer beim Stand von 4,40 DM für den Dollar Anfang der 70er Jahre in DM umstieg und nach der ersten Wechselkurskorrektur auf 4 DM je Dollar wieder zurücktauschte, wurde in wenigen Tagen um zehn Prozent reicher. Selbst wenn jemand sechsmal im Jahr solche Kursspekulationen mitmachte und dabei viermal verlor, lag die Gewinnspanne noch über der aller anderen Geldanlagemöglichkeiten. Kein Wunder, daß diese Spekulationsart immer beliebter wurde. Damit war Geld nicht mehr nur ein Mittel, mit dem man Aktien- oder Warenspekulationen betrieb, es pervertierte selbst zu einer spekulativen Ware.

Bald merkte man, daß dieses Spekulationsgeschäft mit Währungen noch eine Stufe höher zu schrauben war. Man brauchte gar nicht auf die Kursanpassungen der Regierungen zu warten. Man konnte sie selbst bewirken! Zumindest konnte man dieser Entwicklung nachhelfen. Und das war ganz einfach: man brauchte nur verstärkt aus einer Währung in die andere umzusteigen, um durch die Übernachfrage Kursanstiege auszulösen. Konkret: Wenn in einem großen Maße DM verkauft und Dollar gekauft werden, fällt der Kurs der deutschen Währung und der Dollar steigt. Ein bereits vorhandenes marktwidriges Gefälle wird dadurch in eine Größenordnung getrieben, die schließlich die Regierungen zu Korrekturen zwingen muß.

Wie reagieren die Verantwortlichen?

Daß solche Wechselkursspekulationen die Wirtschaft und vor allem den grenzüberschreitenden Handel auf vielfältige Weise belasten, bedarf keiner Erklärung. Verständlich ist, daß die Verantwortlichen darum um Stabilisierungen bemüht sind. Statt jedoch die Hauptursachen der Spekulationen aus der Welt zu schaffen, nämlich marktfern festgeschriebene Wechselkurse wie die ständigen und unterschiedlich hohen Inflations- und Zinsraten, oder statt zumindest den Währungsspekulanten das Handwerk zu legen, reagiert man weitgehend nur defensiv.

Deuten sich z. B. in Europa zwischen den EWS-Währungen Disparitäten an, wäre der einfachste Schritt eine marktgerechte Korrektur der festgesetzten Kursbandbreite oder am besten gleich freie Wechselkurse. Doch obwohl jeder die Inflationsraten wie die wirtschaftlichen Gegebenheiten in den betroffenen Ländern kennt, machen die Politiker solche ganz normalen Korrekturen zu einer Prestigefrage. Das heißt, sie wollen vor ihren Wählern nicht zugeben, daß ihre Politik oder die ihrer Notenbank weniger erfolgreich ist als die anderer Länder.

Um nun die Spekulanten von der zunehmenden Abwanderung aus der abwertungsverdächtigen Währung abzuhalten, erhöht man die Zinsen. Daß man mit einer Erhöhung der Zinsen die eigene Wirtschaft belastet, nehmen die Verantwortlichen in Kauf.

Nehmen die spekulativen Abwanderungen trotz erhöhter Zinsen weiter zu und damit der Druck auf die Wechselkurse, müssen die Notenbanken nach den Zinsmanipulationen erneut als Feuerwehr eingreifen. Diesmal mit sogenannten Stützungskäufen. Dabei kann die Notenbank des abwertungsverdächtigen Lan-

des mit den gehaltenen Devisenreserven die eigene Währung auf-
kaufend stützen und die des aufwertungsverdächtigen Landes
schwächen. Greift auch die Notenbank des aufwertungsverdächtigen Landes ein, muß sie mit zusätzlichem eigenen Geld die schwache Währung kaufen. Mit dieser Geldvermehrung drückt sie jedoch nicht nur den Kurswert der eigenen Währung herunter, sie
gefährdet damit auch deren Stabilität. Kurz: Sie produziert damit
ein Inflationspotential, das sie nur insoweit mit einiger Sicherheit
wieder unschädlich machen kann, wie sie den Banken anschließend die Zuteilungskontingente zu verringern in der Lage ist. Das
heißt, zu dem Irrsinn festgezurrter Wechselkurse, dem Irrsinn ge-
statteter Währungsspekulationen und dem Irrsinn erhöhter Lock-
zinsen kommt nun noch ein weiterer Irrsinn hinzu, jener der Stützungskäufe!

Was spielt sich in unseren Tagen ab?

Schon vor Jahren hat die Weltbank einmal festgestellt, daß etwa
15- bis 20mal so viele Milliarden weltweit über die Grenzen trans-
feriert werden, wie der Welthandel erforderlich macht. Es dürfte
klar sein, daß fast alle diese gewaltigen Kapitaltransfers keine Investitionen im Sinn haben, sondern nur auf Spekulationsgewinne
aus sind. Wie die Geier bei einem verendenden Wild, sammeln sie
sich vor allem in der Nähe »verendender« Wechselkurse an.
   Das war schon 1973 so, als Bretton Woods mit seinen starren
Kursen zu Grabe getragen wurde, aber auch bei jeder Bandbrei-
tenkorrektur im EWS. Zweistellige DM-Milliardenbeträge wurden von der Bundesbank jedesmal aus dem Fenster geworfen,
ohne daß man den Ursachen dieser Störungen einmal ernsthaft
nachgegangen wäre. Und da die Spekulationsmassen in der Welt
immer größer werden, geraten die Notenbanken immer mehr ins
Hintertreffen.
   Als im September 1992 die Lira, das Pfund und einige andere
Währungen aus dem Ruder liefen, hat die Bundesbank sage und
schreibe 92 Mrd. DM für Stützungskäufe ausgegeben und damit
die von ihr herausgegebene Geldmenge um rund die Hälfte erweitert. Die gleiche Bundesbank, die seit einigen Jahren die Inflation
mit hohen Zinsen zu bekämpfen sucht!

Trotz dieser kaum noch vorstellbaren Eingriffe waren die Kurse nicht zu halten. Weder die vereinte Kraft der Notenbanken noch Regierungsgarantien oder mehrfache Zinserhöhungen konnten gegen die Wucht der spekulierenden Massen etwas ausrichten, was deren Größe erahnen läßt. Man hatte sich von dem sinkenden Schiff des Pfundes und der Lira auf die sichere Insel der DM begeben, und das hat sich wieder einmal gelohnt.

Normalerweise sind alle diese Spekulationsgeschäfte letztendlich Nullsummenspiele. Die Behauptung, daß sich durch solche Spekulationen die Geldmenge oder die Geldvermögen vermehren, ist darum falsch. Es kommt nur zu Verlagerungen innerhalb des Mitspielerkreises. Die Verlierer versuchen ihre Verluste durch erneute Spekulationen wieder wettzumachen. Als Folge wird immer schneller und hektischer mit immer größeren Summen die Spekulationsspirale angetrieben, wodurch die Umsätze in irreale Höhen schießen.

Zu echten Gewinnen für die Spekulanten kommt es jedoch, wenn sich die Notenbanken mit Stützungskäufen in die Spekulation hineinziehen lassen und schließlich verlieren, das heißt die Wechselkurse korrigieren müssen. So mußte z. B. die Bundesbank nicht nur die zuviel herausgegebenen 92 Mrd. DM durch Verringerung der laufenden Geldzuteilungen an die Banken wieder einfangen. Sie mußte auch versuchen, die teuer gekauften Auslandswährungen wieder loszuwerden, was aufgrund der gefallenen Kurse nur mit Verlusten möglich ist. Diese Verluste werden also von der gesamten Volkswirtschaft getragen, letztlich von den arbeitsleistenden Menschen.

Angesichts der weltweit spekulierenden, immer größeren Geldüberschüsse ist man geneigt, an irgendwelche dahinterstehenden geheimnisvollen Mächte zu glauben. In Wirklichkeit wird dieses Spiel jedoch hauptsächlich von einigen tausend Banken und Börsenmaklern rund um den Globus betrieben, weitgehend mit fremdem Geld. Dabei beeinflußt man einmal die Zinsen mit den Wechselkursspekulationen, um dann wieder den Wechselkurs mit Zinsspekulationen aus den Angeln zu heben – immer auf Kosten der Stabilität der betroffenen Volkswirtschaften. Selbst staatliche Banken pokern dabei gegen ihre eigene Notenbank, wie »Die Zeit« am 2. 10. 1992 von der Hamburgischen Landesbank berichtete. – Der Irrsinn ist nicht mehr zu überbieten!

Wohin führen uns die Spekulationen?

Unvorstellbar große und immer größer werdende Milliardenbeträge an überschüssiger Kaufkraft vagabundieren um den Erdball und überrollen die Notenbanken wie die Politiker, die – wenn sie handeln – meist noch das Falsche tun.

Betrachtet man das Ganze aus der Distanz, dann lassen sich sowohl die Regierungen (die das Wohl des Volkes mehren sollen!) wie die Notenbankverantwortlichen (die die Währungen stabil halten wollen!), von den Spekulanten förmlich an der Nase vorführen. Von jenen Spekulanten, denen sie gemeinsam sowohl die Möglichkeit wie die offizielle Genehmigung zu diesem »Spiel« gegeben haben, bei dem sie zunehmend unterliegen.

Immer mehr pervertiert dabei der monetäre Markt zu einem Kriegsschauplatz. Während vorher noch vom »Dollar-Monopoly« die Rede war, schrieben im August 1992 die Zeitungen schon von einem »Guerillakrieg am Devisenmarkt«, bei dem die »entscheidende Waffe« der Dollar ist. Wenige Wochen später zeigte es sich, daß mit Lira und Pfund in kurzer Zeit noch mehr zu machen war. Und nach der »Schlacht um das Pfund« wurde am 24. September der »Frontalangriff auf den Franc« angekündigt, der allerdings bisher noch »zurückgeschlagen« werden konnte.

Und damit sich »morgen« noch mehr Personen am »Guerillakrieg« beteiligen können, wurden am gleichen Tag die Schüler in den Zeitungen eingeladen, in die »Geheimnisse der Börse« einzusteigen und mit Hilfe der Banken und fiktiven Kapitals von 100.000 DM zu spekulieren. – Geld regiert nicht nur die Welt, es macht sie zunehmend zu einem Irrenhaus!

Darf die Freizügigkeit des Kapitalverkehrs eingeschränkt werden?

Freiheit und Freizügigkeit können in komplexen Beziehungen immer nur im Rahmen einschränkender Regelungen und Grenzen praktiziert werden. Grenzen für die Freiheit jedes Tuns ergeben sich immer dann, wenn die Wahrnehmung von Freiheit für andere mit Einschränkungen, Nachteilen oder Gefährdungen verbunden ist.

Wer z. B. die Freizügigkeit des Straßenverkehrs so versteht, daß man mit beliebiger Geschwindigkeit auf jeder beliebigen Straßenseite in jede beliebige Richtung fahren kann, garantiert ein Chaos und macht die Straßen zu einem Schlachtfeld.

Genau dieses Freiheitsverständnis aber hat man heute beim Kapitalverkehr. Und diese »Freiheit« wird von den Verantwortlichen auch noch verteidigt, statt den Mißbrauch einzuschränken, durch den die Märkte und Volkswirtschaften immer mehr unter die Räder kommen.

Selbst Insider, wie der Direktor der Rothschildbank in Paris, Bernard Esambert, Berater französischer Präsidenten, beklagte in der Fernsehsendung »Alptraum Zinsen – Geld zerstört die Welt« (WDR III, 23. 11. 92) die »wahnsinnige Vorherrschaft« des Geldes in der Wirtschaft. Und weiter wörtlich: »Das hat zu einem System geführt, das absolut nicht mehr demokratisch kontrolliert werden kann, weder von den Zentralbanken noch von den Nationen.«

In der gleichen Sendung schätzte ein Insider der Citibank in Frankfurt den Umfang des weltweiten Devisenhandels pro Tag »bis zu 1000 Mrd. Dollar« ein, ein Volumen, das ein Vielfaches des täglichen Welt-Sozialprodukts beträgt und das sich in den Septembertagen 1992 »leicht sogar verdoppelt haben könnte«.

Mit welchen problematischen Folgen und irrealen Ergebnissen gerade diese Spekulationen gegen die Notenbanken verbunden sind, machte kein Geringerer als der letzte Präsident der Deutschen Bundesbank, Helmut Schlesinger, in einem Vortrag am 1. Dezember 1992 in Köln deutlich:

»Unbegrenzte obligatorische Interventionen unter den Zentralbanken in dem Ausmaß wie gehabt sind kein Beitrag zur Stabilität des Systems, im Gegenteil; aber sie sind ein gewaltiger Anreiz für die Spekulation. Tatsache ist, daß hier Schuldner- wie Gläubigernotenbanken erhebliche Verluste erlitten haben, während bereits ein einzelner Spekulant bekanntgegeben hat, daß er allein gegenüber dem Pfund einen Gewinn von rd. 950 Mio. US-$ erzielt hat. Dies ist nicht nur teuer für den Steuerzahler, sondern letztlich auch funktionslos.«

So unglaublich es ist: Bei dem »einzelnen Spekulanten«, der auf Kosten der Allgemeinheit in wenigen Tagen oder Wochen fast eine Milliarde Dollar hinzugewonnen hat, handelt es sich nicht um eine Bank oder einen Fonds, sondern tatsächlich – wie man in den Tageszeitungen lesen konnte – um eine einzelne Person, nämlich um George Soros, einen gebürtigen Ungarn, der es in den USA mit Geldgeschäften zum Milliardär gebracht hat. Geht man davon aus, daß der Kursverlust des britischen Pfundes bei 15 Prozent gelegen hat, mußte er insgesamt rund sechs Milliarden Dollar einsetzen, um jene 950 Millionen zu gewinnen. Doch brauchte er dazu nur einen Bruchteil eigenen Geldes, da er sich den größten Teil der Spekulationsmasse geliehen und nach dem Schnitt wieder zurückgezahlt hat. Wäre die Rechnung nicht aufgegangen, hätte er lediglich die Zinsen für die kurze Leihzeit als Verlust verbuchen müssen.

Teil IV

Die gesellschaftlichen und wirtschaftlichen Auswirkungen

20. Kapitel

Geld und Gerechtigkeit –
die soziale Frage

> »Das Geldvermögen der privaten Haushalte
> stieg in den letzten 20 Jahren inflationsberei-
> nigt um jährlich 5,4%, was eine Verdoppe-
> lung in 13 Jahren bedeutet. Die Nettolöhne
> stiegen in diesem Zeitraum jedoch nur um
> jährlich 1,5% und verdoppeln sich nur alle
> 46 Jahre.«
>
> Andreas Spangemacher*

Wann sind Einkommen ungerecht?

Bei ungerechten Einkommen denkt man meist an den Chefarzt,
der zehnmal soviel verdient wie eine Krankenschwester. Oder an
Udo Jürgens, der für einen Abend 30000 DM oder mehr kassiert.
Doch solange mich niemand zwingt, einen bestimmten Arzt auf-
zusuchen oder an der Abendkasse 100 DM Eintritt zu zahlen, stört
mich das nicht. Außerdem bieten beide eine Leistung an, die nicht
jeder erbringen kann, und das Honorar ist normalerweise das Ergebnis von Angebot und Nachfrage.

Aufregen kann mich bei diesen hohen Einkommen allerdings
eines: Daß sowohl der Chefarzt als auch Udo Jürgens den größten
Teil ihrer Einkommen zur Bank tragen und diese Teile in acht
oder zehn Jahren, ohne jede Leistung, noch einmal verdoppeln
können. Denn bei dieser Verdoppelung werde auch ich zur Kasse
gebeten, obwohl ich weder den Arzt noch die Veranstaltungen
von Udo Jürgens jemals besucht habe!

Einkommen, die man ohne jede Leistung erhält, sind also viel
ungerechter als alle leistungsbezogenen, auch wenn diese manchmal noch so sehr auseinanderklaffen. Außerdem übertrumpfen

---

* Bilanzbuchhalter eines Kreditinstituts, »Der Dritte Weg«, 1/1991 diese leistungslosen Einkommen die leistungsbezogenen um ein Vielfaches. So beträgt das Einkommen eines Normalverdieners je Arbeitstag z. B. 150 DM, das eines Spitzenverdieners 1500 DM. Ein 50facher Millionär (von denen es in der Bundesrepublik mehrere tausend gibt) kassiert an jedem Arbeitstag der anderen 15000 DM, ohne eine Hand rühren zu müssen. Ein 500facher Millionär kommt auf 150000 DM und ein fünffacher Milliardär (in der BRD ca. ein halbes Dutzend) auf 1,5 Millionen Mark täglich!

Seltsamerweise regt sich über solche leistungslosen Einkommen kaum jemand auf. Vielleicht liegt das daran, daß man sich ein zehnfaches Einkommen noch vorstellen kann, aber kaum ein hundert-, tausend- oder zehntausendfaches.

Wie ist das mit den Einkommen von Arbeitnehmern und Arbeitgebern?

Bekanntlich wird das Volkseinkommen statistisch in zwei Einkommensarten aufgeteilt, das »Bruttoeinkommen aus Unternehmertätigkeit und Vermögen« und das »Bruttoeinkommen aus unselbständiger Arbeit«. Die letztgenannte Größe beinhaltet die Bruttoeinkommen aller Arbeitnehmer, zuzüglich der tatsächlichen und unterstellten Arbeitgeberbeiträge. 1990 lag diese Einkommensgröße bei 1314 Mrd. DM. Nach Abzug dieses Postens von dem (bereits als Restgröße errechneten) Volkseinkommen ergibt sich die Summe der »Bruttoeinkommen aus Unternehmertätigkeit und Vermögen«. Sie lag 1990 bei 558 Mrd. DM. Von diesem Restposten zieht man dann das sogenannte »Vermögenseinkommen« ab, das mit der Wirklichkeit der Vermögenseinkommen jedoch kaum etwas zu tun hat. Bei dieser Summe handelt es sich nämlich lediglich um eine Zusammenfassung des (positiven) Zinsstromsaldos der Privathaushalte (Zinseinnahmen abzüglich der Zinsen auf Konsumentenschulden) mit dem (negativen) Zinssaldo des Staates. Außerdem werden noch die »Ausschüttungen der Unternehmen mit eigener Rechtspersönlichkeit« hinzu addiert. 1990 lag dieses »Vermögenseinkommen« bei 99 Mrd. DM. Beachtet man, daß im gleichen Jahr alleine von den Banken 257 Mrd. DM Zinsen ausgeschüttet wurden, dann wird die Fragwürdigkeit dieser statistischen Größe deutlich. Durch Abzug dieser irreführenden Größe von dem ermittelten Rest des Volkseinkommens ergibt sich dann die statistische Größe »Bruttoeinkommen aus Unternehmertätigkeit«.

In der nachfolgenden Abbildung sind beide Brutto-Einkommensgrößen in ihrer Entwicklung dargestellt. Oberhalb der Nulli-

Unternehmertätigkeit und unselbständige Arbeit
Entwicklung der <u>Gesamt</u>einkommen 1950–1990

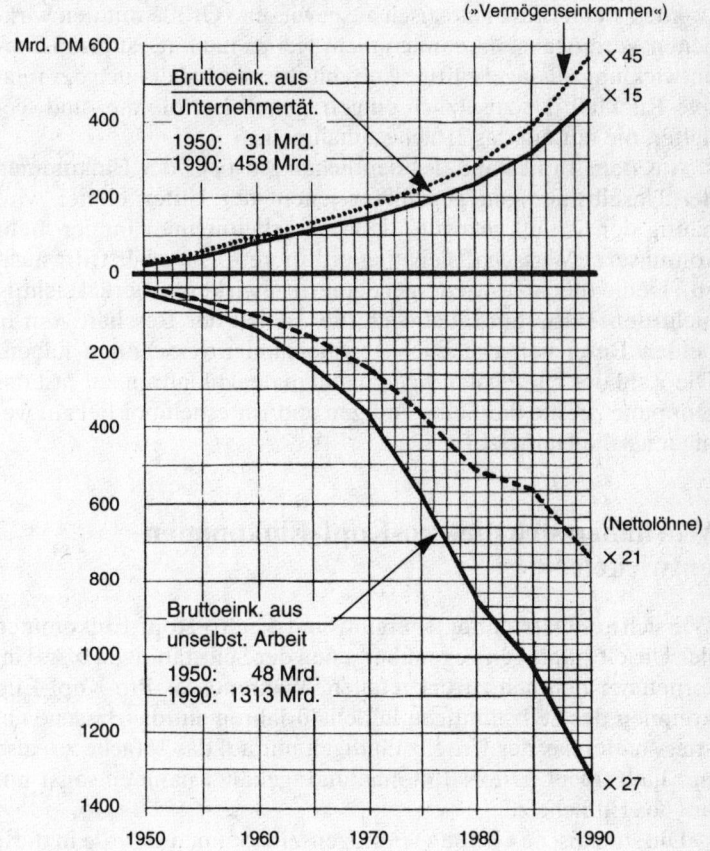

Darstellung 46

nie die gesamten Einkommen aus Unternehmertätigkeit, unterhalb die aus unselbständiger Arbeit.

Wie die eingetragenen Flächen und die angeführten Anfangs- und Endwerte zeigen, hat sich diese Gesamtverteilung in den 40 Jahren zugunsten der Unselbständigen entwickelt. Während die Größen der Unternehmereinkommen auf rund das 15fache anstiegen, nahmen die der Unselbständigen auf das 27fache zu, also fast doppelt so stark. Die zusätzlich eingetragenen »Vermögenseinkommen« nahmen in den 40 Jahren sogar auf das 45fache zu.

Auch wenn diese statistisch ausgewiesene Größe mit den wirklichen Vermögenseinkommen nicht viel zu tun hat, ist ihre Überentwicklung aussagekräftig. Aufschlußreich ist aber auch der relative Rückfall der zusätzlich eingetragenen Nettolöhne- und -gehälter, die nur auf das 21fache zunahmen.

Aus dem Tatbestand des deutlichen Anstiegs der Einkommen der Unselbständigen gegenüber jenem der Unternehmer wird häufig der Schluß gezogen, daß die Arbeitnehmer immer mehr von unserer Wirtschaftsleistung profitieren. Das aber trifft nicht zu. Denn die hier wiedergegebene Entwicklung berücksichtigt nicht den Tatbestand, daß sich die Zahlen der Beschäftigten in beiden Bereichen erheblich gegeneinander verschoben haben: Die Zahl der Unselbständigen nahm in den 40 Jahren auf fast das Doppelte zu, die der Selbständigen und Unternehmer fiel auf weniger als die Hälfte zurück.

Wie haben sich die Pro-Kopf-Einkommen entwickelt?

Wie sich aus Darstellung 47 ergibt, sind die Pro-Kopf-Einkommen der Unselbständigen gegenüber jenen der Selbständigen bzw. Unternehmer deutlich zurückgefallen. Während das Pro-Kopf-Einkommen der Selbständigen in den 40 Jahren auf das 33fache anstieg, nahm das der Unselbständigen nur auf das 16fache zu, also nur halb soviel. Die Nettolöhne und -gehälter nahmen sogar nur auf das Elffache zu.

Die statistische Größe »Vermögenseinkommen« wurde in diese Darstellung nicht aufgenommen. Einmal ist eine Zuordnung zu den Pro-Kopf-Einkommen der beiden Gruppen nicht möglich, da es darüber keine Verteilungsschlüssel gibt. Zum anderen dürfte eine erhebliche Anzahl der Unselbständigen nur über geringe Vermögen verfügen, während sich bei den Selbständigen die größeren Vermögen konzentrieren.

Unternehmertätigkeit und unselbständige Arbeit
Entwicklung der Pro-Kopf-Einkommen 1950–1990

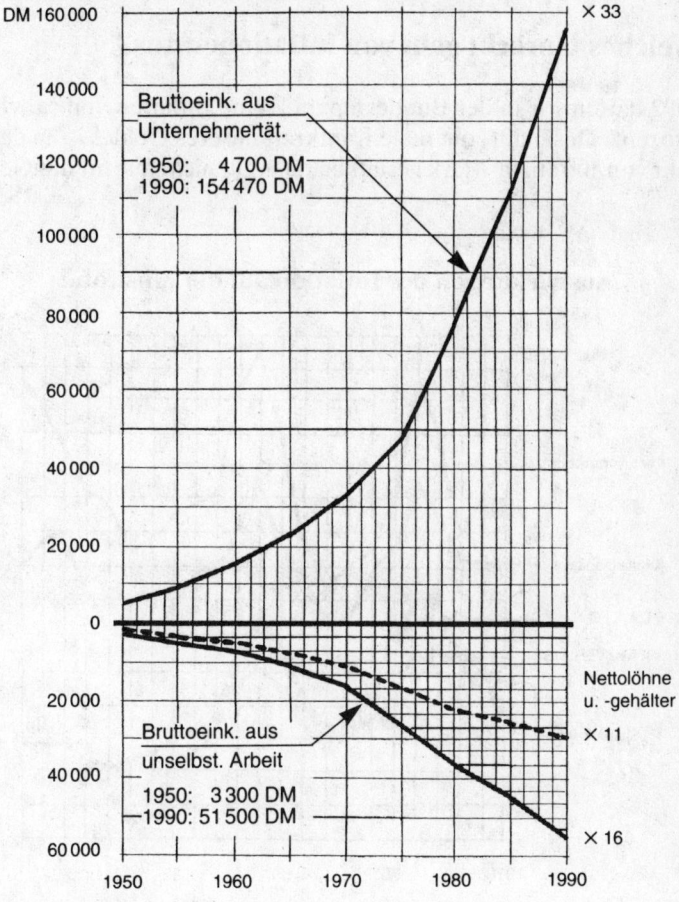

Bruttoeink. aus Unternehmertät.
1950: 4 700 DM
1990: 154 470 DM

Bruttoeink. aus unselbst. Arbeit
1950: 3 300 DM
1990: 51 500 DM

Nettolöhne u. -gehälter

Darstellung 47

273

Wie die Darstellung zeigt, kommt also zu dem Tatbestand der ungerechten Einkommensverteilung aus Vermögen noch eine zunehmende Auseinanderentwicklung der Arbeitseinkommen von Arbeitnehmern und Selbständigen hinzu. Dabei ist jedoch zu beachten, daß in den »Bruttoeinkommen aus Unternehmertätigkeit« weitgehend auch die in den Gewinnen versteckten Verzinsungen des Eigenkapitals enthalten sind.

Welches Unrecht geht von Inflationen aus?

1992 hatten wir in der Bundesrepublik eine Inflation von ca. vier Prozent. Das heißt, die reale Kaufkraft unseres Geldes ist in dem Jahr von 100 auf 96 Mark gesunken. Das gilt nicht nur für das Geld

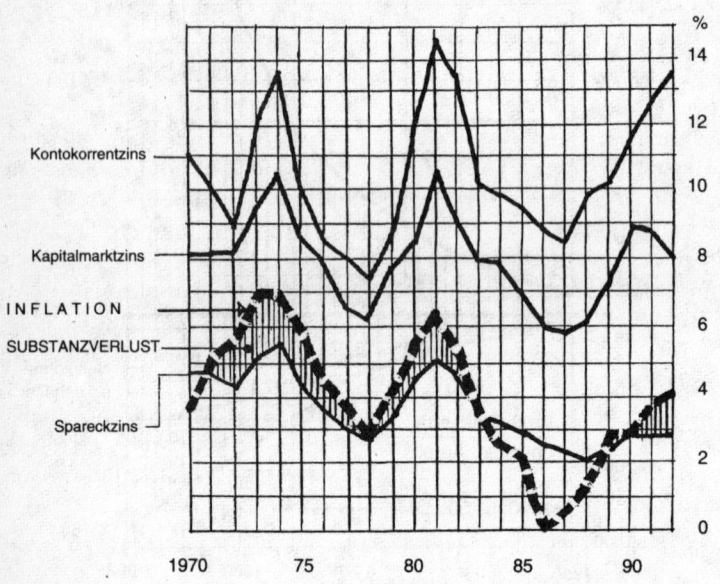

Auswirkungen der Inflation auf die Zinshöhe

Darstellung 48

274

in unserer Tasche, sondern auch für alle Ersparnisse. Ausgeglichen werden kann dieser Substanzverlust der Ersparnisse nur, wenn man ihre Verzinsung in Höhe des Inflationszusatzes anhebt. Wie die Kurven in der voranstehenden Darstellung 48 zeigen, ist das bei der Mehrzahl der Zinsen der Fall. Sie steigen mit der Inflation fast parallel auf und ab.

Aus der Darstellung geht jedoch auch hervor, daß diese Zinsanpassung bei den Sparguthaben mit gesetzlicher Kündigungsfrist mehr als zu wünschen übrig läßt. Das heißt, die Ersparnisse der »kleinen Leute« werden in Inflationszeiten gravierend benachteiligt. So lag beispielsweise die Verzinsung dieser Sparguthaben in der Mehrzahl der dargestellten Jahre unter der Inflationsrate. Das heißt, die Inflation hat nicht nur die gesamte Verzinsung absorbiert, sondern auch noch einen Teil der Ersparnisse.

Bezieht man diesen Tatbestand auf das Volumen dieser Ersparnisse, die 1992 bei 500 Mrd. DM lagen, dann gingen den kleinen Sparern 14 Mrd. DM Zinserträge verloren und zusätzlich noch 6 Mrd. DM an Ersparnissubstanz. Umgelegt auf ca. 20 Millionen Haushalte mit solchen Sparguthaben, hat jeder als Folge der Inflation einen Durchschnittsverlust von 1000 DM erlitten.

Da in der Wirtschaft nichts verlorengeht, stehen diesen inflationsbedingten Verlusten auf der anderen Seite gleich hohe Gewinne gegenüber. Diese Gewinne können die Kreditnehmer verbuchen, die mit ihren Kreditzinsen keinen Inflationsausgleich für die Sparer zahlen mußten. Darüber hinaus haben die Kreditnehmer den Vorteil, daß sich die Zinskonditionen aller bereits laufenden Verträge erst nach und nach erhöhen, während die Inflation ihre Rückzahlungsverpflichtungen sofort »verwässert«. Das heißt, die Kreditnehmer können das geliehene Geld mit schlechterem Geld zurückzahlen, was wiederum zu Lasten der Gläubiger geht.

Die Aussage des früheren Präsidenten der Schweizerischen Nationalbank, Fritz Leutwiler: »Auf keine andere Weise als durch Inflation können in so kurzer Zeit so wenige so reich und so viele so arm gemacht werden«, ist also mehrfach begründet.

Kann man Inflation als Betrug bezeichnen?

Wenn der Tuch- und Baustoffhandel jedes Jahr klammheimlich alle Meterstäbe um einige Zentimeter kürzen würde, dann wäre das nach einhelliger Auffassung Betrug. Ebenso, wenn Veranstalter mehr Eintrittskarten verkaufen, als Plätze vorhanden sind. Besonders perfide wäre der Betrug, wenn die Täter das verwerfliche Tun bei anderen jeweils lautstark anprangern würden.

Genauso verhalten sich aber unsere Notenbanken: Sie bedrohen alle mit Gefängnis, die mit gefälschten ungedeckten Geldscheinen die Kaufkraft des gesamten Geldes verwässern – und machen es selbst in unvergleichbaren Größenordnungen! So lagen beispielsweise die festgestellten Fälschungen 1987 und 1988 zusammen bei rund 1,1 Millionen DM. Die Bundesbank selbst aber hat in den gleichen Jahren rund 23 Milliarden (!) zuviel an Geld in Umlauf gegeben, also mehr als 20000mal soviel!

Da dieses ganze überschüssige Geld nicht durch wirtschaftliche Leistungen gedeckt war, kann man seine Inumlaufsetzung nur als legalisierten Betrug einstufen. Daß man dieses offizielle ungedeckte »Falschgeld« – im Gegensatz zu Hobby-Fälschungen – nicht von gedeckten Scheinen unterscheiden kann, macht die Sache nur noch schlimmer.

Die Bundesbank des Betrugs zu bezichtigen, mag manchem wie eine Blasphemie vorkommen. Aber auch hier kann man sich auf offizielle Äußerungen stützen, z. B. die des früheren US-Notenbankers Henry C. Wallich, der gleichzeitig den Ökonomen einen Denkzettel verpaßte: »Inflation ist eine Form des Betruges. Mir scheint auch, daß Ökonomen viel dazu beigetragen haben, den Weg für eine Inflation zu bahnen, wie wir sie jetzt haben...«

Nicht weniger deutlich und ebenfalls den moralischen Aspekt ansprechend, hat sich der frühere Bundesbankpräsident Ottmar Emminger 1980 geäußert, sich auf seinen Vorgänger Blessing beziehend: »...stabiles Geld ist eine Voraussetzung für die Aufrechterhaltung einer gesunden Marktwirtschaft und schließlich auch eine moralische Frage: Nur gesundes Geld ist ein ehrliches Geld. Oder wie einer meiner Vorgänger, Herr Blessing, gesagt hat: Inflation ist Betrug am Volk.«

So wie der Krieg das größte denkbare Gewaltverbrechen ist und der Zins die größte denkbare Ausbeutung, so kann man also mit Fug und Recht die Inflation als den größten denkbaren Betrug bezeichnen.

Verwirrend ist bei diesen drei größten »Kapitalverbrechen«, daß zwei davon tatsächlich mit Kapital zu tun haben und das dritte – der Krieg – zumindest indirekt. Geradezu erschreckend ist aber der Tatbestand, daß alle Staaten, auch unsere demokratischen, die ansonsten Gewalt, Ausbeutung und Betrug im Kleinen verfolgen, die größten denkbaren Formen dieser Verbrechen immer noch als legitim betrachten.

21. Kapitel
Die konkrete Umverteilung durch den Zins

»Die vermögensumschichtende Wirkung des Zinses kann man beim Gesellschaftsspiel Monopoly studieren: Am Anfang verfügen alle Beteiligten über die gleiche Einsatzsumme; zum Schluß bleibt als einziger Gewinner ein »Großkapitalist« übrig – nach Ausplünderung aller anderen. Der Sieger hat dafür keine besondere Leistung erbracht: Es waren Spielerglück, eine geschickte »Geldanlage« – vor allem aber der Umschichtungsmechanismus des Zinses.«

*Reiner Bischoff**

Wie kommt es zu dieser Umverteilung?

Geht man von den gesamten Zinstransfer-Größen aus, dann stehen allen Zinslasten entsprechend große Zinserträge gegenüber. Das heißt, der Saldo aller Zinsströme ist rechnerisch immer gleich null. Weiterhin kann man davon ausgehen, daß fast jeder Bürger sowohl Zinszahler als auch Zinsempfänger ist. Den Zinszahlungen aber stehen nur in den seltensten Fällen gleich hohe Zinserträge gegenüber. Diese Asymmetrie ist die Ursache der zinsbedingten Umverteilung. Da jedoch alle zur Verteilung anstehenden Einkommen allein aus Arbeit stammen, handelt es sich bei den Zinsströmen immer um eine Einkommensumschichtung von der Arbeit zum Besitz.

Die vom Deutschen Sparkassenverlag herausgegebene Zeitschrift »Wirtschaftsspiegel« hat diesen Tatbestand in ihrer Ausgabe 10/1989 als Leitartikel zum Weltspartag wie folgt bestätigt:

---

* Sprecher des BUND-Arbeitskreises Wirtschaft und Finanzen, Baden-Württemberg, Arbeitspapier Nr. 22

Umverteilung der Einkommen durch Zinsen

Der Zins hat eine schöne und eine häßliche Seite. Es ist schön, sein Sparguthaben ohne weiteres Zutun vermehrt zu sehen. Die Zinsbelastungen für Bankkredite sind aber eine Quelle steten Mißvergnügens. Im schlimmsten Falle bedeuten sie den wirtschaftlichen Ruin.

Und weiter heißt es dann im Text:

Zwar kann jeder Geschäftsfähige in den »Genuß« beider Seiten kommen, aber bei einer Gesamtbetrachtung von Zinsgeben und Zinsnehmen zeigt sich, daß Freud und Leid recht asymmetrisch verteilt sind. Grund ist die ungleiche Vermögensverteilung.

Welche Rolle spielt die Verteilung der Vermögen bei der Einkommensumschichtung?

Daß jeder Bürger, auch der unverschuldete, über alle Preise, Steuern und Gebühren Zinsen zahlen muß, wurde bereits mehrfach dargelegt. Als Faustregel kann man sagen, daß mindestens jede dritte ausgegebene Mark eine Zinsmark ist. Schlüssel für die Zins*belastung* eines jeden Haushaltes sind also dessen Jahresausgaben. Belaufen sich diese Gesamtausgaben zum Beispiel auf 54000 DM, was etwa dem Durchschnitt 1992 in Westdeutschland entspricht, dann müssen davon also rund 18000 DM auf das Konto Zinsbelastung abgebucht werden. Schlüssel für die Zins*erträge* eines Haushaltes sind die zinsbringenden Vermögen. Dazu gehören nicht nur die Geldguthaben bei den Banken, sondern auch die den Haushalten zuzurechnenden zinsbringend eingesetzten Sachvermögen, vor allem also Betriebsvermögen, Mietshäuser usw. einschließlich des dazu gehörenden Bodens.

Verfügt ein solcher Durchschnittshaushalt mit Jahresausgaben von 54000 DM beispielsweise über ein zinsbringendes Gesamtvermögen von 300000 DM, dann liegen die Zinserträge dieses Haushaltes, bei einer durchschnittlichen Verzinsung von sechs Prozent, ebenfalls bei 18000 DM im Jahr. Die Umverteilung durch den Zins ist also für diesen Haushalt kostenneutral und damit ohne Wirkung. Das heißt, die jeweiligen Relationen zwischen zinsbringendem Vermögen und den jährlichen Ausgaben entscheiden darüber, ob der Haushalt zu den Gewinnern oder Verlierern des Zinsmonopoly gehört.

Die Vermutung liegt nun nahe, daß etwa die Hälfte der Haushalte bei diesem Spiel verliert und die andere Hälfte gewinnt. Das wäre auch der Fall, wenn die Verteilung der Vermögen wie der Ausgaben linear bzw. mit der gleichen Progressivität ansteigen würde. Das aber trifft nicht zu. Zwar wachsen beide Größen mit zunehmender Beschleunigung, aber der Anstieg der Vermögen ist deutlich steiler als derjenige von Einkommen und Ausgaben. Dadurch verschiebt sich der Umverteilungsschnittpunkt zu den größeren Vermögen hin. Das heißt, die Anzahl der Verliererhaushalte ist wesentlich größer als die der Gewinnerhaushalte.

Wie verteilen sich die Vermögen in der Bundesrepublik?

Was die Verteilung der Vermögen anbetrifft, so gibt es bei uns – wie bereits an anderer Stelle beklagt – keine brauchbaren statistischen Unterlagen. Auch von seiten der Wissenschaft ist dieses Thema bislang nur selten angegangen worden. Mangels statistisch zuverlässiger Daten entsprachen die Ergebnisse immer nur Annäherungsrechnungen. Außerdem wurden bei den Untersuchungen verschiedene Maßstäbe und Begriffe benutzt, so daß die Ergebnisse nur schwer vergleichbar sind. Weiter sind sie alle älteren Datums.

Eine der bekanntesten Untersuchungen ist die von Mierheim und Wicke.* Sie erschien im Jahr 1978 und bezieht sich auf Grö-

---

* Die personelle Vermögensverteilung. Tübingen 1978.

ßen von 1973. Die damals ermittelten Vermögen verteilten sich dabei auf acht unterschiedlich große Haushaltsgruppen wie folgt:

Gruppe	Vermögen	Haushalte
1.	nur Schulden	6,5%
2.	weder Schulden noch Vermögen	1,9%
3.	einen Notgroschen bis 5000 DM	10,6%
4.	Rücklagen von 5000 bis 35000 DM	37,0%
5.	ein beachtliches Polster von 35000 bis 100000 DM	19,9%
6.	ein kleines Vermögen von 100000 bis 500000 DM	21,3%
7.	ein Vermögen von 500000 bis 2,5 Mio. DM	2,3%
8.	ein großes Vermögen ab 2,5 Mio. DM aufwärts (bis zu den damaligen Spitzenvermögen von ca. 2,0 Mrd. DM)	0,5%

Da von 1973 bis 1990 die Geldvermögen der Privathaushalte auf das Vierfache und die gesamten Sachvermögen auf das Dreifache angestiegen sind, muß man heute alle oben genannten Werte auf das Drei- bis Vierfache hochrechnen.

Natürlich kann man sich mit solchen Zahlenangaben die wirkliche Verteilung und Größe der Vermögen nur schwer vorstellen. Plastischer und nachvollziehbarer werden solche Verteilungen nur durch grafische Umsetzungen. Das aber ist aufgrund der riesigen Größenunterschiede kaum noch möglich. Setzt man z. B. das Vermögen der dritten Gruppe (bis 5000 DM) mit einer Säulenhöhe von nur zwei Millimetern an (etwa so hoch wie die kleinen Druckbuchstaben dieses Buches), dann erreicht die Säule der sechsten Gruppe (bis 500000 DM) die Höhe der Buchseite. Bei der siebten Gruppe steigt die Säule bereits auf die fünffache Höhe der Buchseite an, und die größten Vermögen von damals (etwa zwei Milliarden DM) würden einer Säule von 800 hochkant aufeinandergestellten Büchern entsprechen. Das heißt, die grafisch aufzutragenden Säulen würden von zwei Millimetern bis zu 160 Metern Höhe reichen.

Was haben andere Untersuchungen ergeben?

Ein anderer Versuch, die Vermögensverteilung zu erfassen, wurde von Meinhard Miegel unternommen, dem Leiter eines von Kurt Biedenkopf gegründeten Instituts in Bonn.*

Miegel hat seine Untersuchung auf das Jahr 1983 bezogen und dabei ein Gesamtvermögen von 5516 Milliarden DM auf fünf Haushaltsgruppen verteilt. Statt der Von-bis-Werte wie bei Mierheim und Wicke hat Miegel für jede Gruppe Durchschnittswerte errechnet. Durch diese Methode, vor allem auch die Ausweitung der reichsten Gruppe auf 2,4 Prozent der Haushalte, werden die extrem hohen Vermögen aufgefangen und als Mittelwerte auf rund 600000 Haushalte verteilt. Dadurch werden die Ergebnisse von Miegel auch grafisch darstellbar.

Wie aus der nachfolgenden Darstellung 49 ersichtlich, hat Miegel die Vermögensbestände der Gruppen noch mal nach Sachbereichen unterteilt. Das Betriebsvermögen umfaßt dabei nur die Ausrüstungen, während alle Gebäude mit dem Boden unter »Haus- und Grundbesitz« zusammengefaßt wurden.

Der Verteilungsanstieg wäre jedoch auch bei dieser Untersuchung »steiler«, wenn man nur die *zinsbringenden* Vermögenswerte zugrunde legen würde. Denn die relativ hohen Vermögensbestände der Gruppen eins und zwei sind vor allem auf die privat genutzten Haus- und Grundvermögen zurückzuführen, also Vermögen, die keine Zinseinkommen abwerfen. Die zinsbringenden Geldvermögen sind dagegen bei den ersten beiden Gruppen nur schwach vertreten, die Betriebsvermögen praktisch gar nicht.

Kann man diese verschiedenen Untersuchungen zusammenfassen?

Alleine schon wegen ihrer unterschiedlichen Methoden, Gruppengrößen und Vermögensbestimmungen ist eine Zusammenfassung der vorgestellten Untersuchungen kaum möglich. Trotzdem habe ich beide Ergebnisse einmal auf zehn gleich große Haushalts-

---

* Die verkannte Revolution–Einkommen und Vermögen der privaten Haushalte in der Bundesrepublik, Stuttgart 1983.

gruppen umgerechnet, außerdem noch das Ergebnis einer älteren Untersuchung mit aufgenommen, nämlich der von Wolfram Engels und Mitarbeitern.* Diese Untersuchung für das Jahr 1969

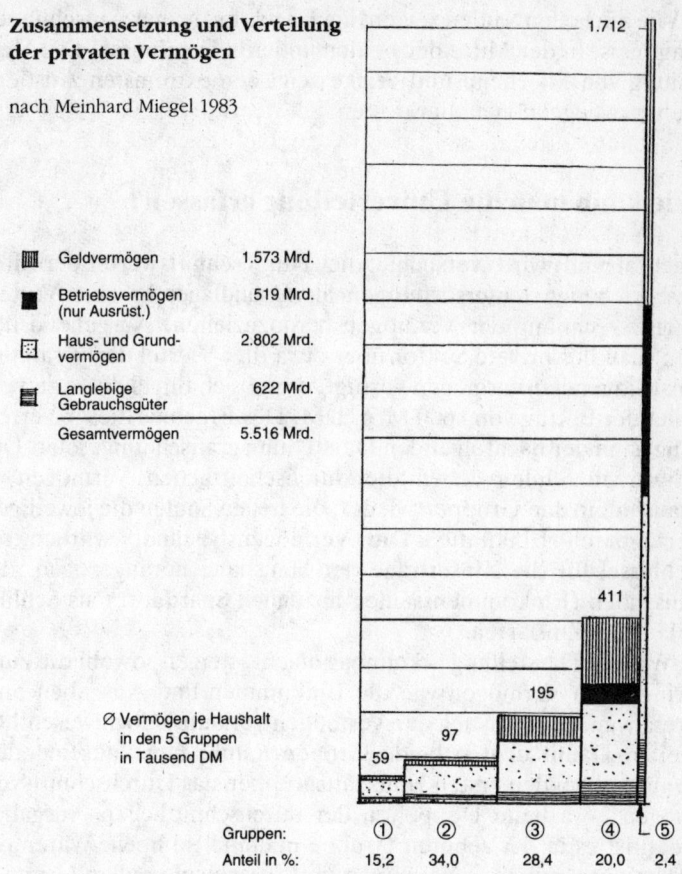

Zusammensetzung und Verteilung der privaten Vermögen

nach Meinhard Miegel 1983

Geldvermögen	1.573 Mrd.	
Betriebsvermögen (nur Ausrüst.)	519 Mrd.	
Haus- und Grundvermögen	2.802 Mrd.	
Langlebige Gebrauchsgüter	622 Mrd.	
Gesamtvermögen	5.516 Mrd.	

Ø Vermögen je Haushalt in den 5 Gruppen in Tausend DM

Gruppen:	①	②	③	④	⑤
Anteil in %:	15,2	34,0	28,4	20,0	2,4

Darstellung 49

---

* Das Volksvermögen – Seine Verteilung und wohlstandspolitische Bedeutung, Frankfurt/M. 1974.

wies bereits eine Verteilung auf zehn gleich große Haushaltsgruppen aus.

In der nachfolgenden Darstellung sind alle drei Untersuchungen durch prozentuale Umrechnungen der Verteilungsgrößen vergleichbar gemacht.

Wie die hellen Säulen zeigen, lag Engels mit seiner Aufschlüsselung meist in der Mitte der beiden anderen Ergebnisse. Die Verteilung von Mierheim und Wicke zeigt den extremsten Anstieg, die von Miegel den moderatesten.

Wie kann man die Umverteilung erfassen?

Nachfolgend wird versucht, die Durchschnittswerte der drei beschriebenen Untersuchungen als Grundlage für eine Verteilungsberechnung der Vermögen heranzuziehen. Ausgehend davon, daß der private Sektor über etwa drei Viertel der gesamten zinsbringenden Vermögen verfügt, ergibt sich für 1990 ein zu verteilender Betrag von 6600 Mrd. DM. Das Ergebnis dieser Verteilung ist in der nachfolgenden Darstellung grafisch umgesetzt. Die schwarzen Säulen geben die durchschnittlichen Vermögen je Haushalt in den Gruppen wieder, die hellen Säulen die jeweiligen verfügbaren Einkünfte. Die Vermögensbestände wurden als Schlüssel für die Zinserträge der Haushalte herangezogen, die Ausgaben (Einkommenssäulen abzüglich Sparquote) als Schlüssel für die Zinslasten.

Wie die Darstellung erkennbar macht, steigen sowohl die zinsbringenden Vermögen wie die Einkommen und Ausgaben progressiv an. Der Anstieg der Vermögen verläuft jedoch wesentlich steiler. Damit driften beide Größen immer mehr auseinander. Während bei den ersten Haushaltsgruppen das Durchschnittsvermögen etwa beim Doppelten der durchschnittlichen Ausgaben liegt, ist es in der zehnten Gruppe neunmal so hoch. Wären die Relationen zwischen Vermögen und Ausgaben in allen Gruppen gleich, dann gäbe es keine Umverteilung zwischen den Gruppen. Die in jeder Gruppe gezahlten Zinsen würden in derselben Gruppe jeweils auch wieder zu Einkünften. Addiert man die Vermögensgrößen der Gruppen, dann zeigt sich, daß nach dieser Aufschlüsselung rund die Hälfte der gesamten Vermögen in den Händen des letzten Zehntels der Haushalte liegt. Das heißt, dieses Zehntel besitzt soviel Vermögen wie die übrigen neun Gruppen zusammen.

Selbstverständlich resultieren alle diese Verteilungsdarstellungen nur auf Annäherungsrechnungen. Nach vielen anderen Indizien aber kann man annehmen, daß sie keinesfalls die Wirklich-

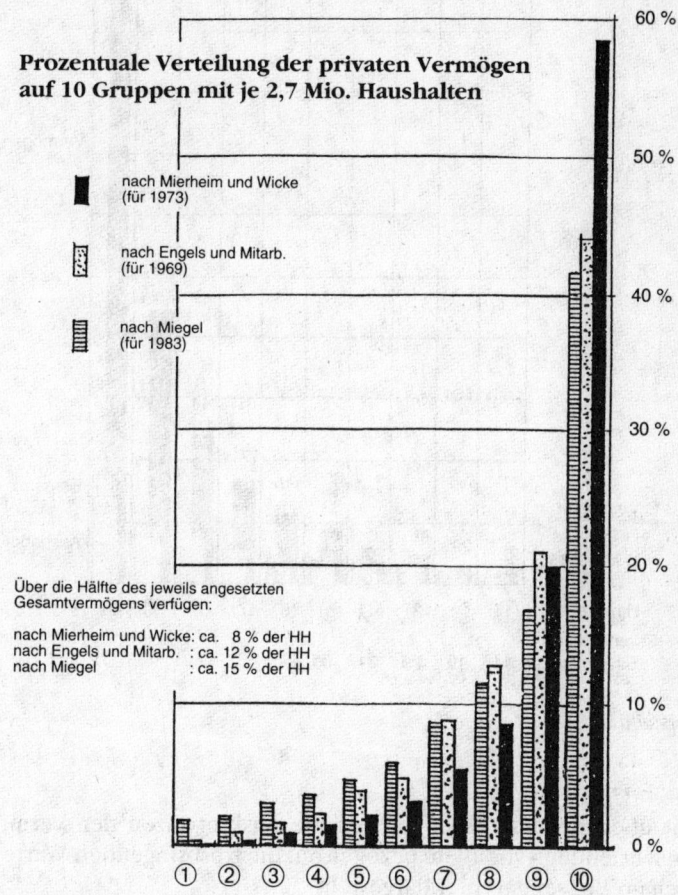

Darstellung 50

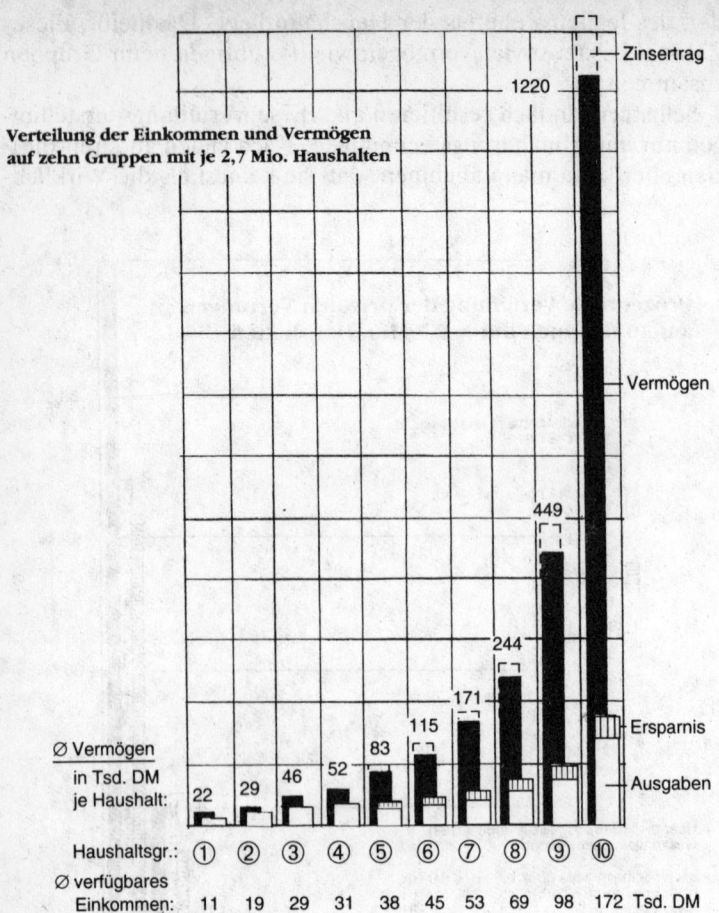

Verteilung der Einkommen und Vermögen
auf zehn Gruppen mit je 2,7 Mio. Haushalten

Zinsertrag

1220

Vermögen

449

244

171

115

83

Ersparnis

Ausgaben

Ø Vermögen
in Tsd. DM
je Haushalt:

| 22 | 29 | 46 | 52 | 83 | 115 | 171 | 244 | 449 | 1220 |

Haushaltsgr.: ① ② ③ ④ ⑤ ⑥ ⑦ ⑧ ⑨ ⑩

Ø verfügbares
Einkommen:

| 11 | 19 | 29 | 31 | 38 | 45 | 53 | 69 | 98 | 172 Tsd. DM |

Darstellung 51

keit überzeichnen. Eher dürften die Diskrepanzen der Vermögensverteilung - vor allem bezogen auf die zinsbringenden Werte –
noch größer sein als hier dargestellt.

Wie groß sind die jeweiligen Zinslasten und -erträge der Haushaltsgruppen?

Für die gesamten Zinserträge der Haushalte aus Geld- und Sachkapital wurde für diese Berechnung ein Betrag von 370 Mrd. DM angesetzt, ebenfalls für die Zinsbelastung. Das heißt, für die Belastung ist hier nur die Größe angenommen, die auch den privaten Haushalten wieder als Ertrag zufließt.

Setzt man diese 370 Mrd. DM in Beziehung zu den angesetzten verzinslichen Vermögen der Haushalte in Höhe von 6600 Mrd. DM, dann ergibt sich eine Durchschnittsverzinsung von 5,6 Prozent. Setzt man sie in Beziehung zu den Ausgaben der Haushalte in Höhe von 1299 Mrd. DM im Jahr 1990, dann ergibt sich eine durchschnittliche Zinsbelastung dieser Ausgaben von 28,4 Prozent. Wie gesagt, hiermit sind nur die Zinslasten erfaßt, die als Einkommen an die Haushalte zurückfließen. In Wirklichkeit ist der Zinsanteil in den Preisen deutlich höher. Einmal um jene Anteile, die beim Staat und bei Organisationen ohne Erwerbscharakter verbleiben, also Kirchen, Gewerkschaften, Stiftungen usw. Zum anderen kommen als Belastung noch die Bankvermittlungskosten in Höhe von ca. 80 Mrd. DM hinzu, die ja ebenfalls über die Preise auf die Verbraucher umgewälzt werden.

Verteilt man nun diese eingegrenzten Zinslasten in Höhe von 28,4 Prozent auf die Haushaltsausgaben, dann ergeben sich die in der nachfolgenden Darstellung 52 ausgewiesenen Anteile von 3100 DM bei der ersten bis zu 38300 DM bei der zehnten Gruppe (schraffierte Säulen).

Die schwarze Säulenreihe gibt die Zins*erträge* der einzelnen Haushaltsgruppen wieder. Bei der Berechnung dieser Säulen wurde berücksichtigt, daß die Verzinsung je nach Vermögensgröße sehr unterschiedlich ist. Ausgehend von der durchschnittlichen Verzinsung von 5,6 Prozent, wurde deshalb bei den ersten Gruppen ein Zinssatz von drei Prozent angenommen, der dann bis zur zehnten Gruppe auf 6,5 Prozent ansteigt.

In konkreten Größen ergeben sich damit Zinserträge, die sich zwischen 700 DM bei der ersten und 79000 DM bei der zehnten Gruppe bewegen.

Wie die Darstellung sichtbar macht, sind bei den ersten acht Haushaltsgruppen die Zinslasten deutlich höher als die Zinser-

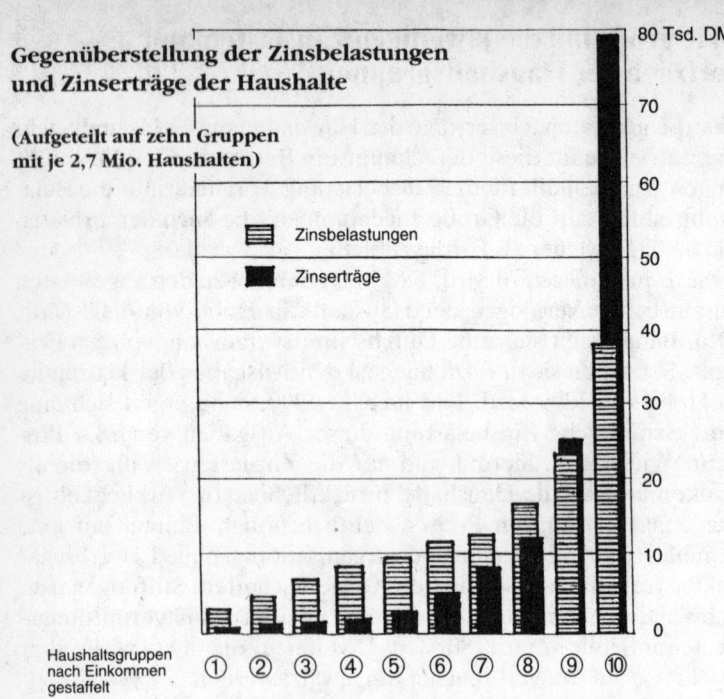

Gegenüberstellung der Zinsbelastungen und Zinserträge der Haushalte

(Aufgeteilt auf zehn Gruppen mit je 2,7 Mio. Haushalten)

Zinsbelastungen
Zinserträge

Haushaltsgruppen
nach Einkommen
gestaffelt

① ② ③ ④ ⑤ ⑥ ⑦ ⑧ ⑨ ⑩

Darstellung 52

träge. Bei der neunten Gruppe sind beide Säulen fast ausgeglichen, und erst bei der zehnten ergibt sich ein umgekehrtes Bild: Hier sind die Zinserträge gut doppelt so groß wie die mit den laufenden Ausgaben getragenen Zinslasten.

Welche Größe haben die sich ergebenden Salden?

Aus der Gegenüberstellung von Zinserträgen und -lasten läßt sich für jede Haushaltsgruppe ein Saldo errechnen. Diese Salden entsprechen den jeweiligen Durchschnittsgewinnen bzw. -verlusten der Gruppen. Wie die nachfolgende Darstellung 53 zeigt, sind die Salden der ersten acht Gruppen negativ. Der Verlust steigt von 2400 DM bis zur sechsten Gruppe auf 7000 DM an und geht dann bis zur achten Gruppe leicht zurück. Bei der neunten Gruppe liegt der Saldo kanpp über null. Alleine bei der zehnten Gruppe schlägt er mit einem deutlichen Plus von 41000 DM zu Buche.

Bezieht man die Salden auf die jeweiligen verfügbaren Einkommen, dann haben die ersten drei Haushaltsgruppen die relativ größten Verluste zu tragen. Sie liegen hier bei 22 Prozent der Einkommen und verringern sich bis zur achten Gruppe auf sieben Prozent. Bei der neunten Gruppe liegt der Gewinn aus den Zinstransfers bei knapp zwei Prozent und bei der zehnten bei 24 Prozent des verfügbaren Einkommens.

Zu beachten ist bei diesen Zahlen, daß es sich immer um Durchschnittswerte handelt. So dürfte in den ärmeren Haushaltsgruppen ein Großteil über gar keine bzw. keine nennenswerten Zinserträge verfügen. Das heißt, ihre Zinsbelastung wird durch keinerlei Zinserträge gemildert. Umgekehrt dürften bei den reichsten Haushalten innerhalb der zehnten Gruppe die Zinserträge die Zinslasten um ein Vielfaches übersteigen. Ein 50facher Millionär beispielsweise, der im Jahr für seinen Haushalt 750000 DM ausgibt (also rund 63000 DM im Monat), trägt damit Zinslasten von rund 213000 DM jährlich. Seine Zinserträge dagegen belaufen sich bei 6,5 Prozent auf 3,25 Millionen. Sie sind also 15mal größer als seine Zinslasten. Und da er von den 3,25 Millionen Zinserträgen 2,5 Millionen übrigbehält, steigt sein Vermögen von 50 auf 52,5 Millionen Mark an und wirft im Jahr darauf noch höhere Zinsen ab.

Hinter den dunklen Zinssaldensäulen sind in der Darstellung 53 zusätzlich noch hellere Säulen eingetragen. Diese geben die Salden wieder, wenn man statt einer Durchschnittsverzinsung von 5,6 Prozent eine von 8,4 Prozent annimmt. Als Folge dieser um die Hälfte angehobenen Verzinsung vergrößern sich dann auch die Verluste bzw. Gewinne jeweils um die Hälfte.

Dieser Vergleich zeigt, welche problematischen sozialen Folgen mit höheren Zinsen und vor allem inflationsbedingtem Hochzinsphasen verbunden sind. Bedenkt man, daß zum Beispiel bei der vierten Haushaltsgruppe die Verluste durch einen solchen Zinsanstieg von 6400 auf 9600 DM ansteigen, dann wird noch einmal klar, daß mit einer Inflationsanpassung der Tariflöhne solche Belastungszunahmen nicht auszugleichen sind.

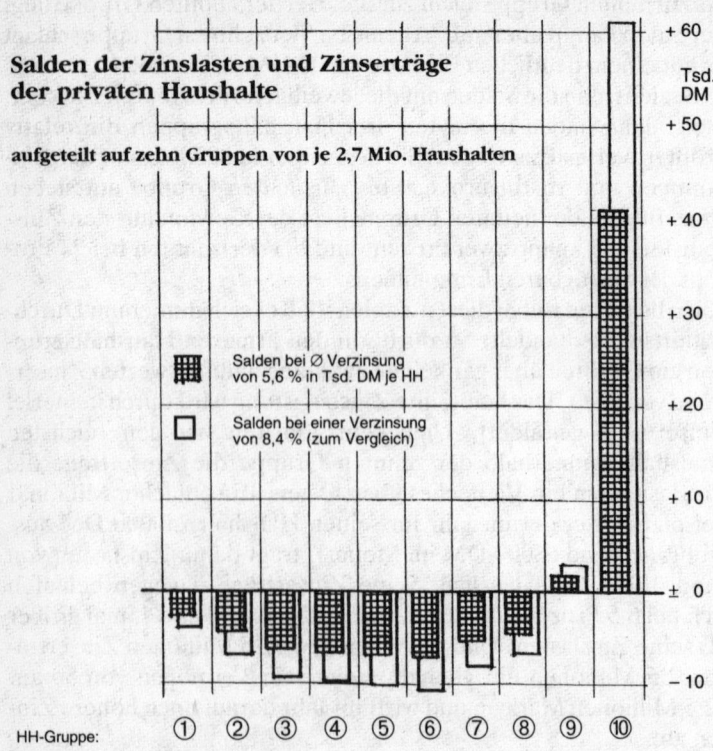

Salden der Zinslasten und Zinserträge der privaten Haushalte

aufgeteilt auf zehn Gruppen von je 2,7 Mio. Haushalten

Salden bei Ø Verzinsung von 5,6 % in Tsd. DM je HH

Salden bei einer Verzinsung von 8,4 % (zum Vergleich)

HH-Gruppe: ① ② ③ ④ ⑤ ⑥ ⑦ ⑧ ⑨ ⑩

Gesamte Einkommensverschiebung von den acht ersten zu den zwei letzten Haushaltsgruppen: jährlich 116 Mrd., täglich 318 Mio. DM

(bei 8,4 % Verzinsung : jährlich 174 Mrd., täglich 477 Mio. DM)

Darstellung 53

Wie groß sind die gesamten Zinstransfers zwischen den Haushalten?

Addiert man bei den ersten acht Haushaltsgruppen die gesamten negativen Salden, dann ergeben sich Verluste in Höhe von insgesamt rund 116 Mrd. DM. Die gleiche Summe ergibt sich als Gewinnsaldo für die letzten beiden Gruppen. Das heißt konkret: 1990 wurden die acht ärmeren Haushaltsgruppen durch die Zinstransfers netto um 116 Mrd. DM ärmer und die zwei reichsten Gruppen – weitgehend die zehnte – um die gleiche Summe reicher. Bei einem Durchschnittszins von 8,4 Prozent hätte der Nettoverlust bzw. -gewinn sogar 174 Mrd. DM betragen.

Rechnet man diese Transfergrößen auf die Kalendertage um, dann fließen jeden Tag netto etwa 318 Millionen DM von den acht Verlierergruppen zu den beiden Gewinnergruppen, in Hochzinsphasen entsprechend mehr. Die Mehrheit der für Geld arbeitenden Bevölkerung muß also laufend einen erheblichen Teil ihrer Arbeitseinkommen an jene abtreten, die ihr Geld »arbeiten« lassen. Und diese Übertragungsgröße nimmt ständig zu. Sie wächst nicht nur mit der allgemeinen Vermögens-Überentwicklung und den Zinssätzen, sondern auch durch die Konzentration der Vermögen.

Der Oberbürgermeister von München, Georg Kronawitter, SPD, hat zu diesen Vorgängen im »Spiegel« Nr. 16/1992 einmal Stellung bezogen: »In der Bundesrepublik ist, binnen zehn Jahren, eine riesige Verschiebung von Vermögen und Reichtum zuwege gebracht worden, die jedes soziale Gleichgewicht zerstört hat. Ich bin sicher, daß die Verteilungskämpfe heftiger werden, aber immer weniger zu verteilen sein wird.«

Allerdings hat diese Umverteilung nicht erst vor zehn Jahren begonnen, sie tritt nur immer deutlicher hervor.

22. *Kapitel*
Die Folgen der zinsbedingten Einkommensumschichtung

> »*Die Tatsache, daß ein Fünftel der Menschheit immer reicher und vier Fünftel immer ärmer werden, das liegt natürlich an unserer Wirtschaftsart und ganz speziell an unserem Geldsystem. Ich glaube, daß an diesem Geldsystem etwas geändert werden muß, um zu irgendeiner Art von Gleichgewicht in der Welt zu kommen.*«
>
> Michael Ende*

Läßt sich die zinsbedingte Verarmung der Arbeitleistenden nachweisen?

Eine Wirtschaft, die dauernd wächst, kann auch immer mehr verteilen. Sie kann auch – ohne daß sich die Relationen verändern – immer mehr umverteilen. Das gilt für die Umverteilung über Steuern ebenso wie für die Umverteilung über den Zins. Nehmen die Größen, auf die sich die Zinsen beziehen, jedoch schneller zu als die volkswirtschaftliche Leistung, dann wachsen auch die Zinsströme überproportional. Nehmen außerdem die Verteilungsdiskrepanzen der Vermögen zu, dann werden die Einkommensumverteilungen zusätzlich beschleunigt.

In der nachfolgenden Darstellung 54 ist die Entwicklung des Volkseinkommens von 1950 bis 1990 in realen, also inflationsbereinigten Größen aufgetragen. Auch hier zeigt sich die ständige, fast lineare Zunahme unserer volkswirtschaftlichen Leistung. Sichtbar werden bei dieser jährlichen Darstellung der Volkseinkommensgrößen aber auch die hochzins- bzw. inflationsbedingten Konjunktureinbrüche 1967, 1975, 1982 und 1993, die jeweils zu einem Rückgang des realen Leistungswachstums führten.

---

* Buchautor, aus einem Programmheft des Münchener Volkstheaters, 1991

Im oberen Teil der Grafik wurden als Vergleichsgröße für die Einkommen der Geldgeber und Banken die Zinserträge der Kreditinstitute eingetragen. Da diese Zinsgrößen aus der Arbeitsleistung bedient werden müssen, verringert sich das den Werteschaffenden verbleibende Einkommen entsprechend.

Wie die Darstellung zeigt, sind sowohl diese geldbezogenen wie auch die arbeitsbezogenen Einkommen ständig gestiegen. Rechnet man die geldbezogenen Größen jedoch einmal auf das Volkseinkommen um, dann lagen sie 1950 bei vier Prozent, 1990 bei 18 Prozent und 1993 bereits bei 23 Prozent.

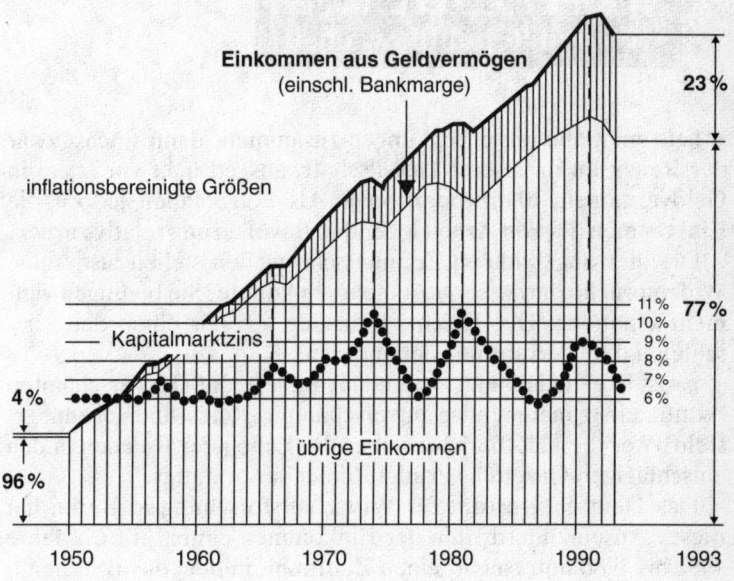

**Auswirkungen der Zinsschwankungen
auf Volkseinkommen und -verteilung**

Westdeutschland, 1950 bis 1993, Mrd DM

Darstellung 54

Weiter ist zu beachten, daß bei den Konjunktureinbrüchen zwar das Volkseinkommen zurückgeht, nicht aber die zinsbezogenen Einkommen. Da die Konjunktureinbrüche mit Hochzinsphasen zusammenhängen, kommt es vielmehr zu einem verstärkten Anwachsen der Geldvermögen und damit wiederum der Zinseinkommen. Das heißt, in jeder Hochzins-Krisenphase nehmen die sozialen Spannungen schubartig zu.

In München wächst die Armut

MÜNCHEN. – In der bayerischen Landeshauptstadt lebt jeder zehnte Bürger am Existenzminimum. Aus dem gestern im Stadtrat vorgelegten »Armutsbericht 1990« ergibt sich, daß in Mün Armut betroffen sind, unter ihnen 50000 Armutsschwelle errechnet sich aus dem dur Nettoeinkommen und liegt der Studie zufolg monatlich 530 Mark.

In Bayern immer mehr Millionäre

Ihr Gesamtvermögen betrug knapp 77 Milliarden

Die Armut in der reichen Republik wächst!

Faßt man alle diese Wirkungen zusammen, dann wächst zwar der Reichtum in unserer Gesellschaft, ausgedrückt vor allem in Geldvermögen, überproportional. Als Folge fallen jedoch die Einkommen der von Arbeit lebenden Bevölkerung relativ zurück.

Die hier abgebildeten Zeitungsschlagzeilen stellen also keine Widersprüche dar, wie man annehmen könnte. Sie bedingen vielmehr einander: Der Reichtumsanstieg auf der einen Seite beschleunigt die Verarmung der anderen.

Ernst Breit hat einmal treffend formuliert, daß der verschämten Armut ein zunehmender unverschämter Reichtum gegenübersteht. Wer die »Hofberichte« über das Leben der Reichen in den einschlägigen Gazetten verfolgt, findet das bestätigt.

Das Deutsche Institut für Wirtschaftsforschung in Berlin hat dieses Auseinanderdriften der Einkommen einmal für die Jahre 1981 bis 1986 untersucht, einen Zeitraum, in dem das BSP nominell um 25 Prozent zunahm. Das Ergebnis ist in Darstellung 55 grafisch umgesetzt.

Bei diesem Vergleich verschleiern die Begriffe »Arbeitnehmer« und »Selbständige« die Verteilungswirklichkeit. Denn zu den Arbeitnehmern gehören auch die Manager in den Direktionsetagen mit Einkommen, von denen die meisten Selbständigen nur träumen können. Und zu den Selbständigen wiederum gehören auch die vielen kleinen Landwirte und Gewerbetreibenden, deren Einkommen oft unter dem Durchschnitt der abhängig Beschäftigten liegt. Könnte man diese Einkommensempfänger aus ihren jeweiligen statistischen Gruppen herausnehmen, dann wäre die Unterschiedlichkeit der Einkommensveränderungen noch viel krasser.

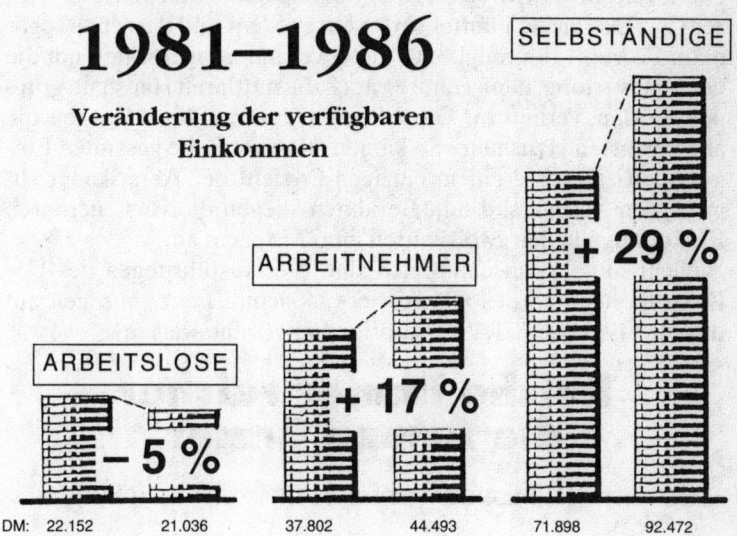

Darstellung 55

Was wird uns die Zukunft bringen?

Exponentiell beeinflußte Auseinanderentwicklungen haben die Tendenz, sich zu beschleunigen. Das tritt um so deutlicher zutage, je länger eine Wirtschaftsepoche dauert. Wer also etwas über unsere künftigen Gegebenheiten wissen will, braucht sich nur in

Volkswirtschaften umzusehen, in denen die Entwicklung durch keinen Neubeginn nach dem letzten Krieg unterbrochen wurde. Das ist z. B. in England und den USA der Fall.

Geht man von Zeitungsveröffentlichungen über die Situation in England aus, dann sind dort die Realeinkommen bei einem knappen Drittel der Haushalte trotz Wirtschaftswachstums in den letzten zehn Jahren gesunken. In den USA hat der Einkommensrückgang sogar schon den Mittelstand erreicht.

So berichtete der »Spiegel« in Nr. 13/1992, daß der Anstieg des versteuerbaren Einkommens des reichsten Fünftel aller Haushalte in den USA zwischen 1977 und 1989 29 Prozent betragen hat. Das zweit- bzw. drittreichste Fünftel legte um neun bzw. vier Prozent zu. Das vierte Fünftel verlor ein Prozent und das letzte sogar neun Prozent. Bereinigt man diese Veränderungsraten um die Geldentwertung, dann gehören auch die mittleren Haushaltsgruppen zu den Verlierern. Ganz klare Gewinner sind dagegen die allerreichsten Haushalte. So kamen 60 Prozent die gesamten Einkommenszuwächse einem einzigen Prozent der Amerikaner zugute, den Vermögendsten. Bei ihnen stiegen die versteuerbaren Einkommen in den zwölf Jahren um 77 Prozent an.

Nicht minder aufschlußreich sind die Ausführungen des US-Korrespondenten des »Südkurier«, Joachim Lenz, bezogen auf das Jahr 1991, am 3.1.1992 veröffentlicht (siehe Kasten):

Reiche immer reicher die Armen ärmer

Das letzte Jahr aus der Sicht des amerikanischen Bürgers

25 Mio. Amerikaner waren in diesem Jahr mindestens einmal arbeitslos, d. h. jeder fünfte Arbeitnehmer. 35 Millionen leben in Armut, obgleich die Hälfte von ihnen einen Fulltime-Job hat. Die meisten Amerikaner haben, wie in den vergangenen zehn Jahren, auch in diesem Jahr reale Einkommensverluste hinnehmen müssen.

Amerikas Reiche dagegen haben ihren Anteil am nationalen Einkommenskuchen in den vergangenen zehn Jahren enorm vergrößert. Der Bruttosozialproduktzuwachs ging ausschließlich an das obere Einkommensdrittel der Bevölkerung. Die USA haben heute die ungleichste Einkommensverteilung ihrer Geschichte.

Gibt es konkrete Anhaltspunkte für die weitere Entwicklung in unserem Land?

Alle Voraussagen sind letztlich spekulativ. Dies gilt nicht nur für die meisten Insider-Prophezeiungen, sondern weitgehend auch für die jährlichen Prognosen der hochdotierten »Fünf Weisen«. Dieses Jahresgutachten wird zwar regelmäßig mit viel Publicity dem Bundeskanzler überreicht, aber einem »Bon(n-)mot« zufolge sollen es keine drei Leute in der Bundeshauptstadt lesen.

Will man Konkretes prognostizieren, ist das allenfalls über die Verlängerung bisheriger, langfristig abgesicherter Entwicklungen möglich, unter Einbezug der Geldproblematik. Zum Beispiel über die Fortführung der realen Entwicklung unseres Volkseinkommens im Vergleich zu den Bankzinserträgen, die sowohl die Zunahme der Geldvermögen wie deren Anspruch auf Wirtschaftsleistung widerspiegeln.

In der nachfolgenden Grafik ist die Darstellung 54 noch einmal verkleinert wiedergegeben und mit zwei Varianten um 40 Jahre verlängert.

Bei der *Variante A* wird von einer weiteren linearen Zunahme unserer volkswirtschaftlichen Leistung ausgegangen. Das heißt, unser Sozialprodukt wird real jedes Jahr in der gleichen Größenordnung wie bisher weiter aufgestockt. Während für dieses lineare Wachstum in den 50er Jahren noch eine durchschnittliche Rate von 8,5 Prozent erforderlich war, genügte dazu in den 80er Jahren eine von 2,1 Prozent. Inzwischen bedeuten zwei Prozent Wachstum mengenmäßig eine gleich hohe Leistungsausweitung wie neun Prozent in den 50er Jahren!

In den 90er Jahren genügt zur Beibehaltung des linearen Wachstums eine durchschnittliche Rate von 1,8 Prozent. Dieser Satz geht nach 2020 auf 1,2 Prozent zurück.

Bei der Variante A wird weiter angenommen, daß sich das Geldvermögen (und damit auch die geldbezogenen Zinstransfers) ähnlich wie in den letzten 20 Jahren entwickeln wird. In diesen beiden Jahrzehnten nahmen sie im Schnitt real um 4,7 bzw. 4,3 Prozent zu. Für die nächsten vier Jahrzehnte wurden darum weiter fallende Raten von vier auf drei Prozent angenommen.

Wie aus der Darstellung ersichtlich, würden unter diesen Vorgaben die übrigen Einkommen bis zum Jahr 2030 zwar weiter zunehmen, gegenüber dem Zuwachs der geldbezogenen Zinserträge aber immer mehr zurückfallen. Während 1950 der Verteilungsschlüssel zwischen den Einkommen noch bei 4:96 und 1990 bei 18:82 lag, hätte er sich bis 2030 auf 37:63 verändert. Dabei darf nicht übersehen werden, daß die hier herangezogenen Zinsgrößen nur den Anspruch der Geldvermögen und der vermittelnden Banken abdecken. Die Zinsen für das schuldenfreie Sachkapital stecken in den übrigen Einkommen. Zieht man diese mit ein, dann lag die Verteilungsrelation wahrscheinlich bereits 1990 bei 30:70, und der Umkippunkt dürfte – trotz des linearen Wirtschaftswachstums – in 10 bis 20 Jahren zu erwarten sein.

Daß diese Entwicklungsvariante A, die von einem weiteren ständigen Anstieg unseres BSP ausgeht, kaum realistisch sein

Anspruch des Geldvermögens an das Volkseinkommen von 1950 bis 1990
Fiktive Weiterentwicklung von 1990 bis 2030

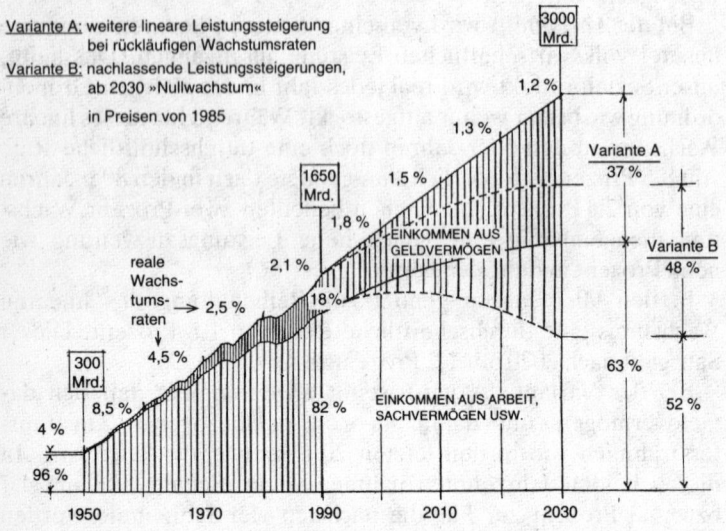

Variante A: weitere lineare Leistungssteigerung bei rückläufigen Wachstumsraten

Variante B: nachlassende Leistungssteigerungen, ab 2030 »Nullwachstum«

in Preisen von 1985

Darstellung 56

298

kann, liegt auf der Hand. Eine nochmalige Verdoppelung unserer derzeitigen Leistung in den nächsten 40 Jahren ist angesichts der heutigen Umweltschäden und des bereits erreichten Wohlstandsvorsprungs gegenüber der übrigen Welt geradezu absurd.

Noch unrealistischer wäre der Versuch, die bisherigen Verteilungsrelationen von 18:82 auch in Zukunft beizubehalten. Denn dazu müßten wir das reale Volkseinkommen in den nächsten 40 Jahren, im Gleichschritt mit den Geldvermögen, sogar auf das Vierfache steigern.

In der *Variante B* wird als Alternative eine Stabilisierung der Leistung um das Jahr 2030 angenommen. Da aber auch bei gleichbleibender und sogar bei nachlassender Wirtschaftsleistung die Geldvermögen aufgrund der ständig positiven Zinssätze weiter wachsen, kippt hier die Verteilungskurve bereits kurz nach der Jahrtausendwende um. Das heißt, wir haben maximal in ein bis zwei Jahrzehnten Umverteilungsprozesse zu erwarten, die den heutigen in den USA entsprechen und sehr bald lateinamerikanische Ausmaße annehmen können (siehe Kasten, Seite 300). Vermeidbar ist diese Eskalation der sozialen Spannungen nur, wenn im Gleichschritt mit den wirtschaftlichen Wachstumsraten auch die Zinssätze gegen Null absinken. Bleiben sie jedoch wie bisher ständig über Null, geht die Schere zwischen Arm und Reich weiter auseinander.

Schere zwischen Arm und Reich

Hamburg(dpa). In Hamburg, der Stadt mit den meisten »Superreichen«, leben zugleich mehr Menschen unterhalb der Armutsgrenze als in anderen deutschen Städten.

Fast jeder zehnte Bürger ist auf Sozialhilfe angewiesen – gleichzeitig steigt das Einkommen der Selbständigen, wie Sozialsenator Ortwin Runde (SPD) betonte.

»Es ist zu erwarten, daß die Schere zwischen Arm und Reich bundesweit immer weiter auseinanderklafft«, meint der Senator. Mit größer werdenden Einkommensdifferenzen wachse die Gefahr der Polarisierung. Wenn es nicht gelinge, diese Entwicklung zu stoppen, drohten soziale Auseinandersetzungen wie in Lateinamerika.

AN/Nr. 122 – Donnerstag, 27. Mai 1993

23. Kapitel

Geld, Wachstum, Umwelt –
Die ökologische Frage

*»Sie sägten Äste ab, auf denen sie saßen,
und schrien sich zu ihre Erfahrungen, wie
man schneller sägen konnte, und fuhren mit
Krachen in die Tiefe, die ihnen zusahen,
schüttelten die Köpfe beim Sägen
und sägten weiter!«*

Bertholt Brecht

Welche Wachstumsregeln sind zu beachten?

Wenn ein Zehnjähriger mit zwanzig 1,80 Meter groß sein möchte, ist dagegen nichts einzuwenden. Will er jedoch mit 30 Jahren 2,80 Meter groß sein und mit vierzig 3,80 Meter, dann wird die Sache fragwürdig. Und das nicht nur, weil unser Wachstumsfetischist ständig größere Schuhe, Kleider und Möbel braucht, ja, selbst immer größere Wohnungen und Fortbewegungsmittel. Vielmehr ist ein solches körperliches Überwachstum mit zunehmenden gesundheitlichen Komplikationen und schließlichem Kollaps verbunden.

Für alle gesunden und natürlichen Wachstumsentwicklungen gibt es also eine optimale Größe bzw. Obergrenze. Wachstum bis zu diesen Grenzen ist sinnvoll und vorteilhaft. Alles Wachstum darüber hinaus ist dagegen mit Negativfolgen verknüpft. Diese Regel gilt nicht nur für Wachstumsvorgänge in der Natur. Auch die Leistungssteigerung eines Motors ist nur bis zur optimalen Drehzahl sinnvoll. Erhöht man sie darüber hinaus, dann ist es nur eine Frage der Zeit, bis der Motor auseinanderfliegt.

Das alles trifft auch auf das Leistungswachstum in der Wirtschaft zu. Auch hier ist ein Überschreiten sinnvoller Grenzen mit zunehmenden Negativerscheinungen verbunden. Unsere Zeitungen sind täglich voll davon. Doch bevor wir uns diesen Gegebenheiten eingehender zuwenden, vorweg noch einige grundsätzliche Gedanken zum Thema Wachstum.

Gibt es unterschiedliche Wachstumsabläufe?

Ein Wachstumsvorgang kann mit zunehmender, abnehmender oder gleichbleibender Geschwindigkeit ablaufen. In der Darstellung 57 sind diese unterschiedlichen Möglichkeiten in einer Schemagrafik wiedergegeben.

Die *Kurve a)* zeigt einen Wachtumsablauf, der anfangs sehr rasch beginnt, sich immer mehr verlangsamt und schließlich auf einer bestimmten Höhe stabilisiert. Dieser Verlauf entspricht den meisten Entwicklungen in der Natur. Denken wir nur an uns selbst: Den größten, fast schon explosiven Wachstumsschub erleben wir noch im Mutterleib. Auch in den ersten Babyjahren sind die jährlichen Zuwachsraten noch erheblich. Sie lassen jedoch in den anschließenden Jahren nach und kommen im Alter von 18 oder 20 Jahren zum Stillstand.

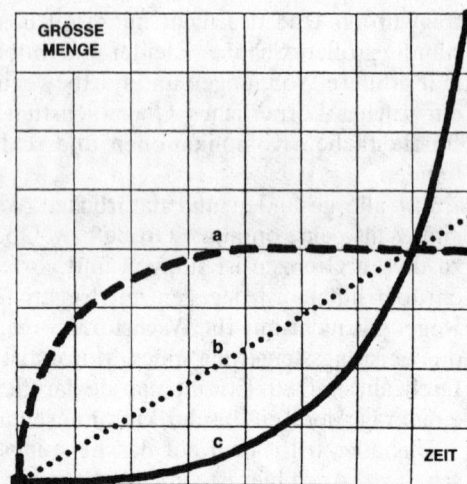

Unterschiedliche Wachstumsabläufe

a) natürlicher Wachstumsablauf
   (abnehmend, zur Stabilisierung
   tendierend)

b) linearer Wachstumsablauf
   (gleichbleibende Zuwachsraten
   in gleichen Zeitabständen)

c) exponentieller Wachstumsablauf
   (zunehmend, mit Verdoppelungsraten
   in gleichen Zeitabständen)

Darstellung 57

Diese Stabilisierung des menschlichen Wachstums bei einer optimalen Größe betrifft jedoch nur die *quantative* Entwicklung. Der *qualitativen*, z. B. im geistigen, sozialen und kulturellen Bereich, sind dagegen keine Grenzen gesetzt. Vielmehr entwickeln sich diese spezifisch menschlichen Fähigkeiten überwiegend nach Beendigung des quantitativen Wachstums.

Die *Kurve b)* zeigt einen linearen Entwicklungsverlauf. Bei diesem nimmt die Größe in gleichen Zeitabständen in gleichbleibenden Raten zu. Es bedarf keiner Erläuterung, daß ein solches ständiges Wachstum in einem begrenzten Raum nicht durchzuhalten ist, auch nicht, wenn dieser Raum die Größe der Erde hat.

Die *Kurve c)* schließlich zeigt eine Entwicklung, die anfangs kaum merklich beginnt, um sich danach immer mehr zu beschleunigen. Es ist eine Entwicklung, bei der sich die Zuwachsraten in gleichbleibenden Zeitabständen immer wieder verdoppeln, ein sogenanntes exponentielles Wachstum. Verglichen mit der Kurve a), liegt hier also ein genau umgekehrter Verlauf vor: Während das natürliche Wachstum explosiv beginnt und ständig abnimmt, schießt das anfänglich so harmlose exponentielle Wachstum schließlich explosionsartig in die Höhe.

Diese Art von Wachstum kennen wir in der Natur weitgehend nur bei krankhaften Entwicklungsprozessen, z. B. bei bösartigen Tumoren. Auch diese wachsen oft über Jahre und Jahrzehnte vor sich hin, ohne ihren Gastorganismus ernstlich zu gefährden. Haben sie jedoch eine bestimmte kritische Größe erreicht und gelingt es nicht, ihr weiteres Verdoppelungswachstum zu stoppen, dann müssen sie in relativ kurzer Zeit zum Tode führen. Dabei zerstören sie nicht nur ihren Gastorganismus, sondern mit ihm ihre eigene Lebensbasis.

Auch das Wachstum der Bevölkerung auf unserem Planeten verläuft nach diesem letztlich tödlich Verdoppelungskonzept. Vieles spricht dafür, daß wir die kritische Grenze schon erreicht, wenn nicht bereits überschritten haben. Gelingt es nicht, diese Entwicklung zum Stillstand zu bringen, ergibt sich auch hier die Gefahr einer Selbstzerstörung durch Überwachstum.

Wie irreal ist exponentielles Wachstum?

Abläufe exponentiellen Wachstums sind für uns Menschen schwer nachvollziehbar. Wir sind gewohnt, in normalen Zahlenreihen zu denken, z. B. eins, zwei, drei, vier, fünf. Die widernatürliche Reihe eins, zwei, vier, acht, 16 ist uns dagegen fremd.

Zu welchen irrealen Größenordnungen es bei Vorgängen mit exponentiellem Wachstum kommen kann, macht die Geschichte von der Erfindung des Schachspiels deutlich. Der König im Lande, von dem Spiel begeistert, stellte dem Erfinder einen Wunsch frei. Zur Überraschung des Herrschers wünschte dieser sich auf das erste Feld des Schachspiels ein Getreidekorn, auf das zweite zwei, das dritte vier usw., also jeweils die doppelte Menge des vorhergehenden Feldes.

Der König, der glaubte, er könnte diesen ihm simpel erscheinenden Wunsch mit einigen Säcken Getreide nachkommen, mußte feststellen, daß er unerfüllbar war: Das ganze Getreide seines Landes reichte dazu nicht aus!

Zählt man die erforderliche Körnermenge zusammen, wie das Eckard Eilers aus Rastede einmal getan hat, dann ergibt sich eine Zahl von 18,5 Trillionen! In Gewichtsgrößen umgerechnet, sind das rund 740 Mrd. Tonnen. Da die heutige Weltgetreideernte bei etwa 1,7 Mrd. Tonnen liegt, hätte der König zur Erfüllung des Wunsches also rund 440 heutige Weltgetreideernten ansammeln müssen! Ausgeschüttet auf die alte Bundesrepublik ergäbe das eine Höhe von vier Metern. – Bereits die 63fache Verdoppelung einer Ausgangsmenge ergibt also kaum vorstellbare Größenordnungen.

Aber auch schon bei wesentlich kürzeren Verdoppelungsprozessen sind die Ergebnisse überraschend. Dafür ein Beispiel: Einem Arbeitsuchenden werden für ein halbes Jahr zwei gleichartige Jobs angeboten: Der erste Arbeitgeber bietet dem Bewerber einen gleichbleibenden Wochenlohn von 1000 Mark. Der zweite macht ein ganz verrücktes Angebot: Er verspricht für die erste Woche einen Pfennig Lohn, für die zweite zwei Pfennige, für die dritte vier usw., für jede der 26 vereinbarten Arbeitswochen den doppelten Lohn der vorhergehenden. Wahrscheinlich würde sich kaum jemand auf das zweite Angebot einlassen. Trotzdem wäre er der Gewinner!

Zwar würde der Arbeitsuchende beim zweiten Anbieter nach vier Wochen erst 15 Pfennig verdient haben, nach acht Wochen 2,55 Mark und nach zwölf Wochen ganze 41 Mark, während er bei dem anderen Arbeitgeber bereits 12000 Mark erhalten hätte. Und selbst nach der 20. Woche läge er mit einem Gesamteinkommen von 10500 Mark gerade erst bei der Hälfte des Einkommens, das er beim ersten Anbieter ausgezahlt bekäme. Doch sechs Wochen später, also nach Ablauf eines halben Jahres, würde unser Pfennigverdiener insgesamt 671000 Mark erhalten haben, fast das 26fache des 1000-Mark-Wochenlöhners.

Hätte der Arbeitsvertrag ein Dreivierteljahr gedauert, dann wären auf seinem Lohnkonto bereits 5,5 Milliarden Mark gutgebucht worden. Nach einem ganzen Jahr – also nach 52 Wochen – wären es 45000 Milliarden Mark gewesen, 24mal soviel wie das bundesdeutsche Volkseinkommen des Jahres 1990!

Sind auch unterschiedliche Entwicklungen innerhalb eines Organismus problematisch?

Wenn ein Zehnjähriger bis zum 20. Lebensjahr sein Körpervolumen verdoppelt, dann müssen nicht nur sein Körpergerüst und sein Leib im Gleichschritt größer werden, sondern auch seine Gliedmaßen und Organe. Denn ein Organismus bleibt nur stabil, wenn sich alle seine Teile gleichermaßen entfalten. Würden bei einem Heranwachsenden der Kopf oder die Leber rascher wachsen als der gesamte Organismus, dann käme es sehr schnell zu Komplikationen. Auch wenn Teile des Körpers nach Erreichen der Normalgröße alleine weiterwachsen, sind ernstliche Krisen mit anschließendem Kollaps unabwendbar.

In der Grafik 58 ist diese Regel anhand eines wachsenden Baumes dargestellt. Solange er wächst, müssen Wurzelwerk, Stamm und Krone das im Gleichschritt tun. Würde die Krone rascher weiterwachsen als die übrigen Teile oder würde sie nach dem Ausgewachsensein alleine weiterwachsen, dann wäre der Baum zum Absterben verurteilt: Der Stamm könnte die Krone nicht mehr tragen, die Wurzeln das Blätterwerk nicht mehr versorgen.

Fassen wir diese Überlegungen noch einmal zusammen, dann ergeben sich folgende Regeln des Wachstums:

1. In einem begrenzten Raum kann es kein grenzenloses Wachstum geben.
2. Für jedes gesunde und natürliche Wachstum gibt es eine optimale Obergrenze.
3. Alle Teile eines Organismus müssen sich in ihrer Entfaltung am Ganzen orientieren.
4. Alle Entwicklungen, die diese naturgegebenen Gesetzmäßigkeiten mißachten, sind zum Zusammenbruch verurteilt.

Alle diese Regeln – auch die letzte – gelten jedoch nicht nur für natürliche Wachstumsvorgänge. Sie gelten auch für das sogenannte Wachstum der Wirtschaft. Denn alle auf der Erde stattfindenden materiellen Prozesse können sich den Naturgesetzen nicht entziehen.

Was bedeutet Wirtschaftswachstum?

Der Begriff Wachstum ist für das Geschehen in der Wirtschaft eigentlich fehl am Platz. Wirkliches Wachstum gibt es nur in der Natur, ausgelöst durch Boden, Licht, Luft und Wasser. Was in der Wirtschaft mit Wachstum bezeichnet wird, sind in Wirklichkeit Vermehrungen der von Menschen erzeugten Leistungen und Gü-

ter. Der Begriff »Wirtschaftswachstum« hat sich jedoch so einge-
bürgert, daß wir mit ihm leben müssen.

Dieses sogenannte Wirtschaftswachstum wird – wie auch andere Vermehrungsprozesse – zumeist in Prozent gemessen, bezogen auf die jeweilige Vorjahresgröße. Dabei unterscheiden wir
eine nominelle und eine reale Zuwachsrate. Bei der nominellen
wird der Zuwachs in Tagespreisen gemessen, bei der realen in inflationsbereinigten Größen. Das reale Wirtschaftswachstum gibt
also die tatsächliche Leistungssteigerung in Gütermengen und
konkreten Leistungen wieder.

Von Ende 1987 bis Ende 1991 hatten wir in der Bundesrepublik
im Jahresdurchschnitt ein nominelles Wirtschaftswachstum von
sieben Prozent und ein reales von vier Prozent. Vier Prozent reales Wachstum bedeuten z. B., daß statt 100 PKW im Vorjahr, im
darauffolgenden Jahr 104 produziert werden. Dieser Zuwachs erscheint nicht aufregend. Rechnet man jedoch die Mehrproduktion
von vier Prozent einmal auf die gesamte PKW-Produktion im Jahr
um, dann ergibt sich daraus eine *zusätzliche* Autoschlange, Stoßstange an Stoßstange, von Garmisch bis Kiel. Wieviel Rohstoffe in
dieser vierprozentigen Leistungssteigerung gebunden sind, kann
man sich in etwa vorstellen. Ebenfalls den Energieverbrauch bei
der Produktion und Benutzung der Fahrzeuge, was wiederum das
Wirtschaftswachstum erhöht.

Vier Prozent Wachstum p. a. bedeuten jedoch mengenmäßig

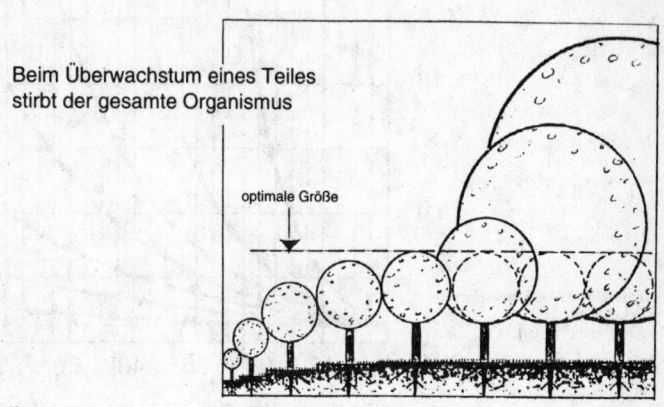

Beim Überwachstum eines Teiles
stirbt der gesamte Organismus

optimale Größe

Darstellung 58

keineswegs eine ständig gleichbleibende Größe, denn im nachfolgenden Jahr hat sich die Meßgrundlage ja um jene hinzugekommene Autoschlange vermehrt. Das heißt, die zusätzlichen vier Prozent werden jetzt nicht mehr auf 100, sondern auf 104 Einheiten bezogen.

Welche Folgen dieser Effekt hat, zeigt die Darstellung 59. Wie aus den Kurven ersichtlich, bewirken gleichbleibend hohe prozentuale Zuwachsraten keine linearen Entwicklungsprozesse, sondern reinrassig exponentielle. Dabei ist der Effekt exponentiellen Wachstums um so größer, je höher der Prozentsatz ist und je länger eine Wachstumsperiode anhält.

Reales Wirtschaftswachstum von vier Prozent heißt also nicht, daß sich die Ausgangsmenge in 25 Jahren verdoppelt (25 × 4 = 100), sondern sie verdoppelt sich aufgrund des Exponentialeffektes bereits in 18 Jahren. Das heißt, bei einem gleichbleibenden

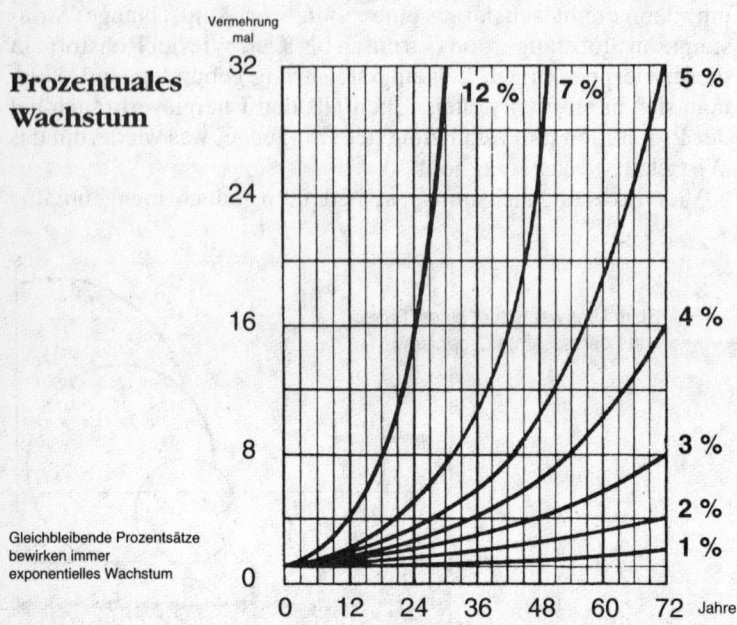

Prozentuales Wachstum

Gleichbleibende Prozentsätze bewirken immer exponentielles Wachstum

Darstellung 59

308

Wirtschaftswachstum von vier Prozent vergrößern sich unsere heutigen Produktions- und Verbrauchsmengen in 18 Jahren auf das Doppelte, in 36 Jahren auf das Vierfache und in 54 Jahren auf das Achtfache!

Bei sechs Prozent Wachstum – eine Größe, die auch heute noch manche Politiker zur Überwindung der Arbeitslosigkeit für erforderlich halten – würden die Verdoppelungen jeweils nur zwölf Jahre dauern. Das heißt, unsere Produktions- und Verbrauchsgrößen würden bereits nach 36 Jahren auf das Achtfache gestiegen sein.

Alle diejenigen, die ein ständig gleichbleibendes oder möglichst noch steigendes prozentuales Wachstum fordern, wissen also offensichtlich nicht, wovon sie reden.

Wie wurde unsere Wirtschaftsleistung seit 1950 tatsächlich gesteigert?

Trägt man die realen (also inflationsbereinigten) Größen unserer Wirtschaftsleistung grafisch auf, dann ergibt sich von 1950 bis 1990 fast eine lineare Entwicklung. Das heißt, unsere Wirtschaftsleistung ist langfristig nicht mit gleichbleibenden, sondern mit nachlassenden prozentualen Wachstumsraten angestiegen. Gleichbleibend waren jedoch die durchschnittlichen Zuwachs*mengen*. Das heißt, wir steigern auch heute unsere Leistung immer noch im gleichen Tempo, wie das aufgrund der großen Zerstörungen und des immensen Nachholbedarfs nach dem Krieg erforderlich und sinnvoll war.

Gehen wir von unserer ersten Wachstumsregel aus, dann war die steile Leistungssteigerung nach dem Krieg natürlich. Sie hätte sich jedoch nach und nach verlangsamen und schließlich auf einer optimalen Höhe stabilisieren müssen. Eine solche Leistungsstabilisierung – abfällig »Nullwachstum« genannt – bedeutet aber keinesfalls einen Stillstand der Wohlstandsentwicklung oder gar einen Rückschritt, auch wenn das immer wieder behauptet wird. Vielmehr weiß jeder Arbeitende, daß sein materieller Wohlstand auch bei gleichbleibender Leistung und gleichbleibendem Realeinkommen ständig zunimmt. Auch dann füllen sich seine Kleiderschränke oder seine Bücherregale weiter an, und er kann die

Anzahl seiner Möbel oder gar sein Haus laufend vergrößern. Verzichtet er darauf, dann kann er das an Sachausgaben Ersparte für mehr Reisen oder Kulturelles ausgeben oder seine Leistung reduzieren, d. h. weniger arbeiten.

Bei diesen Überlegungen sind die Innovationen und die Produktivitätsfortschritte, die auch bei leistungsstabilen Volkswirtschaften weiter zunehmen, noch nicht einmal berücksichtigt. Auch diese Komponenten können bei »Nullwachstum« in zusätzlichen Wohlstand oder zusätzliche Freizeit umgesetzt werden.

Wie kam es zu dem ständigen Wirtschaftswachstum?

Sinn jedes Handelns ist die Deckung menschlicher Bedürfnisse. Eine Wirtschaft, die von den Bedürfnissen der Menschen gesteuert wird und von deren Bereitschaft, für die Erfüllung dieser Bedürfnisse zu arbeiten, würde darum immer einen Entwicklungsverlauf nehmen, der den natürlichen Wachstumskurven entspricht. So unterschiedlich die Bedürfnisse und Wünsche auch sein mögen: Irgendwann und -wo schlägt dieser Sättigungseffekt bremsend durch.

Geht man von diesen Gesetzmäßigkeiten aus, dann hätte sich unsere Wirtschaft also etwa so entwickeln müssen, wie es in der Darstellung 57 als Wachstumskurve a) wiedergegeben ist.

Tatsächlich machten sich – natürlichen Entwicklungen entsprechend – Anfang der 60er Jahre gewisse »Ermüdungserscheinungen« bemerkbar. Die größten kriegsbedingten Mängel waren überwunden. Die »Freßwelle«, die »Kleiderwelle« und selbst die »Wohnwelle« flachten als Folge der zunehmenden Sättigung ab. Doch statt dieser natürlichen Entwicklung nachzugeben, schaltete man in der Sinngebung des Wirtschaftens um: Nicht mehr die Bedarfs*deckung* – Zweck allen humanen Wirtschaftens –, sondern die Bedarfs*weckung* wurde Hauptziel der Wirtschaft. Das heißt, der Mensch, vorher noch bestimmendes *Subjekt* allen Wirtschaftens, wurde zu dessen *Objekt* umfunktioniert. Durch eine zunehmende und immer raffiniertere Werbung, durch bewußte modische Effekte oder kürzere Lebensdauer der Produkte wurde der Arbeitsleistende zum weiteren Kaufen und Leisten verführt bzw. gezwungen. Der Mensch, in Jahrmillionen zu einem Sammler, Bewahrer und *Ge*braucher der irdischen wie der selbstgeschaffenen Güter herangewachsen, wurde systematisch zum Wegwerfer und *Ver*braucher umerzogen. Der Begriff »Normalverbraucher« wurde kreiert, und das war derjenige, der möglichst viele Güter in möglichst kurzer Zeit unbrauchbar machte, also verbrauchte. Nach der bereits genannten Freß-, Kleider- und Wohnwelle wurde regelrecht eine »Wegwerfwelle« propagiert. »Ex und hopp« war ein Werbeslogan, mit dem man für Wegwerfverpackungen warb, z. B. für die bis dahin unbekannten Einwegflaschen. Und das alles nur, um den Verbrauch und damit wiederum die Produktion im bisherigen Tempo weiter zu steigern.

Wie mir ein Insider erzählte, werden zu dieser ständigen Steigerung in manchen Firmen hochdotierte Ingenieure mit einer besonderen Aufgabe betraut: Sie müssen einmal dafür sorgen, daß die Produkte nach Ablauf der Garantiezeit möglichst schnell kaputtgehen und zum zweiten nicht reparierbar sind. Sicher hat jeder mit solchen Produkten schon seine Erfahrung gemacht.

Was wurde noch zur stetigen Leistungssteigerung unternommen?

In der Darstellung 60 sind die angesprochenen Zusammenhänge noch einmal grafisch erfaßt. Die schwarzen Punkte geben dabei die reale Entwicklung des Bruttosozialprodukts (BSP) im Fünfjahresabstand wieder. Legt man an diese Punkte ein Lineal an, zeigt sich der fast gleichbleibende Entwicklungsverlauf.

Die vier in der Darstellung eingetragenen Wachstumsschübe sind schematischer Natur. In Wirklichkeit sind die Übergänge fließend und überlappen sich. Mit den Stufen sollen nur die verschiedenen Bemühungen dargestellt werden, das Wachstum immer wieder aufs neue anzukurbeln. Natürlich werden auch heute immer noch Produkte erzeugt, die der Bedarfsdeckung dienen. Noch mehr aber werden mit immer massiverer Werbung fragwürdige Bedürfnisse geweckt.

Doch auch der zweite Wachstumsschub schwächte sich gegen Ende der 60er Jahre aufgrund der Sättigungsprozesse schließlich wieder ab. Um das weitere Wachstum zu garantieren, wurde darum 1967 der Staat in die Pflicht genommen. Und zwar mit dem sogenannten »Gesetz zur Förderung des Wachstums und der Stabilität der Wirtschaft«, kurz: »Stabilitätsgesetz« genannt. Dabei ist den Verfassern dieses Gesetzes gar nicht aufgefallen, daß bereits die Formulierung in sich widersprüchlich ist. Denn etwas ständig Wachsendes wird auf Dauer immer instabil. Jedes Kind, das mit Bauklötzen einmal einen Turm gebaut hat, kann das bestätigen: Am Ende genügt das Hinzufügen eines einzigen Bausteins, um das ganze Werk zum Einsturz zu bringen.

Aufgrund dieses Gesetzes, wurde nun der Staat, anstelle der konsummüden »Normalverbraucher«, in der Wirtschaft immer aktiver und die Steuerbelastung entsprechend höher. Und während die Bürger letztlich immer nur kleckern können, kann der Staat klotzen: Der Export wurde durch staatliche Risikoabsicherungen noch mehr angekurbelt. Milliardenschwere Großtechno-

Schematische Darstellung der Wachstumsschübe des realen BSP in der Bundesrepublik 1950–1990

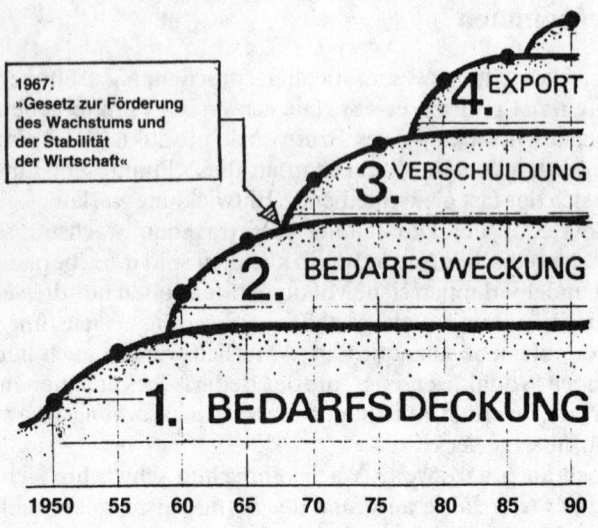

Darstellung 60

logien, wie die Raumfahrt und die Reaktortechnik, wurden durch Forschungsgelder angeleiert und/oder über Subventionen den Firmen schmackhaft gemacht. Garantierte Abnahmemengen bei garantierten Preisen und Gewinnen machten die Rüstungsproduktion zu einer Wachstumsbranche erster Klasse. Und für die Industrie wurde es viel einfacher und sicherer, ein Dutzend Politiker für einen neuen Panzer zu gewinnen als Millionen Verbraucher für ein neues Produkt.

Aber nicht nur bei der Rüstung trat der Staat als milliardenschwerer Nachfrager auf. Auch zivile Projekte, wie der Rhein-Main-Donau-Kanal oder die Verkabelung der Städte zur Überschüttung der Bürger mit noch mehr Werbung, boten Möglichkeiten, das Tempo des Nachkriegswachstums weiter beizubehalten. Dabei wurde all das immer mehr auf Pump finanziert.

Wie lange das noch weitergehen soll und kann, darüber macht sich offensichtlich niemand Gedanken. Nur ab und zu bricht einmal die Vernunft durch. So hat der frühere Bundesminister Hauff den RMD-Kanal einmal als das »dümmste Bauwerk seit dem Turm von Babel« bezeichnet. Und der frühere Wirtschaftsminister Friderichs hat in einer schwachen Stunde davon gesprochen, daß es drei Arten von Arbeit gibt, nämlich sinnvolle, überflüssige und schädliche. Wer daraufhin einmal die in den letzten beiden Jahrzehnten hinzugekommenen Arbeitsplätze und Produkte durchleuchtet, wird feststellen, daß das Gros derselben den beiden letzten Kategorien zuzuordnen ist.

Hinter vorgehaltener Hand wird einem häufig bestätigt, daß ein solches ständiges Wachstum auf Dauer »natürlich« nicht fortzusetzen sei. Aber heute – heißt es im gleichen Atemzug – könne man darauf noch nicht verzichten. Fragt man nach den Gründen, kam vor 20 Jahren meist der Hinweis auf die Dritte Welt: Wir brauchen Wachstum, um den Menschen dort helfen zu können! Nachdem es den Menschen dort trotz (oder wegen?) unseres Wirtschaftswachstums immer schlechter geht, spielt man jetzt die gleiche Platte mit einem anderen Text: Wir brauchen das Wachstum, um die Umweltschäden zu beseitigen! Dabei weiß ein jeder, daß diese Umweltschäden Folgen des ständigen Wachstums sind.

Sicher werden wir für Umweltschutz und -schädenbeseitigung zusätzliche Arbeitsleistungen erbringen müssen. Aber diese sollten nicht durch eine Steigerung des Sozialprodukts verwirklicht werden, sondern durch die Reduzierung fragwürdiger Leistungen und Produktionen. Das ist z. B. im Bereich der Rüstung und der Raumfahrt möglich, aber auch bei manchen überflüssigen zivilen Produkten, deren Rückgang sich mit der Einführung von Öko-Abgaben und ähnlichen Maßnahmen sowieso ergeben würde.

24. Kapitel
Die Ursachen unseres Wachstumszwangs

> »Unsere Wirtschaft ist auf niedriges oder gar ›Nullwachstum‹ nicht eingestellt. Wachstumsstillstand bedeutet Massenarbeitslosigkeit und damit den katastrophalen wirtschaftlichen Zusammenbruch der Bundesrepublik Deutschland.«
>
> Hans Matthöfer*

Warum brauchen wir ständige Leistungsteigerungen?

Auf die Frage, warum wir eigentlich, trotz der zunehmenden Unverträglichkeit für Mensch und Umwelt, ein ständigs Wirtschaftswachstum brauchen, bekommt man selten weiterhelfende Antworten. Meistens hören sie sich ähnlich an wie die oben zitierte. Kaum ursachenklärender ist die Aussage von Lothar Müller, Präsident der bayerischen Landeszentralbank, aus dem Jahr 1988, hier bezogen auf die Länder der EG:

> »Ohne Wachstum lassen sich die sozialen und gesellschaftlichen Probleme nicht lösen, mit denen heute die Mitgliedsstaaten der EG zu kämpfen haben. Nur wenn die Wirtschaft weiter wächst, geht die Arbeitslosigkeit zurück, bleiben die Sozialsysteme leistungsfähig, lassen sich die öffentlichen Haushalte stabilisieren und ist der Strukturwandel zu meistern.«

Warum das jedoch so ist, warum wir uns zur Vermeidung oder Verringerung der einen Probleme andere – nämlich umweltbezo-

---

* Ehemaliger Bundeswirtschaftsminister, »Wege aus der Wohlstandsfalle«, 1980

gene – auf den Hals laden müssen, geht aus allen diesen Aussagen nicht hervor. Der Sache näher bringt uns aber eine Formulierung in einer Veröffentlichung des früheren Bundesministers Volker Hauff. Hierin ist von einem »kapitalistischen Wirtschaftssystem« die Rede, das »sich ständig ausweiten« muß, wenn es »funktionieren« soll.

Nicht jedes Wirtschaftssystem bedarf also eines ständigen Wachstums! Wohl aber eines, das nach den Gesetzmäßigkeiten der Kapitalrendite funktioniert. Das heißt, der Kapitalismus ist wie ein Motor konstruiert, bei dem man ständig mehr Gas geben muß, wenn er weiterlaufen soll. Das heißt aber auch: Der Kapitalismus ist ein Wirtschaftssystem, das sich auf Dauer selbst zerstört.

Warum ist ein kapitalistisches Wirtschaftssystem zur Ausweitung gezwungen?

Erinnern wir uns an die zweite Wachstumsregel, nach der ein Organismus nur stabil bleiben kann, wenn sich alle seine Teile im Gleichschritt mit dem Ganzen entwickeln. Wächst ein Teil rascher, kommt es zu Spannungen und Komplikationen, bis hin zum Kollaps. Vermeidbar ist dieses Ende nur, wenn es gelingt, dem Überwachstum Einhalt zu gebieten. Ist das nicht möglich, bleibt als Alternative nur der Versuch, die Entwicklung des gesamten Organismus dem Überwachstum jenes Teiles anzupassen.

Johannes Jenetzky, der in Baden-Württemberg Steuerrecht lehrt, hat dafür den Begriff »Roß-Reiter-Dilemma« geprägt: Wenn ein Reiter immer größer und schwerer wird, muß das Pferd mitzuwachsen versuchen, wenn es nicht zusammenbrechen will. Gibt es denn in unserer Wirtschaft einen »Reiter«, der immer größer und schwerer wird und der das »Roß« zum Mitwachsen zwingt? Gibt es in unserem Wirtschaftsorganismus einen Teil, der rascher als das Ganze wächst? Möglicherweise sogar exponentiell, wie die Menge der Getreidekörner bei dem Schachbrettbeispiel?

Sehen wir uns die nachfolgende Darstellung 61 an, dann zeigt sich, daß es tatsächlich in unserer Wirtschaft eine Größe gibt, die sich konträr zum natürlichen Wachstumsablauf – wie dem des dargestellten Baumes – entwickelt. Und zwar nicht nur mit gleichbleibenden Zuwachsraten, wie beim linearen Wachstum unseres

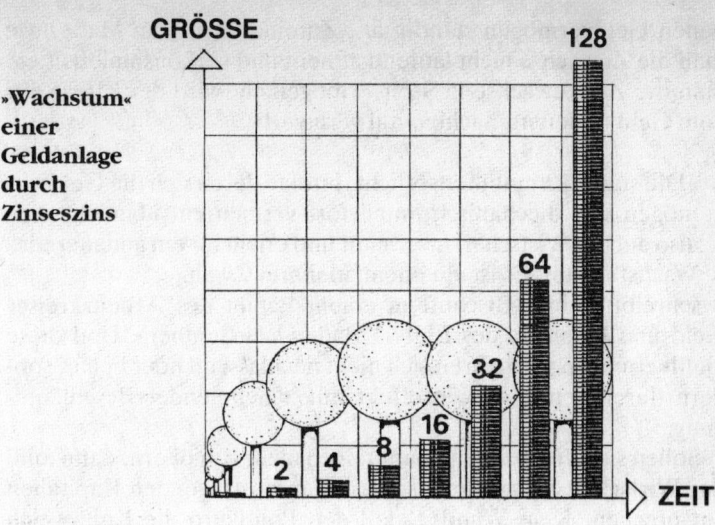

GRÖSSE

**»Wachstum«
einer
Geldanlage
durch
Zinseszins**

128

64

32

16

8

2 4

ZEIT

Darstellung 61

Bruttosozialproduks, sondern mit exponentiellen Tendenzen. Die Rede ist vom Geld, richtiger: von den Geldersparnissen, die gegen Zinsen in der Wirtschaft angelegt sind.

Warum zwingt der Zins zum Wachstum?

Hat jemand einen verzinsten Kredit aufgenommen, muß er mehr zurückzahlen, als er erhalten hat. Um dieses Mehr – den Zinsbetrag – wird sein Einkommen bis zur Tilgung reduziert. Will er das vermeiden, dann muß er in Höhe dieses Zinsbetrages mehr leisten und diese Mehrleistung zusätzlich auf dem Markt absetzen. Das gilt nicht nur für die einzelnen kreditaufnehmenden Bürger, sondern genauso für jedes Unternehmen, jede Gemeinde und jeden Staat: Entweder führt der Zins zur Verarmunng der Werteschaffenden, oder er zwingt zur höheren Leistung.

Auf der anderen Seite wachsen durch den Zins die bereits gegebenen Geldvermögen ständig an. Zumindest in dem Maße, wie man die Zuwächse nicht laufend abhebt und verkonsumiert. Legt man die Zinszuwächse in Sachvermögen an, wird der Effekt nur vom Geldkapital ins Sachkapital verlagert.

»Die starre Rentabilitätspflicht, infolge deren sich die Geldvermögen stur mechanisch immerfort vermehren, überträgt sich also auf die Wirtschaft insgesamt und erlegt ihr ein andauerndes Wachstum auf. Es ist ein unentrinnbarer Zwang«,

schreibt Reiner Bischoff in einem Papier des Arbeitskreises Geld und Finanzen des BUND Baden-Württemberg. Und diese Geldvermögen vermehren sich nicht nachlassend oder linear, sondern durch den Zinseszinseffekt mit zunehmender Beschleunigung.

Sollen sich die sozialen Spannungen nicht vergößern, dann muß das Wirtschaftswachstum also dem der zinstragenden Kapitalien entsprechen. Kein Wunder, daß den Politikern die Knie weich werden, wenn die Wachstumsrate unserer Volkswirtschaft gegen zwei Prozent oder sogar gegen Null heruntergeht.

»Solange die Wachstumsrate des nominalen Bruttosozialprodukts das Niveau des Zinssatzes ... erreicht, bleibt die Zinslastquote unverändert ... Dies ist der Hauptgrund, warum auch umweltbewußte Ökonomen den Standpunkt vertreten, daß wir uns ... ein Nullwachstum gar nicht leisten können.«

So umschrieb der Baseler Nationalökonom Gottfried Bombach Anfang 1991 die dargelegten Zusammenhänge in der Zeitschrift des Schweiz. Bankvereins »Der Monat«. Sein Zitat besagt letztlich nichts anderes, als daß wir uns ein Nullwachstum – Voraussetzung einer Erholung unserer Umwelt – nur bei einem Nullzins leisten können.

Wie sehen die konkreten Wechselwirkungen aus?

Die Beziehung zwischen der Überentwicklung der Geldvermögen und der Wirtschaftsleistung wird in der Darstellung 62 erkennbar.

In der Grafik ist neben der bereits in Darstellung 60 wiedergegebenen Entwicklung des BSP diejenige der Geldvermögen eingetragen, ebenfalls in inflationsbereinigten, also realen Größen.

Wie bereits in Teil III des Buches dargelegt, haben diese Geld-

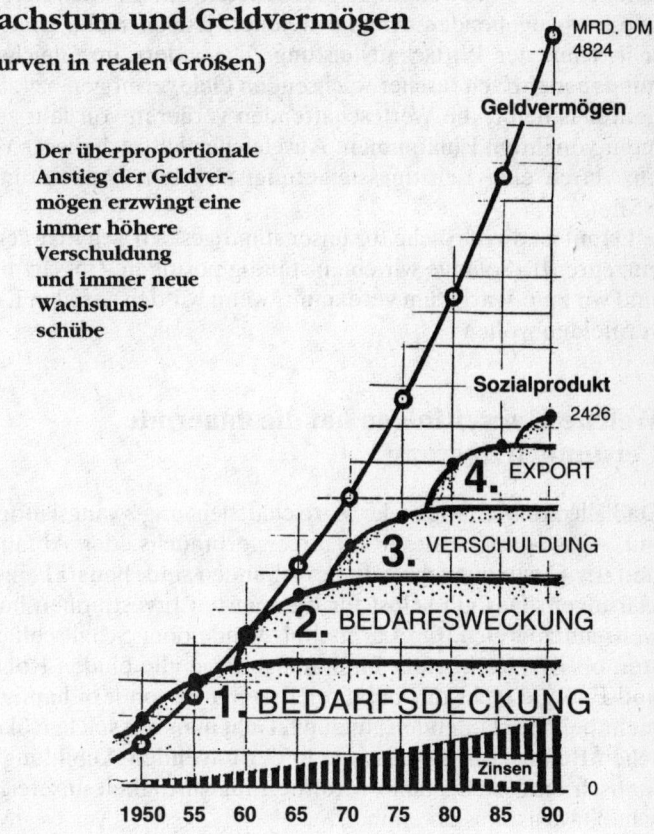

Wachstum und Geldvermögen

(Kurven in realen Größen)

MRD. DM
4824

Geldvermögen

Der überproportionale Anstieg der Geldvermögen erzwingt eine immer höhere Verschuldung und immer neue Wachstumsschübe

Sozialprodukt
2426

4. EXPORT

3. VERSCHULDUNG

2. BEDARFSWECKUNG

1. BEDARFSDECKUNG

Zinsen

0

1950 55 60 65 70 75 80 85 90

Darstellung 62

vermögen wesentlich rascher zugenommen als die volkswirtschaftliche Leistung. Nun kann man zwar die Flußgröße BSP nicht ohne weiteres mit den sich ansammelnden Beständen der Geldvermögen und der Schulden vergleichen. Aber man kann und muß die *Belastungen*, die sich aus diesen monetären Größen für die Wirtschaft ergeben, auf das BSP beziehen. Diese Belastungen – die Zinsen – sind darum in der Grafik im unteren Teil der Wirtschaftsleistung eingetragen. In ihrer Größenordnung müssen die Arbeitsleistenden, also Arbeitnehmer, Selbständige und Unternehmer, Teile der von ihnen erarbeiteten Einkommen hergeben. Diese abzugebenden Anteile nehmen jedoch nicht im Gleichschritt mit der Wirtschaftsleistung zu, sondern im Gleichschritt mit den mehrfach rascher wachsenden Geldvermögen bzw. Schulden. Das heißt, die Werteschaffenden verlieren von Jahr zu Jahr mehr von ihrem Einkommen. Ausgleichen läßt sich dieser Verlust nur durch eine Leistungssteigerung, also eine Ausweitung des BSP.

Damit ist die Ursache für unser ständiges Wirtschaftswachstum eingegrenzt: Solange wir einen ständig positiven Zinssatz haben, sind wir zum Wachstum verdammt, wenn wir den sozialen Kollaps vermeiden wollen.

Welche Umweltfolgen hat die dauernde Leistungssteigerung?

Daß alle Ausweitungen der Wirtschaftsleistung zwangsläufig auch mit Ausweitungen des Ressourcenverbrauchs, der Abfallberge und der Gesundheitsbelastung verbunden sind, bedarf keiner Erklärungen. Das gilt selbst für die meisten Investitionen im Umweltschutzbereich. Ob Lärmschutzwände oder Schallschluckfenster, ob Klärwerke oder Filteranlagen: sie alle binden Rohstoffe und Energie nicht nur bei ihrer Erstellung, sondern häufig noch mehr bei ihrer laufenden Nutzung. Geht man von solchen ökologischen Bilanzierungen aus, wie in der folgenden Abbildung schematisch dargestellt, dann wird die Fragwürdigkeit unseres Wirtschaftswachstums erkennbar.

Die lineare Entwicklung unserer inflationsbereinigten Wirtschaftsleistung ist hier einmal nach ihrem Nettonutzen und den

Folgekosten aufgeteilt, angelehnt an eine Darstellung aus dem »Nawu-Report« von Hans-Christoph Binswanger.

Die Kosten der negativen Folgen unseres Produzierens haben anfangs den Nettonutzen kaum beeinträchtigt. Im Laufe der Zeit nahmen jedoch diese Folgekosten rascher zu als der Nettonutzen. Wachsen die Folgekosten schließlich schneller als die Wirtschaftsleistung, dann kommt es zu einem Umkippen der Nützenentwicklung. Konkret: Trotz des weiteren linearen Leistungsanstiegs geht der Nettonutzen bzw. die Lebensqualität zurück. Addiert man einmal die gröbsten Schäden unserer Umwelt zusammen, dann kann man davon ausgehen, daß wir diesen Punkt des Umkippens schon überschritten haben. Das aber heißt mit anderen Worten: Die weitere Steigerung unserer Leistung wird nicht nur immer sinnloser, sie wird für die Natur und uns selbst auch immer gefährlicher.

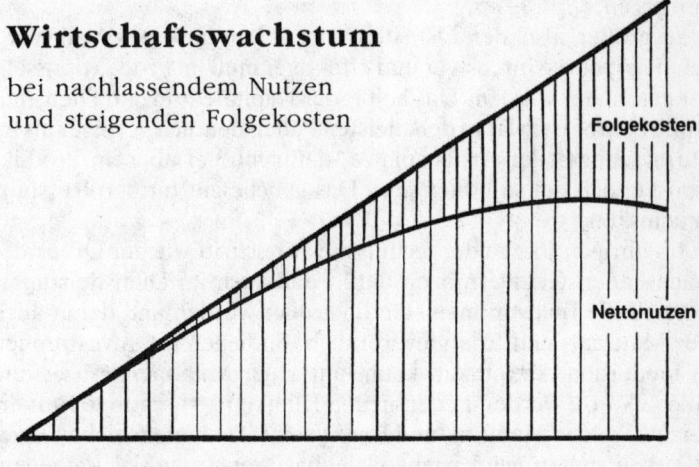

Wirtschaftswachstum

bei nachlassendem Nutzen
und steigenden Folgekosten

Folgekosten

Nettonutzen

Darstellung 63

Gibt es Wachstum ohne Umweltbelastung?

Bei der Ermittlung des Sozialprodukts, an dem das Wirtschaftswachstum gemessen wird, werden neben den Produktionsleistungen auch die Dienstleistungen mit ihren Einkommensgrößen einbezogen. Die Vermutung liegt nahe, man brauche zukünftig nur die Dienstleistungen statt der Produktion auszuweiten, um die Zunahme der ökologischen Probleme beim Wirtschaftswachstum zu verringern. Ebenso wird häufig angenommen, mit einer solchen Ausweitung der Dienstleistungstätigkeiten könne man der Zinsbedienung ein Schnippchen schlagen, da hier weniger Kapital benötigt wird.

Dazu ist einmal zu sagen, daß Dienstleistungen in einer Volkswirtschaft immer nur dann ausgebaut werden können, wenn der materielle Bedarf der Produzierenden abgesichert ist und darüber hinaus Überschüsse zur Verfügung stehen.

Konkretes Beispiel: Wenn zehn Leute auf einer Insel stranden und zu Selbstversorgern werden, können sie nur dann einen Lehrer für ihre Kinder freistellen, wenn die restlichen neun ihn mitversorgen.

Je größer also der Dienstleistungssektor in einer Volkswirtschaft ist, um so intensiver und effektiver muß im Produktionssektor gearbeitet werden. Das heißt, der Kapitaleinsatz im Dienstleistungssektor ist zwar in den meisten Fällen deutlich geringer als im Durchschnitt aller Arbeitsplätze, dafür muß er aber im Produktionsbereich um so höher sein. Das gleiche gilt für den Ressourceneinsatz.

Im übrigen sorgen der technische Fortschritt wie der Druck der wachsenden Geldvermögen dafür, daß auch im Dienstleistungsbereich die Investitionen ständig größer werden und damit auch der Material- und Energieverbrauch. So liegen die Investitionen in modernen Arztpraxen kaum unter der Millionengrenze, und solche Werte werden in den neuen Kliniken fast schon je Bett erreicht. Welche Material- und Energieeinsätze hinter solchen Investitionen stehen, wird nachvollziehbar, wenn man sich vergegenwärtigt, daß im Aachener Klinikum allein die Investitionskosten für die Klimaanlage je Bettplatz mehr als 100000 DM betrugen.

Können wir zu arbeitsintensiveren Produktionsmethoden zurück?

Ohne Zweifel gehen mit dem Einsatz von Menschen anstelle von Maschinen der Ressourcenverbrauch und dessen Folgen zurück. Doch abgesehen davon, daß Knochenarbeit bei uns kaum noch beliebt ist, gibt es noch ein anderes Problem, das wieder mit dem Geld zusammenhängt.

Wie bereits beschrieben, nehmen bei uns die Geldvermögen jeden Tag um mehr als 1000 Millionen DM zu. Diese Einkommensüberschüsse müssen auf irgendeine Weise nachfragend in den Geldkreislauf zurückgeführt werden, wenn die Wirtschaft nicht zusammenbrechen soll. Da die Besitzer bzw. Empfänger dieser Kaufkraft kaum noch zusätzliche Konsumbedürfnisse haben, bleibt nur der Rücktransfer in die Wirtschaft über eigene Investitionen oder über Kredite: In jedem Fall erweitert sich nicht nur die Zinsbelastung für die Gesamtwirtschaft, sondern auch die Menge der produzierten Güter, die mit noch mehr Werbeaufwand an den Mann gebracht oder vom Staat aufgekauft werden muß.

Diese 1000 Millionen täglich im arbeitsintensiven Dienstleistungs- oder Kulturbereich zu investieren, ist kaum möglich. Zum anderen verringert sich auch in der Industrie der Spielraum, um Beträge dieser Größenordnung laufend unterzubringen. Denn abgesehen von der Autobranche (der letzten großen Wachstumsbranche, die bislang noch von den Verbrauchern lebte, aber ebenfalls an Sättigungsgrenzen stößt), verbleiben fast nur noch staatlich unterstützte Großprojekte.

Wegen der unzureichenden Rentabilität kaufen darum die liquiden Unternehmen lieber andere Firmen auf, als neue Arbeitsplätze zu schaffen. Selbst staatliche Subventionen und Steuergeschenke in Milliardenhöhe können sie heute kaum dazu bewegen, ihr Geld in den neuen Bundesländern zu investieren.

Zu welchen Fragwürdigkeiten hat die staatliche Wachstumsförderung bisher geführt?

Daß der Staat im Gegensatz zu privaten Unternehmen auch unrentable Wachstumsinvestitionen tätigen kann, erleben wir seit Jahrzehnten. Das gilt nicht nur für »das dümmste Bauwerk«, die Kanalverbindung zwischen Rhein und Donau, sondern auch für jene mit interessanten Namen geschmückten Technologieruinen, bei denen Milliarden aus den Taschen der Steuerzahler regelrecht vergraben oder in Beton gegossen wurden. Erinnert sei hier nur an den »Schnellen Brüter«, der außer Kosten nichts erbrütet hat, an den »Hochtemperaturreaktor« bei Hamm oder jene halbfertige »Wiederaufbereitungsanlage«, die gegen den Widerstand breiter Bevölkerungskreise gebaut werden mußte, bis ein einzelner Industrieller mit dem Daumen nach unten zeigte.

Aber auch die Bürger wurden um des Wachstums willen vom Staat regelrecht zur Umweltzerstörung animiert. Das gilt ganz besonders für den Individualverkehr, den man um so mehr förderte, je weniger andere Produktbereiche noch Wachstumschancen boten. Ohne diese enorme staatliche Förderung wäre das Auto niemals zu jener »unheiligen« Kuh geworden, die das Gros der Bürger wie nichts anderes in der Welt mit Hekatomben von Menschenopfern verehrt. Das trifft nicht nur auf den überdimensionalen Ausbau des Autobahn- und Straßennetzes zu, der den fast aller anderen Länder in den Schatten stellt. Auch der Tatbestand, daß wir bis heute immer noch das einzige Land in Europa ohne generelle Geschwindigkeitsbeschränkung auf den Autobahnen sind oder daß der Autoindustrie erst Jahre nach den USA Abgasnormen auferlegt wurden, ist kennzeichnend für die Einstellung unserer Regierenden. Denn sollte sich die Lust der Bürger am Fahren und Rasen verringern, hätte das Auswirkungen auf das Wachstum unseres Sozialprodukts.

Ein besonderes Meisterstück war die Einführung des Katalysators: Statt den Autofahrern, die nach einer angemessenen Frist noch immer ohne Kat die Luft belasten, eine entsprechende hohe Strafgebühr anzukündigen, gewährte man großzügig Geschenke aus dem Steuertopf an diejenigen, die den Einbau vornahmen. Unser Rechtsprinzip, daß derjenige, der anderen Schaden zufügt, dafür belangt wird, hat man mit dieser Wachstumsförderung auf den Kopf gestellt. Analog dazu müßte man zukünftig alle Diebe straffrei stellen und jenen, die bereit sind, nicht zu stehlen, eine Prämie zahlen.

Ebenso unlogisch wie entlarvend ist die Steuerpraxis. Während die Arbeitnehmer, die ihren Weg zur Arbeit umweltschonend ohne PKW zurücklegen, weniger oder gar nichts bekommen, werden die umweltbelastenden Autofahrer mit Kilometer-Freibeträgen belohnt.

Ein besonders wirkungsvoller Dauerbrenner staatlicher Wachstumsförderung ist auch der EG-Agrarmarkt mit seinen Lagerhaltungen, Produktionsvernichtungen und Umwegtransporten. Während sich beispielsweise früher das Kalb bei der Mutterkuh trinkend ernährte, hat man diese Primitivmethode in der EG »endlich« aus der Welt geschafft: Heute wird der Mutterkuh die Milch maschinell abgesaugt, gekühlt vorgelagert, über durchweg 100 Kilometer mit Kühlwagen zur Molkerei gefahren, nach Entsahnung in eine Milchpulverfabrik geschafft, dort mit großem Energieeinsatz getrocknet, um anschließend – wieder über große Entfernungen – in einer temperierten Lagerhalle für Jahre zu verschwinden. Ist dann das Milchpulver eines Tages für menschliche Ernährung nicht mehr geeignet, kann der Bauer es verbilligt beziehen, mit Wasser vermischen und dem Kalb zu trinken geben.

Die Erklärung für diesen Irrsinn findet man, wenn man nach seinen Nutznießern fragt. Kuh und Kalb gehören ganz gewiß nicht dazu. Ob für den Bauern zwischen dem höheren Milch- und dem niedrigeren Milchpulverpreis etwas herausspringt, hängt von seinem zusätzlichen Arbeits- und Kostenaufwand ab. Ohne Zweifel aber nutzt der ganze Unsinn mit seinen vielen Stationen dem Kapital. Denn sowohl bei der Milchverarbeitung und Lagerung wie den Transportvorgängen lassen sich Millionen und Milliarden investieren. Millionen und Milliarden, die auch dann dank des Staates garantiert Zinsen bringen, wenn die ganzen Vorgänge volkswirtschaftlich fragwürdig oder überflüssig sind.

Sind die umweltbezogenen Probleme mit Ökosteuern zu lösen?

Daß wir zu einem sorgsameren Umgang mit den Schätzen dieser Erde kommen müssen, wenn wir selbst eine Überlebenschance haben wollen, hat sich herumgesprochen. Ein sorgsamerer Umgang ist nur zu erreichen, wenn wir den natürlichen Gütern einen Preis geben, der ihrem Wert und ihrer Knappheit entspricht. Das gilt nicht nur für die Rohstoffe der Erde, sondern auch für den Boden selbst, für die Luft und das Wasser. Ökosteuern, -gebühren und -abgaben zur Verwirklichung dieses Ressourcenschutzes sind zwar seit Jahren im Gespräch, bislang aber kaum umgesetzt worden. Die Erklärung für diese unverantwortliche Verzögerung der notwendigen politischen Entscheidungen liegt wieder einmal beim Geld. Weniger daran, daß dieses Geld zum Schutz der Umwelt fehlt (man beachte nur, auf welch unnötige, umweltbelastende Weise es von den Bürgern wie den Staaten für völlig überflüssige Güter und Investitionen ausgegeben wird!), sondern in der Angst, das Wirtschaftswachstum könnte unter solchen Umweltschutzabgaben leiden.

Andererseits aber hat die Umwelt keine Chance, solange wir jedes Jahr unsere Wirtschaftsleistung steigern, also die Menge der produzierten und verbrauchten Güter. Auf diesen Tatbestand hat der Steuerfachmann Johannes Jenetzky in einem Beitrag »Abgaben als Instrument ökologischer Zielsetzung« (erschienen 1990 in einem Sammelband »Umweltplanung, Umweltrecht und Umweltbewußtsein« der Ludwigsburger Hochschulschriften) ausführlich hingewiesen. Auf 40 Seiten legt er schlüssig dar, daß auch die besten Ökosteuern oder -abgaben ihr Ziel verfehlen müssen, solange der Rohstoff- und Energieeinsatz im Zuge ständigen wirtschaftlichen Wachstums weiter ausgeweitet wird. Vor allem aber – und das unterscheidet den Beitrag von anderen, vordergründig argumentierenden – klärt er über die vom Geld ausgehenden Wachstumszwänge auf. In diese Wachstumszwänge ist in einem ganz besonderen Maß jeder verschuldete Staat verquickt. Denn »stagnieren oder sinken die Steuereinnahmen durch einen Wachstumsknick, so überrollt der Zinsen- und Schuldendienst die öffentlichen Gemeinwesen«, schreibt Jenetzky und zieht den Schluß: »Mit dem Anlaufen der Staatsverschuldung erwarb der

Staat somit ein eigenes Interesse an permanentem Wirtschaftswachstum.«

Der Traum von einer ökologischen Kreislaufwirtschaft mit sanften Technologien wird also so lange unerfüllbar bleiben, wie die Geldvermögen weiter wachsen und über Kreditgewährungen zurückgeführt werden müssen. Und die Geldvermögen werden so lange wuchern, wie die Zinsen nicht wie andere Knappheitspreise den Sättigungsgesetzen der Märkte unterliegen.

Nach einem Bericht des »Tagesspiegel« aus Washington vom 19.11.92 haben 1575 Wissenschaftler, darunter 99 Nobelpreisträger, noch einmal vor dem Untergang unserer Zivilisation gewarnt, der unvermeidlich ist, wenn wir unseren heutigen Umgang mit den Ressourcen der Erde nicht bald grundlegend verändern. Doch solche Warnungen müssen erfolglos verpuffen, solange sich die Wissenschaft nicht mit den fundamentalen Ursachen unseres Wachstums befaßt.

Der bereits zitierte Schweizer Ökonom Hans-Christoph Binswanger hat vor wenigen Jahren in einem Interview die Sache einmal auf den Punkt gebracht:

> »99 Prozent der Menschen sehen das Geldproblem nicht. Die Wissenschaft sieht es nicht, die Ökonomie sieht es nicht, sie erklärt es sogar als ›nicht existent‹. Solange wir aber die Geldwirtschaft nicht als Problem erkennen, ist keine wirkliche ökologische Wende möglich.«

Aber nicht nur die »ökologische Wende« ist ohne Erkennen des Geldsyndroms nicht möglich. Auch die Lösung der ökonomischen und sozialen Frage, sogar die des Friedens in der Welt, hängt davon ab.

25. Kapitel
Geld und Krise – Die ökonomischen Folgen

> *»Immer dann, wenn es in der ökonomischen Realität anders zugeht, als es die Modelle der Wirtschaftslehrbücher vorschreiben, sollten die Ökonomen, statt in der Rumpelkammer überholter Theorien herumzustöbern, nach den monetären Ursachen der Krise fahnden.«*
>
> Wilhelm Hankel*

Versucht man, die Krisenentwicklungen in der Welt einzugrenzen, kann man das auf verschiedene Weise tun, z. B. von geographischen, politischen, ökonomischen oder historischen Gesichtspunkten her. Würde man die von Krisen besonders betroffenen Länder auf dem Globus markieren, dann wäre sichtbar, daß man mit dem geographischen Ansatz nicht weit kommt. Wirtschaftskrisen gibt es überall, in Nord und Süd, in Ost und West. Daß sie auf der Südhalbkugel gravierender sind, hängt unter anderem damit zusammen, daß der Norden es verstanden hat, manche Krisenursachen und ihre Folgen in die südlichen Länder abzuschieben. Denn wer anderen wirtschaftlich und politisch überlegen ist, kann nicht nur Güter exportieren, sondern auch Arbeitslosigkeit und Umweltzerstörung.

Prüft man den politischen Ansatz, dann kommt man auch nicht viel weiter. Denn Wirtschaftskrisen treffen wir in Demokratien ebenso an wie in Diktaturen; in Feudal-Systemen ebenso wie in sozialistischen. Auch eine Untersuchung der verschiedenen Wirtschaftsformen bringt nicht viel. Ob Planwirtschaften, mehr oder minder »freie« Marktwirtschaften oder irgendwelche Mischmodelle: alle werden – wie die Erfahrung unserer Tage zeigt – von

---

* Wirtschaftswissenschaftler, »John Maynard Keynes«, 1988

Krisen heimgesucht. Rohstoffreiche Länder fallen ebenso darunter wie rohstoffarme, industrialisierte ebenso wie landwirtschaftlich orientierte. Selbst Sondermodelle mit oft propagiertem Vorbildcharakter, wie Schweden und Israel im westlichen oder Jugoslawien und Kuba im sozialistischen Lager, konnten sich den zunehmenden Problemen nicht entziehen.

Fündiger wird man jedoch auf der Suche nach den auslösenden Ursachen der Krisen, wenn man einmal dem historischen Ansatz folgt. Schon wenn wir uns auf unseren eigenen Raum und dieses Jahrhundert beschränken, werden wir schnell feststellen, daß alle unsere bisherigen großen Krisen, wie auch die zwischenzeitlichen Aufstiegsphasen, in auffallender Weise mit dem Geld zusammenhängen.

Was waren die großen Krisen unseres Jahrhunderts?

Bei der großen Inflation in den Jahren 1920 bis 1923 bedarf der Krisenzusammenhang mit der Geldordnung (bzw. -unordnung) kaum näherer Erläuterungen. Aber auch die nächste große Krise Anfang der 30er Jahre hing mit geldbezogenen Problementwicklungen zusammen. Auslöser dieser Depression, in der die Arbeitslosigkeit in Deutschland in kurzer Zeit auf über sechs Millionen anschwoll, waren vor allem die Börsen- und Bankenkräche in den USA 1929, nicht zuletzt als Folge überzogener Aktienspekulationen mit geliehenem Geld. Das hatte auch gravierende Auswirkungen für die Weimarer Republik. Denn aufgrund der Zahlungsengpässe der US-Banken forderten diese in aller Welt ihre Kredite zurück. Auch die Reichsbank mußte solchen Forderungen nachkommen. Da die Kreditrückzahlungen in Gold erfolgten, verringerten sich die entsprechenden Reserven der Reichsbank. Und da die herausgegebene Geldmenge an die Goldreserven gebunden war, reduzierte der damalige Reichsbankpräsident Luther pflichtgemäß die umlaufende Geldmenge.

Man hatte zwar unter großen Opfern Anfang der 20er Jahre gelernt, daß man die Geldmenge auf keinen Fall über die Wirtschaftsleistung hinaus vermehren dürfe, wußte aber offensichtlich nicht, daß eine Geldmengenverminderung zu einem depressiven Zusammenbruch der Wirtschaft führt. Die sowieso prekäre Lage wurde also durch die deflationäre Geldpolitik der damaligen Notenbank noch verstärkt, die »in autonomer Erhabenheit die Weimarer Republik exekutierte«, wie der frühere Bundesminister Ehrenberg in seinem Buch »Zwischen Marx und Markt« 1973 treffend schrieb. Da ohne die daraus resultierenden Arbeitslosenheere Hitler kaum an die Macht gekommen wäre, kann man auch das »Dritte Reich« und den zweiten großen Krieg in diesem Jahrhundert auf das Konto jener falschen geldbezogenen Entscheidungen buchen.

Auch die Gewerkschaftszeitschrift »Metall« hat 1953 diese fatale Beziehung bestätigt:

»Zweimal wurde das soziale Gefüge des deutschen Volkes in den Grundfesten erschüttert: während der großen Inflation des Jahres 1923 und nach dem Ausbruch der Weltwirtschaftskrise im Jahre 1929. Ohne diese Katastrophen wäre der Nationalsozialismus niemals eine Macht geworden.«

Für die Unwissenheit der Politiker in der Weimarer Republik über die monetären Hintergründe der großen Rezession mag das Zitat des damaligen SPD-Politikers Nölting stehen:

»Die Geldkrisen sind im wesentlichen interne Vorgänge im Bereiche des Kapitals, häuslicher Hader der Bourgeoisie, ein sich in einer höheren Region vollziehendes und sich selbst aufhebendes Kampfspiel.«

Leider hat sich an diesem Erkenntnisgrad bei den meisten Politikern bis heute nicht allzuviel verändert.

Die dritte Wirtschaftskrise in unserem Land, die Wirtschaftslähmung von 1945 bis 1948, war ebenfalls währungsbezogen, nämlich die Folge einer rüstungs- und kriegsbedingten Überausweitung der Geldmenge, der nach dem Krieg kein ausreichendes Angebot an Gütern gegenüberstand. Für solches inflationäres Geld aber ist niemand mit Lust und Laune zu arbeiten bereit. Trotz der durch die Kriegszeit entstandenen übergroßen öffentlichen Aufgaben und persönlichen Bedürfnisse kam die Wirtschaft nicht in Gang. Erst nachdem man das inflationäre Geld gegen ein mengenmäßig reduziertes umgetauscht hatte – fälschlicherweise als Währungs-»Reform« bezeichnet –, kam es zu einer wirtschaftlichen Wiederbelebung und zu dem sogenannten »Wirtschaftswunder«.

Nicht nur die Wirtschaftseinbrüche, auch die Wirtschaftsaufschwünge werden also entscheidend von der Geldordnung bzw. Geldverfassung bestimmt. Das gilt auch für das »Wunder der Rentenmark«, also jenen kurzen Aufschwung nach der großen Inflation im Jahr 1923.

Welche Tatbestände könnten auch bei uns zu einer großen Krise führen?

Erinnern wir uns noch einmal an die zweite Wachstumsregel. Danach kann ein Organismus nur stabil bleiben, wenn sich alle seine Teile im Gleichschritt mit dem Ganzen entwickeln.

Wie hier bereits mehrfach dargelegt, wachsen in unserem Wirtschaftsorganismus die monetären Bestandsgrößen Geldvermögen und Schulden mit exponentieller Tendenz. Die sozialen Folgen dieser Überentwicklung konnten bislang in den meisten Ländern durch ständiges Wirtschaftswachstum in erträglichen Grenzen gehalten werden. Dieser Ausweg wird jedoch immer weniger gangbar, da die Natur einer ständigen Leistungssteigerung Einhalt gebietet. Außerdem muß das noch mögliche Wirtschaftswachstum immer mehr zur Behebung der bereits bewirkten Naturzerstörungen eingesetzt werden. Diese »Umweltreparaturen« erbringen jedoch allein dem eingesetzten Kapital weitere Einkommenszugewinne. Die daraus resultierenden Arbeitseinkommen sind dagegen fragwürdig. Denn die Arbeitenden müssen – wie bei den Rüstungsaufgaben – die Kosten dieser Reparaturen über Steuern und Preisaufschläge selbst tragen. Das heißt, die Arbeitsleistenden zahlen sich selbst ihre Löhne, verkürzt um die Verzinsung des Kapitals, das bei diesen Umweltschutzmaßnahmen zusätzlich eingesetzt wird.

Droht auch dem Kapitalismus unserer Tage eine große Krise?

»Der Kommunismus ist tot – der Kapitalismus todkrank«, hat in der »Wendezeit« einmal jemand treffend formuliert. Die »Krankheit« des Kapitalismus läßt sich an vielen Symptomen festmachen, am besten sicherlich an den monetären »Wucherungen« und ihren »Metastasen«, zu denen nicht zuletzt die zinsbedingten Einkommensumschichtungen gehören. Deren Größenordnungen und Folgen für die Bürger wurden in den Kapiteln 21 und 22 dargelegt. Aber nicht nur für die Bürger, auch für den Staat haben diese Diskrepanzentwicklungen schwerwiegende Folgen. Aufgrund der zunehmenden Staatsverschuldung bluten die öffentlichen Kassen aus. Die entstehenden Defizite können nur mit verringerten Ausgaben, zusätzlichen Schulden oder höheren Steuern geschlossen werden. Alle drei Maßnahmen treffen zwar die Gesamtheit aller Bürger, aber die Normalverdiener immer härter als die Geldkapitalbesitzer, deren Einkünfte ständig weiter steigen.

Alles in allem wird der finanzielle Spielraum der Regierungen kleiner, während die sozialen Kosten steigen. Der Sozialstaat konnte zwar lange Zeit das Auseinanderdriften von Arm und Reich durch Rückverteilungen in tragbaren Grenzen halten, das aber wird zunehmend schwieriger. Das »soziale Netz« reißt nicht nur an vielen Stellen, weil es allzuoft als »soziale Hängematte« mißbraucht wird. Es reißt vor allem, weil der Staat immer weniger in der Lage ist, die zunehmenden »Löcher« laufend zu flicken. Die immer höheren Sozialabgaben und der daraus resultierende Rückgang der Nettolöhne treffen immer mehr jene Schichten, die der Staat eigentlich unterstützen müßte. Vor allem wächst die Zahl der Menschen, die durch das soziale Netz hindurchfallen, die Zahl der Langzeitarbeitslosen, der Sozialhilfeempfänger und der Nichtseßhaften.

Die Zunahme der sozialen Spannungen in den vom Kapitalismus beherrschten Marktwirtschaften ist also unausweichlich vorprogrammiert. Damit aber auch die nächste große Krise, von der wir nur erhoffen können, daß sie ohne großen Krieg ablaufen wird.

Wie erklären sich die dauernden Konjunktureinbrüche?

Wenn ein Automotor nach einigen hundert Kilometern Fahrstrecke regelmäßig in der Leistung abfallen und erst nach einiger Zeit wieder auf volle Touren kommen würde, dann würden sich alle Kfz-Ingenieure Gedanken über die Ursache und deren Abstellung machen.

Wenn aber unser Wirtschaftsmotor alle paar Jahre zu stottern beginnt, ist das für die Mehrzahl der zuständigen Wirtschaftswissenschaftler leider kein Anlaß, den Ursachen auf den Grund zu gehen. Vielmehr werden diese Störungen im allgemeinen als unabänderlicher Tatbestand bzw. als unvermeidbare Erscheinung einer lebendigen Wirtschaft hingenommen. Manche erklären sie ganz einfach mit der Unberechenbarkeit menschlichen Verhaltens, andere sehen Beziehungen zu den periodisch auftretenden Sonnenflecken usw. Ernst Helmstädter, Leiter des Instituts für Industriewirtschaftliche Forschungen an der Uni Münster, hält sogar eine Untersuchung der Störungsursachen für überflüssig. So schrieb er am 18. 9. 1987 in der Wochenzeitung »Die Zeit«:

»Die Konjunktur bezeichnet ein wirtschaftliches Auf und Ab. Es gibt die Hochkonjunktur, in der alles bestens läuft, und das Konjunkturtief, in dem die Aktivitäten erlahmen. Eine Erklärung des Wellenmusters selbst ist gar nicht nötig. Es genügt, einen solchen Pulsator der Wirtschaft einfach als zu beobachtendes Faktum von verläßlicher Regelmäßigkeit nachzuweisen.«

Auch die Info-Zeitschrift der Sparkasse »Kleiner Wirtschaftsspiegel« wiegelte 1985 noch ab:

»Das Auf und Ab der Konjunktur ist eigentlich nichts Besonderes. Jedem Aufschwung mit stärkerem Wirtschaftswachstum folgte eine Phase schwächerer Wirtschaftstätigkeit. Das ist das Kennzeichen jeder Marktwirtschaft. Bemerkenswert ist aber, daß nahezu jeder Konjunkturaufschwung in der Bundesrepublik schwächer ausfiel als der vorhergehende und daß sich die Konjunkturtäler immer tiefer einkerben.«

Immerhin kann man dem letzten Satz entnehmen, daß mit diesen sich wiederholenden Konjunkturschwankungen ein negativer Trend verknüpft ist. Doch auch diese in vielen Bereichen nachweisbaren Negativentwicklungen, die von den zunehmenden Umweltzerstörungen bis zu den sozialen Spannungen reichen, sind offensichtlich kein Grund, den Ursachen genauer nachzugehen.

Was sind ihre Ursachen?

Sucht man für die Konjunktureinbrüche eine Erklärung, dann müßte sich eine Ursache finden, die mit ihren eigenen Veränderungen den Einbrüchen zeitlich vorausläuft. Denn zwischen Ursache und Wirkung gibt es bei komplexen Organismen zwangsläufig mehr oder weniger lange Verzögerungen.

Untersucht man daraufhin die Schwankungen aller wirtschaftlichen Daten unter Einbeziehung des monetären Sektors, dann zeichnet sich nur eine Größe als vorauslaufend ab, nämlich die der Zinssätze bzw. der daraus resultierenden Lasten. Daß die Schwankungen der Zinssätze ihrerseits wiederum entscheidend von den Inflationsraten beeinflußt werden, wurde bereits mehrfach dargelegt.

Um diese Wechselwirkung zu überprüfen, habe ich für den Zeitraum 1965 bis 1985 einmal die prozentualen Veränderungsraten wichtiger Wirtschaftsindikatoren mit der Zinskurve verglichen, z. B. die des Sozialprodukts, der Beschäftigung, der Verschuldung, der Ersparnisse usw. Der dafür herangezogene Zeitraum ist besonders aufschlußreich, weil mit ihm drei Hochzinsphasen (1966, '74 und '81) und entsprechend drei Konjunktureinbrüche erfaßt werden.

Verlängert man die Zinsspitzen in die anderen Kurven (siehe vertikale Strichelungen), dann zeigt sich, daß fast alle Wirtschaftsdaten mit etwa einem Jahr Verzögerung auf die Zinssatzveränderungen reagieren, entweder gleichgerichtet oder gegenläufig. Diese Zeitverzögerungen sind verständlich und ein Beweis dafür, daß die Zinsschwankungen Auslöser der Konjunkturschwankungen sind und nicht etwa umgekehrt.

Vergleicht man die einzelnen Kurven genauer, dann ergeben sich aufschlußreiche Unterschiede. So verläuft die private Spar-

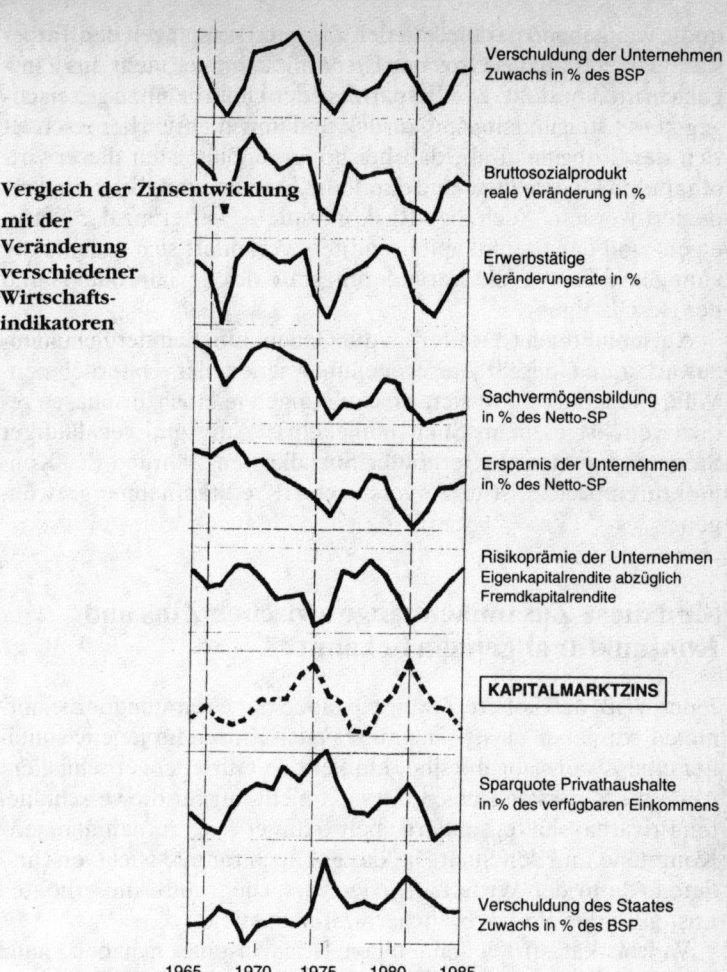

Vergleich der Zinsentwicklung mit der Veränderung verschiedener Wirtschaftsindikatoren

Verschuldung der Unternehmen
Zuwachs in % des BSP

Bruttosozialprodukt
reale Veränderung in %

Erwerbstätige
Veränderungsrate in %

Sachvermögensbildung
in % des Netto-SP

Ersparnis der Unternehmen
in % des Netto-SP

Risikoprämie der Unternehmen
Eigenkapitalrendite abzüglich
Fremdkapitalrendite

KAPITALMARKTZINS

Sparquote Privathaushalte
in % des verfügbaren Einkommens

Verschuldung des Staates
Zuwachs in % des BSP

1965   1970   1975   1980   1985

Darstellung 64

335

quote weitgehend parallel mit den Zinsen. Das spiegelt den Tatbestand wider, daß das Gros der Ersparnisse immer mehr aus Zinsgutschriften besteht. Die Ersparnisse der Unternehmen gehen dagegen mit steigendem Zins zurück und umgekehrt. Hier zeichnet sich der Tatbestand ab, daß bei höheren Zinslasten die erwirtschafteten Überschüsse und damit die Ersparnismöglichkeiten reduziert werden. Auch die »Risikoprämie« – Differenz der Nettoeigen- und der Fremdkapitalrendite – verändert sich gegenläufig zum Zins. Ebenso die Veränderungsrate des Sozialprodukts und der Beschäftigung.

Aufschlußreich ist weiterhin die Gegenläufigkeit der Schuldenzuwachsraten des Staates gegenüber jenen der Unternehmen. Während letztere ihre Neuverschuldungen in Hochzinsphasen reduzieren, ist es beim Staat umgekehrt: Aufgrund rückläufiger Steuereinnahmen und erhöhter Sozialkosten während der Konjunktureinbrüche ist er zu verstärkter Kreditaufnahme gezwungen.

Sind diese Zusammenhänge zwischen Zins und Konjunktur allgemein bekannt?

Jeder weiß, daß höhere Zwangsabgaben den Freiraum für die normalen Ausgaben einschränken. Da auch Zinsen für jeden Schuldner eine Zwangsabgabe sind, muß er den Gürtel enger schnallen, wenn die Zinssätze steigen. Das gilt nicht nur für die verschuldeten Privathaushalte, sondern ebenso für jedes Unternehmen, jede Kommune und den Staat. Ja, das gilt auch für alle Nichtverschuldeten, da in der Wirtschaft jeder versuchen muß, die erhöhten Lasten an den Endverbraucher weiterzugeben.

Welche katastrophalen Folgen Hochzinsphasen haben, kann man sogar in der Zeitung lesen. Das zeigt der nebenstehende Zusammenschnitt von Schlagzeilen aus dem Jahr 1981.

Man sollte meinen, daß solche Überschriften, die wir damals alle zur Genüge gelesen haben, nachdenklich machen müßten: Warum nehmen wir es hin, mit einer Einrichtung zu leben, Zins genannt, die in einem solchen Maße unser Wirtschaftsleben belastet und gefährdet? Denn beim Zins handelt es sich ja nicht um irgendwelche unabwendbaren Naturereignisse wie Erdbeben oder Sturmfluten. Der Zins ist vielmehr ein Phänomen unserer Geldordnung, die nicht nur von uns Menschen geschaffen wurde, sondern auch durch uns veränderbar ist. Und auch die inflationsbedingten Schwankungen der Zinssätze, denen wir unsere konjunkturellen Wechselbäder entscheidend »verdanken«, haben keine natürlichen oder übernatürlichen Ursachen, sondern letztendlich immer solche, die wir Menschen selbst zu verantworten haben.

Vor allem aber sollte man meinen, daß die Wirtschaftswissenschaft diesem Zinsphänomen auf den Leib rücken müßte, um seine katastrophalen Folgen zu überwinden oder zumindest einzudämmen. Doch das ist so gut wie nicht der Fall.

337

Warum sind auch zu niedrige Zinsen krisenauslösend?

Zins und Inflation haben nicht nur negative Auswirkungen, sie sorgen auch dafür, daß Wirtschaftsteilnehmer mit Einkommensüberschüssen diese wieder in den Umlauf geben. Dabei wirkt der Zins, als Belohnung für die leihweise Freigabe von Geld, gewissermaßen wie ein Zuckerbrot. Die Inflation wirkt wie eine Peitsche, die das Geld beschleunigt in die Nachfrage oder in Sachanlagen treibt. Kurz: Zins und Inflation sind die Instrumente in unserer Volkswirtschaft, die für den Umlauf des Geldes sorgen. Je höher sie sind, um so größer sind ihre umlaufsichernden Wirkungen, allerdings auch ihre destruktiven Auswirkungen. Diese Auswirkungen verringern sich zwar mit einem Absinken der Zins- bzw. Inflationsraten, jedoch läßt damit auch ihre umlaufsichernde Wirkung nach.

Läuft das Geld aber nicht mehr regelmäßig um, dann kommt es zu Stockungen und Unterbrechungen im Nachfragekreislauf. Die Folgen sind Absatzkrisen und Arbeitslosigkeit. Da die Läden übervoll sind und die Preise fallen, liegt eine deflationäre Krise vor. Es handelt sich dabei jedoch um keine echte Deflation durch Verringerung der Geldmenge wie Anfang der 30er Jahre, sondern um eine künstliche durch Geldzurückhaltung. Auch die Bezeichnung Überangebotskrise ist für diese Situation falsch, denn dieser Krisenzustand ist nicht die Folge einer Überproduktion, sondern einer Unternachfrage. Überproduktionskrisen kann es unter normalen Marktbedingungen niemals geben, da jeder Produktion ein entsprechendes Einkommen gegenübersteht, mit dem das Angebot vom Markt genommen werden kann. Zur Krise kommt es nur, wenn diese Einkommen nicht in voller Höhe zur Markträumung eingesetzt werden.

Was löst die deflationären Krisen aus?

Solange ein Konsument überschüssige Einkommensanteile anderen leihweise überläßt, kann es zu keinen Störungen des Nachfragekreislaufs kommen. Sie kommen nur dann zustande, wenn jemand überschüssiges Geld *nicht* verleiht. Diese Geld(zurück)-

haltung nimmt im allgemeinen in dem Maße zu, wie die Zinsen sinken, das heißt, wie deren »Zuckerbrotwirkung« nachläßt. Man ist in solchen Fällen weniger motiviert, seine Ersparnisse zur Bank zu bringen, als bei höheren Zinsen. Diese Verhaltensänderung wirkt sich jedoch nicht nur bei den Konsumenten aus, sondern ebenso bei denjenigen, die überschüssige Gelder Investoren zur Verfügung stellen oder selbst investieren. Aufgrund der niedrigen Zinsen geben auch diese ihr Geld nicht so gerne her, und aufgrund der marktbezogenen Unternachfrage lohnen sich außerdem die Investitionen nicht mehr. Die Konjunktur bricht also in Niedrigzinsphasen gewissermaßen von zwei Seiten her zusammen: durch die Investitionsunlust der Geldanleger bzw. der Unternehmer, die auf höhere Zinsen bzw. Renditen warten, und durch die Nachfrageunlust der Konsumenten, die auf weiter fallende Preise hoffen.

Noch mehr als eine inflationäre, nährt sich also eine deflationäre Krise selbst. Es ist darum verständlich, daß die Regierungen und Notenbanken vor einer solchen Krise größten Respekt haben und sie mit allen Mitteln zu verhindern suchen: die Regierungen durch die verschiedensten Maßnahmen der Wirtschaftsbelebung, die Notenbanken mit dem Nachschub von Geld bzw. einer ständigen Überausweitung der Geldmenge, mit der sie das Absinken der Inflation auf Null oder gar darunter zu verhindern suchen, wie im 9. Kapitel beschrieben,.

Welche Wirkungen haben Geldzurückhaltungen auf die Beschäftigungslage?

»Millionen Menschen hungern, nicht weil es zuwenig Lebensmittel in der Welt gibt, sondern weil ihnen das Geld fehlt, sie zu kaufen.« – Das hat vor einigen Jahren der Präsident der Weltbank gesagt.

Bezieht man den Satz auf unsere Wirtschaftskrisen und speziell auf die Arbeitslosigkeit, dann könnte man ihn so umformulieren: Millionen Menschen sind arbeitslos, nicht weil es zuwenig Arbeit in der Welt gibt, sondern weil das Geld fehlt, sie zu bezahlen.

Geld ist also nicht nur das vielgelobte Tauschmittel, das Angebot und Nachfrage in Deckung bringt, sondern allzu häufig auch ein Tauschverhinderungsmittel, das Angebot und Nachfrage nicht zusammenkommen läßt. Es ist also nicht nur ein »Schlüssel zum Markt«, sondern in vielen Fällen auch ein »Riegel«. Und diese Riegelfunktion nimmt mit sinkenden Zinsen zu.

»Wer Geld einsperrt, sperrt Arbeiter aus«, schrieb bereits in den 20er Jahren der »Nebelspalter« zu diesem »Geldstreik«. Und ein anderes Schlagwort aus jener Zeit besagt: »Kein Zins – kein Geld, kein Geld – keine Arbeit, keine Arbeit – kein Lohn«, womit wir an das Zitat des Weltbankpräsidenten anknüpfen können.

Auch wenn bei uns bislang ein deflationärer Preisniveaueinbruch vermieden werden konnte, so werden die Schleifspuren zu niedriger Zinsen in der Wirtschaft immer häufiger sichtbar. Doch statt dafür zu sorgen, daß das vom Staat herausgegebene Geld seine Funktion als Umlaufmittel auch bei niedrigeren Zinsen erfüllt, hilft man lieber dem Zins auf die Beine, notfalls durch kreditfinanzierte staatliche Investitionen oder Subventionen privater Unternehmungen oder auch durch Eingriffe der Notenbanken. Das heißt, die Zinserträge der Geldüberschußbesitzer werden mit staatlicher Hilfe weiter garantiert, auch wenn der Zins, den Marktgesetzen folgend, eigentlich sinken müßte. Die Möglichkeit

Wenn das Geld »streikt«

»Wer Geld einsperrt, sperrt Arbeiter aus!«

des Geldes zu streiken zwingt den Staat und die Wirtschaft zu überhöhten Angeboten, die auf Kosten aller Arbeitsleistenden gehen.

Hat auch die Misere in den neuen Bundesländern mit der Verzinsung zu tun?

Arbeit ist in den neuen Bundesländern bekanntlich in Hülle und Fülle vorhanden. Das Gros der Wohnungen ist reparaturbedürftig, Sanierungen und Ausbauten im Verkehrsbereich sind überfällig, und der Nachholbedarf in privaten und öffentlichen Bereichen ist groß. Auch leistungsbereite Arbeitsuchende stehen in Scharen auf der Straße. Woran es alleine mangelt, ist das Geld, um Bedarf und Arbeit zusammenzubringen.

Fehlt das Geld wirklich? – Keinesfalls! Vielstellige DM-Milliardenbeträge kreisen spekulierend um den Globus, und Summen ähnlicher Größenordnung werden jedes Jahr im Ausland angelegt. Sie könnten in die neuen Länder wandern, wenn – und das ist der Haken – wenn die Rendite in genügender Höhe abgesichert wäre. Das aber ist im Bereich des Wohnungsbaus aufgrund der staatlich eingegrenzten Mieten absolut nicht der Fall. Im Konsumbereich wiederum reichen die westdeutschen Produktionskapazitäten weitgehend aus, um den Bedarf der neuen Länder mit abzudecken, notfalls werden einige Überstunden gemacht oder der Export reduziert. Es bleiben die öffentlichen Investitionen, die jedoch alleine niemals eine Wirtschaft in Schwung bringen können, sondern vielmehr vom Schwung der Wirtschaft leben.

Größere Investitionen in den neuen Ländern würden entweder eine deutliche allgemeine Bedarfssteigerung voraussetzen oder entsprechende Standortvorteile, zum Beispiel steuerliche Erleichterungen oder nachhaltig billigere Löhne. Die Chance günstiger Lohnkosten wurde jedoch mit der Währungsunion und der allzu schnellen Anpassung der Löhne vertan. Und wenn westliche Unternehmen heute verlagern, dann gehen sie nach Fernost oder in Europa nach Ungarn, Irland oder Portugal, wo ein niedriges Lohnniveau die Kapitalrendite garantiert.

Zu einer allgemeinen Wirtschaftsbelebung, von der auch die neuen Länder profitieren würden, könnte es nur durch eine allgemeine Zinssenkung kommen, die die Umverteilung der Einkommen von der Arbeit zum Besitz reduziert und viele heute unrentable Investitionen rentabel macht. Das gilt nicht nur für den Wohnungsbau, sondern auch für die Sanierung der Altlasten. Eine solche Zinssenkung aber wäre nur möglich, wenn der Geldumlauf zinsunabhängig gesichert, das heißt, wenn die Möglichkeit des Geldstreiks unterlaufen würde.

26. Kapitel
Krisenerscheinungen in Planwirtschaften

»Wir stehen am Rand eines Bankrotts. Warum? Das könnte man mit verschiedenen Faktoren erklären: Inflation, zunehmende Unausgeglichenheit von Angebot und Nachfrage, Haushaltsdefizit, fieberhafte Geldemission. Das alles bedeutet nur eins: zunehmende Zerrüttung unseres Geld- und Finanzsystems und eine herannahende Krise, ähnlich wie wir sie Anfang der zwanziger Jahre und gleich nach dem Zweiten Weltkrieg erlebt haben.«

Nikolai Schmeljow *

Die grundlegende Krise aller Planwirtschaften ist gewissermaßen strukturell vorprogrammiert. Einmal lassen sich die Befriedigungen menschlicher Bedürfnisse niemals zentral auf optimale Weise planen. Nicht absetzbare Überproduktionen und/oder unzureichende Versorgungslagen sind die Folge. Zum anderen lähmen Planwirtschaften die Eigeninitiative und verordnete Löhne die Leistungsmotivation. Diese Mängel können allenfalls vorübergehend durch ideologische Massenpsychosen und propagandistisches Getrommel ausgeglichen werden. Doch auch die schönsten Blechorden sind auf Dauer kein Ersatz für eine leistungsgerechte Entlohnung. So erzwingt die Kommandowirtschaft immer größere Kontroll-, Aufsichts- und Funktionärskader, die mit ihrer Drohntätigkeit einen immer größeren Teil der Leistung schlucken. Selbst mit Zwangsarbeitsmethoden sind Planwirtschaften auf Dauer nicht wettbewerbsfähig, da man zumindest Kreativität und geistige Leistung nicht befehlen und erzwingen kann. Aber nicht nur das Leistungsinteresse wird durch Planwirtschaften zerstört,

---

* Russischer Ökonom, »Politik und Zeitgeschichte«, 4. Mai 1990

sondern auch die normale Einstellung zu allem Geschaffenen. Wer einmal längere Zeit in solch einem System gearbeitet hat, ist entsetzt über die Verschwendung von Ressourcen und die Verantwortungslosigkeit, mit der man Güter dem Zerfall preisgibt: Wenn alles allen gehört, fühlt sich niemand mehr dafür zuständig!

Gerade auch aus der Sicht des Umweltschutzes ist persönliches Eigentum also ein Garant für Pflege und Erhalt von Gütern. Das vor allem, wenn man diese durch eigene Leistung erworben hat. An dem pfleglichen Umgang der ehemaligen DDR-Bewohner mit ihrem »Trabi« oder der »Datscha« im Schrebergarten kann man das studieren.

Auch falsche Preissignale, die mit allen Plantwirtschaften verbunden sind, führen zu problematischen Verhaltensweisen. Wenn Brot billiger ist als Futtermittel, dann wird man Hühner und Schweine damit füttern. Und wenn die Wohnungsheizung kaum was kostet oder als Pauschale in der Miete steckt, dann reguliert man die Temperatur übers Fensteröffnen, vor allem in solchen Wohnungen, in denen man, zur Baukostensenkung, gleich die Ventile weggelassen hat.

Haben die Krisen im Ostblock auch mit Geld zu tun?

Obwohl man dem Geld im Ostblock einiges von seiner Bedeutung genommen und es mehr zu einem Bezugsschein umfunktioniert hat, blieb es prinzipiell mit den gleichen Fehlern behaftet wie in den westlichen Marktwirtschaften. Überschüssige Geldbestände in den Händen von Privathaushalten oder Betrieben konnten auch in den sozialistischen Planwirtschaften nur durch das Lockmittel Zins wieder in den Wirtschaftskreislauf zurückgeholt werden. Damit der Rubel rollte, mußte der Staat den Geldanlegern – nicht anders als im Westen – ebenfalls das Bankgeheimnis garantieren, vor allem, wenn er an die Ersparnisse der Gutverdienenden herankommen wollte. Doch trotz dieser kapitalistischen Versprechen klappte es mit der Geldzurückführung nur bedingt. Allzuviele trauten den Regierungen nicht und bewahrten die Ersparnisse lieber zu Hause auf, in dem berühmten Strumpf oder unter der Matratze. Natürlich konnte auch jeder sozialistische Staat das dem Kreislauf entzogene Geld durch neugedrucktes ersetzen. Damit aber bauten sich – nicht anders als bei uns – Doppelansprüche an eine gleichbleibende Leistung auf. Solche stillgelegten Inflationspotentiale treiben jedoch irgendwann, wenn sie zur Nachfrage werden, die Preise nach oben. Schreibt man – wie im Osten üblich – die Preise über Jahre und Jahrzehnte hinweg fest, dann kommt es zu einer aufgestauten Inflation. Kommt eine solche aufgestaute Inflation einmal zum Durchbruch, dann sind die Folgen unabsehbar. Sie sind mit einem Dammbruch vergleichbar und viel schwerwiegender als bei einer laufenden Verteuerung.

In der ehemaligen UdSSR zum Beispiel wurde Ende der 80er Jahre der ganze Geldbestand auf 300 Mrd. Rubel geschätzt. Die monatliche Endnachfrage der Haushalte aber lag nur bei etwa 30 Mrd. Dieser Betrag ergab sich auch, wenn man das durchschnittliche Monatseinkommen in dieser Zeit von etwa 230 Rubel mit der Zahl der Erwerbstätigen multiplizierte. Die vorhandene nachfrageberechtigte Bargeldmenge war also rund zehnmal größer als die monatliche Endnachfrage. In der Bundesrepublik betrug die Bargeldmenge 1990 vergleichsweise 159 Mrd. DM. Geht man davon aus, daß die Haushalte ihre Endnachfrage zu 60 Prozent mit Bargeld tätigen, waren dafür etwa 65 Mrd. erforderlich. Die Geldmenge lag also bei uns nur beim Zweieinhalbfachen der Haushalts-Bargeldausgaben. Dieser Vergleich macht die Größe des damaligen Rubel-Überhangs deutlich.

Was sind die konkreten Folgen eines Geldüberhangs?

Solange das zuviel vorhandene Geld aus dem Geldkreislauf zurückgehalten wird, ist es für das wirtschaftliche Geschehen bedeutungslos. Kommt es jedoch zu ungewöhnlichen politischen Entwicklungen oder verbreiten sich Gerüchte über Preisanstiege oder Geldumtausch, dann nimmt die Aktivierung dieses Geldüberhangs zu. Das heißt, man steigt aus der Hamsterung von Geld in die von Gütern um. Da aber das gegebene Angebot von Gütern und Leistungen dieser zusätzlichen Nachfrage nicht entspricht, kommt es zu Versorungsengpässen.

Normalerweise würde eine solche Übernachfrage durch steigende Preise abgebremst. Da aber die Preise in den staatlichen

Läden festgeschrieben waren, wurden massiert langlebige Güter nachgefragt, wie Textilien und Hausrat, Zucker, Waschpulver Seife usw. Die sich leerenden Regale führten auch bei anderen zu Panikkäufen. Die Schlangen vor den Läden wurden länger, immer häufiger auf Kosten der Arbeitsleistung oder gar der Arbeitszeit. Dadurch verschlechterte sich die Versorgungslage noch mehr. Die Folge war, daß vor allem die ärmere Bevölkerung, die sich keine Hamsterkäufe leisten konnte, mit ihrem Arbeitslohn vor leeren Läden stand. So kam es schließlich zu Streiks und Protestaktionen, wobei es – wie in den Kohlerevieren am Ural – oft nicht einmal um höhere Löhne ging, sondern nur um fehlende Seife oder Handtücher.

Verschärft wird diese Entwicklung noch durch die Entstehung schwarzer Märkte, auf denen die Preise die inflationären Kaufkraftverluste der Währung widerspiegeln. Als Folge dieser Preisanstiege kommt es zu erneuten Streiks um höhere Löhne usf. Eine solche einmal in Gang gesetzte Entwicklung ist kaum noch zu bremsen. Vor allem, wenn eine solche Entwicklung durch den Staat selbst noch beschleunigt wird, der die immer größeren Löcher in seinem Etat mit neu gedrucktem Geld zu schließen versucht. Auf diese Weise wird aus der schleichenden und trabenden Inflation schließlich eine galoppierende, ganz gleich, ob sich das Ganze in einem Ostblockland, in Lateinamerika oder einer westlichen Demokratie abspielt.

Wußte man im Sozialismus vom Geldproblem?

»Um die bürgerliche Gesellschaft zu zerstören, muß man ihr Geldwesen ruinieren«, soll Lenin einmal gesagt haben. Daß dieser Satz nicht nur auf bürgerliche Gesellschaften zutrifft, wissen wir inzwischen. Vielleicht hat es sogar Lenin gewußt. Doch statt die mit dem Geld verbundenen Fehlmechanismen abzubauen, hat er bekanntlich nach der Revolution den Versuch gemacht, das Geld abzuschaffen. Daß dieser radikale »Geldreformversuch« (den Pol Pot in unserer Zeit noch einmal wiederholte!) zu einem totalen Zusammenbruch der Wirtschaft und zu Millionen Hungertoten führte, hat man leider allzuoft vergessen oder verdrängt. Auch von der Wissenschaft wird den Zusammenhängen zwischen geldbezogenen Ursachen und wirtschaftlichen Folgen viel zuwenig nachgegangen, noch weniger bezogen auf die gesellschaftlichen und politischen Folgen.

Karl Marx hat zur Mißachtung der monetären Problemursachen erheblich beigetragen. Nicht nur durch seine Fehlannahme, daß die Ausbeutung des Menschen mit dem Produktionsmitteleigentum zusammenhänge. Auch seine Einschätzung des Geldes als Äquivalent für Leistungen und Güter ließ ihn die Überlegenheit des Geldes nicht erkennen. Im dritten Band seines Hauptwerkes »Das Kapital« stößt man zwar auf weitergehende Erkenntnisse. Wahrscheinlich aber stammen sie von Engels, der den Band zusammenstellte und mehr von der Wirtschaftspraxis verstand. Engels war es auch, der in seinem »Anti-Dühring« auf die krisenauslösende Wirkung der Geldzurückhaltung hingewiesen hat.

Daß der ursächliche Fehler unserer wirtschaftlichen Strickmuster in der Zirkulations- und nicht in der Produktionssphäre liegt, hat auch Gorbatschow eingesehen. So sagte er in seiner großen Rede vom 25. Juni 1987 beispielsweise: »Große Aufgaben gibt es im Bereich der Geldzirkulation zu lösen. Ohne dies kann kein neuer Wirtschaftsmechanismus geschaffen werden.« Und an anderer Stelle: »Hauptmangel auf diesem Gebiet ist heute die Loslösung... der Geldmittel von der Bewegung materieller Werte und die Übersättigung der Volkswirtschaft mit Zahlungsmitteln... Der jetzige Rubel wird seiner Rolle als aktives Mittel der finanziellen Kontrolle über die Wirtschaft nicht gerecht.«

Diese Sätze sind nichts anderes als eine vorsichtige Umschreibung des Tatbestandes, daß wir es auch in der ehemaligen UdSSR mit einem »ruinierten Geldwesen« zu tun hatten und haben. Als Folge kommt es zu einem Erlahmen der Wirtschaftätigkeit. Not und Mangel nehmen zu, desgleichen die sozialen Spannungen, nicht nur zwischen Arm und Reich, sondern auch zwischen ärmeren und reicheren Nationalitäten und Volksstämmen. Und solche Spannungen arten allzuleicht – wie die Erfahrung zeigt – in Gewalt aus bis hin zu Bürgerkriegen.

Der Sozial- und Geldreformer Silvio Gesell hat diese Beziehungen zwischen Geldzerstörung und Gewalt 1918 einmal treffend gekennzeichnet:

»Die Währung hält den Staat zusammen oder sprengt ihn – je nachdem. Wird hier gepfuscht, so löst er sich in kleine Teile auf, in Atome, die sich gegenseitig abstoßen: Stadt gegen Land, Beruf gegen Beruf, Volksstamm gegen Volksstamm, Norden gegen Süden, Festbesoldete gegen Lohnarbeiter, bis schließlich Arbeiterbataillone gegen Arbeiterbataillone marschieren.«

Vor dem Hintergrund der Vorgänge im ehemaligen Jugoslawien gewinnt diese Aussage geradezu an beklemmender Bedeutung. Allzuleicht vergißt man angesichts der Ereignisse dort, daß es ohne die vorausgegangene wirtschaftliche Destabilisierung kaum zu dieser Gewalteskalation gekommen wäre. Diese Destabilisierung wiederum ist nicht nur die Folge einer zunehmenden Auslandsverschuldung in den 80er Jahren, sondern wahrscheinlich noch mehr die der gleich langen inflationären Währungszerstörung. Das bestätigte der slowenische Ökonom Marjan Senjur im März 1990 in der »Zeitschrift für Sozialökonomie«:

»Seit 1980 steckt Jugoslawien in einer immer größer werdenden wirtschaftlichen Krise, die inzwischen zu einer generellen gesellschaftlichen Krise geworden ist... Meiner Meinung nach ist die Inflation das größte gesellschaftliche Problem Jugoslawiens.«

Welche Rolle spielte das Zinsproblem in den Ostblockstaaten?

Daß es in Ost und West vergleichbare Unzulänglichkeiten der Geldmengenregulierung und des Geldumlaufs gibt und eine vergleichbare leichtfertige Bedienung der Notenpresse, wurde dargelegt. Ebenfalls wurde schon erwähnt, daß man auch in den Ostblockländern den Geldumlauf durch Zinsversprechen halbwegs in Gang zu halten versuchte. In der ehemaligen UdSSR war diese Zinsbelohnung sogar recht attraktiv: drei Prozent für kurzfristige Einlagen und fünf Prozent für mittelfristige. Und angesichts der über Jahrzehnte festgeschriebenen Preise handelte es sich dabei um reale Zinsen. Damit lag die Belohnung für die langfristige Freigabe von Geld noch über den in der Bundesrepublik gezahlten

Realzinsen, die im Schnitt der letzten Jahrzehnte knapp über vier Prozent gelegen haben.

Natürlich waren die Folgen der Zinsbelohnung im Osten nicht anders als bei uns: Diejenigen, die bereits zuviel Geld hatten und es verleihen konnten, bekamen noch mehr Geld dazu. Denjenigen, denen Geld fehlte und die es sich leihen mußten, wurde noch mehr genommen. Und da auch im Ostblock nur verteilt werden konnte, was erwirtschaftet wurde, mußten die Arbeitsleistenden die Zeche bezahlen.

Schon vor etwa 20 Jahren soll es in der UdSSR Zehntausende von Rubelmillionären gegeben haben, die von ihren Zinseinnahmen leben konnten. Da den hochbezahlten Spitzenfunktionären, -wissenschaftlern, -künstlern und -sportlern oft die Möglichkeit zum Ausgeben ihrer Einkommen fehlte, bildeten diese besonders hohe Sparrücklagen. Und nach dem Zinseszinsprinzip verdoppeln sich auch im Osten Bankeinlagen bei fünf Prozent Verzinsung alle 14 ½ Jahre. Damit war auch ohne Neuersparnisse die Wucherung der Geldvermögen gesichert.

Natürlich waren, gemessen an westlichen Maßstäben, die Ersparnisse in den Ostblockländern insgesamt geringer als im Westen. So waren z. B. die nominellen Pro-Kopf-Bestände in der ehemaligen DDR zweieinhalbmal kleiner als die in der BRD. Doch die Unterschiedlichkeit der Verteilung dieser Ersparnisse auf die Haushalte ist durchaus vergleichbar. Trotz der propagierten Solidarität im »Arbeiter-und-Bauern-Staat« hatten »drüben« 80 Prozent der Haushalte nur ein Fünftel der gesamten Geldvermögen von rund 170 Mrd. Mark in der Hand, also 34 Mrd., während die restlichen 20 Prozent der Haushalte über Guthaben von rund 136 Mrd. Mark verfügten. Rechnet man das auf jeden Haushalt um, dann hatten vier Fünftel der Haushalte im Schnitt 6500 Mark auf der hohen Kante, ein Fünftel – also die wohlhabende Minderheit – hatte dagegen im Schnitt rund 105 000 Mark. Die Wirklichkeit aber war noch schlimmer, als es diese Durchschnittszahlen wiedergeben. Denn keinesfalls hatte jeder fünfte Haushalt »drüben« ein Geldguthaben von mehr als 100 000 Mark. Vielmehr kam diese hohe Durchschnittssumme nur zusammmen, weil in der reicheren Gruppe auch die Millionenvermögen »versteckt« sind, die den Durchschnitt in die Höhe treiben.

Welche zinsbedingte Einkommensumschichtung zwischen diesen beiden statistisch erfaßten Gruppen gegeben war, läßt sich ebenfalls errechnen: Da die Durchschnittsvermögen bei der reichen Minderheit 16mal größer waren als bei der Mehrheit, die Zahl der Haushalte jedoch viermal geringer, mußten die ärmeren Haushalte für die reicheren viermal mehr Zinsen erwirtschaften, als sie selbst erhielten. Und daran hat sich seit 1990 nicht viel geändert.

Gibt es noch andere Krisenprobleme im Osten, die mit dem Geld zusammenhängen?

Daß Übervermehrungen der Geldmenge auch in sozialistischen Staaten zu Instabilitäten führen, wurde bereits dargelegt. Versucht man, den dadurch ausgelösten Preisauftrieb durch Festschreibung aller oder einzelner Preise einzuschränken, dann kommt es nicht nur zu leeren Läden und schwarzen Märkten, sondern auch zu völlig irrealen Tauschverhältnissen mit dem Ausland. Das heißt, die Wechselkurse haben mit der Wirklichkeit nichts mehr zu tun. Das wiederum eröffnet Spekulanten ungeahnte Möglichkeiten zu Millionengeschäften, die letztlich immer zu Lasten der arbeitenden Bevölkerung gehen. Selbst für Normalbürger kann dann eine Reise mit einem Koffer voller Produkte nach Berlin oder Wien mehr einbringen als ein ganzer Monat Arbeit. Bedenkt man, daß die normale Arbeitsleistung unter solchen Aktivitäten leidet und für viele sogar völlig nebensächlich wird, dann werden die Folgen solcher geldbedingten Marktstörungen abschätzbar.

Auch durch Arbeitsaufnahmen im Westen kam und kommt es zu völlig verrückten Einkommenssituationen. So konnte 1989/90 ein Pole, der nach einem halbjährigen Job in der BRD mit 5000 DM Ersparnis nach Hause fuhr, diese offiziell gegen drei Millionen Szloty umtauschen. Dafür zahlte ihm die Bank, wenn er das Geld bei ihr anlegte, damals neun Prozent Zinsen. Damit hatte der Heimkehrer ein größeres Einkommen ohne Leistung als seine arbeitenden Genossen. Doch da auch in den Ostblockstaaten nichts vom Himmel fällt, wurden die Zinseinkünfte jenes Szloty-Millionärs diesen arbeitenden Genossen abgezwackt.

Ein weiteres geldbezogenes Problem ist der Tatbestand, daß in allen Ostblockländern, als Folge der Ruinierung der eigenen Währung, die Menschen zunehmend in kaufkraftstabile Westwährungen flüchteten und das auch heute wieder tun. Sieht man von Schenkungen ab, so können diese Westdevisen letztlich nur aus Exporten oder Westkrediten stammen. Das heißt, mit dieser neuen Hortung von Geld, diesmal in Devisen, wird das Land erneut geschädigt. Und soweit diese Devisen als eine Art Zweitwährung im Land kursieren, was zunehmend der Fall war und weiterhin ist, werden die Bemühungen der jeweiligen Notenbank zur Geldmengensteuerung unterlaufen.

»Der Rubel ist derzeit auf dem Schwarzmarkt für einen guten Pfennig zu haben. Längst gibt es zwei Währungskreisläufe: den durch die unter Hochdruck laufende Notenpresse entwerteten Rubel, dem die Menschen und Betriebe durch Tauschwirtschaft ausweichen, und Devisen, für die man alles bekommt«, schrieb Peter Gillies in »Die Welt« vom 2.1.1992. Anfang 1993 war der Rubel gerade noch einen Drittelpfennig wert.

Noch ein weiteres geldbezogenes Thema darf natürlich nicht vergessen werden: die Auslandsverschuldung der ehemaligen Ostblockländer, mit der man versuchte, die Folgen der Mißwirtschaft noch eine Weile erträglicher zu machen (siehe Darstellung 30, 13. Kapitel).

»Die Schulden fressen den Sozialismus«, hatte Ende der 80er Jahre der Berliner Studentenpfarrer Ton Veerkamp einmal in der Zeitschrift »Junge Kirche« geschrieben. Das war sicher etwas verkürzt gesehen, da – wie gesagt – diese Verschuldung im Westen eher ein letzter Versuch war, das bereits gescheiterte, an Marx orientierte Sozialismusmodell zu retten. Daß dieses Verschuldungsmittel die ganze Misere noch vergrößern mußte, wußten offensichtlich auch die marxistischen Ökonomen nicht, deren Wissen über Geld wohl noch lückenhafter war als das der meisten westlichen Kollegen. Denn durch die schuldenbedingten Zinstransfers flossen nun auch noch zunehmend Arbeitseinkünfte über die Grenzen in den Westen ab und verringerten dazu noch die unzureichenden Devisenreserven, die man für dringende Einkäufe in den kapitalistischen Ländern brauchte.

Polen mußte schon Anfang der 80er Jahre jeden Monat rund 250 Mio. Dollar Zinsen an den Westen zahlen. Das waren damals, bei noch halbwegs überschaubaren Verhältnissen in diesem Land, monatlich etwa 14 Dollar je Beschäftigten. Diese Summe erscheint tragbar, aber sie entsprach rund einem Siebtel aller Arbeitslöhne. Jeder Pole mußte also jeden siebten Tag für die Westschulden arbeiten! Und da man, nach bewährter Methode, die Zinsen für die alten Schulden mit neuen Schulden bezahlte, geriet man immer stärker in den Schuldensumpf.

Betrachtet man die Sache nüchtern, dann haben die Arbeiter der Lenin-Werft mit ihren Streikaktionen in den 70er und 80er Jahren zwar mehrfach die geplanten Preisanhebungen verhindern und sogar zwei Regierungen zum Rücktritt zwingen können, doch sie haben damit den Staat in eine Überschuldung getrieben, deren Folgen vielmals verarmender sind als die vermiedenen Preiserhöhungen, vor allem wenn man die inflationsbedingten Verluste ihrer ganzen Arbeitsersparnisse mit berücksichtigt.

Und fast makaber ist es, daß jener Lech Walesa, der damals auf den Streikbarrikaden stand, nun als Staatspräsident die selbst eingebrockte Suppe mit auslöffeln muß.

Was wäre zu tun?

Da ohne ein geordnetes Geldwesen kein Staat länger funktionieren kann, müßten in allen Ostblockländern zuerst einmal die Währungen in Ordnung gebracht werden. Das heißt, der inflationäre und die Wirtschaft destabilisierende Geldüberhang müßte endlich abgeschöpft werden. Das ist auch erforderlich, um zu halbwegs realistischen Wechselkursen zu kommen, die erst Geschäfte mit dem Ausland ermöglichen.

Schon zu Zeiten Gorbatschows wurde dieser Geldumtausch und die Ausgabe eines neuen Rubels von einzelnen Fachleuten angeraten. Doch man hat diesen unausweichlichen Einschnitt in die Währung immer wieder aufgeschoben. Statt dessen versuchte man und versucht weiterhin – vor allem in den GUS-Staaten – die Flucht nach vorn. Das heißt, man läßt die Notenpresse immer schneller laufen.

Doch mit jedem zusätzlich gedruckten Rubel nehmen die Instabilitäten zu. »Der Rubel hat innerhalb weniger Wochen ›Hunderte Prozente‹ seines Wertes verloren. Vor zwei Wochen wurde er im Verhältnis von 40 Rubel je Dollar gehandelt, jetzt muß man

Der Rubel muß rollen!

Alte Volksweisheit

Wohin rollt der Rubel?

Sowjetbürger horten Geld

Der Rubel roll bergab

Erhöhung der Geldmenge um 45 Prozent

Der steile Fall des Rubels ist nicht mehr aufzuhalten

Keine Bremse für den Rubel-Kurs

Der Rubel rollt nicht mehr!

Landeswährung dient kaum noch als Zahlungsmittel

Geldsystem zerstört!

Wirtschaftsberater Gorbatschows aus Protest zurückgetreten

über 115 Rubel pro Dollar zahlen«, zitierte am 14. 11. 1991 das »Handelsblatt« einen russischen Wirtschaftsprofessor. Das alles ist längst Schnee von gestern, und inzwischen kommt es nur noch zu einem Stillstand der Notenpresse, wenn der Papiernachschub nicht funktioniert. Damit wird aber auch die Möglichkeit zu einem Geldumtausch immer fragwürdiger, da diese Maßnahme ein halbwegs funktionierendes Staats- und Finanzwesen voraussetzt. (Der vorstehende Zusammenschnitt einiger Schlagzeilen spiegelt das Schicksal des Rubels und damit der gesamten Gesellschaft im Zeitraffer wider.)

Vielleicht ist die Unentschlossenheit Gorbatschows in dieser Frage der größte Fehler, den man ihm einmal vorwerfen wird. Es ist jedoch der gleiche Fehler, der auch die Mehrzahl aller Politiker in der ganzen Welt betrifft und leider auch das Gros der Wirtschaftswissenschaftler, nämlich mangelndes Wissen über unser Geld und seine Wirkungsmechanismen. Die Folgen dieser Unwissenheit und Unentschlossenheit der Verantwortlichen zeichnen sich jedenfalls in den GUS-Staaten immer deutlicher ab. Wo und wie sie enden werden, ist nicht voraussehbar. Die Gefahr besteht, daß einzelne Länder in Chaos oder Anarchie verfallen und die Geschehnisse in Jugoslawien noch übertroffen werden könnten.

Wie hat sich die Vereinigung von Ost- und Westdeutschland geldbezogen ausgewirkt?

Auch mit dem Geldumtausch in Ostdeutschland haben die dafür verantwortlichen Politiker wieder einmal bewiesen, wie wenig sie vom Geld und seinen Wirkungsmechanismen verstehen: Allenfalls ein Umtausch 5:1 bis 8:1 wäre sachlich gerechtfertigt gewesen und sicher auch akzeptiert worden. Denn der freie Umtauschkurs lag bekanntlich vor der Einigung bei 10:1 bis 20:1.

Mit dem Kopfgeldumtausch 1:1 hatte man einen weitgehend ungedeckten Kaufkraftschub geschaffen, der vor allem dem westdeutschen Autohandel zugute kam. Noch bedenklicher aber war der uneingegrenzte Umtausch aller darüber hinausgehenden Ostmark-Ersparnisse im Verhältnis 2:1, mit dem man gerade den Privilegierten des alten Systems zu unverdientem Reichtum in harter Währung verhalf. Geradezu unverantwortlich aber war dieser Umtauschkurs vor dem Hintergrund, daß damit auch alle Schulden in den neuen Ländern auf der Basis 2:1 umgerechnet werden mußten. Dieser Tatbestand mußte unzählige Unternehmen zwangsläufig in die Zahlungsunfähigkeit treiben bzw. den Staat zur Übernahme der selbstgeschaffenen DM-Schulden zwingen.

Da man die Geldbesitzer in der DDR mit dem Umtauschkurs überreich beschenkte, konnte man verständlicherweise bei den Rentnern nicht knausern. Die Folge der schnellen Rentenanpassungen wiederum war ein entsprechender Druck auf die Anpassung der Löhne und damit auf die Beschäftigung. Mit dem Verzicht darauf, die anfangs vorhandene Bereitschaft zum Teilen in Westdeutschland aufzugreifen, und mit der Entscheidung »Rückgabe vor Entschädigung« haben die Politiker weitere respektable »Selbsttore« geschossen.

Sicher ist eine solche Zusammenführung zweier Länder unterschiedlicher Wirtschafts- und Leistungsstrukturen keine einfache Sache, und sicher wären auch bei einem realistischen Wechselkurs die Vereinigungsschwierigkeiten groß genug gewesen. Doch die Lücken im monetären Wissen der Verantwortlichen und ihre wahlenbezogene Großzügigkeit kommen uns wieder einmal besonders teuer zu stehen. Und das für Jahre und Jahrzehnte.

Vordergründig ist die Enttäuschung vieler ehemaliger DDR-Bürger über die Vereinigung verständlich. Denn statt des erwarteten West-Reichtums für alle gab es – auch durch den Run auf Westwaren und eine falsche Handhabung des Bodenrechts – explodierende Arbeitslosigkeit und soziale Spannungen. Auch in den alten Bundesländern führte die Vereinigung, nach einem anfänglichen Nachfrageboom, zu zusätzlichen sozialpolitischen Schwierigkeiten. Was aber den Bürgern der neuen Bundesländer ohne die Vereinigung beschieden gewesen wäre, können sie vor ihrer Haustüre in den östlichen Nachbarländern studieren.

27. Kapitel
Das Problem der Arbeitslosigkeit
Entwicklungen und Veränderungen am Arbeitsmarkt

»Der Geldzins schraubt die Rentabilitätsschwelle der Unternehmen künstlich hoch, erzeugt so einen zusätzlichen Rationalisierungsdruck, der sich arbeitsplatzvernichtend auswirkt.«

Kath. Familienverband der Erzdiözese Wien *

Die Arbeitslosigkeit in der Bundesrepublik seit 1950

Wenn man die Arbeitslosigkeit genauer analysieren will, muß man zwischen kurz-, mittel- und langfristigen Veränderungen unterscheiden. Das ist erforderlich, weil diese unterschiedlichen Veränderungen auch unterschiedliche Ursachen haben.

Vergleichen kann man das mit den Veränderungen der Temperatur: Für die kurzfristigen Schwankungen ist der Tag-Nacht-Wechsel verantwortlich, für die mittelfristigen die Großwetterlage und für die langfristigen sind es die Jahreszeiten. Und wie bei der Temperatur nur die mittelfristigen Veränderungen nicht voraussehbar sind, so ist das auch bei der Arbeitslosigkeit der Fall.

Sieht man sich die Entwicklung der Arbeitslosigkeit seit 1950 in der folgenden Darstellung 65 einmal an, dann zeigt sich langfristig ein tiefes, langes Tal. Wie ersichtlich, haben wir nach dem Krieg mit einer ähnlich hohen Arbeitslosigkeit begonnen, wie wir sie heute wieder haben. Einem raschen, etwa zehnjährigen Abbau der Nachkriegsarbeitslosigkeit in der ersten Phase folgten zehn bis zwölf Jahre Vollbeschäftigung in der zweiten. Doch dann, Anfang

---

* In »Zur sozialethischen Problematik der gegenwärtigen Geld- und Kreditordnung«, 1990

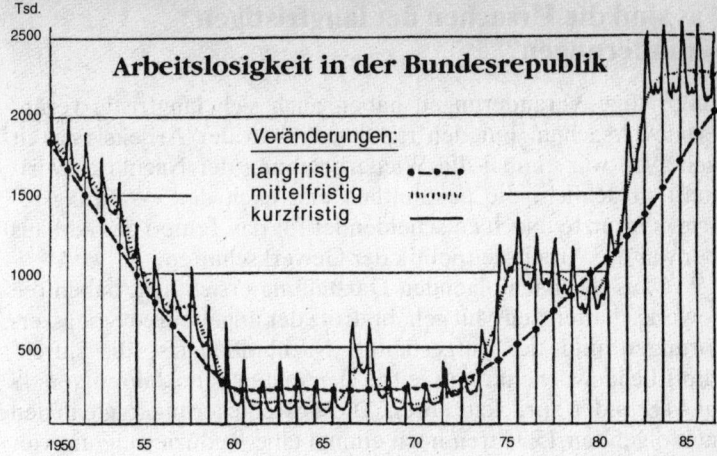

Arbeitslosigkeit in der Bundesrepublik

Veränderungen:
langfristig ●—●—●
mittelfristig
kurzfristig

Darstellung 65

der 70er Jahre, ging es mit der Arbeitslosigkeit wieder »aufwärts«, kaum weniger schnell als der vorherige Abbau.

Auf die Kurve dieser langfristigen Entwicklung satteln sich, wie die Grafik weiter zeigt, immer höhere mittelfristige »Ausreißer« auf. Diese wiederum werden von den jährlich sich wiederholenden kurzfristigen Schwankungen begleitet. Diese kurzfristigen Schwankungen, deren Größenordnung bei 200000 Beschäftigten liegt, sind saisonal und wetterbedingt und können somit auf natürliche Ursachen zurückgeführt werden. Trotzdem wären auch diese Störungen der Beschäftigungslage, die für die Unternehmer wie die Arbeitnehmer gleichermaßen belastend sind, in ihrem Umfang reduzierbar. Zum Beispiel, indem man Überstunden in der Sommerzeit mit »Unterstunden« in der Winterzeit verrechnet. Ich habe in den 60er Jahren in einem Betrieb gearbeitet, in dem man das – mit Einverständnis aller Beteiligten und hinter dem Rücken der Gewerkschaft – mit Erfolg praktiziert hat.

Doch interessanter und aufschlußreicher als die Untersuchung der kurzfristigen Veränderungen der Arbeitslosigkeit ist die der lang- und mittelfristigen.

357

Was sind die Ursachen der langfristigen Veränderungen?

Langfristige Veränderungen haben auch sich langfristig verändernde Ursachen. Für den rapiden Abbau der Arbeitslosigkeit nach 1950 war einmal die Wiederbelebung der Nachkriegswirtschaft ursächlich, die bekanntlich erst nach der »Währungsreform« einsetzte. Noch entscheidender für das Tempo des Abbaus aber war die Arbeitszeitpolitik der Gewerkschaften.

Wie aus der nachfolgenden Darstellung ersichtlich, haben die Gewerkschaften den Mut gehabt, trotz der ungeheuren Kriegszerstörungen und des aufgestauten Nachholbedarfs, die durchschnittliche Wochenarbeitszeit in den ersten zehn Jahren von 48 auf 44 Stunden zurückzuführen. Dieser Reduzierung folgte in den nachfolgenden 15 Jahren noch einmal eine Reduzierung um vier Stunden auf die als Ziel angesetzte 40-Stunden-Woche. Mit Hilfe dieser radikalen Arbeitszeitverkürzung konnten nicht nur die rückkehrenden Kriegsgefangenen und die Ostflüchtlinge in den Wirtschaftsprozeß integriert werden. Auch die Position des Arbeitnehmers erfuhr eine Aufwertung, wie sie kurze Zeit vorher noch für undenkbar gehalten wurde: Aufgrund des so erhaltenen Arbeitskräftemangels war der Arbeitnehmer »König« am Arbeitsmarkt. Er konnte sich die Stellen fast nach Belieben aussuchen und wurde in der Mehrzahl aller Fälle über Tarif bezahlt.

Ausgelöst durch die für alle Dollarbesitzer günstigen Wechselkurse, kam es darüber hinaus zu einem Exportboom, den man nur mit dem Hereinholen von Millionen Gastarbeitern durchziehen konnte.

Rechnet man die Jahresdurchschnittsreduzierungen aus, dann wurden die Wochenarbeitszeiten in den 50er Jahren jährlich um fast 30 Minuten gekürzt, in den folgenden 15 Jahren immerhin noch um eine gute Viertelstunde. Dann aber – wie die Kurve zeigt – ruhte man sich auf dem Erreichten aus. Besondes kraß läßt das die zusätzlich in der Grafik eingetragene Treppe der IG-Metall-Tarifabschlüsse erkennen. Während die vereinbarte Arbeitszeit von 1956 bis 1966 (also innerhalb von zehn Jahren!) von 48 auf 40 Stunden heruntergefahren wurde, hat man sie anschließend bis 1985, also über 19 Jahre hinweg, eingefroren.

Betrachtet man nun die Kurve der Wochenlohnentwicklungen

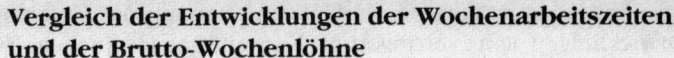

Vergleich der Entwicklungen der Wochenarbeitszeiten und der Brutto-Wochenlöhne

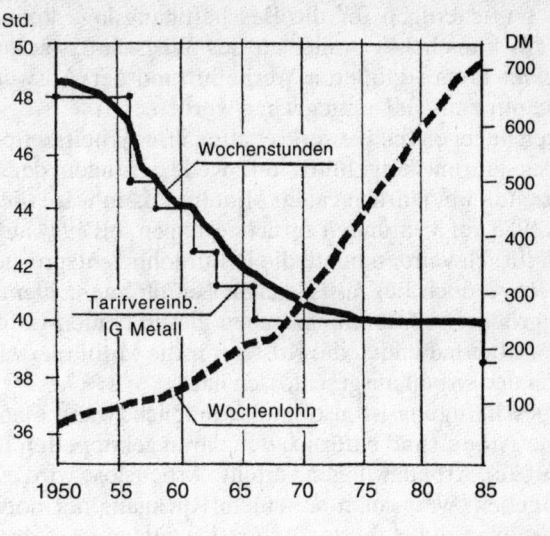

Darstellung 66

in der Grafik, so zeigt sich ein umgekehrter Trend: Während die Lohneinkommen in den ersten beiden Jahrzehnten gemäßigt anstiegen, gingen sie anschließend steiler nach oben. Das heißt, in den ersten beiden Jahrzehnten hat man die Produktivitätsfortschritte sowohl steigenden Löhnen wie sinkenden Arbeitszeiten zugute kommen lassen. In den anschließenden Jahren aber wurde der Leistungszugewinn, bei Festschreibung der 40-Stunden-Woche, voll in Lohnerhöhungen umgesetzt. Diese Änderung der vorherigen Gewerkschaftspolitik – aus welchen Gründen auch immer vollzogen – hatte natürlich Folgen für den Arbeitsmarkt: Die verstärkten Produktions- und Kaufkraftzunahmen beschleunigten die sowieso gegebenen Sättigungsentwicklungen. Dadurch entstand ein zunehmender Arbeitskräfteüberhang, der vorher durch

359

die regelmäßigen Arbeitszeitverkürzungen kompensiert worden war. Außerdem reagierten die Unternehmen auf die Sättigungsentwicklungen mit verringerten Kapazitätsausweitungen, was ebenfalls zu einer Verringerung der notwendigen Arbeitsplätze führte. Diese Folgen für die Beschäftigungslage konnten auch durch ein künstliches Anheizen des Wirtschaftswachstums mit Hilfe einer immer größeren Werbeflut und der Ausweitung der Exporte nur zum Teil ausgeglichen werden.

Hätten dagegen die Gewerkschaften ihre Arbeitszeitpolitik aus den 60er Jahren fortgeführt, mit Reduzierungen der Wochenarbeitszeiten um jährlich ca. 20 Minuten, dann wäre die Arbeitszeit bis 1985 auf 35 Stunden zurückgegangen, bis 1994 auf 32 Stunden. Natürlich würden heute die Bruttolöhne entsprechend niedriger sein, jedoch bei fast gleichen Nettolöhnen. Denn mit der immer größeren Differenz zwischen diesen beiden Größen müssen die Arbeithabenden die Kosten für die Mitbürger zahlen, die man von der Arbeit ausgeschlossen hat.

Vollbeschäftigung ist also immer möglich, wenn man die vorhandene Arbeit (und natürlich den daran gekoppelten Lohn) flexibel auf alle Arbeitswilligen verteilt. Arbeitslose wird es dagegen immer geben, wenn man bei einem Rückgang der notwendigen Arbeitsmenge die Zahl der Arbeitsleistenden statt der Arbeitsstunden reduziert. An dieser Stelle soll auch einmal die Frage aufgeworfen werden, ob es nicht besser gewesen wäre, den Produktivitätsfortschritt, zumindest zum Teil, in sinkende Preise statt steigende Löhne umzusetzen. Denn sinkende Preise wären allen Menschen zugute gekommen. Sicherlich wäre in diesem Fall unser heutiger Wohlstandsvorsprung geringer, aber auch die Probleme, die daraus entstanden sind, von der Diskrepanz zwischen Nord und Süd bis zu denjenigen unserer eigenen Landwirtschaft.

Gibt es weitere Ursachen für die langfristige Arbeitslosigkeitsentwicklung?

Neben den Folgen der veränderten Gewerkschaftspolitik haben noch weitere Ursachen zu dem langfristigen Anstieg der Arbeitslosigkeit seit Anfang der 70er Jahre beigetragen. Hier ist als erstes die überproportionale Zunahme der Geldvermögen und der daraus resultierende Druck auf kapitalintensivere Produktionsmethoden zu nennen. Die damit steigenden Schulden und Zinslasten verschieben entsprechend die Einkommen von der Arbeit zum Besitz. Die Folge ist, daß die Arbeitsleistenden immer weniger in der Lage sind, ihre eigenen Produkte selbst nachzufragen. Andererseits machen höhere Zinsbelastungen das unternehmerische Tun unattraktiver. Das heißt, Firmengründungen unterbleiben bzw. Unternehmungsschließungen nehmen zu. Außerdem werden durch Firmenkonzentrationen immer mehr mittelständische, arbeitsintensivere Unternehmen ausgeschaltet usw., alles zu Lasten der Arbeitsplätze. Die Folgen von alledem könnten zwar durch Arbeitszeitverkürzungen und Arbeitsumverteilungen verhindert werden. Was aber nicht verhindert werden kann – ob mit oder ohne Arbeitszeitverkürzungen –, ist ein relativer und schließlich absoluter Rückgang der Arbeitseinkommen, solange die Zinsansprüche rascher zunehmen als die Wirtschaftsleistung.

Ein weiterer Grund für den Rückgang der Nachfrage nach menschlicher Arbeit ist in unseren falschen Steuerstrukturen gegeben: Da bei uns die Arbeitseinkommen mit dem Gros aller Steuern und Sozialkosten belastet sind und weniger die Produkte, wird die Tendenz zur Einsparung von Arbeitskräften verstärkt.

Häufig werden auch die geburtenstarken Jahrgänge der 50er und 60er Jahre für die zunehmende Arbeitslosigkeit ab Mitte der 70er Jahre angeführt. Diese Ursachenerklärung aber ist sehr fragwürdig, da jeder hinzukommende Mensch nicht nur Arbeit sucht, sondern auch zusätzliche Bedürfnisse hat, die durch Arbeit befriedigt werden müssen. Doch noch wichtiger als die Eingrenzung der Ursachen für die langfristigen Beschäftigungsveränderungen ist die Untersuchung der mittelfristigen. Denn den langfristigen Ursachen kann mit langfristig wirkenden Gegenmaßnahmen abgeholfen werden. Die mittelfristigen sind nachträglich kaum auszugleichen. Hier muß bei den Ursachen angesetzt werden.

Die Ursachen der mittelfristigen statistischen »Ausreißer«

Wie schon die Darstellung 65 erkennen läßt, nehmen die mittelfristigen, fast eruptiv ansteigenden Arbeitslosigkeitsschübe an Höhe zu. Sie katapultieren förmlich in kurzer Zeit die Arbeitslosenzahlen nach oben, mit Schüben bis zur Millionenhöhe.

Diese plötzlichen Zunahmen sind ein wesentliches Kennzeichen jener Konjunkturkrisen, die sich – nach Ansicht der meisten Wirtschaftswissenschaftler und Politiker – ab und zu wiederholen und die man hinnimmt wie Ebbe und Flut oder irgendwelche unbeeinflußbaren Naturkatastrophen.

In der folgenden Darstellung 67 ist noch einmal die Entwicklung der Arbeitslosigkeit seit 1950 aufgezeigt, jedoch ohne die sich jährlich wiederholenden Schwankungen. Damit heben sich die mittelfristigen Veränderungsschübe, hier mit 1 bis 4 gekennzeichnet, noch deutlicher ab. Zusätzlich ist im oberen Teil der Grafik die Entwicklung der Kapitalmarktzinsen eingetragen, also jener Zinsen, die man für die langfristige Überlassung von Geld erhält und an denen sich Investoren bei ihren Entscheidungen orientieren.

Verschiebt man – wie in der Grafik geschehen – die Darstellung der Zinsen parallel zur Kurve der langfristigen Entwicklung der Arbeitslosigkeit, dann wird die Wechselwirkung zwischen den Zinssatzveränderungen und den mittelfristigen »Ausreißern« am Arbeitsmarkt besonders deutlich: Zwei bis drei Jahre nach dem Anstieg der Zinssätze schießt auch die Entwicklung der Arbeitslosigkeit in die Höhe. Bricht der Zinsanstieg ab, ist das ein bis zwei Jahre später auch bei der Arbeitslosigkeit der Fall.

Wie erkennbar, führte schon die geringe Zinsanhebung um einen Prozentpunkt im Jahr 1957 ein Jahr später zu einer Unterbrechung der langfristigen Arbeitslosigkeitsabnahme und einem leichten Wiederanstieg (1). Noch deutlicher war die Wirkung des Zinsanstiegs von sechs auf 7,8 Prozent mitten in der Vollbeschäftigungsphase der 60er Jahre, die zu einer Verdreifachung der damals noch geringen Arbeitslosigkeit führte (2). Noch gravierender in ihren Folgen waren dann die beiden Hochzinsphasen 1974 und 1981, in denen die Zinssätze jeweils bis auf die 10,6-Prozent-Marke kletterten: Bei der ersten Hochzinsphase vervierfachte sich die Zahl der Arbeitslosen auf rund eine Million ③. In der zweiten wurde sie von rund 900 000 auf mehr als 2 Millionen hochkatapultiert ④.

Besonders auffallend ist, wie abrupt der Anstieg der Arbeitslosigkeit nach jedem Zinsgipfel wieder abbricht. Auch die zusätzlich eingezeichnete Kurve der Firmenpleiten läuft – wie erkennbar – hinter den Zinssätzen her, jedoch weicher und verzögerter in ihren Abschwüngen.

**Entwicklung der Arbeitslosigkeit und der Kapitalmarktzinsen
in der Bundesrepublik Deutschland
1950–1986**

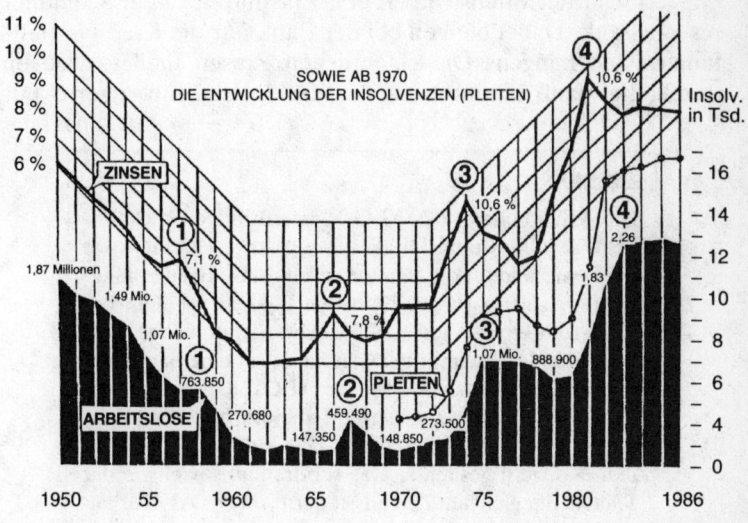

Darstellung 67

363

Welche Rolle spielen die Verschuldungen?

Bei den hier dargelegten Zinsbelastungen sind jene für die Schulden aus mehreren Gründen besonders problematisch. Einmal stellen sie eine Belastung dar, die auf jeden Fall erwirtschaftet werden muß, während die Eigenkapitalverzinsung auch mal vorübergehend in den Keller gehen kann. Zum zweiten nehmen diese Fremdkapitalzinsen im Gleichschritt mit der Entwicklung von Geldvermögen und Schulden zu, die seit 1950 deutlich rascher ansteigen als die wirtschaftliche Leistung. Vor allem aber – und hier sind wir wieder bei den Ursachen der mittelfristigen »Ausreißer« – verändern sich die Zinslasten für das Fremdkapital schlagartig mit den Zinssätzen.

Dieser Verdoppelungseffekt trifft in einem besonderen Maße natürlich hochverschuldete Unternehmen. Dabei gilt das nicht nur für kleinere und mittlere Betriebe, sondern, wie der Kasten zeigt, auch für größere.

Der zitierte Text erfordert jedoch einige Klarstellungen: Wie die meisten Bürger und selbst viele Ökonomen, verfolgen auch die Gewerkschaftler offensichtlich den Zinsfluß nur vom Schuldner bis zur Bank. Dabei bleiben bei der Bank nur die Kreditvermittlungskosten hängen. Die eigentlichen Zinsen fließen dagegen durch die Bank hindurch zu den Geldguthabenbesitzern. Für

---

Zinsen

Die Arbeitnehmer des AEG-Konzerns haben nach Ansicht der IG-Metall-Mitgliederzeitschrift »Metall« seit 1970 »wie wild für die Banken geschuftet«. In einer jüngsten Ausgabe wirft das Blatt den Banken vor: Obwohl die Produktivität jedes AEG-Mitarbeiters über dem Branchendurchschnitt gelegen habe, sei eine Sanierung unmöglich gewesen, weil jeder AEG-Beschäftigte, seit 1970 allein 29000 DM Zinsen habe erarbeiten müssen. Die Banken hätten insgeamt »3,9 Milliarden DM aus dem Konzern gesaugt«. Das sei dreimal soviel wie der Staat in der gleichen Zeit an Steuern von der AEG erhalten habe.

Nordwest-Zeitung vom 6. September 1982

---

diese Geldgeber haben also die Banken den allergrößten Teil der »3,9 Milliarden DM aus dem Konzern gesaugt«.

Die Arbeitnehmer haben demnach auch nicht »wie wild für die Banken geschuftet«, sondern für jene, die ihr übriges Geld den Banken überlassen haben. Außerdem haben die Arbeitnehmer bei AEG nicht wilder geschuftet als die bei Siemens oder anderen Konzernen. Denn sowohl die Löhne wie die Arbeitszeiten entsprachen bei AEG den üblichen Tarifen. Das heißt, die Schuldenzinsen eines Unternehmens werden nicht durch unbezahlte Überstunden oder Lohnkürzungen finanziert, sondern durch Umlage auf die Preise. Alle Bürger, ob bei AEG beschäftigt oder nicht, werden also für die Zinszahlungen zur Kasse gebeten, letztlich auch für die Substanzverluste, die mit solchen Pleiten verbunden sind.

Bezeichnend war bei AEG, die mit mehr als sechs Milliarden Schulden zahlungsunfähig wurde, daß die Banken auf die Hälfte ihrer Forderungen verzichteten, um das Unternehmen nicht völlig in den Bankrott zu treiben. Solche Großzügigkeit kommt kleineren Unternehmen äußerst selten zugute.

Allerdings stehen die Banken bei dieser Großzügigkeit – wie häufig angenommen – nicht mit ihrem Eigenkapital gerade. Vielmehr gleichen sie die in den Schornstein geschriebenen Forderungen etwa zur Hälfte durch Verlustabschreibungen bei der Steuer aus und zur anderen Hälfte durch eine Erhöhung des Risikoanteils in ihrer Bankmarge. Das heißt, die Allgemeinheit kommt für diese Verluste auf, während Einlagen und Einkünfte der geldgebenden Zinskassierer unbehelligt bleiben.

Kommt es nur durch verschuldete Unternehmen zu Entlassungen?

Nicht nur verschuldete Unternehmen tragen in Hochzinsphasen durch Pleiten, Entlassungen oder Investitionsrückstellungen zur Vergrößerung der Arbeitslosenzahlen bei, sondern auch solche mit großen liquiden Geldbeständen. Erstere unterlassen bei hohen Zinsen Investitionen, weil es fraglich ist, ob sie die hohen Kreditkosten für die Preise an den Markt weitergeben können. Das vor allem, wenn sie in Konkurrenz zu unverschuldeten Unternehmen stehen, die ihre Preise nicht anheben müssen.

Für die liquiden Firmen, die mit eigenem Geld Investitionen finanzieren könnten, ist es dagegen in Hochzinsphasen vielmals attraktiver, ihr Geld auf dem Kapitalmarkt anzulegen, als damit neue Arbeitsplätze zu schaffen. So kommt es, daß manche Firmen in solchen Zeiten mehr durch das Verleihen ihrer überschüssigen Geldmittel verdienen als durch ihre Produktion. Das gilt nicht nur für Daimler-Benz, wie der Kasten zeigt, sondern z. B. auch für die Firma Siemens und einige andere Konzerne.

> »Die Firma Daimler-Benz hat im Jahre 1981 an ihren Einnahmen aus Vermögen, vor allem an *Zinseinnahmen,* mehr verdient als am Verkauf ihrer Lkw- und Pkw-Produktion. Ähnliches gilt für andere Großunternehmen.«
>
> Prof. Dr. Horst Ehmke vor dem Deutschen Bundestag am 13. Oktober 1982 (»Das Parlament« vom 23. 10. 1982, Nr. 42, S. 7)

Pikanterweise hatte die Firma Siemens Anfang der 80er Jahre etwa gleichgroße Überschüsse in der Kasse wie die AEG-Konkurrenz Schulden. Diese liquiden Mittel hat Siemens so erfolgreich in der Hochzinsphase angelegt, daß diese – laut »Stern« – bereits 1986 auf 22 Mrd. DM angeschwollen waren. Wegen dieser erfolgreichen Geldgeschäfte wird Siemens auch scherzhafter-, aber nicht unzutreffenderweise als »Bank mit angeschlossener Elektroabteilung« bezeichnet. Bekanntlich hat Siemens inzwischen auch offiziell eine Bank gegründet.

Auch die »Kriegskassen« einiger anderer Unternehmen waren Mitte der 80er Jahre prall gefüllt. Laut »Stern« waren es bei Daimler knapp 15 Mrd., bei VW knapp 10 Mrd., während sich die Chemieriesen Bayer, Hoechst und BASF mit Größen um die 5 Mrd. zufriedengeben mußten.

Was sind die Folgen dieser Diskrepanzen?

Während verschuldete Firmen in Hochzinsphasen verstärkt in die roten Zahlen geraten oder gar das Handtuch werfen müssen, gehen die Firmen mit großem Geldvermögen reicher daraus hervor. Das heißt, die Liquiditätsunterschiede zwischen den Unternehmen vergrößern sich. Und da die Geldvermögen der einen die Schulden der anderen sind und die Zinseinkünfte der einen die Zinslasten der anderen, schaukeln sich diese Diskrepanzen immer höher. Als Folge kommen die verschuldeten Firmen auch nach der Konjunkturkrise oft nur schwer wieder in Fahrt. Den finanzstarken Unternehmen dagegen ist es ein leichtes, diese angeschlagenen Firmen aufzukaufen. Und ist ein Unternehmen noch nicht verkaufsbereit, kann man es durch Preisunterbietungen am Markt leicht gefügig machen.

Die Unternehmenskonzentrationen und damit die Machtzusammenballungen nehmen in solchen Zeiten besonders beschleunigt zu. Man denke nur an all das, was sich Daimler-Benz im Laufe der 80er Jahre »angeschafft« hat: von AEG über Dornier bis zu MBB. Und da der Staat über solche Großkonzerne immer erpreßbarer wird, mußte er seinem eigenen Kartellamt, das er als Wächter gegen solche marktgefährdenden Zusammenschlüsse eingerichtet hat, in den Rücken fallen.

Liquide Großunternehmen, die spielend »aus der Westentasche« Tausende von Arbeitsplätzen schaffen könnten, unterlassen das aus Renditegründen also nicht nur in Hochzinsphasen, sondern auch im anschließenden Konjunkturaufschwung. Und aus den aufgekauften Unternehmen, mit denen sie sich die Konkurrenz vom Halse schaffen, werden oft nur die »Rosinen« herausgepickt und die übrigen Produktionsbereiche stillgelegt, was mit entsprechenden Entlassungen verbunden ist.

Wodurch kommt es zu den Hochzinsphasen?

Daß die Zinsen entscheidend von der Inflation in die Höhe getrieben werden, wurde bereits mehrfach gesagt. Das heißt, Hochzinsphasen, die schließlich zum Abwürgen der Konjunktur führen, sind die Folgen vorausgegangener Geldmengenausweitung durch die Notenbank. Nicht die Anpassung der Leitzinsen an den inflationären Auftrieb der Markt- bzw. Geldmarktzinsen ist also die eigentliche »Sünde« der Notenbanken, sondern die zwei bis drei Jahre vorher zu großzügig gehandhabte Geldmengenpolitik. Mit der Anhebung der Leitzinsen versuchen die Notenbanken, oft noch zum falschen Zeitpunkt, durch Geldverteuerung nachträglich das gutzumachen, was sie vorher bei der Geldmengensteuerung versäumt haben.

Der frühere Präsident der Schweizerischen Nationalbank, Fritz Leutwiler, hat bei seiner letzten Rede vor der Generalversammlung der Bank 1984 diese Zusammenhänge beim Namen genannt:

»Eine starke Geldmengenexpansion bleibt nicht ohne Inflationsfolgen, was wiederum die Zinssätze in die Höhe treibt. Früher oder später schließt sich der Teufelskreis mit dem Zwang zu einer antiinflationären Politik, deren Wirkungen heute nur allzu bekannt sind: hohe Zinssätze, Rezession und Arbeitslosigkeit.«

Der Versuch der Notenbanken, die zinstreibende Inflation durch hohe Leitzinsen zu bekämpfen, muß also fast als Verzweiflungstat eingestuft werden. Vergleichbar ist diese Heilungsmethode mit der eines Arztes, der seinen Patienten durch leichtfertiges Verhalten zuerst in hohes Fieber stürzt und anschließend versucht, den Kranken durch ein Eisbad wieder auf die Beine zu bringen. Und so wie bei dieser Doktor-Eisenbart-Kur der Patient auf der Strecke bleibt, so bei der Kur mit hohen Leitzinsen endgültig die Konjunktur: Ein Teil der Unternehmen geht in die Knie, die anderen sind im Überlebenskampf auf dem geschwächten Markt zu Preissenkungen gezwungen, womit tatsächlich der inflationäre Preisauftrieb gestoppt wird. Teuer bezahlt mit Zehntausenden von Firmenpleiten und Hunderttausenden von zusätzlichen Arbeitslosen.

Gilt diese Beziehung zwischen Inflation und Arbeitslosigkeit überall?

Überprüft man die entsprechenden langfristigen Entwicklungen, dann zeigen sich mehr oder weniger deutlich die gleichen Beziehungen auch in allen anderen Ländern. Wie die nachfolgende Grafik 68 der Bundesbank mit den Durchschnittswerten für die Jahre 1981 bis 1986 zeigt, wird die Höhe der Arbeitslosigkeit überall entscheidend von der Inflationsrate beeinflußt.

Die von Helmut Schmidt 1972 verkündete Auffassung, fünf Prozent Inflation seien besser zu ertragen als fünf Prozent Arbeitslosigkeit, lag also voll daneben: Inflationen vermeiden keine Arbeitslosigkeit, sondern führen dazu.

Auch heute wird in Konjunkturflauten von manchen Politikern und Gewerkschaftlern einer lockeren Geldpolitik das Wort geredet. Offensichtlich haben sie immer noch nicht begriffen, welche Auswirkungen Inflationen auf die Zinshöhe und diese wiederum auf das Wirtschaftsgeschehen und die Arbeitslosigkeit haben.

Wofür sich gerade Gewerkschaften wie auch Unternehmerverbände einsetzen müßten, wäre also eine verbindliche Verpflichtung der Bundesbank zur Kaufkraftstabilität. Doch man hat fast den Eindruck, daß die Inflation den Gewerkschaftsfunktionären in den Kram paßt. Denn je höher die Inflationsraten sind, um so höher können sie ihre nächsten Lohnforderungen schrauben, wie der Streik der ÖTV 1992 gezeigt hat. Daß uns alle jeder Streiktag ärmer macht, wird von den Gewerkschaftsbossen um des äußeren Erfolges willen ebenfalls verdrängt. »Dieser Streik im öffentlichen Dienst, noch ein paar Tage länger durchgezogen, hätte tatsächlich bald alle Räder stillstehen lassen. Den Schaden, den er angerichtet hat, waren die mickrigen Prozente nicht wert. Streicht man die Inflation von 4 Prozent ab, sind es wirklich nur 1,4 Prozent mehr«, schrieb Wilhelm Schmülling, Redakteur der Monatszeitschrift »Der Dritte Weg«, im Juni 1992. Doch wie die Gewerkschaften immer nur vordergründig die Gewinne der Arbeitgeber sehen, so weisen auch die Unternehmer nur auf die hohen Löhne, aber kaum auf die hohen Zinsen hin. »Auf diesem Auge sind sie blind«, schreibt Hans Kadereit im Februar 1993 in der gleichen Zeitschrift. Und weiter: »Bei den Löhnen wird um so mehr gepokert, da die Arbeitnehmer erpreßbar sind: Sie müssen arbeiten, sonst

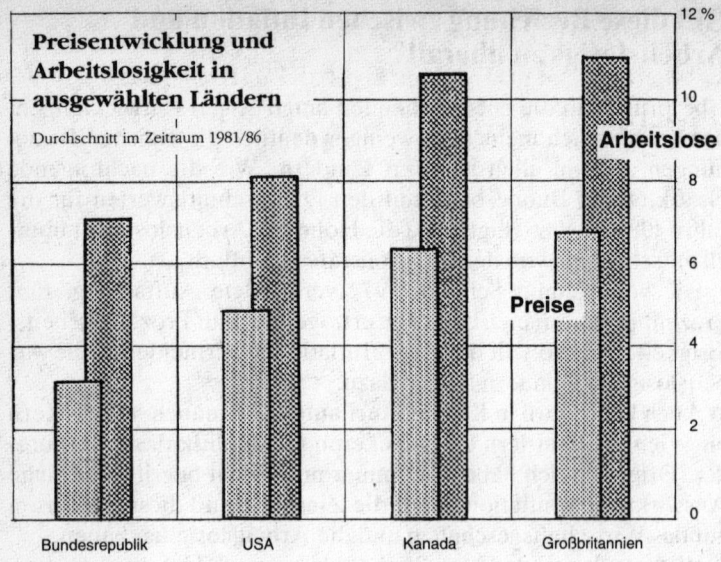

Preisentwicklung und Arbeitslosigkeit in ausgewählten Ländern

Durchschnitt im Zeitraum 1981/86

Arbeitslose

Preise

Bundesrepublik USA Kanada Großbritannien

Darstellung 68

haben sie und ihre Familien nichts zu beißen. Anders das Finanzkapital: Es ›arbeitet‹, wann es will. Wenn die Zinsen zu niedrig sind, legt es sich einfach still auf die faule Haut. Es kann ja warten. Geld rostet nicht, wenn es rastet.«

28. Kapitel
Die Arbeitslosigkeit bei fallenden Zinsen

>»Allein ein Prozent Zinssenkung übertrifft
>die Wirkung milliardenschwerer Beschäfti-
>gungsprogramme bei weitem.«
>
>Peter Gillies, »Die Welt«, 1985

Wenn steigende Zinsen die Arbeitslosigkeit nach oben ziehen,
dann müßten fallende Zinsen eigentlich das Gegenteil bewirken.
Wie wir in der Darstellung 67 gesehen haben, war das nach 1967
auch noch der Fall: 1969 hatte die Arbeitslosigkeit wieder ihren
vorherigen Tiefstand erreicht. Nach der Hochzinsphase 1975 ging
die Arbeitslosigkeit jedoch nur geringfügig zurück, und auch nach
1983 verblieb sie, trotz weiter fallender Zinsen, fünf Jahre auf dem
erreichten Niveau. Wie läßt sich das erklären?

Die geldbezogene Zinsbelastung in einer Volkswirtschaft verändert sich nicht allein mit den Zinssätzen, sondern auch mit der
Verschuldung. So wie die Wirkung steigender Zinssätze durch
einen allgemeinen Verschuldungsanstieg überkompensiert wird,
so kann die Wirkung fallender Zinssätze durch steigende Verschuldung aufgehoben werden. Dabei wirkt sich dieser vom
Verschuldungsanstieg ausgehende Effekt um so stärker auf das
Konjunkturgeschehen aus, je höher der Verschuldungsgrad einer
Wirtschaft ist. Diesen Zusammenhang zeigt die folgende Darstellung 69, in der die Entwicklung der Arbeitslosigkeit mit derjenigen der Bankzinserträge verglichen wird, einmal in Mrd. DM und
einmal als Zinslastquote in Prozent des BSP. Wie erkennbar,
brach 1974 mit den fallenden Zinssätzen auch der Anstieg der
Zinserträge ab. Er ging jedoch nur für ein Jahr geringfügig zurück,
um trotz weiter fallender Zinssätze anschließend wieder anzustei-
gen.

Ähnlich war es nach dem Zinsgipfel 1981/82: Nach einem kurzen Rückgang im Jahr 1983 stiegen die Bankzinserträge, trotz sin-

Zinslast und Arbeitslosigkeit

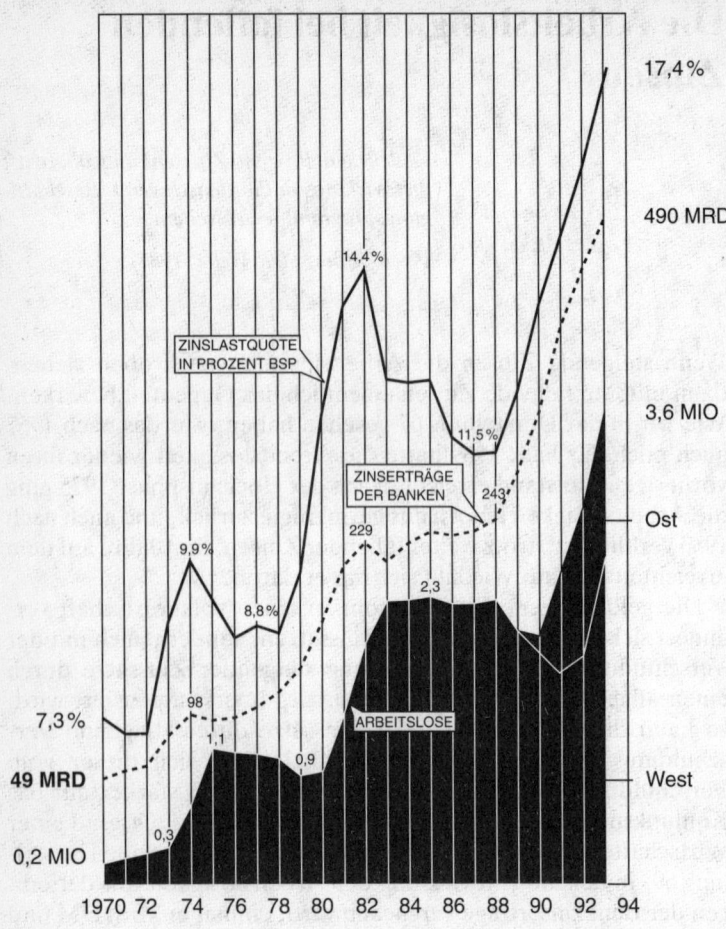

Darstellung 69

kender Zinssätze, bis 1988 weiter leicht an, um danach – mit dem erneuten Zinssatzanstieg – wieder steil in die Höhe zu schießen. Mit 490 Mrd. DM hatten die Bankzinserträge 1993 einen Stand erreicht, der beim Zehnfachen der Summe von 1970 lag. Das Sozialprodukt hatte in der gleichen Zeit nur auf das 4,2fache zugenommen.

Wie verändert sich die Zinsbelastung, bezogen auf das BSP?

Wie die Kurve der Bankzinserträge in Darstellung 69 zeigt, so sind deren Ausschläge – trotz der starken Zinsschwankungen – relativ moderat. Hier wirkt sich der Tatbestand egalisierend aus, daß sich die Veränderungen der Zinssätze direkt nur bei Neukrediten oder solchen mit Gleitzinsvereinbarungen auswirken, während das Gros der laufenden Kredite erst nach und nach davon betroffen wird.

Rechnet man jedoch die Zinserträge in Prozente des BSP um, wie in der oberen Kurve geschehen, dann zeigt sich, daß die Schwankungen dieser Zinslastquote vielmals gravierender sind, als die DM-Beträge vermuten lassen. Denn die steigenden Belastungen treffen auf eine Wirtschaft, deren Leistungsentwicklung – aufgrund der hohen Zinsen – zu sinken beginnt. Umgekehrt trifft eine fallende Zinsbelastung auf eine durch den Zinssatzrückgang sich wieder belebende Wirtschaftstätigkeit. Dadurch ging beispielsweise in der langen Zinssenkungsphase von 1982 bis 1988 die relative Zinsbelastung der Wirtschaft von 14,4 auf 11,5 Prozent zurück, obwohl sie in absoluten Größen von 229 auf 243 Mrd. anstieg. Aufgrund der ab 1988 wieder steigenden Zinssätze hatte die Zinslastquote 1990 bereits wieder 13,8 Prozent erreicht und 1993, mit 17,4 Prozent, den bisher höchsten Stand.

Wenn der Zinsanstieg ab 1988 bei den westdeutschen Arbeitslosenzahlen erst 1992 Spuren hinterläßt, verdanken wir das dem vereinigungsbedingten Nachfrageboom. Dafür allerdings nahm die Arbeitslosigkeit in den neuen Ländern um so stärker zu. Nimmt man nicht nur den Boom im Westen, sondern auch die Arbeitslosigkeit in Ostdeutschland mit in die Grafik auf, dann ergibt sich die gleiche »Parallelität« zu den Zinslastkurven wie 1978/82.

Auch heute noch werden die Veränderungen der Erdöl-Importpreise immer wieder als die Ursache der beiden Rezessionen um 1975 und 1982 genannt. Wie ein Vergleich der absoluten Größen zeigt, stiegen diese Mineralölimporte von 1970 bis 1982 mit 60 Mrd. DM jedoch dreimal weniger an als die Bankzinserträge mit 180 Mrd. Sicher haben die beiden »Ölpreisschocks« die Konjunktur belastet und wahrscheinlich auch die Zinsentwicklung beeinflußt. Angesichts der vielmals höheren Anstiege der Zinsbeträge wird ihre Rolle jedoch sicherlich überschätzt. Das geht auch daraus hervor, daß der steile Rückfall der Erdölpreise 1985 keine entsprechende Wirkung auf den Arbeitsmarkt hatte und das erneute Hochschießen der Arbeitslosigkeit ab 1990 von keinem Ölpreisanstieg begleitet wurde. Hinzu kommt noch, daß die Wirtschaft die erhöhten Mineralölpreise sehr schnell an die Endverbraucher weitergeben konnte, während die Überwälzung der erhöhten Zinsbelastung kaum oder nur mit großer Verzögerung möglich war. Das heißt, die Unternehmen wurden durch die gestiegene Zinsbelastung zu größeren Einsparungen gezwungen als durch die Anstiege der Mineralölpreise, auch wenn diese mit einer Nachfrage-Abwanderung ins Ausland verbunden waren.

Warum geht bei uns die Arbeitslosigkeit bei fallenden Zinsen nicht zurück?

Ab und zu werden fallende bzw. niedrige Zinsen als Mittel zum Abbau der Arbeitslosigkeit bezeichnet. Wie aus der Darstellung ersichtlich, funktioniert das jedoch bei uns nicht mehr. Trotz des Rückfalls der Kapitalmarktzinsen nach den beiden letzten Hochzinsphasen auf den Tiefpunkt von jeweils sechs Prozent, hat sich am Stand der Arbeitslosigkeit nicht viel verändert.

In den USA dagegen gehen mit den Zinsen auch die Arbeitslosenzahlen deutlich zurück. Warum ist das dort anders als bei uns? An einer geringeren Verschuldungszunahme kann das in den USA nicht liegen. Im Gegenteil, die Gesamtverschuldung von Staat, Wirtschaft und Privathaushalten übersteigt dort das BSP bereits ca. 120 Prozent. Bei uns liegt sie »erst« mit 105 Prozent darüber.

Ausschlaggebend für das flexiblere Reagieren der Arbeitslosenzahlen auf sinkende Zinsen dürften in den USA die flexibleren Löhne sein. Bekanntlich liegt dort die Tarifautonomie bei den einzelnen Betrieben. Das heißt, Unternehmen, die aufgrund des vorausgegangenen Konjunktureinbruchs in die roten Zahlen geraten, brauchen ihren Betrieb nicht immer dichtzumachen. Sie können vielmehr mit der Belegschaft geringere Löhne aushandeln und damit die Arbeitsplätze erhalten.

Durch die bundeseinheitlichen Tarifverträge, die kleine und große, finanzstarke und -schwache Betriebe über einen Kamm scheren, ist das bei uns nicht möglich. Da die Unternehmen den für sie nicht mehr tragbaren Lohnkosten weniger oder gar nicht ausweichen können, ist bei uns außerdem der Druck zur Rationalisierung größer.

Es ist darum als »Durchbruch« anzusehen, daß im Sommer 1992 bei der Lufthansa und 1994 bei VW zum erstenmal zur Stabilisierung eines Unternehmens Löhne abgesenkt wurden.

Finden solche Lohnkürzungen bei gleichbleibenden oder sogar steigenden Wirtschaftsleistungen statt, spiegeln sie – wie auch die Zinslastquote – den erhöhten Kapitalanspruch an den Leistungskuchen wider. Hier bestätigt sich erneut: Durch Absenken der Löhne kann man zwar Arbeitsplätze erhalten oder sogar neue schaffen, aber nicht verhindern, daß die Arbeitsleistenden insgesamt immer ärmer werden. Daß selbst Länder wie Schweden bereits mit dem Abbau von Sozialleistungen den steigenden Kapitalansprüchen ausweichen müssen, sollte uns zu denken geben.

Wie verhält sich der Staat in den Beschäftigungskrisen?

Im allgemeinen erwartet man vom Staat bei Konjunktureinbrüchen ein antizyklisches Verhalten. Geht die Nachfrage von Wirtschaft und Privathaushalten zurück und geraten damit Arbeitsplätze in Gefahr, soll der Staat seine Nachfrage verstärken. Dabei sollte er auch gegebenenfalls zur Schuldenaufnahme bereit sein. Dieses Einspringen des Staates zur Belebung der Konjunktur geht auf Keynes zurück, der dafür auch den Begriff »deficit-spending« geprägt hat. Dabei hat Keynes jedoch an einen Staat gedacht, der in guten Konjunkturzeiten Rücklagen bildet, um sie in schlechten einzubringen. Ganz sicher schwebten ihm keine Staaten vor, die bereits in guten Zeiten Schulden machen und ihre Nachfrage in schlechten Zeiten mit noch höheren Schulden finanzieren.

Hat ein Staat in guten Zeiten keine Rücklagen gebildet, besteht im übrigen die Gefahr, daß die aufgenommenen Kredite lediglich die Lücken schließen, die sich als Folge des Konjunktureinbruchs

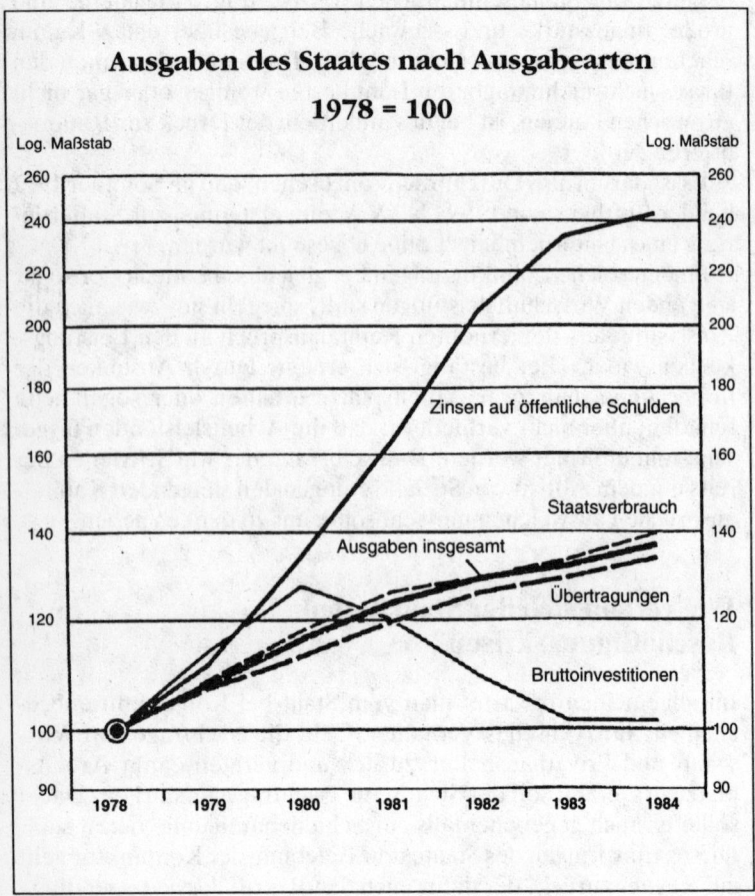

Darstellung 70

in den Steuertöpfen bilden. Außerdem wird in solchen Zeiten der Etat auch noch durch zusätzliche Sozialausgaben und vor allem steigende Zinsausgaben angenagt. Für tatsächliche »Konjunkturspritzen«, die den Arbeitsmarkt beleben, bleibt kaum noch etwas übrig. Im Gegenteil: Sieht man sich die Grafik des Statistischen Bundesamtes in der Darstellung 70 an, dann zeigt sich das ganze Dilemma unseres hochverschuldeten Staates.

Die in der Darstellung erfaßte Zeit von 1978 bis 1984 greift über die letzte große Hochzinsphase hinweg, deren Wirkungen in den ersten 80er Jahren zu Buche schlagen. Wie erkennbar, läßt der Anstieg der gesamten Staatsausgaben ab 1981 auch etwas nach. Die Investitionsausgaben aber, die alleine Arbeitsplätze schaffen können, gingen jedoch – nach einem deutlicheren Anstieg Ende der 70er Jahre – ab 1980 abrupt zurück.

Während die Gesamtausgaben unseres Staates in den sechs dargestellten Jahren um knapp 40 Prozent zunahmen, waren die Investitionsausgaben 1983 wieder auf dem Stand von 1978. Die entscheidende Ursache für diese problemverstärkende Reduzierung der Investitionsausgaben geht ebenfalls aus der Grafik hervor: Es sind die Zinsausgaben des Staates, die seit 1978 überproportional in die Höhe schossen, bis 1984 auf 240 Prozent.

Allerdings ist der Staat nicht nur Opfer jener Rezessionen und Überschuldungsfolgen, sondern auch der Hauptschuldige. Das gilt genauso für die konjunkturelle Arbeitslosigkeit, die mit jeder Hochzinsphase neue Höhen erklimmt. Auch bei den strukturellen Entlassungsschüben ist der Staat aktiv beteiligt. Einmal, weil er mit überlangen Subventionen häufig gleitende Produktionsumstellungen verhindert. Zum anderen, weil er zur Schonung der Kapitalrendite die Löhne allzusehr mit Steuern und Abgaben belastet. Teure Löhne und steuerlich verbilligte Sachinvestitionen führen aber zwangsläufig zur Verdrängung menschlicher Arbeit zugunsten von Maschineneinsatz.

29. Kapitel

Geld, Krieg und Kapitalvernichtung

>*»Wenn der Friede die Frucht der Gerechtigkeit ist, dann ist der Konflikt, die kriegerische Auseinandersetzung, die Frucht der Ungerechtigkeit.«*
>
>*Adolf Paster* *

Das Problem der wachsenden Asylantenströme macht seit langem Schlagzeilen. Zukünftig werden immer mehr Menschen versuchen, vor Armut, Hunger und Bürgerkriegen in die reichen Industrienationen zu flüchten. In den Fluchtursachen findet man die Fehlstrukturen unseres Geldsystems auf vielfältige Weise bestätigt, direkt und indirekt:

– Die schulden- und zinsbedingten Diskrepanzzunahmen zwischen Arm und Reich in aller Welt sind Zündstoff für soziale Spannungen. Diese wiederum führen zu politischen Spannungen und sind der Auslöser für Gewalt, bis hin zu Aufständen und Bürgerkriegen.

– Die Inflationen in den ärmeren Ländern ruinieren nicht nur die Währungen, sondern auch die Volkswirtschaften. Armut und Hunger sind die Folgen, die zu Flüchtlingsströmen führen und zum Chaos.

– Der geldbedingte Zwang zum Wachstum und zur Kapitalbindung treibt die Industrienationen in die Überrüstung und zu Waffenexporten in die übrige Welt. Damit nimmt nicht nur die Verarmung in den bereits armen Ländern zu, sondern auch das Waffenpotential zur Unterdrückung der Bevölkerung.

Da jedoch alles das nicht ausreicht, die wachsenden Geldkapitalmassen renditeträchtig zu binden, sind außerdem immer wieder Kapitalvernichtungen erforderlich. Kriege sind dazu noch ge-

---

* Präsident der Hifa-Austria, »Die Zukunft beginnt jetzt«, »Der Dritte Weg« 7/1992

»Rüstung bedeutet ökonomisch den Abzug zinsdrückenden Kapitals vom Markt. Und da die Rüstungsindustrie nicht für den Markt produziert, bedeutet Rüstung die Trockenlegung zinsbedrohender Kapitalüberschüsse auf Kosten der Steuerzahler.«

Hans Fabricius, »Telos«, Dezember 1966

»Der Krieg ist die großzügigste und wirkungsvollste ›Reinigungskrise zur Beseitigung der Überinvestition‹, die es gibt. Er eröffnet gewaltige Möglichkeiten neuer zusätzlicher Kapitalinvestitionen und sorgt für gründlichen Verbrauch und Verschleiß der angesammelten Vorräte an Waren und Kapitalien, wesentlich rascher und durchgreifender, als es in den gewöhnlichen Depressionsperioden auch bei stärkster künstlicher Nachhilfe möglich ist. So ist ... der Krieg das beste Mittel, um die endgültige Katastrophe des ganzen kapitalistischen Wirtschaftssystems immer wieder hinauszuschieben.«

Ernst Winkler, »Theorie der natürlichen Wirtschaftordnung«, 1952

»Ich glaube, daß wir in unserem Geldsystem eine Art karzinombildendes Element haben, was unsere Wirtschaft fortwährend krank macht ... Meiner Meinung nach kann dieses Geldsystem nur dadurch funktionieren, daß es immer wieder zusammenbricht und dann immer wieder von vorn begonnen wird. Diese Zusammenbrüche nennt man dann Kriege oder Wirtschaftskatastrophen oder Inflationen, je nachdem, aber das bedeutet eigentlich nur, daß dieses System in sich selbst kein Regulativ hat, was zu einer vernünftigen Eindämmung führen würde ...«

Michael Ende, Autor, Interview mit Helmar v. Hanstein, 1992

»Wenn wir einst erkennen werden, was es auf sich hat mit dem Hindernis, das die Produzenten nicht zu den Verbrauchern kommen läßt und umgekehrt, dann werden wir nicht nur die Hauptursache der Unzufriedenheit in der Welt, der bestehenden Feindseligkeit und Mißgunst unter den Nationen, sondern gleichzeitig den einzig richtigen Weg zum Weltfrieden entdeckt haben.«

Vincent C. Vickers, Großindustrieller, von 1910 bis 1912 Gouverneur der Bank von England, aus »Wirtschaft als Drangsal«

»Es kann keinen Frieden auf Erden geben, ehe wir nicht die Forderung unserer Zeit erfüllen und den großen ewigen Fluch unserer Rasse beenden und jedem Arbeiter den vollen Verdienst seiner Arbeit verschaffen.«

Abraham Lincoln, ehemaliger Präsident der USA

eigneter als Wirtschaftsrezessionen, nicht nur aufgrund des großen Waffenverschleißes, sondern auch wegen der Zerstörungen in
zivilen Bereichen und des erforderlichen Wiederaufbaus. Mit Rüstung und Krieg kann man also in einer besonders wirksamen
Weise das Absinken der Zinsen unter jene Marke verhindern, die
zum Geldstreik führt und damit zum deflationären Wirtschaftszu-
sammenbruch (siehe auch vorstehenden Kasten).

Hat der Zins tatsächlich mit Krieg zu tun?

In der Kundenzeitschrift »Sparkasse« erschien im Dezember 1988
ein hochinteressanter Nachdruck, entnommen aus einem Vorläu-
fer der gleichen Zeitschrift aus dem Jahr 1891. Dieser vor 100 Jahren geschriebene Artikel befaßte sich mit der Zinsentwicklung,
schwerpunktmäßig mit jener des 19. Jahrhunderts. Dabei wurde
vor allem der damals zu registrierende Trend sinkender Zinsen
beklagt und erklärt:

> *Die Ursache für das Sinken des Zinsfußes wird
> vorzüglich darin gefunden, daß die besonders ren-
> tablen Capitalanlagen großen Maßstabes heute er-
> schöpft sind und nur Unternehmungen von gerin-
> ger Ergiebigkeit übrig bleiben.*«

Um den damals bei drei Prozent liegenden Zinssatz vor weiterem
Fall zu bewahren, müßten, so hieß es weiter:

> *...die neuen Länder, beispielsweise Afrika, sehr
> rasch durch europäische Capitalien erschlossen
> werden, damit einem solchen Sinken begegnet
> werde.*«

Doch da auch das zu einer Umkehr des Zinstrends nicht ausrei-
chen würde, schließt der 1891 erschienene Artikel mit folgenden
Sätzen:

> *So spricht denn alles dafür, daß wir noch einem
> weiteren Sinken des Zinsfußes entgegensehen. Nur*

ein allgemeiner europäischer Krieg könnte dieser Entwicklung Halt gebieten durch die ungeheure Capitalzerstörung, welche er bedeutet.«

Dieser Schluß scheint ungeheuerlich. Aber er hat sich – wie wir wissen – seit 1891 zweimal erfüllt: Zwei »allgemeine europäische Kriege«, die man sogar weltweit ausdehnen konnte, haben dem »Sinken des Zinsfußes Halt geboten«.

Haben die Zerstörungen des Zweiten Weltkriegs ausreichend lange vorgehalten?

Etwa ein bis zwei Jahrzehnte waren die Menschen nach dem Zweiten Weltkrieg in den zerstörten Ländern mit dem Wiederaufbau beschäftigt. Wer Bilder oder Filme über die Trümmerstädte sieht, kann sich kaum vorstellen, daß diese Arbeit überhaupt zu schaffen war. Angesichts dieser Aufbauinvestition war das Kapital entsprechend knapp und mit real fünf bis sechs Prozent in der BRD ausreichend hoch verzinst. An Rüstungs- oder gar Kriegsgeschäfte dachte kaum jemand in dieser Zeit. Im Gegenteil: Viele Unternehmer hatten nach Kriegsende geschworen, niemals mehr in die Rüstungsproduktion einzusteigen. Als Folge dieses allgemeinen Desinteresses dauerte der erste indisch-pakistanische Krieg Ende der 40er Jahre nur acht Tage. Beide Seiten hatten ihre Munition verschossen, die Panzer waren kaputt, und niemand in der Welt war anscheinend bereit, ausreichend für Nachschub zu sorgen: Man (und das Kapital) hatte mit der Behebung der Zerstörungen des großen Krieges noch genug zu tun.

Mit dem Auslaufen des Wiederaufbaus, den ersten Sättigungserscheinungen auf den Konsummärkten und einer wachsenden Geldvermögensbildung kam der Zins jedoch langsam unter Druck. Schon in den 60er Jahren fiel der Realzins am Kapitalmarkt in der BRD im Durchschnitt auf vier Prozent zurück.

Wenngleich Adenauer über die Köpfe des Parlaments hinweg 1956 wieder eine Bundeswehr entstehen ließ, kam das Gros der benötigten Ausrüstung noch weitgehend aus fremden Produktionen. In Deutschland setzte man immer noch auf friedliche Methoden zur Garantie der Kapitalrentabilität. Doch hinter den Kulissen entstand auch bei uns wieder eine Rüstungsindustrie, die sogar nach und nach das Ausland mit ihren Qualitätsprodukten beglückte. In den 70er und 80er Jahren gewann die BRD immer mehr Anschluß an die Siegermächte, die bereits in den 50er Jahren ihre Rüstungsindustrie wieder auf Hochtouren brachten. Selbst der damalige US-Präsident und frühere Weltkriegsgeneral Eisenhower warnte mehrfach öffentlich vor dieser gefährlichen Verselbständigung des militärisch-industriellen Komplexes. Aber das Kapital hatte im wahrsten Wortsinn »Blut gerochen«, zuerst im Koreakrieg und dann an vielen anderen Kriegsschauplätzen in der Welt, so daß es kein Halten mehr gab.

Obwohl man jeden potentiellen Gegner nur einmal töten kann, reichten die Waffenarsenale und Vernichtungskapazitäten in den 80er Jahren bereits aus, um jeden Menschen auf der Erde 15- bis 20mal umzubringen. Der Irrsinn dieses ständig wachsenden Overkills ist mit keiner Logik erklärbar. Niemals in der Menschheitsgeschichte hat es ein Tötungspotential in dieser Größenordnung gegeben. Allein ein U-Boot der Trident-Klasse hat eine Sprengkraft an Bord, die achtmal größer ist als die gesamte, die im letzten Krieg in aller Welt verschossen und als Bomben abgeworfen wurde. Und um diese kaum noch vorstellbare Zerstörungskraft abzuschießen, braucht solch ein U-Boot keine sechs Jahre, sondern nur noch sechs Minuten.

Doch dieser Wahnsinn hatte Methode. Er garantierte einmal Tausenden von Waffenschmieden und -händlern in aller Welt lukrative und staatlich abgesicherte Gewinne. Vor allem aber sorgte er dafür, daß die Zinsen in der Welt auf einer ausreichenden Höhe blieben, um den Streik des Kapitals zu vermeiden.

Die Kapitalrenditen blieben auf diese Weise zwar lange Zeit gesichert, nicht aber der Wohlstandsanstieg der Menschen. Denn mit den Waffen und Militäranlagen mußten sie Produkte schaffen, von denen sie keinerlei Nutzen hatten, ja diese Rüstungsgüter wurden sogar zu einer immer größeren konkreten Bedrohung für ihr Leben. Doch diese Produktionen brachten den arbeitenden Menschen nicht nur keinen Nutzen, sie wurden für diesen Milliarden-Wahnsinn auch noch durch immer höhere Steuern zur Kasse gebeten.

Wird mit der Rüstung das Kapital nur bedient?

Mit der Rüstung wird nicht nur Kapital bedient, sondern auch gebunden, richtiger: vom Markt genommen. Würde man das in die Rüstung, die Raketensilos, die Kasernen usw. investierte Kapital im zivilen Sektor einsetzen, dann wäre das dort gegebene Angebot deutlich größer. Ein größeres Angebot an Wohnungen, Konsumgütern usw. aber würde auf die Kapitalrendite einen entsprechenden Druck ausüben. Aufgrund dieses Drucks müßte – wenn das Kapital nicht streiken könnte – der Zins schließlich gegen null heruntergehen. Da aber das Kapital streiken, das heißt sich vom Markt zurückziehen kann, sind die Staaten an ständiger Knappheit und ausreichend hohen Zinsen interessiert, notfalls sogar unter Duldung oder Förderung von Kriegen.

Statt das Geld zu zwingen, sich ggf. auch bei niedrigeren Zinsen der Wirtschaft zur Verfügung zu stellen, sorgen die Staaten auf diese irrsinnige Weise also für die streikvermeidende Knappheit. Vergleichbar ist das mit der Praxis der EG-Agrarmarktpolitik. Auch hier sorgt man bei allzu guten Ernten durch künstliche Verknappung des Angebotes (sprich Vernichtung) für weiter hoch bleibende Preise, um Streiks der Bauern aus dem Weg zu gehen.

Findet diese Kapitalverknappung und -vernichtung tatsächlich statt?

Wer zum erstenmal von diesen Zusammenhängen hört, wird davon nichts glauben wollen. Auch mir ging das lange so, bis die Indizien und Beweise zu überzeugend wurden. Dabei braucht man sich nicht auf die Sparkassenzeitung aus dem vergangenen Jahrhundert zu stützen. Auch in der wissenschaftlichen Literatur taucht der Vorgang der Kapitalvernichtung unter dem Begriff »Reinigungskrise zur Beseitigung von Überinvestitionen« auf. Gemeint ist der Zustand, bei dem der Investitionsumfang so groß geworden ist, daß er den Zins unter jene Grenze drückt, bei der es zu Geldzurückhaltungen und damit deflationären Rezessionen kommt. Auch ohne Krieg und ohne Rüstung werden in solchen Rezessionen durch Unternehmens- und Privatbankrotte, durch Verschleudern oder Verderben von »Überproduktionen« bereits

Kapitalmassen vernichtet. Mit dieser »Reinigung« – sprich Kapitalvernichtung – wird dann eine ausreichende Knappheit erzeugt, die über höhere Zinsen das Kapital wieder aktiv werden läßt.

Durch ständige Ausweitung marktferner Investitionen – von der Raumfahrt bis zur Rüstung – kann man die Notwendigkeit solcher »Reinigungskrisen« zwar eine Zeitlang hinausschieben, aber kaum auf Dauer. Irgendwann wird eine »große Reinigung« unausweichlich. Und dazu ist ein Krieg nicht nur durch den erhöhten Waffenverbrauch und die angerichteten Schäden unübertreffbar wirkungsvoll. Auch durch die Vernichtung der Geldvermögen, die meist mit dem anschließenden Staatsbankrott verbunden ist, verschwinden riesige Kapitalpolster aus der Welt. Die Gewinner solcher großen »Reinigungen« sind diejenigen, die rechtzeitig in Sachvermögen umgestiegen sind, möglichst außerhalb der Kriegsgebiete. Noch besser ist natürlich die Anlage in das unzerstörbare Bodenkapital. Den so »Überlebenden« der Kapitalvernichtung wird jedenfalls ein ganz enormer Reichtumsanstieg beschert.

John Maynard Keynes, als Zeuge über alle Zweifel erhaben, hat die Zusammenhänge in etwas komplizierterer Sprache beschrieben: »Jedesmal, wenn wir das heutige Gleichgewicht durch vermehrte Investitionen sichern, verschärfen wir die Schwierigkeit der Sicherung des Gleichgewichtes von morgen.«

Und als Notausgänge aus diesem Dilemma nennt er »das Bauen von Pyramiden und Kathedralen, Erdbeben, selbst Kriege«, denn, so schreibt er weiter, »zwei Pyramiden, zwei Steinhaufen für Tote sind doppelt so gut wie einer, aber nicht zwei Eisenbahnen von London nach York«. (Zitiert nach Ernst Winkler aus »Theorie der natürlichen Wirtschaftsordnung«.)

Diese etwas schwer verständliche Darlegung bestätigt, daß ständig vermehrte Investitionen im zivilen Bereich das zinshochhaltende »Gleichgewicht« gefährden, dagegen aber sinnlose Bauten, Erdbeben und Kriege dieses »Gleichgewicht« auf Dauer sichern.

Wem diese Bestätigung nicht genügt, der sollte die »Pyramiden« unserer Tage Revue passieren lassen: vom »Schnellen Brüter« bis zum Hochtemperaturreaktor, von der halbfertig gebauten WAA in Wackersdorf bis zu dem »Raketenfriedhof«, der im Orbit kreist. – Von den Milliardengräbern der x-mal verschrotteten und erneuerten Rüstung nicht zu reden. Und alle diese Projekte haben nicht nur bei ihrer Entstehung Milliarden neutralisiert. Sie benötigen oft nicht minder große Summen für ihre ordnungsmäßige Betreuung und Beseitigung. Und das letztlich immer nur auf Kosten der arbeitenden Menschen und allein zugunsten des eingesetzten Kapitals.

Wie war das beim ersten Golfkrieg?

Seit fast 50 Jahren hat es in Europa keinen Krieg mehr gegeben, und darauf sind die meisten Politiker sehr stolz. In Wirklichkeit ist es uns nur gelungen, die »ungeheure Capitalzerstörung« durch Kriege, die zum Erhalt der Kapitalrendite früher nötig waren, durch eine ungeheure Naturzerstörung und Überrüstung bislang überflüssig zu machen. Doch wenn sich anderswo in der Welt die Möglichkeit zur kriegerischen Kapitalzerstörung bot, war Europa immer dabei, als Lieferant der Todeswaffen ebenso wie hinterher beim kapitalverschlingenden Wiederaufbau. Diese »Stellvertreterkriege« waren außerdem die beste Möglichkeit, die Waffen in der Praxis vorzuführen und weitere Kunden zu gewinnen.

Wenn man bedenkt, daß »die fünf ständigen Mitglieder des Weltsicherheitsrates der UNO (Großbritannien, UdSSR, USA, Frankreich, China), die den Weltfrieden sichern sollen, die größten Waffenlieferanten der Entwicklungsländer sind« (terre des hommes, Dezember 1991), braucht man sich über nichts mehr zu wundern. Die ganze Skala aller »Nachkriegskriege« durchzugehen, würde zu weit führen. Auch wäre es ein fruchtloses Unterfangen, für einen dieser »Stellvertreterkriege« nachträglich einen Sinn zu konstruieren, sieht man von den Kapitalprofiten ab. Hier soll darum nur noch einmal an die beiden Golfkriege erinnert werden, die uns, trotz schnellebiger Zeit und täglich neuer Kriegsschauplätze, wohl noch gegenwärtig sind.

Der erste, acht Jahre dauernde Golfkrieg zwischen Irak und Iran war das bisher größte »Nachkriegsgeschäft« für die waffenliefernden Länder. Dabei lagen die sogenannten »christlichen Nationen« immer an der Spitze. Vor allem verstanden sie es vorzüglich, gleich beide kriegführenden Seiten zu beliefern. Und da es sich bei beiden Ländern aufgrund der reichen Bodenschätze in Form von

Öl um zahlungskräftige Kunden handelte, war der Dauer dieses Krieges fast kein Ende gesetzt. Doch aufgrund der großen Zerstörungen in den Ländern und des allgemeinen Leistungsrückgangs kommt irgendwann der Zeitpunkt, an dem man auch dort wieder in die Hände spucken muß, wenn die Zahlungsfähigkeit erhalten bleiben soll. Außerdem verspricht man sich bei einem bestimmten Ausmaß der Zerstörung vom Wiederaufbau noch größere Geschäfte. So schrieb »Die Zeit« am 18. 10. 1987, noch vor Beendigung der Kämpfe:

> »Eine größere Zahl deutscher und japanischer Finanzvertreter harrt in Teheran aus. Sie setzen auf die Zeit des Wiederaufbaus nach dem Ende des Krieges... Wirtschaftsschäden von über 300 Milliarden habe der Krieg verursacht. Da winkt, so hoffen die Geschäftsleute, mancher dicke Investitionsauftrag.«

Doch nicht nur die Lieferungen ziviler Ausrüstungen zum Wiederaufbau helfen die Kapitalrendite sichern, sondern auch die dazu gewährten Kredite.

Und was brachte der zweite Golfkrieg?

Der Irak unter Saddam Hussein war jahrelang – vor und im ersten Golfkrieg – einer der Spitzenkunden für die westlichen und östlichen Waffenlieferanten. Daß es sich bei Hussein um einen der übelsten Diktatoren handelt, hat dabei keinen Politiker gestört. Sie finanzierten seine Käufe sogar gerne im voraus mit gutverzinsten Krediten.

Auch das Nachbarland Kuwait, dem iranischen Fundamentalismus wenig zugeneigt, half Hussein mit respektablen Krediten bei der Bändigung des Irans. So war es für den überschuldeten Hussein schließlich eine doppelte Versuchung, das kleine Kuwait einzukassieren. Einmal wurde er auf diese Weise einen lästigen Gläubiger los, gleichzeitig wurden ihm sprudelnde Ölquellen beschert, mit deren Hilfe er die hohen Schulden in den Industrienationen leichter bedienen oder sogar tilgen konnte.

Was danach kam, ist uns noch allen geläufig. Während sich die gutbetuchten, kampffähigen Söhne der Kuwaitis in Ägypten und an der Riviera vergnügten, wurde das besetzte Land von den USA und einigen Helfern mit einem ungeheuren Materialaufwand (bei nicht minder großer Behinderung der Berichterstattung) befreit und der Irak in die Knie gezwungen. Allerdings nicht so weit, daß Saddam Hussein hätte abdanken müssen.

Die USA hat dieser Krieg so gut wie nichts gekostet, außer ein »paar Menschenleben«. Wie ein Söldnerheer kassierte die führende Weltmacht bei allen Bündnisstaaten ab. Natürlich auch bei den reichen Scheichs, deren von der Zeit längst überholte feudalistische Herrschaftssysteme noch einmal eine Überlebenschance erhielten.

In welcher Größenordnung in dieser Materialschlacht Kapital vernichtet wurde, geht aus einer Stellungnahme des Hilfswerkes »Misereor« hervor. »Golfkrieg auf Kosten der Armen«, war der Bericht überschrieben, der bereits am 26. 1. 1992 durch die Presse ging. Die Vergleichszahlen von Kriegskosten und Entwicklungshilfe muten »fast unvorstellbar« an, hieß es darin, und weiter: Mit bis zu einer Milliarde Dollar seien in der ersten Woche allein auf seiten der multinationalen Truppe *täglich* mehr Mittel verbraucht worden, als Misereor »in den 32 Jahren seines Bestehens für die Entwicklungs- und Friedensarbeit in der gesamten Dritten Welt einsetzen konnte«.

Doch auch beim zweiten Golfkrieg war die große Materialvernichtung und -zerstörung nur die eine Seite der Profitmedaille, der anschließende Wiederaufbau wiederum die zweite. Dank der größten Leistung im Krieg haben sich die USA auch dabei den Löwenanteil gesichert. Aber auch die Helferstaaten meldeten rechtzeitig ihre Ansprüche an, wie der Auszug aus dem Berliner »Tagesspiegel« vom 12. 2. 1991 zeigt (siehe nächste Seite).

»Bombenerfolge« im doppelten Wortsinn sind also mit solchen Kriegen für die Mitmacher verbunden. Und es ist gleichermaßen entlarvend wie bezeichnend, daß es bei dem Wiederaufbau-Geschacher sogar schon um Objekte ging, die noch gar nicht zerstört waren.

Geht man den Zusammenhängen weiter nach, kommt noch mehr ans Tageslicht. So berichtet die schweizerische Zeitschrift »Der Zeit●Punkt« von einem geheimgehaltenen Regierungsbericht, nach dem die britischen Steuerzahler »rund 500 Mio. Franken für Waffen bezahlen, mit denen der Irak die eigenen Truppen des Inselreiches beschossen hat. Die Rechnung geht zurück auf eine Exportgarantie, die die britische Regierung Firmen gewährte, die in den Irak ausführten«, heißt es in dem Text. Und weiter: »Unter dem Strich müssen die Briten... zweimal bezahlen. Einmal für die irakischen Waffen und einmal für die eigenen, die irakischen zu zerstören. Der Kreislauf ähnelt in gewisser Hinsicht demjenigen, der vor allem die EG-Länder zwingt, Lebensmittel zu vernichten, deren Produktion subventioniert wurde.«

Bombenerfolge für britische Industrie erhofft

London kämpft bereits mit den USA um Aufträge für den Wiederaufbau Kuwaits

Von unserem Korrespondenten

London, 11. Februar

Die Londoner Regierung fordert mit größerem Nachdruck die Beteiligung britischer Unternehmen an dem Wiederaufbau in Kuwait, wenn der Krieg gegen Irak einmal vorüber ist. Die Briten erwarten eine bevorzugte Behandlung bei der Vergabe der Aufträge, welche den eigenen militärischen Beitrag zur Befreiung des Landes in Rechnung stellt.

Der Korrespondent der Financial Times berichtet aus Riad über das Treffen: »*Peinlichkeit bei den Diskussionen war nicht zu erkennen, obwohl Kuwait erst noch befreit werden muß, und ein großer Teil der Infrastruktur, welche britische Unternehmen wiederaufbauen wollen, noch nicht zerstört ist.*« Jede erfolgreiche britische Bombe ist daher kommerziell und finanziell auch ein möglicher Erfolg für die britischen Firmen, die gerade in einer Zeit der Rezession dankbar für Aufträge sind. Das gleiche gilt prinzipiell genauso für die anderen Mitglieder der Allianz gegen Saddam Hussein, voran die USA.

Was läuft so in der Bundesrepublik?

»Nie wieder Krieg« war das Motto nach der Totalzerstörung Deutschlands in den 40er Jahren und auch noch in den 50er Jahren. Und wie die Vorgänge in der letzten Zeit dokumentieren, tun wir uns erfreulicherweise auch heute immer noch schwer, uns aktiv in Kriegshandlungen einzubringen. Diese Einstellung hat uns aber nicht davon abgehalten, nach den ersten Sättigungserscheinungen im Konsumbereich, bei gleichzeitig überreichlich zunehmendem Geldvermögen, anderen tüchtig beim Vorbereiten und Führen von Kriegen zu helfen. Ob legal, halblegal oder illegal, direkt oder um zwei Ecken, war es uns schon in den 80er Jahren gelungen, in der weltweiten Hitliste der Rüstungslieferanten auf Platz sechs aufzusteigen. Schon 1962 machte der frühere Bundesminister Alex Möller in seinem Buch »Währung und Außenpolitik« die Tore für diese Entwickung auf:

>»In Zeiten der Überbeschäftigung ist es durchaus erstrebenswert, die Rüstungseinfuhr möglichst hoch zu halten; in der Phase mäßigen Konjunkturverlaufs können von Rüstungsaufträgen an das Inland volkswirtschaftlich erwünschte Impulse ausgehen.«

Daß in Zeiten der Unterbeschäftigung auch die letzten moralischen Skrupel über Bord geworfen werden, hat der Bremer Bürgermeister Wedemeier im Jahr 1987 einmal deutlich zu verstehen gegeben:

>»Rüstungsproduktion und Arbeitsplätze sind in Bremen unzertrennbar verbunden. Angesichts von 40 000 Arbeitslosen stellt sich nicht die Frage der Umwandlung von Rüstungsplätzen in friedliche.«

Warum eigentlich keine Rüstungskonversion?

Die von Bürgermeister Wedemeier ausgeschlossene Umstellung der Rüstungsproduktion auf friedliche Güter wird von vielen Friedensgruppen immer wieder gefordert. Unter dem Begriff »Rüstungskonversion« hat man mit viel Engagement und Idealismus bereits detaillierte Umstellungspläne für manche Unternehmen ausgearbeitet. Doch eine solche Umstellung ist nicht nur eine Frage des Wollens oder Wünschens. Sie scheitert ganz einfach daran, daß eine solche Umstellung das Angebot auf jenen Märkten vergrößern würde, auf denen bereits heute eine weitgehende Überversorgung besteht. Diese Überversorgung im privaten Sektor war ja bereits einer der Gründe, warum das Kapital in Bereiche drängte, die – wie die Rüstung – nicht renditedrückend sind.

Die Forderung nach Umstellung der Rüstungsproduktion auf friedliche Güter ist sicherlich ein richtiger Ansatz. Selbst wenn der Staat die ganze zivile Produktion der vormaligen Rüstungsfabriken aufkaufen und verschenken würde, z. B. an die armen Länder dieser Welt, wäre eine solche Umstellung für uns Bürger billiger als die heutige Produktion von Waffen, deren Pflege wir zusätzlich bezahlen müssen. Außerdem hätte eine solche Aktion Vorbildcharakter und würde uns mehr Freunde in der Welt verschaffen als die heutigen Waffenlieferungen.

Trotzdem ist diese Rüstungskonversion so lange eine Illusion, wie der Staat zur Wahrung des Geldumlaufs für eine ausreichend hohe Verzinsung sorgen, das heißt bei der Knapphaltung des Kapitals mithelfen muß. So wie das Problem der sozialen und der Umwelt-Frage, ist also auch das der Rüstung und des Friedens nicht zu lösen, solange wir die Fehlstrukturen unseres Geldes unangetastet lassen.

»Wo nicht der Mensch, sondern das zinstragende Kapital der Gegenstand ist, dessen Erhaltung und Mehrung der Sinn und das Ziel der politischen Ordnung ist, da ist der Automatismus schon im Gang, der eines Tages die Menschen zum Töten und Getötetwerden auf die Jagd schicken wird.«

Das hat der bekannte evangelische Theologe Karl Barth vor rund einem halben Jahrhundert niedergeschrieben. – Man kann es nicht kürzer fassen.

30. Kapitel
Der Krieg gegen die Dritte Welt und gegen uns selbst

> *»Der dritte Weltkrieg hat bereits begonnen – ein geräuschloser, aber deshalb nicht weniger unheilvoller Krieg. Es ist ein Krieg gegen den lateinamerikanischen Kontinent und gegen die gesamte Dritte Welt, ein Krieg um die Auslandsschulden. Seine schärfste Waffe ist der Zinssatz, und sie ist tödlicher als die Atombombe.«*
>
> *Luis Ignacio Silva*

Über die Probleme der Dritten Welt gibt es Literatur in Hülle und Fülle. Für viele Menschen haben die Überschuldung der armen Länder und die sie ausbeutenden Zinsströme dazu geführt, sich mit der Geldproblematik zu beschäftigen. Der Titel eines lesenswerten Buches der US-Publizistin Susan George, »Sie sterben an unserem Geld«, stützt diesen Trend. Ebenso das obige Zitat des brasilianischen Gewerkschaftlers und Präsidentschaftskandidaten Silva, das Susan George auf der Rückseite ihres Buches wiedergibt. Das »Völkertribunal«, das 1988 bei der Tagung des Weltwährungsfonds in Berlin zusammenkam, hat in seinem Abschlußkommuniqué noch stärkere Worte gefunden: »Der Terrorismus der heutigen Welt ist der Terrorismus des Geldes.«

Doch trotz dieser kritischen Äußerungen bewegt sich die Diskussion über die Rolle des Geldes weitgehend nur an der Oberfläche. Die einen beißen sich an den Banken fest, andere an den Notenbanken oder dem Weltwährungsfonds. Manche begnügen sich sogar mit personifizierten »Buhmännern« aus der Bankenszene, um ihren Unmut auszudrücken. Aber kaum jemand steigt tiefer in die Materie ein. Darum hier einige weiterführende Denkanstöße.

Haben uns auch die Entwicklungsländer vor schwerwiegenden »Reinigungskrisen« bewahrt?

So wie die reichen Länder in Stellvertreterkriegen durch Vernichtung von Sachkapital Knappheit erzeugen können, so auch durch Stellvertreterinvestitionen.

Als Ergänzung zur Überrüstung in der ganzen Welt und zur Belebung weiteren Wachstums hat man sich dabei auf das Rezept besonnen, das »Die Sparkasse« schon 1891 ihren Lesern als Hilfe gegen absinkende Zinsen offerierte, nämlich »...die neuen Länder... sehr rasch durch europäische Capitalien« zu erschließen. Besonders interessant für solche zinsbringenden Kapitalanlagen waren in unserer Zeit die schon etwas fortgeschrittenen Schwellenländer in Lateinamerika und Ostasien, aber auch die Ostblockstaaten. Sie alle hat man in den 70er und 80er Jahren mit Krediten fast überschüttet. Immer nach dem Motto, jede Mark und jeder Dollar, den man außerhalb der bereits überindustrialisierten Länder unterbringen kann, drücken hier nicht auf den Zins, sondern bringen Zinsen ein. Darüber, ob und wie die Menschen in den Schuldnerländern die Kredite überhaupt bedienen können, hat man sich wenig Gedanken gemacht: Schaffen sie es nicht, mit Hilfe der Kredite ihren Wohlstand zu heben, dann bleibt als »Quelle« der Rendite eben die Verarmung dieser Länder übrig. In welchem Maße das in diesen Ländern der Fall ist, kann man täglich in der Zeitung lesen. Selbst in Volkswirtschaften mit noch realen Wachstumsraten sind die Realeinkommen der Arbeitsleistenden in den letzten zehn Jahren relativ zurückgefallen, in den meisten Fällen sogar absolut. So konnte man im Dezember 1992 einer Veröffentlichung der Weltbank unter dem Titel »Der gesamtwirtschaftliche Niedergang in Peru« entnehmen, daß in diesem Land von 1980 bis 1990 das Sozialprodukt von 100 auf 70 Prozent gefallen ist, der durchschnittliche reale Mindestlohn jedoch von 100 auf 21 Prozent. Die sich daraus ergebende Differenz ist sicher nicht zuletzt eine Folge des immer größeren zu leistenden Zinstranfers.

So ist der Strom an Zinsen, der aufgrund der Überschuldung dieser Länder vom Süden in den Norden fließt, inzwischen zwei- bis dreimal größer als alle rückzahlungsfreie Hilfe, die wir diesen Ländern leisten.

Wir Bürger sind oft stolz auf unsere Spenden, die wir für die

Dritte Welt aufbringen. Rund 4000 Millionen Dollar jährlich, in den gesamten Industrienationen eingesammelt, sind auch eine hübsche Summe. Doch diese 4000 Millionen Dollar reichen den armen Ländern gerade, zwölf Tage lang ihren Zinsverpflichtungen nachzukommen. In den übrigen 353 Tagen im Jahr bleibt das Zusammenkratzen dieser Gelder ihr eigenes Problem.

Anders ausgedrückt: Die Spenden, die von allen Hilfsorganisationen des Nordens in einem Jahr zusammengebracht werden, sind nach zwölf Tagen wieder bei uns. Aber keinesfalls wieder in den Taschen der Spender. Sie landen vielmehr allesamt auf den Konten der Geldgeber, deren Ersparnisse als Kredite in den Süden weitergeleitet wurden. Sie landen also bei denen, die bereits seit Jahren aus dem Süden ihre leistungslosen Zinserträge beziehen und damit weiterhin Anlaß zu jenen Spendenaktionen geben.

Wie kam es zu der Verschuldung der Entwicklungsländer?

Wenn Frieden die Frucht der Gerechtigkeit ist, dann ist Gerechtigkeit die Voraussetzung für eine friedliche Welt. Das gilt nicht zuletzt für das Verhältnis zwischen Nord und Süd.

Bei den Entwicklungsländern kommen gleich drei Ungerechtigkeiten zusammen:

Die Ausbeutung über die Austauschverhältnisse (terms of trade),
die Ausbeutung über die Schuldenzinsen und
die Ausbeutung über die fallenden Rohstoffpreise.

Dabei löst eins das andere aus: Weil wir, die reichen Länder, über unsere Technologievorsprung ein Monopol besitzen, konnten wir durch immer höhere Exportpreise die Austauschverhältnisse zu unseren Gunsten verändern. Weil wir für die Leistungen der Entwicklungsländer keine gerechten Preise zahlten, mußten diese für ihre dringend notwendigen Importe Kredite aufnehmen. Weil sie die Kreditzinsen mit Devisen bedienen mußten, waren sie zu immer größeren Exportanstrengungen gezwungen. Weil sie dabei mit anderen Dritte-Welt-Ländern in Konkurrenz standen, sanken die Preise für die angebotenen Rohstoffe und Agrarprodukte, was wieder unser Nutzen war.

Der Zwang zur Verschuldung wurde in den 70er und 80er Jahren durch die explodierten Zinsen und Erdölpreise noch verschärft. Der Vorteil steigender Preise für einige erdölfördernde Entwicklungsländer traf das Gros der anderen um so härter. Verstärkt wurde der Verschuldungsdruck von außen durch die Geldvermögensüberschüsse des Nordens wie der reichen OPEC-Länder, die nach Anlagen suchten. So kam es zu jenem Überschuldungsschub, der ab 1982 mit der Zahlungsunfähigkeit Mexikos zu einem Medienthema wurde.

Welche Folgen hatten die Verschuldungen?

Besonders problematisch ist, daß nach Schätzungen von Insidern allenfalls ein Drittel der gesamten Kredite für irgendwelche Investitionen verwandt wurde, dazu noch häufig für äußerst fragwürdige. Die restlichen zwei Drittel resultieren dagegen aus Aufschuldungen zur Bedienung der Altschulden. Das heißt, die Entwicklungsländer haben dieses Geld überhaupt nicht in die Hand bekommen. Es wurde lediglich innerhalb der westlichen Banken von einem Konto auf ein anderes umgebucht und der Schuldensumme zugeschlagen. Bedenkt man ferner, daß nach Schätzungen ein Viertel bis die Hälfte der erhaltenen Kredite und »Wirtschaftshilfen« für Rüstungsimporte ausgegeben wurde, wird das Ganze noch unerträglicher. Dies trifft in einem besonderen Maße auch für die Verwendung der sogenannten westlichen Wirtschaftshilfe zu, die nach einer Unterlage des IWF in den sechziger Jahren nur zu einem Bruchteil für Waffenimporte ausgegeben wurde, in den 80er Jahren jedoch fast in voller Höhe (siehe Darstellung 71).

Sicher kann man sagen, daß zum Schuldenmachen immer zwei gehören und niemand die Entwicklungs- und Schwellenländer zur Kreditaufnahme zwingen konnte. Bedenkt man aber die ungerechten Austauschbedingungen, dann kann man daraus bereits den Zwang zur Kreditaufnahme herleiten. Hinzu kommt noch, daß diese Länder mit geweckten falschen Hoffnungen zu Kreditkäufen verführt wurden. Noch leichter war es, Diktatoren und korrupte »Demokraten« für Rüstungskäufe auf Pump zu gewin-

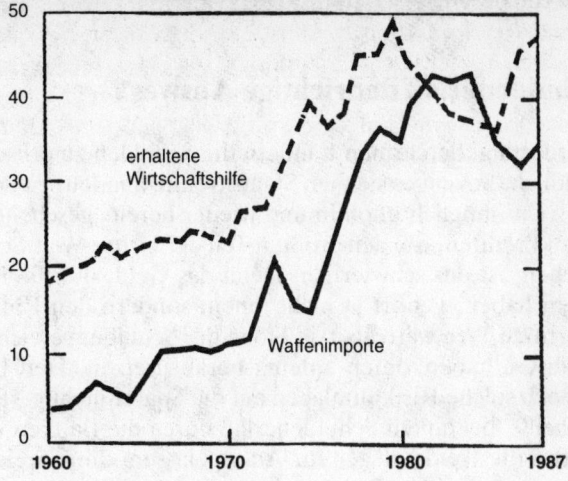

Militärausgaben Entwicklungsländer

(in Mrd. $ zu Preisen von 1986)

erhaltene Wirtschaftshilfe

Waffenimporte

aus »Finanzierung und Entwicklung«, Dez. 1990
Hrsg. Weltbank und IWF

Darstellung 71

nen. Da bei solchen Geschäften immer der erfahrenere und damit überlegenere Partner die Verantwortung trägt, ist die Schuldfrage eigentlich klar.

Trotzdem müssen wir auch hier wieder eine Stufe tiefer auf der Ursachenleiter steigen, wenn wir die Situation richtig verstehen wollen. Tun wir das, dann stellen wir fest, daß die Verschuldung der Entwicklungsländer nur die sichtbar gewordene Spitze eines Schuldeneisbergs in der Welt ist. Die Ursache dieser weltweiten Schuldenlawine wiederum ist die Eskalation der Geldvermögen, genauer, der Einkommensüberschüsse bei einem Teil der Privatfamilien und Unternehmen in der Welt (siehe Kapitel 15). Solange diese Geldvermögen weiter eskalieren (und das tun sie, vor allem automatisch durch die Zinsgutschriften), muß auch irgend jemand in der Welt in gleicher Höhe Schulden machen. Wer also die Verschuldungs-Entwicklung abbremsen will, muß die der Geldvermögen reduzieren.

Ist Schuldenerlaß der richtige Ausweg?

Die Forderung, den armen Ländern die Schulden zu erlassen, ist verständlich. Soweit es sich um Staatskredite handelt, ist das auch relativ leicht möglich und hin und wieder bereits geschehen. Bei den Bankkrediten, die den größten Teil der Dritte-Welt-Schulden ausmachen, ist das schwieriger. Denn das Geld, das die Banken verliehen haben, gehört ja nicht ihnen, sondern den Einlegern. Der korrekte Weg wäre also, in Höhe der Schuldenverzichtssummen alle Guthabenkonten anteilig herabzusetzen. Den Banken sind jedoch solche Risikoumlagen auf die Sparer nicht gestattet.

Das heißt, bei einem Schuldenerlaß durch die Banken werden nicht etwa die Geldeinleger zur Ader gelassen, die jahrelang die Zinsen aus der Dritten Welt kassiert haben und damit die eigentlichen Verursacher der Zahlungsunfähigkeit gewesen sind. Vielmehr müssen für diese Schuldenerlasse, der Banken wie des Staates, alle Bürger geradestehen. Dabei sind vor allem jene Bürger die Verlierer, die keine oder nur geringe Zinsvorteile aus den ganzen Kreditgewährungen gezogen haben. Und das sind wiederum die ärmeren. Da auf diese heute gehandhabte Weise bei Schuldenerlassen keine Geldvermögen verschwinden, eskaliert die Gesamtverschuldung in der Welt ungebremst weiter. Denn für die entlasteten Schuldner müssen sofort neue, andere gefunden werden.

Im übrigen hätte ein Schuldenerlaß durch die Banken zur Folge, daß das jeweilige Land als zahlungsunfähig erklärt wird. Damit ist es nicht nur mit einem Makel gekennzeichnet, es hat auch kaum Chancen, wieder Kredite zu bekommen.

Was sollte statt des Schuldenerlasses geschehen?

Mit dem Schuldenmachen ist es wie mit dem Trinken: Problematisch wird beides erst mit der Höhe der Prozente. Nicht das Schuldenmachen an sich ist also die Ursache des Übels, sondern der Tatbestand, daß dieses Schuldenmachen mit Zinszahlungen verbunden ist.

Der konstruktive Weg zur Lösung des Schuldenproblems ist darum nicht der Schuldenerlaß, sondern das Absenken der Zinsen. Damit werden Schulden nicht nur tragbarer, sie werden auch zurückzahlbar. Außerdem verlangsamt sich das zinsbedingte Wachstum der Geldvermögen und damit der Zwang zur ständigen Verschuldungsausweitung. Bei sinkenden, niedrigeren Zinsen, die die Schulden tragbarer machen, würden beide Seiten – Bank und Schuldner – auch ihr Gesicht wahren können. Bezogen auf die Verschuldung des Südens hieße das, daß kein Land als zahlungsunfähig erklärt zu werden brauchte. Außerdem ginge mit sinkenden Zinsen bei allen Schulden der Ausbeutungsgrad zurück. Weiterhin wären die Banken der schwierigen Entscheidung enthoben, welchem Land und welchem Schuldner sie in welcher Höhe Schulden erlassen, ohne neue Ungerechtigkeiten zu erzeugen. Und die Länder, die bislang ihren Zinsverpflichtungen unter oft schweren Opfern nachgekommen sind, würden nicht als ehrliche Dumme im Regen stehen. Allgemeine Zinssenkungen würden auch Spannungen zwischen den Banken oder Bankenzusammenbrüche vermeiden. Denn aufgrund der unterschiedlichen Bankengagements in den Entwicklungsländern wären die einzelnen Institute bei Schuldenstreichungen unterschiedlich betroffen. Außerdem bedeutet ein Schuldenerlaß die Abschreibung einer großen Summe auf einen Schlag. Zinssenkungen oder Zinserlasse verteilen sich dagegen mit kleinen Summen auf viele Jahre. Der Präsident der Internationalen Vereinigung für Natürliche Wirtschaftsförderung (INWO), der Schweizer Werner Rosenberger, hat darum in einer »Aktion Nullzins 2000« ein entsprechendes Umdenken gefordert.

Was könnte eine Korrektur im Geldsystem bewirken?

Wie bereits dargelegt wurde, führen alle mit dem Zins verknüpften Geldsysteme zu sozialen Spannungen und schließlich zu gewaltsamen Entladungen. Der Frieden in und zwischen den Gesellschaften wird heute außerdem von ökologischen Problementwicklungen bedroht. Das ergibt sich vor allem aus der Begrenztheit und der unterschiedlichen Verteilung der Ressourcen. Die Kriege am Golf kann man bereits in diese sich aufbauenden Spannungsfelder einordnen. Aber auch der Kampf um so selbstverständliche Ressourcen wie das Wasser zeichnet sich bereits in einigen Regionen ab. Dabei werden diese zunehmenden Verknappungen nicht nur von der wachsenden Zahl der Menschen ausgelöst, sondern noch mehr von dem eskalierenden Wirtschaftwachstum in den Industrienationen. Wenn man bedenkt, daß sich die Erdbevölkerung in den letzten 180 Jahren auf das Fünffache vergrößert hat, die Industrieproduktion jedoch auf das 50fache, dann wird das nachvollziehbar. Die Probleme in der Welt gehen also weniger von den unterentwickelten als von den ständigen Produktionssteigerungen der überentwickelten Länder aus. Und dieser ständige Zwang zum Wachstum ist wiederum entscheidend eine Folge der monetären Fehlstrukturen.

Die Beziehungen zwischen den Fehlstrukturen unseres Geldes und den Kriegsgefahren sind in der Darstellung 72 noch einmal wiedergegeben.

Denken wir an die beschriebenen »Reinigungskrisen« und die notwendige Vernichtung von Überkapazitäten als Folge unseres Geldsystems, dann ergibt sich von dieser Seite her eine zusätzliche Gefährdung des Friedens. Dabei vergrößert die Waffenproduktion als solche nochmals die Gefahren:

> »Jede Waffe, die hergestellt wird, jedes Kriegsschiff, das vom Stapel läuft, jede abgefeuerte Rakete verkörpert im Grunde einen Diebstahl an jenen, die hungern und nicht ernährt, oder an jenen, die frieren und nicht gekleidet werden.«

Diese Aussage von Dwight D. Eisenhower aus den 50er Jahren weist auf die sozialen Spannungen hin, die auch ohne Krieg mit jeder Rüstungsausgabe verbunden sind. Die Rüstungsdividenden haben also schon in Friedenszeiten das Leid von Millionen Menschen zur Folge, von den Opfern beim Einsatz der Waffen nicht zu reden.

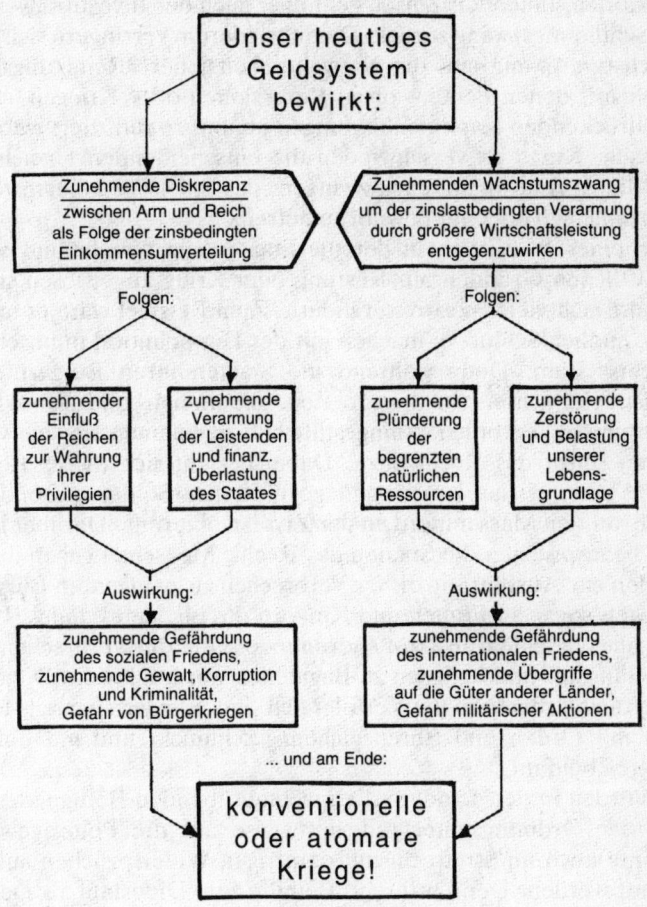

Darstellung 72

Welche Folgen hätten sinkende Zinsen?

Mit jedem Prozentpunkt, um den Zinsen sinken, gehen die zinsbedingten Einkommensumschichtungen von der Arbeit zum Besitz, also von Arm zu Reich, zurück. Damit verringert sich die Ungerechtigkeit, die Hauptursache der sozialen Spannungen und damit wiederum der politischen Spannungen ist.

Mit den sinkenden Zinsen geht aber auch der Investitions- und Verschuldungszwang zurück. Damit wiederum verringern sich der Wachstumszwang und die Notwendigkeit jener »Reinigungskrisen«, mit denen heute – ob in Rezessionen oder Kriegen – die zinsdrückenden Kapitalanhäufungen ab und zu reduziert werden müssen. Kurz: Es verschwinden die entscheidenden Ursachen, die die Staaten heute dazu zwingen, das Spiel der Überrüstung mitzumachen oder gar bewußt zu betreiben.

In einer Welt aber, in der die Staaten nicht mehr aus wirtschaftlichen Gründen auf Rüstung oder Krieg angewiesen sind, könnte sich vieles positiv verändern. Zum Beispiel wäre es möglich, endlich Schluß zu machen mit der Doppelmoral in unserem Rechtssystem. Denn während die Staaten ihren Bürgern das Faustrecht schon vor langer Zeit genommen und Mord als schlimmstes Verbrechen eingestuft haben, nehmen sie sich weiterhin selbst das Recht dazu. Dabei bezieht sich dieses Recht nicht nur auf das Umbringen gegnerischer Soldaten, sondern auch auf den Massenmord an der Zivilbevölkerung. Darüber hinaus beanspruchen die Staaten das Recht, Menschen gegen ihren Willen zur Ausführung dieser Verbrechen zu zwingen, in Bürgerkriegen sogar an Frauen und Kindern des eigenen Landes. Und das alles geschieht in Größenordnungen, die die Verbrechen aller Gangster und Sadisten zu Bagatellen werden lassen. Diejenigen, die hierbei besonders erfolgreich sind, werden sogar als Helden mit Orden und Ehrenzeichen geschmückt und mit hohen Renten belohnt.

Würden in den Ländern die machtausübenden Befugnisse auf die der Ordnungshüter reduziert, also auf die Polizeigewalt, könnte auch im Strafrecht mit derartigen Widersprüchen aufgeräumt werden. Denn während Beihilfe zum Diebstahl als Delikt geahndet wird, geht Beihilfe zu kriegerischem Mord und Massenmord heute noch weitgehend straffrei aus.

Die wenigen für die Polizei erforderlichen Waffen sollten nur vom Staat produziert werden, der dann auch jede private Waffenproduktion schärfstens verfolgen könnte.

Was wäre die Folge einer anderen Einstufung von Waffenproduktionen?

Wenn die Produktion von Waffen auf den Bedarf der Polizei eingeschränkt wäre, würden alle Feuerwaffen und damit die Zahl der privaten Morde abnehmen. Vor allem aber würde es keine Rüstungsproduktionen und -exporte mehr geben. Weder in Somalia noch im ehemaligen Jugoslawien oder anderswo wären dann solche – oft Jahre dauernden – Kriege und Bürgerkriege möglich, wie wir sie heute überall in der Welt erleben. Denn mit Messern und Heugabeln wird kaum jemand gerne solche Kriege führen, und Städte lassen sich auf diese Weise schon gar nicht in Trümmer legen.

Gerade wenn man an die Vorgänge in den genannten Ländern denkt, stellen sich manche Fragen: Wie kommt es eigentlich dazu, daß diese hochverschuldeten, von keinem Nachbarn bedrohten Länder in dieser Weise bewaffnet sind? In wessen Interesse ist und war es, diese Aufrüstung so weit zu treiben und ständig zu erneuern? Wie kommt es, daß es in den beiden genannten Ländern an Lebensmitteln, Medikamenten, Heizmaterial und vielem anderen fehlt, aber nicht an Waffen und Munition, um jahrelang die Städte zu zerstören und die Bewohner umzubringen? Und wenn wir die Schreckensbilder in den Medien sehen, die unversorgten Verletzten, die flüchtenden Menschen, die eingeflogenen Hilfsgüter: Warum zeigt man uns nicht einmal die Hersteller und Lieferanten der Waffen, gegen die vielleicht morgen unsere eigenen Söhne kämpfen müssen? Doch der gleiche Staat, der unsere Söhne dazu zwingen kann, hat Grund dazu, diese Seite des Krieges zu verschweigen. Denn er hat diese Waffenlieferungen nicht nur geduldet, sondern sie oft geradezu gefördert. Und die Helfershelfer werden weiterhin als Ehrenmänner hofiert und gedeckt.

Waffenlieferungen nach Jugoslawien im Wert von 2,25 Milliarden DM wurden seit 1982 offiziell von der Bundesregierung genehmigt, berichtete das »Deutsche Allgemeine Sonntagsblatt« am 10. Juli 1992. Es informierte auch darüber, daß von Mitte 1991 bis Mitte 1992 250000 Maschinenpistolen, 5000 Maschinengewehre und 5000 Panzerfäuste und anderes mehr alleine an die Türkei geliefert wurden. Aber wenn dann plötzlich Serben auf Kroaten oder Türken auf Kurden schießen, spielen die gleichen Politiker die Empörten und rufen die Bevölkerung zur Spenden-Hilfe und zur Aufnahme von Flüchtlingen auf.

Was ist von der heutigen Abrüstung zu halten?

Wenn jemand feststellt, daß er zuviel Geschirr im Schrank hat, wird er normalerweise die laufenden Nachlieferungen stornieren und erst einmal das Vorhandene aufbrauchen. Stellen die Regierungen fest, daß sie zu viele Waffen im Arsenal haben, und einigen sich auf eine Reduzierung, dann gehen sie ganz anders vor: Sie vernichten Teile des Bestandes und lassen die Nachlieferungen weiterlaufen. Doch selbst wenn die Zahl der Bestandszerstörungen die der Nachlieferungen übersteigt, hat das auf den Overkill in der Welt kaum eine Wirkung. So wollen die USA und die ehemalige Sowjetunion die strategischen Atomwaffen in den nächsten zehn Jahren zwar auf ein Drittel verringern, doch »auch nach der geplanten Abrüstung wird es in zehn Jahren immer noch mehr als 6000 strategische Atomwaffen geben: genug, um die Erde hundertmal zu zerstören«. So konnte man am 15. August 1992 in einem Bericht aus Kiew in der Zeitung lesen.

Das Ergebnis jahrzehntelanger Abrüstungsverhandlungen ist also nichts als Augenwischerei. Man entledigt sich lediglich eines Teils der zum Ballast gewordenen Überrüstung bei weiter laufender Neuproduktion und Modernisierung. Und diese beschleunigte Verschrottung, die wieder Milliarden verschlingt, ist nicht nur ein Mordsgeschäft für die entsprechenden Unternehmen, vielmehr trägt auch sie wieder zur Verknappung der anlagesuchenden Gelder bei. So werden alleine in der Bundesrepublik in den kommenden drei Jahren rund 10000 konventionelle Waffensysteme zerstört, überwiegend aus Beständen der Nationalen Volksarmee. Kostenpunkt dieser Zerstörung: rund

190 Millionen Mark. In ganz Europa wird rund viermal soviel in Rüstungsgütern »eingefrorenes Kapital« endgültig aus der Welt geschafft. Und dieser ganze Irrsinn wird sich kaum überwinden lassen, solange wir die Rüstungsproduktionen als Garanten unseres Wirtschaftswachstums ebenso benötigen wie zur Vermeidung fallender Zinsen.

Teil V

Überwindung der Fehlstrukturen Wege zu einer krisenfreien Marktwirtschaft

31. Kapitel
Von den Symptomen zu den Korrekturen

»Unsere demokratische Ordnung und das bisherige Finanz- und Geldwesen können nicht mehr zusammen bestehen bleiben. Eines muß dem anderen den Weg frei geben.«

Vincent C. Vickers *

Wahrscheinlich käme kaum jemand auf die Idee, dem anhaltenden Baumsterben durch eine Vergesellschaftung der Forstwirtschaft, alternative Waldbauernbetriebe oder gar Abschaffung der Wälder Einhalt bieten zu wollen. Bei den sich immer mehr abzeichnenden Problemen im Bereich der Wirtschaft und des Geldsystems glauben jedoch allzu viele, diese durch Verstaatlichung der Banken, mehr Mitbestimmung bei der Kreditvergabe oder alternative Betriebsformen überwinden zu können.

Erkennend, daß irgend etwas mit dem Geld nicht stimmt, wollen andere durch lokale Ersatzgeldausgaben, geldlose Verrechnungsringe usw. dem Problem entgehen. Noch Radikalere wollen – das Kind mit dem Bad ausschüttend – gleich das gesamte Geld abschaffen. Wieder andere meinen, an all unseren Problemen sei der Mensch schuld, und darum müsse man ihn ändern. Aber wie beim Waldsterben hilft auch bei den im Bereich der Wirtschaft und des Geldes gegebenen Problemen nur eines: Nicht an den Symptomen hängenbleiben, sondern über sie hinaus bis auf die Ebene der auslösenden Ursachen vordringen. Denn nur hier besteht die Möglichkeit zu einer wirksamen Korrektur.

---

* Britischer Großindustrieller, von 1910 bis 1919 Gouverneur der Bank von England, »Wirtschaft als Drangsal«, 1938

Wo müssen die Änderungen ansetzen?

In der nachfolgenden Darstellung 73 sind noch einmal die Entwicklungen der Inflations- und Zinssätze wiedergegeben, und zwar mit ihren vierteljährlichen Veränderungsraten von 1960 bis 1992. Zusätzlich markiert ist dabei die Sechs-Prozent-Linie als »magische Untergrenze« für den Kapitalmarktzins.

Aus dieser Darstellung gehen die entscheidenden Negativsymptome hervor, die überwunden werden müssen: Einmal die dauernden Schwankungen der Geldkaufkraft, u. a. verantwortlich für die extremen Zinsausschläge und damit die auf Dauer zerstörerischen Wechselbäder zwischen Aufschwung und Rezession. Zum zweiten der sich ständig über sechs Prozent bewegende Kapitalmarktzins, verantwortlich für die Überentwicklung von Geldvermögen und Schulden mit ihren negativen Folgen im sozialen, ökonomischen und ökologischen Bereich.

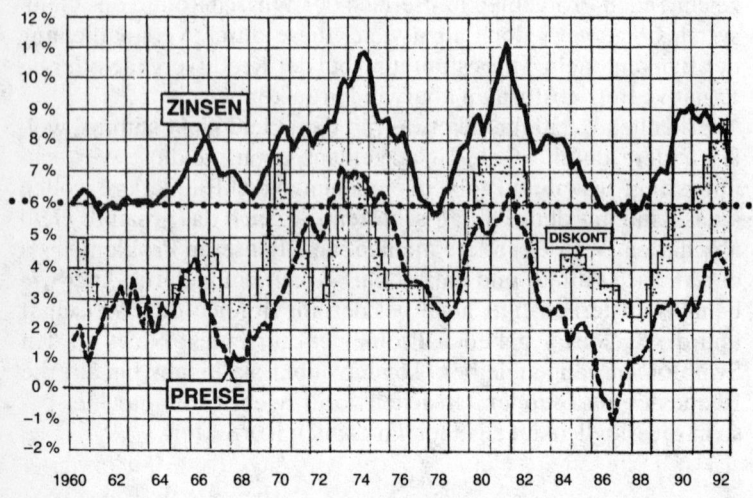

Preis- und Zinsentwicklung in der Bundesrepublik Deutschland

●●●●● »magische« Untergrenze des Kapitalmarktzinses

Darstellung 73

Aus dieser Eingrenzung der wichtigsten Symptome ergibt sich auch die Aufgabenstellung:

1. Die Kaufkraft unseres Geldes muß (endlich!) stabil gehalten werden. Das heißt, die nachfragende Geldmenge muß der herausgegebenen und diese dem Angebot entsprechen.
2. Der Zins muß den Marktkräften genauso unterstellt werden wie alle anderen Knappheitsgewinne. Das heißt, er muß mit der Sättigung der Märkte gegen null heruntergehen.

Um diese Forderungen erfüllen zu können, bedarf es mehrerer Voraussetzungen:

– Das Geld muß allen anderen öffentlichen Einrichtungen rechtlich gleichgestellt werden, damit der Mißbrauch als Spekulationsmittel eingedämmt werden kann.
– Das Geld muß neben dem Annahmezwang mit einem Weitergabezwang verbunden werden, damit neben der Menge auch der Geldumlauf steuerbar wird.
– Geld und Guthaben müssen präzise unterschieden und die Giralgeldbestände dem Kreditpotential der Banken entzogen werden, damit die Menge der gesamten Nachfragemittel kontrollierbar wird.

Was kennzeichnet öffentliche Einrichtungen?

Öffentliche Einrichtungen sind dadurch gekennzeichnet, daß jeder Bürger sie unter gleichen Voraussetzungen nutzen, aber niemand sie blockieren darf. Denn mit der Blockade einer öffentlichen Einrichtung über den Nutzungszweck hinaus werden andere an der Nutzung gehindert. Das gilt z. B. für jeden, der seinen Wagen nach der Fahrt auf der Fahrbahn stehenläßt oder sich in einer Telefonzelle nach dem Anruf häuslich niederläßt.

Öffentliche Einrichtungen sind außerdem dadurch gekennzeichnet, daß sie niemals gleichzeitig privates Eigentum sein oder als solches rechtlich behandelt werden können. Denn »nichts kann zwei Herren dienen«, ohne daß daraus Probleme entstehen. Weiterhin sind öffentliche Einrichtungen im allgemeinen dadurch gekennzeichnet, daß ihre Nutzung mit Kosten verbunden ist, die der Nutzer – direkt oder indirekt – zu tragen hat.

Überprüft man daraufhin das von der Bundesbank herausgegebene Geld, so gilt das, nach § 14 Bundesbankgesetz, in unserem Land als »das einzige unbeschränkte gesetzliche Zahlungsmittel«. Diese Einstufung und viele andere Indizien bestätigen zweifelsfrei, daß es sich bei dem heute allein vom Staat bzw. der dafür eingesetzten Notenbank herausgegebenen Geld um eine öffentliche Einrichtung handelt. Trotzdem wird der Geldschein gleichzeitig als privates Eigentum gesehen. Erklärt wird dieser Widerspruch mit der Einstufung des Geldes als »bewegliche Sache«. An beweglichen Sachen aber wird – lt. Bundesbank – »nach § 929 BGB Eigentum begründet«. Derjenige, der das »alleinige gesetzliche Zahlungsmittel« in die Hand bekommt, ist also nicht nur Nutzer dieser Einrichtung, sondern er wird gleichzeitig ihr Eigentümer. Das heißt, nicht nur der Anspruch an den Markt, den der Geldschein dokumentiert, ist Eigentum des Geldempfängers, sondern auch der Schein selbst. Und »da der Eigentümer mit den ihm gehörenden Sachen grundsätzlich nach Belieben verfahren kann (§ 903 BGB)«, bestätigt weiter die Bundesbank, »ist er ... auch nicht gehindert, in seinem Eigentum stehende Banknoten und Münzen ... unbrauchbar zu machen«. Daß er das Geld dem Kreislauf entziehen kann und darf, steht bei dieser Sicht wohl gar nicht erst zur Debatte.

Was ist die Folge der heutigen Rechtslage?

Die Folge dieser heutigen rechtlichen Einordnung des Geldes ist, daß jeder Wirtschaftsteilnehmer das Recht hat, den Geldkreislauf zu unterbrechen und damit die Konjunktur zu stören. Und unter dieser irrealen Bedingung erwartet man von der Bundesbank, daß sie die Geldmenge kaufkraftstabil steuert!

Man stelle sich einmal vor, bei der Bundesbahn würde man den Güterverkehr nach dem gleichen Modell regeln wie die Bundesbank den Geldverkehr: Wer bei der Bundesbahn einen Waggon benutzt – zweifelsfrei eine »bewegliche Sache« –, hätte dann das Recht, ihn nach Belieben an der Rampe stehenzulassen und damit den Güterverkehr zu behindern. Ganz gewiß hätte die Bundesbahn mit der Steuerung des Güterverkehrs ähnliche Schwierigkeiten, wie die Bundesbank heute mit der des Geldes: Mal würden dem Verkehr viele Waggons entzogen, und die Bahnverwaltung wäre (mit Verzögerung) gezwungen, zusätzliche in den Verkehr zu geben. Mal gäbe es zu viele Waggons auf den Schienen, und die Bahnverwaltung müßte versuchen, sie aus dem Verkehr zu ziehen, usw.

Mit der gespaltenen Einstufung des Geldes als gleichzeitig privates und öffentliches Gut wird aber auch unser Rechtsempfinden strapaziert. Denn während der Blockierer einer öffentlichen Einrichtung im allgemeinen mit Sanktionen rechnen muß, ist das beim Geld umgekehrt. Hier wird das gemeinschaftsschädigende Tun nicht mit Strafgebühren belegt, sondern die Aufgabe der Blockade mit einer Prämie belohnt, deren Höhe der Blockierer sogar noch selbst bestimmen kann. Überträgt man diese Methode aus dem Geldverkehr wieder auf den Bahnverkehr, dann bliebe der Blockierer eines Waggons nicht nur ungeschoren. Vielmehr müßten die an der Waggonnutzung gehinderten Spediteure dem Blockierer eine Freigabeprämie anbieten und zahlen, die diesem angemessen erscheint.

Diese Beispiele dürften bereits zeigen, daß wir kaum eine Chance haben, zu einem stabilen Geld und einem geordneten Wirtschaftsleben zu kommen, solange man die Rechtslage bei unserem Geld in der heutigen Gespaltenheit bestehen läßt.

Warum gibt es einen Annahme-, aber keinen Weitergabezwang?

Unser heutiges Geld ist nicht nur das alleinige gesetzliche Zahlungsmittel, es steht auch unter Annahmezwang. Wer gegenüber einem anderen eine in Geld meßbare Forderung hat, ist verpflichtet, dafür DM anzunehmen. Das heißt, er kann nicht statt der DM z. B. einen Ausgleich in Dollar oder irgendwelchen Sachgütern fordern. Dieser Annahmezwang ist eigentlich überflüssig, denn bekanntlich nimmt jeder gerne Geld an, ja, fast alle sind bemüht, ihre Leistungen in Form von Gütern oder Arbeit möglichst schnell gegen Geld zu tauschen. Kaum jemand käme auch auf die Idee, etwas anderes als Geld zu verlangen. Denn Geld ist der universale Schlüssel zu allen anderen Gütern.

Der an das Geld gekoppelte Annahmezwang ist also in der Praxis überflüssig. Er ist allenfalls vorbeugender Natur und für den Fall gedacht, daß der Staat das Geld durch Inflation ruiniert. Doch in solchen Situationen hat der Annahmezwang kaum noch Wirkung. Wie wir zur Zeit in den Staaten Osteuropas mit hohen Inflationsraten erleben, kann man die Menschen von der Flucht in harte Währungen oder den Tauschhandel nicht abhalten.

Was jedoch dringend erforderlich wäre, ein Weitergabezwang, fehlt seltsamerweise bei unserem Geld. Denn so gerne jeder Geld annimmt, so ungern gibt er es wieder her. Nimmt man jedoch Geld lieber an als man es weitergibt, dann muß es zu Stockungen im Geldkreislauf kommen. Vergleichbar ist das mit einer Straßenverkehrsordnung, die zwar den Autofahrer zwingt, beim Fahren die öffentlichen Straßen zu benutzen, sie aber nicht im gleichen Maße zwingt, sie hinterher auch wieder zu räumen.

Noch mal: Was man ohnehin gerne tut, nämlich Geld annehmen, ist vom Staat rechtlich geregelt. Das, was man nicht gerne tut, nämlich Geld wieder hergeben, bleibt trotz der negativen Folgen freigestellt. Dabei wäre hier allein ein staatlicher Zwang erforderlich.

Auch das macht deutlich, daß jede Notenbank bei ihrer Stabilitätsaufgabe überfordert ist, wenn die Rahmenbedingungen für den Umgang mit Geld solchen falschen Programmierungen unterliegen. Das gilt auch für den Tatbestand, daß Geld sowohl als Tauschmittel wie als Wertaufbewahrungsmittel betrachtet wird, so als ob eine Straße gleichzeitig als Fahrbahn und Parkfläche dienen könnte.

Wilhelm Hankel hat in seinem Buch »John Maynard Keynes« auf diese Problematik einmal hingewiesen:

»Die Doppelrolle des Geldes als Tauschmittel für den Güterkauf und alternativ dazu als Wertaufbewahrungsmittel für die Vermögensbildung ist in jeder Marktwirtschaft für Überraschungen gut. Geld ist also kein produktions- und beschäftigungsneutraler ›Schleier‹, sondern die ständig tickende ›Zeitbombe‹, die den marktwirtschaftlichen Zusammenhang zwischen gesamtwirtschaftlichem Angebot und gesamtwirtschaftlicher Nachfrage auseinanderreißen kann.«

Um die im Zitat angesprochenen schwerwiegenden Folgen aus dieser Doppelfunktion wenigstens zu minimieren, lockt bzw. treibt man das zurückgehaltene Geld heute mit Zins bzw. Inflation in den Kreislauf zurück. Man kann also sagen, daß man einen groben Fehler in der Geldfunktionsordnung durch destruktive Mittel wettzumachen versucht.

Wie teuer uns diese Umlaufsicherungsmethode zu stehen kommt, geht aus Teil III und Teil IV hervor.

Warum ist eine wirksame Geldumlaufsicherung notwendig?

Erinnern wir uns. Die Nachfrage in einer Volkswirtschaft resultiert aus Geldmenge mal Geldumlauf. Eine stabile Währung setzt also nicht nur die Beherrschung der Nachfragemittelmenge voraus, sondern auch die ihrer Einsatzhäufigkeit. Notenbanken können darum Kreislaufstörungen und Kaufkraftschwankungen so lange nicht vermeiden, wie sie nur die Geldmenge kontrollieren, nicht aber den Geldumlauf. Anders ausgedrückt: Nur wenn es den Notenbanken gelingt, die herausgegebene Geldmenge mit der nachfragenden in Deckung zu bringen, bleibt der Kreislauf geschlossen und ist Kaufkraftstabilität erreichbar.

Auf den Umlauf des Geldes können die Notenbanken jedoch heute nur indirekt Einfluß nehmen, nämlich über Zins und Inflation. Da diese indirekten und zum Teil auf Psychologie aufbauenden Eingriffe in ihrer Wirkung weder zeitlich noch umfangmäßig kalkuliert werden können, sind sie entsprechend unberechenbar.

Die heutigen Bemühungen der Notenbanken zur Stabilisierung des Geldumlaufs und damit der Geldkaufkraft ähneln dem Versuch eines Autofahrers, der seinen Wagen auf der Fahrbahnmitte halten möchte, aber wegen schlechter Sicht die Abweichung davon erst bemerkt, wenn er mit den Rädern auf den Randstreifen gerät. Werden dazu noch die Steuerkorrekturen erst mit schwankenden Zeitverzögerungen wirksam, kommt es nur zufällig einmal dazu, daß das Fahrzeug eine Weile auf der Fahrbahnmitte verbleibt. Und da der Fahrer wegen des Gegenverkehrs ein Abweichen nach links mehr fürchtet als eines nach rechts, wo »nur« der unbefestigte Randstreifen droht, wird er dazu tendieren, möglichst immer etwas rechts von der Fahrbahnmitte zu verbleiben. Genauso machen es auch die Notenbanken. Da ein Abdriften der Kaufkraft nach »links« in die Deflation vielmals gefährlicher ist als eines nach »rechts« in die Inflation, versuchen sie erst gar nicht, die »Fahrbahnmitte« eines stabilen Geldes präzise anzusteuern, sondern »fahren« lieber etwas daneben im Bereich geringer Inflation, wenngleich sich dabei feste Größen niemals einhalten lassen und die Gefahr, bei den Korrekturen ins Schleudern zu geraten, ständig zunimmt.

Wirkt sich eine konstruktive Geldumlaufsicherung auch auf den »Geldstreik« aus?

Das Verhalten von Menschen wird entscheidend von den Vor- und Nachteilen beeinflußt, die damit verbunden sind. Konkret und bezogen auf das Geld: Bei steigenden Zins- und Inflationssätzen nimmt die Bereitschaft zu, anderen überschüssige Einkommen zu überlassen, bei sinkenden Sätzen nimmt sie ab.

Diese Wirkungen gehen ebenfalls aus Darstellung 73 hervor: Der Zins am Kapitalmarkt steigt zwar mit der Inflation auf und ab. Sein Absinken verlangsamt sich jedoch mit der Annäherung an die markierte Untergrenze von sechs Prozent. Selbst wenn die Inflation »in den Keller geht«, wie beispielsweise 1986, bleibt der Zins an dieser Marke hängen. Allenfalls kurzfristig kommt es einmal zu ihrer Unterschreitung. Ursache jenes Tatbestandes ist die nachlassende Wirkung der heutigen Umlaufsicherungsmittel in solchen Situationen: Die Inflation fällt als Peitsche völlig aus. Das Lockmittel Zins ist nicht mehr hoch genug, um den Einkommensüberschußbesitzer zur langfristigen Geldfreigabe zu bewegen.

Eine ständig gleichmäßig wirksame Umlaufsicherung würde dagegen einen gleichbleibenden Druck ausüben. Sie würde also nicht nur die Geldmenge steuerbar machen, sondern auch dafür sorgen, daß Angebot und Nachfrage die heutige Zinsuntergrenze von etwa sechs Prozent durchbrechen können. Das heißt, der heute an dieser Grenze eintretende »Geldstreik« könnte verhindert werden.

Mit einer solchen konstruktiven Umlaufsicherung würden sich also sowohl die Inflation überwinden wie der Zins senken lassen.

Mit sinkenden Zinsen käme es über weitere Investitionen schließlich zu einer echten Sättigung der Märkte und einer Überwindung des unnatürlichen Wachstumszwangs.

Zu diesem Sättigungsprozeß bedarf es jedoch keiner weiteren Leistungssteigerung. Denn dafür können, nach Wegfall des zinsbedingten Wachstumszwangs, die freiwerdenden Kapazitäten aus den inhumanen Produktionsbereichen eingesetzt werden, die heute nur zur rentablen Kapitalbindung erforderlich sind, von der Rüstung bis zur Raumfahrt usw.

Gibt es Beispiele für zinsunabhängige Umlaufsicherungen?

Erinnern wir uns an die im 5. Kapitel beschriebene Brakteatenzeit im Hochmittelalter. Die Beständigkeit des Geldumlaufs und damit der wirtschaftlichen Konjunktur wurde damals durch regelmäßige bzw. überraschende Umtauschaktionen des gesamten gültigen Geldes erreicht, bei denen der Münzherr jeweils einen festen Anteil von 20 oder 25 Prozent als »Schlagschatz« oder »Prägesteuer« einbehielt. Die Folge war, daß kaum jemand Geld ansammelte, denn das zu tragende Verlustrisiko war um so höher, je mehr Geld man jeweils in der Hand behielt. Der natürliche »Joker«-Vorteil des Geldes (Suhr) gegenüber den einzutauschenden Gütern wurde also durch eine Art »Schwarzen Peter« kompensiert. Um den »Schwarzen Peter« möglichst schnell loszuwerden, war man sogar bereit, sein Geld auch zu einem niedrigen Zins oder ganz ohne Aufschlag zu verleihen.

Ein anderes historisches Beispiel, dessen Wirkungen genau dokumentiert sind, ist das sogenannte »Wunder von Wörgl« in der Depression der 30er Jahre. Aufgrund der damaligen Geldmengenreduzierung und des folgenden deflationären Preisverfalls erlahmte überall die Wirtschaft. In der Tiroler Gemeinde Wörgl, einem Eisenbahnknotenpunkt zwischen Kufstein und Innsbruck, versuchte der dortige sozialdemokratische Bürgermeister Unterguggenberger, die Ursachen von Stagnation und Arbeitslosigkeit und damit der leeren Gemeindekassen zu ergründen, und wurde bei dem deutsch-argentinischen Sozial- und Geldreformer Silvio Gesell fündig. In dessen Hauptwerk »Die natürliche Wirtschaftsordnung« fand er die Zusammenhänge zwischen Geldumlauf und Wirtschaftskrise dargelegt.

Unterguggenberger verstand, im Gegensatz zu den Wirtschaftsverantwortlichen, daß dem Geld damals »Beine gemacht« werden mußten, um die Krise zu überwinden. Die von ihm herausgegebenen »Arbeitsbestätigungsscheine«, für die er im gleichen Umfang Schillinge bei der lokalen Bank hinterlegte, waren darum mit einem »Umlaufmotor« versehen, der ihre Zurückhaltung mit Nachteilen verband: Auf der Rückseite der Scheine waren zwölf Felder, die jeden Monat nacheinander mit einer Klebemarke zu füllen waren, wenn der Nennwert des Scheins erhalten werden sollte. Da fast jeder die Kosten der Klebemarke in Höhe von einem Prozent des Nennwertes sparen wollte, gab man die Scheine möglichst im gleichen Rhythmus wieder aus, in dem man sie einnahm: Die Wirtschaft belebte sich, in die Gemeindekasse floß wieder Geld, und während ringsherum die Arbeitslosigkeit weiter anstieg, ging sie in Wörgl deutlich zurück.

»Das Wirtschaftswunder von Wörgl« erregte ein über die Grenzen reichendes Aufsehen. Der spätere französische Ministerpräsident Daladier fuhr nach Wörgl und berichtete ausführlich im französischen Parlament. Der bekannte amerikanische Geldtheoretiker Irving Fisher schickte einen Assistenten nach Tirol, hielt das Modell zur Überwindung der US-Rezession für geeignet und bezeichnete sich selbst als »bescheidenen Schüler Silvio Gesells«. Doch als dann mehrere hundert Bürgermeister Österreichs das Wörgler Modell nachmachen wollten, wurde es von der Nationalbank in Wien verboten. Sie betrachtete die »Arbeitsbestätigungsscheine« als Geld und sah sich in ihrer Autonomie gefährdet. Über die positiven Auswirkungen dieses Geldes und die negativen ihres eigenen haben sich die Verantwortlichen in der Notenbank, wie auch die Mehrzahl der Wirtschaftswissenschaftler, offensichtlich keinerlei Gedanken gemacht. Wie heute war auch damals die Frage der Geldordnung und ihrer Fehlstrukturen tabu.

Zum 50. Jahrestag dieses Wörgler Experimentes brachte die Monatszeitung des Österreichischen Gewerkschaftsbundes »Arbeit & Wirtschaft« im März 1983 noch einmal einen ausführlichen Bericht.

Darin hieß es unter anderem:

> Unterguggenberger hatte nicht die Absicht, in Österreich eine neue Währung einzuführen oder die Nationalbank in ihren Rechten zu schmälern. Was er aber wollte, ist ihm für die Spanne von 14 Monaten gelungen: Mit Herz und Verstand hat er in die kleine Gemeinde, in der er jeden kannte, in der Hunderte seiner Eisenbahnerkollegen lebten und hungerten, einen Hoffnungsschimmer getragen. Er hat ermöglicht, daß Familien sich wieder satt essen konnten, daß Schuhe und Kleider wieder einmal instand gesetzt, dringende Schulden teilweise abgezahlt werden konnten und daß aus einem verwahrlosten Winkel eine gepflegte kleine Stadt wurde.

Man sollte meinen, daß zumindest die Gewerkschaften heute genug Anlaß hätten, nicht nur an solche Erfolgsmodelle zu erinnern, sondern sich auch etwas intensiver mit den Wirkungsmechanismen unseres Geldes zu befassen.

Was heißt Nachfrage-, was Kreditpotential?

Wie die Einkommenszahlungen werden auch die Nachfragevorgänge heute sowohl mit Bargeld als auch mit der Übertragung von Sichtguthaben (»Giralgeld«) vorgenommen. Beide Bestände sind also die Nachfragemittel, mit denen der Markt geräumt wird. Die Summe dieser Nachfragemittel ist also das Potential, dessen Größe und Einsatz zur Erlangung eines stabilen Preisniveaus auf das Angebot abgestimmt werden müssen. Umschichtungen zwischen Bargeld und Giralgeld ändern dabei nichts am Umfang dieses Nachfragepotentials. Mit der Einzahlung von Geld auf das eigene Girokonto nimmt der Bestand darauf nur im gleichen Umfang zu, wie der Bestand des gehaltenen Geldes abnimmt. Das alles gilt nicht nur für den einzelnen Vorgang, sondern genauso für die Summe aller Vorgänge in einer Volkswirtschaft.

Das Kreditpotential in einer Volkswirtschaft entspricht dagegen den Einkommensüberschüssen der Wirtschaftsteilnehmer, die sie anderen zur Verfügung stellen, ob direkt oder über die Banken. Das Kreditpotential der Banken ist also identisch mit den bei ihnen gebildeten Guthaben der Wirtschaftsteilnehmer, zuzüglich anderer Formen der Geldhergabe wie Schuldverschreibungen usw.

Da die Banken jedoch auch die Sichtguthaben als Kreditpotential betrachten, kommt es hier zu einer Überschneidung zwischen Nachfrage- und Kreditpotential, wie die Schemadarstellung 74 mit annähernden Größen zeigt.

Diese Überschneidung führt im Bereich der Sichtguthaben zu einer Doppelnutzung. Denn während die übrigen Guthaben bei den Banken eine Überlassung von Kaufkraft an andere darstellen, kann der Besitzer von Sichtguthaben damit weiterhin selbst Nachfrage halten.

Diese Nutzungsverdoppelung der Nachfrage ist jedoch nur ein einmaliger Vorgang, der in dem Maße eintritt, wie Bargeldhalter

Heutige Überschneidung zwischen Nachfrage- und Kreditpotential

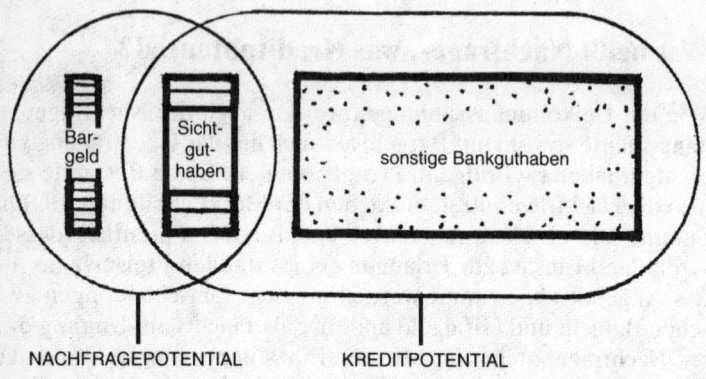

Darstellung 74

ihre Zahlungsgewohnheiten zugunsten bargeldloser Nachfrage verändern.

Da diese Veränderungen der Zahlungsgewohnheiten langfristiger Natur sind, kann diese Doppelnutzung der Sichtguthaben durch Verminderung des Bargeldes ausgeglichen werden. Das findet in der Praxis auch statt, wie die Umstellung der Lohnzahlungen auf Girokonten in den 50er und 60er Jahren gezeigt hat: Während die Bargeldmenge, gemessen am Sozialprodukt, um rund zwei Prozent zurückging, nahmen die Sichtguthabenbestände nur um rund ein Prozent des BSP zu. Trotzdem ist eine saubere Trennung beider Potentiale erforderlich.

Warum müssen beide Bereiche getrennt werden?

Die Zahlungsgewohnheiten der Wirtschaftsteilnehmer sind zwar relativ stabil. Trotzdem unterliegen sowohl die Bargeld- als auch die Sichtguthabenhaltungen ständigen Schwankungen. Diese Schwankungen nehmen mit dem allgemeinen Trend zur Spekulation zu, vor allem in Phasen niedriger Zins- und Inflationsraten. Dies geschieht einmal durch erhöhte Bargeldhaltungen, die die Bundesbank zur Geldausweitung zwingen (siehe Kapitel 10). Zum anderen aber auch durch Aufstockung der Sichtguthaben zu Lasten anderer Bankguthaben. Mit dieser Rückverlagerung von Ersparnissen in die Sichtguthaben weitet jedoch der Guthabenbesitzer sein Nachfragepotential aus, ohne daß es zu einer entsprechenden Verringerung des Kreditpotentials kommt. Auch wenn diese spekulativen liquiden Geldhaltungen nur zu einem geringen Teil in die Nachfrage gehen, bildet sich hier ein Unsicherheitspotential, das die Bundesbank kaum unter Kontrolle halten kann.

Machen wir uns die unterschiedlichen Vorgänge und Wirkungen noch einmal klar:

Wenn jemand Bargeld auf ein Spar- oder Terminguthaben einzahlt, verringert sich seine eigene Nachfragemöglichkeit im gleichen Umfang, wie die Bank Kredit gewähren kann.

Wenn jemand aber Bargeld auf sein Sichtguthaben einzahlt, bleibt seine Nachfragemöglichkeit gleich. Trotzdem kann die Bank über Kredite aus dem Sichtguthaben zusätzliche Kaufkraft an Dritte vergeben. Hebt umgekehrt jemand von seinem Spar-

oder Terminguthaben Bargeld ab, verringert sich die Kreditge-
währungsmöglichkeit der Banken in gleicher Höhe, wie der Sparer seine Nachfragenmöglichkeit vergrößert. Überträgt er jedoch
den gleichen Betrag von seinem Spar- oder Terminguthaben auf
sein Sichtguthaben, vergrößert er seine Nachfragemöglichkeiten,
ohne daß es zu einer gleich hohen Verringerung der Kreditvergabe
durch die Banken kommt.

Das eigentliche Problem ist also weniger bei den meist kontinuierlich verlaufenden Veränderungen der Zahlungsgewohnheiten
zu sehen. Es resultiert vielmehr aus der Möglichkeit relativ plötzlicher Bestandsumschichtungen zwischen normalen Bankguthaben und Sichtguthaben.

Was ist gegen die Doppelfunktion der Sichtguthaben als Nachfrage- und Kreditmittel zu tun?

Hier braucht man im Kreditwesengesetz nur eine klare Trennung
zu ziehen zwischen Sichtguthaben und den anderen Bankguthaben.

Das ist erforderlich, weil Geld und Sichtguthaben jene Mittel
sind, mit denen man bar oder unbar kaufen oder Forderungen
begleichen kann. Kreditmittel sollten dagegen nur jene Geld-
bzw. Guthabenbestände sein, die man einer Bank leihweise überläßt, d. h., über deren Kaufkraft man selbst in der Überlassungs-
zeit nicht verfügen kann.

Die auf diese Weise entstandenen Guthaben, gleichgültig welcher
Art, Dauer und Größe, verändern nie das Nachfragepotential. Sie
dokumentieren lediglich dessen Überlassung. Diese Beziehungen
zwischen Nachfrage- und Kreditpotential nach ihrer Trennung
sind schematisch in Darstellung 75 wiedergegeben.

Bei dieser klaren Trennung des Nachfrage- und des Kreditpotentials wäre es auch unproblematisch, für die Sichtguthabenbestände den heute fragwürdigen Begriff »Buchgeld« oder »Giralgeld« zu benutzen. Diese Übernahme des Geldbegriffs für die
Bestände auf den Girokonten erfordert aber eine strikte Nichtver-
wendung der Bezeichnung »Geld« für die gebuchten Guthaben
aus Kaufkraftüberlassungen. Denn bei diesen handelt es sich nicht
um »Spar*geld*« oder Termin*geld*«, sondern lediglich um Spar- oder

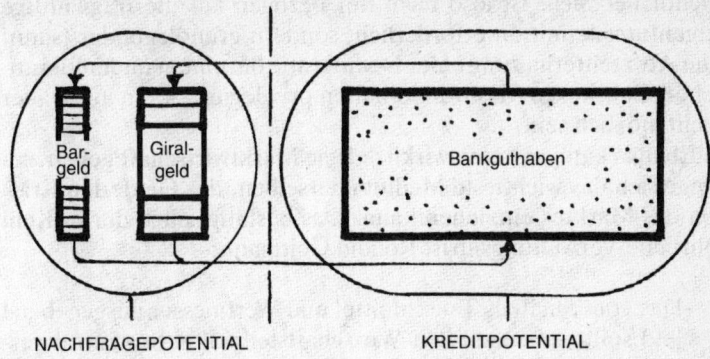

NACHFRAGEPOTENTIAL   KREDITPOTENTIAL

Darstellung 75

Termin*guthaben*, die einen Anspruch auf Rückerhalt von Geld dokumentieren. Eine solche klare Trennung würde die Notenbanken auch nicht mehr so leicht dazu verleiten, die zu steuernde Geldmenge auf das Kreditpotential auszuweiten.

Wie kann die Rechtsordnung des Geldes korrigiert werden?

Zur Korrektur unserer Geld-Rechtsordnung sind unsere Juristen gefragt, vor allem die der Bundesbank. Die »Doppelfunktion« des Geldes als öffentliche Einrichtung und privates Eigentum muß jedenfalls dringend überwunden werden, wenn wir in dem Bemühen, unser Geld stabil zu halten, »Boden unter den Füßen« gewinnen wollen.

Dieter Suhr hat in seinen Veröffentlichungen mehrfach auf die Verfassungswidrigkeit unseres Geldes hingewiesen. Vor allem darauf, daß unser Geld kein neutrales Tauschmittel ist, sondern

421

vielmehr ein gravierend parteiliches Medium, da es für denjenigen, der Geld übrig hat, einen Mehrwert abwirft, den andere erarbeiten müssen. Die Überprüfung unserer Geldordnung aus rechtlicher Sicht ist also nicht nur bezogen auf die fragwürdige Eigentumsdefinition erforderlich, sondern grundlegender Natur. Die Aufrechterhaltung einer Demokratie bei einem undemokratischen Geldwesen, das Minderheiten privilegiert, kann auf Dauer nicht möglich sein.

Ebenso kann es keine wirklich freie Marktwirtschaft geben, solange sich das wichtigste Medium derselben, das Geld, den Kräften des Marktes entziehen kann. Das bestätigt auch der in Kehl lehrende Verwaltungsjurist Roland Geitmann:

> »Das vom Staat als Tauschmittel und Wertmesser ausgegebene Geld sollte zwischen den Wirtschaftsteilnehmern neutral vermitteln, es begünstigt jedoch den Geldbesitzer und widerspricht dadurch zentralen Prinzipien unserer Verfassung, insbesondere den Freiheitsrechten, dem Gleichheitssatz, dem Eigentumsrecht, dem sozialen Rechtsstaat und dem Ziel des gesamtwirtschaftlichen Gleichgewichts.«

Was kann gegen die widersprüchliche Doppelfunktion des Geldes als Tausch- und Wertaufbewahrungsmittel geschehen?

Selbstverständlich ist Geld zwischen Empfang und Wiederausgabe immer auch ein »Wertaufbewahrungsmittel«. Diese Funktion soll und darf dem Geld auch nicht genommen werden. Vielmehr geht es nur darum, den Rhythmus zwischen Geldempfang und -ausgabe nicht durch längerfristige Geldzurückhaltung zu unterbrechen. Genau hier, bei der Möglichkeit Geld ungestraft zurückzuhalten, liegt der Grund, warum der Kapitalmarktzins bei uns die »magische Untergrenze« von sechs Prozent noch niemals deutlich unterschritten hat.

Da dieses gemeinschaftsschädigende Verhalten nicht durch Verbote aus der Welt zu schaffen ist, muß es mit Hilfe von »Geldhalte-« oder »Geldnutzungsgebühren« abgebaut werden. So wie der Autofahrer die Fahrbahn freigibt, um nicht mit Gebühren belangt zu werden, und der Waggonbenutzer den Waggon entlädt, um kein »Standgeld« zu bezahlen, so wird auch der Geldhalter überschüssige Kaufkraft freigeben, wenn die Zurückhaltung mit Kosten belastet ist. Diesen Kosten kann man jedoch nicht nur durch eine regelmäßige Geldausgabe im Rhythmus der Einnahmen entgehen, sondern auch durch Einzahlung überschüssiger Bestände bei der Bank, also Überlassung an einen anderen.

Ziel der Umlaufsicherung ist also keine *Beschleunigung* des Geldumlaufs, sondern seine *Verstetigung* durch die Vermeidung von Unterbrechungen.

Steigt der Verbrauch bei niedrigen Zinsen?

Oft wird befürchtet, daß eine solche Umlaufsicherung zu mehr Verbrauch und damit Wirtschaftswachstum führen könne. Verbrauchen (= Ausgeben) kann man jedoch immer nur im Umfang seiner Einkommen. Diese auszugebenden Einkommen vergrößern sich bei sinkenden Zinsen jedoch nicht, sondern werden nur verlagert. Sinkt beispielsweise die Miete einer Wohnung aufgrund halbierter Hypothekenzinsen um 200 Mark, kann der Mieter in dieser Höhe mehr nachfragen, der Vermieter weniger. Weil die Arbeitsleistenden (Unternehmer, Arbeitnehmer) über mehr Kaufkraft verfügen, benötigen sie auch weniger Kredite. Und weil sich bei den Zinsbeziehern die Geldüberschußansammlungen verringern, geht auch der Verschuldungszwang zurück.

Da die Arbeitsleistenden bei niedrigeren Zinsen weniger für Dritte arbeiten müssen, haben sie jetzt die Wahl, die zusätzlich bei ihnen verbleibende Kaufkraft selbst auszugeben oder ihre Arbeitsleistung zu reduzieren. Das heißt: Nicht mehr das Kapital bestimmt wachstumserzwingend den Umfang der zu erbringenden Leistungen, sondern die Arbeitenden selbst. Damit besteht die Möglichkeit zu einer sich stabilisierenden Entwicklung der Leistung auf optimalem Niveau, kurz: zu einer Wirtschaft ohne Wachstumszwang.

»Erst auf der Basis eines störungsfreien Geldkreislaufs läßt sich auch eine störungsfreie Kreislaufwirtschaft etablieren, in der nicht mehr das destruktive Prinzip des exponentiellen Wachstums, sondern das konstruktive Prinzip des dynamischen Gleichgewichts gilt«,

schreibt dazu treffend der in Hamburg lehrende Wirtschaftsgeograph Eckhard Grimmel in seinem 1993 erschienenen, lesenswerten Buch »Kreisläufe und Kreislaufstörungen der Erde«.

32. Kapitel
Die Auswirkungen der Korrekturen

> »Ein in die Natur integriertes Geld kann wegen des ›Rostens‹ nicht mehr ohne Nachteil für den Inhaber aus dem Wirtschaftskreislauf zurückgezogen werden, sondern es muß sich den Märkten als Tauschmittel zur Verfügung stellen, auch wenn es nicht mehr wie bisher mit Zins und Zinseszins ›angemessen‹ bedient wird. Das Geld wird also verteilungsneutral. Indem es das Angebot und die Nachfrage sowohl auf den einzelnen Märkten als auch gesamtwirtschaftlich in ein stabiles Gleichgewicht bringt, können auch die falschen Strukturen in der Volkswirtschaft allmählich gesunden.«

> Werner Onken*

Was bewirkt die Rückhaltegebühr?

Die Umwandlung des privaten Eigentumsrechts am Geld in ein Nutzungsrecht schafft erst die Voraussetzung zur Einführung einer Geldnutzungs- oder -rückhaltegebühr. Statt wie bisher überschüssiges Geld durch eine Prämie in den Kreislauf zurückzulocken, könnte die gemeinschaftsschädigende Geldblockade nun mit Kosten belegt werden. Mit diesen Kosten wird auch der Liquiditätsvorteil neutralisiert, der dem Geld aufgrund seiner besonderen Eigenschaft anhaftet: Das Geld wird mit den zu tauschenden Gütern auf eine Stufe gestellt. Außerdem wird es rechtlich genauso behandelt wie alle anderen öffentlichen Verkehrseinrichtungen.

Da diese Rückhaltegebühr auf die Geldhaltung einen gleichbleibenden Druck ausübt, bedarf es in der Wirtschaft zur Umlauf-

---

* Ökonom, Redakteur der »Zeitschrift für Sozialökonomie«, in »Gerechtes Geld
  – Gerechte Welt«, 1991

sicherung des Geldes keines ständig positiven Zinses mehr und schon gar nicht einer Inflation. Aufgrund des gleichbleibenden Freigabedrucks auf das überschüssige Geld dürfte die heutige »magische Untergrenze« des Kapitalmarktzinses sehr schnell durchbrochen werden. Denn das Zurückhalten von Geld ist dann nicht nur mit dem Verzicht auf Zinsen verbunden, sondern mit konkreten Kosten. So wie jeder Knappheitsaufschlag auf den Gütermärkten mit der Sättigung gegen null absinkt, wird auch der Zins nach und nach marktgerecht heruntergehen und bei ausgeglichener Angebots- und Nachfragesituation am Kapitalmarkt schließlich um Null pendeln.

Mit einem Zins um Null aber hätten wir ein »neutrales Geld« (Suhr), das nur noch dienende Funktionen in der Wirtschaft ausüben kann und keine herrschenden mehr. Mit einem solchen Geld, das alleine auch mit der Vorstellung von einer freien und sozialen Marktwirtschaft vereinbar ist, würden auch alle jene Problementwicklungen, die in Teil III und IV dieses Buches beschrieben wurden, verringert oder endgültig überwunden.

Was wären die konkreten Folgen der Trennung zwischen Nachfrage- und Kreditpotential für die Notenbanken?

Da das Verrechnungs- oder Giralgeld nur durch Umwandlung aus Bargeld entstehen kann, hat die Bundesbank das gesamte Nachfragepotential im Griff. Zwar können die Wirtschaftsteilnehmer nach Belieben Bargeld in Giralgeld umwandeln oder umgekehrt, aber die Summe der Nachfragemittel bleibt dabei unverändert.

Das heißt: Ausweitungen des Nachfragepotentials sind nur in dem Maße möglich, wie die Bundesbank neues Geld in den Kreislauf einführt. Da alle Geldhalter – auch die Banken – aufgrund der Geldhaltegebühren ihre Bestände an den tatsächlichen Marktbedürfnissen orientieren, kommt es zu einer deutlichen Reduzierung des Nachfragepotentials und schließlich zu einer Übereinstimmung mit dem Angebot. Anders ausgedrückt: Die Summe der herausgegebenen Kaufkraft wird mit der nachfragenden identisch. Einwirkungen der Notenbanken auf die Zinshöhe mit ihren fragwürdigen Ergebnissen erübrigen sich. Die Zinsbildung ist alleine noch Sache des Marktes, die Stabilität der Kaufkraft allein Sache der Notenbanken. Die Notenbanken brauchen nur aktiv zu werden, wenn sich das Preisniveau verändert. Ein Ansteigen des Preisniveaus signalisiert immer ein Zuviel an Geld, ein Absinken des Preisniveaus ein Zuwenig. Da durch die Umlaufsicherung Geldmenge und Nachfrage gekoppelt sind, ohne Leerlauf und Zeitverzögerung, ergibt sich über die Stabilhaltung des Preisniveaus automatisch auch die richtige Geldmengenanpassung an eine zunehmende (oder abnehmende) Wirtschaftsleistung. Spekulative Geldmengenvorausberechnungen der Notenbanken sind unnötig.

Die Inumlaufsetzung zusätzlich erforderlicher Kaufkraft könnte am einfachsten über Geldhergabe an den Staat erfolgen, ähnlich wie das heute bei den Gewinnüberschüssen der Bundesbank geschieht. Da es sich bei den preisniveaubezogenen Geldmengenausweitungen um wesentlich geringere und am Markt orientierte Beträge handelt, sind hierbei keine negativen Auswirkungen möglich.

Zeigt ein ansteigendes Preisniveau ein Zuviel an Kaufkraft an, dann wird der Staat zur Hergabe von Geld, z. B. durch Zwangskauf von Notenbankpapieren, veranlaßt. Der heutige umständliche, ungenaue und zeitraubende indirekte Weg über die Geschäftsbanken mit Hilfe ständiger Leitzinsveränderungen wäre überflüssig.

Was sind die konkreten Folgen für die Geschäftsbanken?

Auch für die Geschäftsbanken ergeben sich durch die Trennung glasklare Verhältnisse. Sie kennen im wesentlichen nur noch zwei Bereiche: einmal den Bereich der Guthaben und Kredite und zum anderen, bezogen auf die Nachfragemittel, den Bereich der Geldversorgungs- und Verrechnungsdienstleistungen.

Da die Banken die Kosten dieser Dienstleistungen nicht mehr mit Zinserträgen aus der Ausleihung der Girokontenbestände finanzieren können, müssen sie diese den Kunden in voller Höhe in Rechnung stellen. Diese Kosten könnten nicht nur auf die Buchungsvorgänge umgelegt werden, sondern eventuell auch auf die gehaltenen Bestandsgrößen. Mit einem solchen »Negativzins« würden – wie beim Bargeld – auch die Giralgeldbestände auf das notwendige Optimum reduziert. Ob darüber hinaus die Giralgeldbestände noch von der Bundesbank mit einer Umlaufsicherungsgebühr belegt werden müssen, würde die Praxis ergeben.

Auch die Dienstleistungen im Bargeldbereich sollten sich die Banken – ähnlich wie beim Sortentausch – über Provisionen bezahlen lassen. Eine solche Maßnahme wäre nicht nur sachgerecht, sie würde auch zur Beruhigung der Vorgänge innerhalb des Nachfragepotentials beitragen. Mit den Dienstleistungsgebühren für die Bargeldein- und -auszahlungen können die Banken auch die Kosten abdecken, die sie der Bundesbank ihrerseits für die Geldbereitstellung bzw. die Geldhaltung in der Kasse zahlen müssen.

Bundesbank und Geschäftsbanken haben also nur noch Berührungspunkte im Bereich der Bargeldversorgung. Die Kreditvergabe dagegen ist nur noch Sache der Geschäftsbanken und allein an der Größe der Ersparnisse orientiert. Ähnlich wie heute können diese Ersparnisse ständig zunehmen (und ggf. auch abnehmen), jedoch ist das ohne jeden Einfluß auf das Nachfragepotential.

Erwirtschaftet ein Wirtschaftsteilnehmer in seinem Bargeld- oder Giralgeldbestand einen Überschuß, wird er ihn zur Kostenminimierung auf ein Guthabenkonto übertragen. Damit vergrößert sich das Kreditpotential, und die Ersparnis steht einem Kreditnehmer als Giralgeld oder Bargeld zur Verfügung. Hebt ein Sparer sein Guthaben ab, muß die Bank in gleicher Höhe eingehende Tilgungen einbehalten bzw. Neukreditgewährung unterlassen.

Alle Kreditgewährungen sind damit immer voll gedeckt. Ihre Rückzahlung, wie die volle Risikovorsorge, ist allein Sache der Banken. Ebenso die Einrichtung aller erforderlichen gemeinschaftlichen Absicherungs- und Clearingstellen. Die Bundesbank hat mit diesen Vorgängen – außer der Überwachung ihrer Ordnungsmäßigkeit – nichts zu tun und darf hier niemals mit »frischem Geld« einspringen. Wie der Zins, muß auch die Regulierung der Wechselkurse den Märkten überlassen werden. Die Notenbanken bzw. Staaten haben nur dafür zu sorgen, daß der freie Devisen- und Kapitalverkehr nicht spekulativ mißbraucht werden kann.

Für kurzfristige Bestandshaltungen und Umbuchungen würden

sich innerhalb der Bankguthaben ähnliche Formen finden wie die bisherigen Sichtguthaben, deren Schwankungen jedoch weder auf das Gesamtkreditpotential noch auf das der Nachfrage Auswirkungen haben würden.

Wie bilden sich nach der Geldordnungsreform die Zinsen bei den Banken?

In der Darstellung 8 wurde aufgezeigt, daß der Guthabenzins sich im allgemeinen aus drei Teilen zusammensetzt: dem Grundzins (Liquiditätsverzichtsprämie), einem Knappheits- und einem Inflationsaufschlag. Da mit der vorbeschriebenen Geldordnungsreform Kaufkraftstabilität ermöglicht wird, verschwindet als erstes der Inflationsanteil im Zins und damit die problematischen Konjunkturschwankungen. Da durch die konstruktive Umlaufsicherung die Geldhalter gezwungen werden, ihr Geld auch ohne Liquiditätsverzichtsprämie freizugeben, verschwindet nach und nach auch der Grundzins. Was alleine als schwankende Größe bleibt, ist der Knappheitsaufschlag. Da sich jedoch aufgrund des Freigabedrucks auch die (heute weitgehend künstlich erhaltene) Angebotsknappheit für Kredite abbauen würde, sinkt auch dieser Preis irgendwann gegen null, um bei normalen Konjunkturlagen und korrekter schuldenfreier Haushaltspolitik der Staaten um diese Marke zu pendeln.

Natürlich gilt dieses Pendeln um Null nicht für alle Guthabenzinsen gleichermaßen. Wie die Darstellung 76 als Schema zeigt, wird es vielmehr – genauso wie heute – auch nach der Reform, je nach Marktlage und Einlagedauer, eine »Zinstreppe« geben. Diese Treppe wird jedoch immer mehr nach unten sinken und sich schließlich weitgehend unter Null bewegen. Allenfalls für langfristige Geldüberlassungen wird es ab und zu noch geringe positive Zinsen geben. Das Gros der kurzfristigen Ersparnisse wird dagegen mit Negativzinsen belastet sein. Da diese jedoch geringer sind als die Gebühren auf Bargeld und Giralgeld, besteht auch hier ein ausreichender Sog zur Freigabe überschüssiger liquider Bestände. Außerdem nimmt der Trend zu langfristigen Bankeinlagen zu, wenn alle kürzerfristigen mit Kosten belastet sind. Die heute üblichen Fristentransformationen, mit denen man kurzfristige Einla-

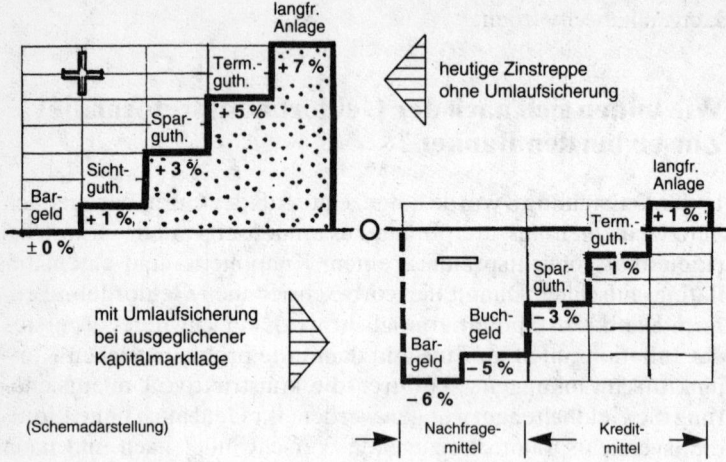

Darstellung 76

gen in längerfristige Kredite umsetzt, dürften dann weitgehend
überflüssig werden. Natürlich bedeutet ein Guthabenzins um Null
keine kostenfreien Kredite. Vielmehr hat der Kreditnehmer weiterhin die Bankmarge zu tragen, in der auch die Risikoprämie enthalten ist.

Wie könnte man dem Geld Beine machen?

Wenn Geld gleichmäßig im Umlauf bleiben und sich kein Inflationspotential bilden soll, muß es unter einem gleichbleibenden
Umlaufdruck stehen. Mit diesem Umlaufdruck muß der Vorteil
des Geldes gegenüber den Waren und der Arbeit, der dem Geld
nicht genommen werden kann und soll, kompensiert bzw. neutralisiert werden. Man kann das wieder mit einem Straßenverkehrs-
vergleich verdeutlichen: Wenn die Strafgebühren für das Parken
auf der Fahrbahn in ihrer Höhe ständig schwanken würden, wäre

auch das Ergebnis schwankend: Bei steigenden bzw. höheren Gebühren klappt der »Fahrzeugumlauf« auf den Straßen, bei sinkenden bzw. zu niedrigen nehmen die Behinderungen des Verkehrs durch abgestellte Fahrzeuge zu. Auch hier kann nur mit gleichbleibenden Gebühren ein gleichbleibendes Verhalten erreicht werden. Dabei müssen die Gebühren mindestens so hoch sein, daß die Vorteile des Parkens auf der Fahrbahn (Bequemlichkeit, kurze Wege, schneller Einsatz usw.) kompensiert bzw. neutralisiert werden.

Genauso muß auch das gesamte Nachfragepotential unter einen gleichmäßigen Umlaufdruck gesetzt werden, also der gesamte Bargeld- und Giralbestand.

Beim Giralgeld ist die Sache – falls erforderlich – äußerst einfach. Hier kann die Bundesbank monatlich durch die Geschäftsbanken bestandsbezogene Gebühren abbuchen lassen, z. B. in Höhe von jeweils einem halben oder einem Prozent. Das heißt, alle Giralgeldbestände werden praktisch mit einem Negativzins von sechs bzw. zwölf Prozent im Jahr belastet. Mit dieser Belastung würde erreicht, daß die liquiden Bestände auf den Girokonten den ausgabebezogenen Notwendigkeiten angepaßt bleiben. Überschüssige Bestände würden auf normale Bankguthaben übertragen und damit anderen Wirtschaftsteilnehmern zur Verfügung gestellt.

Bei den Bargeldbeständen ist die Sache nicht so einfach. Hier gibt es keine Möglichkeit, die Bestände bei den Wirtschaftsteilnehmern zu erfassen und zu belasten. Gott sei Dank ist das so, denn wenn wir auch noch »gläserne Taschen« hätten, wären wir als »gläserne Menschen« Diktaturen Orwellscher Prägung noch eher ausgeliefert. Geld ist ein entscheidendes Stück menschlicher Freiheit. Nicht diese Freiheit gilt es zu beschneiden, sondern lediglich den Mißbrauch des Freiheitsmittels, der heute zum Schaden aller möglich ist.

Welche praktischen Möglichkeiten bestehen beim Bargeld?

Der regelmäßige Einzug des gesamten Geldes mit einem Umtauschabschlag wie im Hochmittelalter steht nicht zur Debatte. Er wäre viel zu kompliziert, aufwendig und marktstörend. Klebegeld wie in Wörgl oder andere Modelle wie Stempel- oder Tabellengeld sind ebenfalls kein idealer Weg. Besser wäre beispielsweise die deutlich sichtbare Unterteilung aller Geldscheine in drei oder vier Serien durch groß aufgedruckte Ziffern oder Buchstaben. Gegebenenfalls könnte dann eine der Serien überraschend zum Umtausch aufgerufen werden. Einfacher wäre der Aufruf einer einzelnen Notengröße, was ohne weiteres bei den heute umlaufenden Geldscheinen einzuführen wäre. Dabei wäre es auch möglich, die Umtauschaktionen schwerpunktmäßig auf die großen Scheine zu konzentrieren, die dem Umlauf überwiegend entzogen werden.

Vielleicht wäre es auch schon ausreichend, wenn die geldausgebende Notenbank glaubwürdig androhen würde, Teile des Geldes zum kostenpflichtigen Umtausch aufzurufen, wenn sie eine mißbräuchliche Ausweitung der Geldhaltung feststellt.

Schon vor der Einführung der neuen Geldscheine haben die Teilnehmer eines Geldseminars an der Katholischen Akademie in Trier einen solchen Vorschlag ausgearbeitet. Dabei sollte lediglich das bekannte »Kleingedruckte« auf den alten Geldscheinen, wie hier nachfolgend dargestellt, erweitert werden:

Sinn dieser Texterweiterung ist also nicht nur die Ankündigung eines eventuellen Umtauschaufrufs, sondern auch die Information über die schwerwiegenden Folgen von Geldzurückhaltungen. Diese Geldmengenverminderungen sind heute nicht nur mengenmäßig unvergleichlich größer als die Geldvermehrungen durch Falschgeld, sondern sie sind auch vielmals gefährlicher.

Möglicherweise würde eine solche Ankündigung eine ähnliche Wirkung haben wie die einer Schweizer Stadt, unzulässiges Parken mit 200, im Wiederholungsfall mit 1000 Franken zu bestrafen: Auf Fahrbahnen und Bürgersteigen war kein abgestelltes Auto mehr zu sehen. Genügt jedoch der Aufdruck auf den Geldscheinen alleine nicht, dürfte ein einmalig durchgeführter Umtauschaufruf, beispielsweise für die 1000- oder die 500-Mark-Scheine mit einem deutlichen Abschlag, lange Wirkung haben.

Eine solche Umtauschaktion erscheint vielleicht aufwendig und schwierig. Sie ist jedoch viel einfacher als die heutigen wöchentlichen Lottoausspielungen. Denn der aufgerufene Schein kann mit dem Abschlag überall in Zahlung gegeben werden und verschwindet auf diese Weise über die Banken sehr rasch aus dem Verkehr.

Die neu in den Verkehr gegebenen Scheine würden sich dann durch ihre Farbe und Gestaltung von den alten unterscheiden. Zweckmäßig ist auch eine geringe Veränderung der Breite oder Länge, damit die alten Scheine in Geldbündeln sofort sichtbar werden.

Rechtlich sind solche Umtauschaktionen heute bereits möglich. Denn in Absatz 2 § 14 des Bundesbankgesetzes heißt es: »Die Deutsche Bundesbank kann Noten zur Einziehung aufrufen. Aufgerufene Noten werden nach Ablauf der beim Aufruf bestimmten Umtauschfrist ungültig.«

AG3725330D8

WER BANKNOTEN NACHMACHT
UND DAMIT DIE GELDMENGE VERMEHRT
VERMINDERT DIE KAUFKRAFT DES GELDES
UND EIGNET SICH UNGERECHTFERTIGTE ANSPRÜCHE
AN DAS SOZIALPRODUKT AN

WER BANKNOTEN FESTHÄLT
UND DAMIT DIE GELDMENGE VERMINDERT
BEHINDERT DEN GELDKREISLAUF
UND GEFÄHRDET DIE KONJUNKTUR

IM ERSTEN FALL LEITET DIE BUNDESBANK
STRAFVERFOLGUNG EIN

IM ZWEITEN FALL BEHÄLT SIE SICH VOR
DIE VON DER ZURÜCKHALTUNG
BESONDERS BETROFFENEN STÜCKELUNGEN
ZUM UMTAUSCH AUFZURUFEN
UND DIE KOSTEN DES UMTAUSCHS
DEN GELDHALTERN AUFZUERLEGEN

Was sagt die Wirtschaftswissenschaft zur Frage einer konstruktiven Umlaufsicherung?

Sieht man von Felix G. Binn ab (1932–1986), von dem viele lesenswerte und überzeugende Publikationen über die Fehlstrukturen unseres Geldes vorliegen, findet man in unseren Tagen kaum einmal eine Veröffentlichung eines Wirtschaftswissenschaftlers zu dem Themenkomplex verbesserter Umlaufsicherungen.

Der Amerikaner Friedman hat mit seiner »Chicagoer Schule« zwar die Bedeutung der Geldmenge für die Stabilhaltung der Währungen wieder in den Vordergrund gestellt, sich mit der Frage der Umlaufsicherung jedoch kaum befaßt. Binn hat darum dessen Theorie einmal als »naiven Monetarismus« bezeichnet.

Fündig wird man in Sachen Umlaufsicherung jedoch bei Irving Fisher, der dem Versuch von Wörgl große Bedeutung zugemessen hat. Das umlaufgesicherte Geld, von Gesell als »Freigeld« bezeichnet, »könnte der beste Regulator der Umlaufgeschwindigkeit des Geldes sein, die der verwirrendste Faktor in der Stabilisierung des Preisniveaus ist«, schrieb Fisher 1933.

Besonders intensiv hat sich auch John Maynard Keynes in seinem Hauptwerk »Allgemeine Theorie der Beschäftigung, des Zinses und des Geldes« mit den Anregungen Gesells befaßt und ihnen vier Seiten gewidmet. Auch wenn Keynes die Theorie Gesells für »unvollständig« hielt, weil darin der Liquiditätsvorteil des Geldes nicht genügend beachtet sei, ist er in Ansatz und Ziel mit ihm weitgehend einig. Ähnlich wie Gesell sieht er in der Überlegenheit des Geldes über alle Waren ein Problem und schreibt:

> »Jene Reformatoren, die in der Erzeugung künstlicher Durchhaltekosten des Geldes ein Heilmittel gesucht haben, zum Beispiel durch das Erfordernis periodischer Abstempelungen der gesetzlichen Zahlungsmittel zu vorgeschriebenen Gebühren, sind somit auf der richtigen Spur gewesen; und der praktische Wert ihrer Vorschläge verdient, erwogen zu werden... Der hinter dem gestempelten Geld liegende Gedanke ist gesund.«

Während Silvio Gesell von »rostenden« Banknoten und Rudolf Steiner von »alterndem Geld« gesprochen hat – sie wollten das Geld den Eigenschaften der Güter anpassen –, hat Keynes den

Begriff »Durchhaltekosten« (carring costs) in die Diskussion eingebracht. Dabei hatte er nicht nur das zu erreichende Gleichgewicht zwischen Geld und Gütern im Auge, sondern er stellte auch die Folgen solcher Durchhaltekosten für die Kapitalrendite heraus. Er erkannte, daß ein Geld, zum Angebot gezwungen wie die Güter und die menschliche Arbeit, in der Lage sein würde, »innerhalb einer Generation die Grenzleistungsfähigkeit des Kapitals (sein Ertrag, d. V.) ... auf ungefähr Null herunterzubringen«. Und weiter schreibt er, ganz übereinstimmend mit Gesell:

> »Wenn ich recht habe mit meiner Annahme, daß es verhältnismäßig leicht sein sollte, Kapitalgüter so reichlich zu machen, daß die Grenzleistungsfähigkeit des Kapitals null ist, mag dies der vernünftige Weg sein, um allmählich die verschiedenen anstößigen Formen des Kapitalismus loszuwerden.«

An anderer Stelle seines Buches nennt er die sozialen Auswirkungen noch deutlicher beim Namen:

> »Obschon dieser Zustand nun sehr wohl mit einem gewissen Maß von Individualismus vereinbar wäre, würde er doch den sanften Tod des Rentiers bedeuten, und folglich den sanften Tod der sich steigernden Unterdrückungsmacht des Kapitalisten, den Knappheitswert des Kapitals auszubeuten... Ich betrachte daher die Rentnerseite des Kapitalismus als eine vorübergehende Phase, die verschwinden wird, wenn sie ihre Leistung vollbracht hat.«

Die »Leistung«, die der Zinsertrag des Kapitals zu erfüllen hat, ist die der Überwindung der Knappheit an Produktionsstätten und Gütern, mit der sich Knappheitszinsen und Renditen selbst gegen Null abbauen würden. Das aber ist nur zu erreichen, wenn die Möglichkeit ausgeschaltet wird, diese Produktionsstätten und Güter durch einen »Geldstreik« künstlich knapp zu halten. Der Geldstreik aber kann nur mit »Durchhaltekosten«, die nichts anderes sind als eine konstruktive Umlaufsicherung für das Geld, durchbrochen werden.

Mit der Durchbrechung des »Geldstreiks« bzw. der »Liquiditätsfalle«, wie Keynes das nannte, gehen jedoch nicht nur Zinsen und Kapitalrenditen zurück und damit die sich heute aufbauenden sozialen Spannungen. Genauso baut sich der Überschuldungsdruck ab und damit der Zwang zu einem ständigen Wirtschaftswachstum. Denn so wie man durch Knapphaltung der Löhne Menschen zu ständigen Überleistungen zwingen kann, so eine ganze Volkswirtschaft durch Knapphaltung des Kapitals: Denn die hoch bleibenden Zinsen müssen nicht nur erarbeitet werden, sie bewirken auch ein ständiges Wachstum der Geldvermögen und der Schulden, die nur durch weiteres Wirtschaftswachstum zu tragen sind. Mit sinkenden Zinsen würden nicht nur diese Negativfolgen abgebaut, sondern auch die Massen der unruhestiftenden Spekulationsmilliarden in den Händen jener Minderheiten, die immer weniger wissen, was sie mit ihren zinsbedingt wuchernden Reichtumsüberschüssen anfangen sollen.

Kann ein Land allein mit einer umfassenden Geldordnungsreform beginnen?

Jedes Land, das eine eigene Währung hat, bestimmt deren Stabilität und damit seine Konjunkturentwicklung selbst. Wäre es anders, würden wir in aller Welt die gleichen Inflations- und Zinssätze und die gleichen Leistungsergebnisse haben. Allein in Europa klaffen jedoch diese Größen um mehrere hundert Prozent auseinander. Selbst innerhalb der EG waren beispielsweise die Inflations- und Zinssätze in Griechenland oder Portugal zeitweise zwei- bis dreimal höher als in Frankreich oder in der Bundesrepublik. Daraus ergibt sich, daß genausogut die Inflation auch einmal in einem einzelnen Land bei null liegen kann.

Mit jedem Prozentpunkt geringerer Inflations- und Zinssätze würde in diesem Land – sofern der Geldumlauf gesichert ist – die Wirtschaft immer stabiler und gesünder werden. Außerdem bieten Länder mit niedrigen Zinsen günstige Standortbedingungen, ähnlich wie Länder mit niedrigen Löhnen oder Steuern. Das heißt, spekulatives Kapital (das alle Volkswirtschaften belastet) würde möglicherweise ins Ausland gehen. Investives Kapital aber (das alleine den Volkswirtschaften nützt) würde ins Land kommen. Denn Investoren setzen auf langfristige Sicherheit, Spekulanten auf kurzfristigen Gewinn.

Die Schweiz war bekanntlich über Jahrzehnte hinweg das Land mit den niedrigsten Zinsen, und trotzdem hat es nie an Kapital für Investitionen gefehlt. Und so wie in der ersten Hälfte des Jahrhunderts die Notenbanken nach und nach jenen folgten, die sich von der Goldbindung befreien, so werden sie auch denjenigen folgen, die als erste die Inflation und die Umlaufstörungen durch eine geeignete Umlaufsicherung überwinden.

»Für die Art der technischen Durchführung einer wirksamen Umlaufsicherung wurden wiederholt verschiedene Verfahren theoretisch vorgeschlagen und zum Teil in Einzelfällen auch praktisch angewandt mit guten technischen und ganz überraschenden wirtschaftlichen Erfolgen. Hier die zweckmäßigste Wahl zu treffen, wird Sache der Praxis und der Erfahrung sein... Dringend ist zunächst die Erkenntnis, daß die vorgeschlagene Reform als solche eine Notwendigkeit, ja eine Lebensnotwendigkeit unserer heutigen Wirtschaft ist und daß selbst die unzweckmäßigste Form ihrer technischen Durchführung noch tausendmal zweckmäßiger für das Wirtschaftsganze ist als ihre Unterlassung.

Das schrieb Ernst Winkler bereits 1952 in seinem bereits mehrfach zitierten Buch »Theorie der Natürlichen Wirtschaftsordnung« den Notenbanken ins Stammbuch. Es wäre erfreulich, wenn sie sich in dieser Richtung einmal Gedanken machen würden.

Vielleicht könnte man den erforderlichen Lernprozeß beschleunigen, wenn man – wie Johan Galtung bezogen auf die Arbeitslosigkeit und die Einkommen der Wirtschaftsprofessoren einmal vorgeschlagen hat – die Einkommen der Notenbankverantwortlichen an die Leistung koppeln würde. Konkret: Die Gehälter würden bei jedem Prozent Inflation z. B. um fünf oder zehn Prozent gekürzt. – Neuseeland soll eine solche Koppelung eingeführt haben, nach Aussage von Prof. Otmar Issing, Mitglied des Direktoriums der Deutschen Bundesbank, bereits mit Erfolg.

33. Kapitel
Diverse Gedanken zur Lösung –
Alternativer Modelle

> *»Eine ethische Besserung des Menschen kann die Schäden der Ordnung nicht beseitigen... Die Gesamtordnung sollte so sein, daß sie den Menschen das Leben nach ethischen Prinzipien ermöglicht.«*
>
> Walter Eucken*

Muß sich der Mensch ändern?

Wenn von Ausbeutung und Gewalt, von Umweltzerstörung und Kriegen die Rede ist, dann wird sehr oft zur Überwindung dieser Problemerscheinungen eine Änderung des Menschen gefordert. Diese Forderung ist in Einzelfällen sicher häufig berechtigt, aber im Hinblick auf die Gesamtheit aller Menschen wirklichkeitsfern. Auch der Kommunismus hat von einem anderen Menschen geträumt, ohne daß die 70jährige Umerziehung in der ehemaligen UdSSR zu entsprechenden Erfolgen geführt hätte. Selbst die christlichen Kirchen haben dieses Ziel in 2000 Jahren nicht erreicht. Im Gegenteil: Mißt man die heutigen Kirchen und Christen an jenen der ersten Jahrhunderte, dann ist eher eine moralisch-ethische Rückentwicklung festzustellen. Der Mensch ist eben nur sehr schwer zu ändern, wohl aber kann man sein Bewußtsein durch Informationen erweitern. Im übrigen ist es immer eine Anmaßung, wenn jemand zu wissen glaubt, wohin sich andere Menschen entwickeln sollen.

Aber die Erfahrung lehrt, daß Rücksichtslosigkeit und Gewalt im menschlichen Zusammenleben um so mehr schwinden, je gerechter die Strukturen einer Gesellschaft sind. Umgekehrt nehmen Rücksichtslosigkeit und Gewalt mit der Verschlechterung

---

* Nationalökonom, in »Grundsätze der Wirtschaftspolitik«

wirtschaftlicher und sozialer Bedingungen zu. Wenn heute also in vielen Ländern die Menschen aggressiver und gewalttätiger werden und schließlich sogar aufeinander schießen, ist das nicht die Folge einer moralischen Verrohung der Menschen. Es ist vielmehr meist die Folge schlechter gewordener wirtschaftlicher Rahmenbedingungen, die Folge von Arbeitslosigkeit und sozialen Spannungen. Man muß also bei allen Problementwicklungen untersuchen, ob sie auf menschliches Fehlverhalten zurückzuführen sind oder auf sachbezogene Fehlstrukturen.

Häufen sich z. B. auf einer Kreuzung die Unfälle, dann kann das sowohl auf leichtfertiges Fahrverhalten zurückzuführen sein wie auf einen Fehler in der Ampelschaltung. Im ersten Fall müßte man auf die Menschen einwirken und versuchen, sie mit moralischen Appellen umzuerziehen. Im zweiten Fall ist jeder Appell an die Verkehrsteilnehmer überflüssig, um so wirkungsvoller aber eine Korrektur der fehlerhaften Ampelsteuerung. Das heißt, sachbezogene Fehler bedürfen auch sachbezogener Korrekturen.

Falsch ist es auch, den Eigennutz des Menschen als verwerflich anzuklagen. Denn in einer wirklich freien Marktwirtschaft kann jeder seinen Eigennutz nur verwirklichen, wenn sein Tun gleichzeitig einem anderen nützt. Schon Proudhon hat diese Gegenseitigkeit als Voraussetzung der Gerechtigkeit bezeichnet. So wie die christlichen Kirchen die Eigenliebe als Maßstab für die Nächstenliebe, sollten wir also den Eigennutzen als Maßstab für den Nächstennutzen akzeptieren.

Sicherlich gibt es immer Menschen, deren moralisch-ethisches Verhalten auch in Extremsituationen vorbildlich bleibt und die dem Unrecht oder der Gewalt selbst auf Kosten ihres Lebens widerstehen. Abgesehen davon, daß sich die Zahl dieser Menschen auch über die Jahrhunderte hinweg kaum verändert hat, ist es immer sinn- und wirkungsvoller, der Entstehung solcher Extremsituationen durch entsprechende Ordnungs- und Strukturverbesserungen entgegenzuwirken, wie das Walter Eucken im Eingangszitat dieses Kapitels zum Ausdruck bringt.

Wie können die weltweit eskalierenden Spekulationen eingedämmt werden?

Auch die weltweit zunehmenden Spekulationen mit Geld sind nicht auf eine Veränderung des Menschen zurückzuführen, sondern auf jene monetären Fehlstrukturen, die heute bei Minderheiten zu immer größeren Vermögenskonzentrationen führen. Außerdem auf falsch verstandene Vorstellungen freiheitlichen Kapitalverkehrs. Die Vermögenskonzentrationen würden zwar mit sinkenden Zinsen langsamer als bisher wachsen. Andererseits ist jedoch zu befürchten, daß bei sinkenden Zinsen noch mehr Überschußmilliarden in die Spekulation abwandern werden. Darum kommt man nicht daran vorbei, neben einer Umlaufsicherung auch dem spekulativen Mißbrauch des freien Kapitalverkehrs Einhalt zu gebieten. Einzudämmen ist dieser Mißbrauch auf eine einfache Weise: Man braucht nur jede Transaktion mit einer Gebühr zu belegen, deren Höhe kurzfristige Gewinnmöglichkeiten übersteigt. Für langfristige Anleger wären solche Gebühren kein Hinderungsgrund zum Einsatz ihrer Mittel, da sie mit der Länge der Anlagezeit immer bedeutungsloser werden.

Mit einer solchen Spekulationsgabe auf die geldbezogenen Transaktionen würden die Anleger in längerfristige Engagements gedrängt, was nach den Gesetzen des Marktes auf die Zinshöhe drückt. Und da eine Geldzurückhaltung ebenfalls mit Gebühren belastet ist, fällt die Möglichkeit weg, durch Geldrückzug vom Markt die Kreditnehmer weiterhin zu höheren Zinszahlungen zu zwingen.

Was ist gegen eine Flucht in Gold, Boden oder Sachkapitalien zu tun?

Ein spekulatives Umsteigen aus der Geldhaltung in Gold, Kunstwerke, Antiquitäten o. ä. ist für die Wirtschaft ohne alle Folgen. Hier findet immer nur ein Austausch von Geld gegen Güter statt, der das Geld in Umlauf hält. Spekulationsgewinne und -verluste treffen dabei immer nur die Spekulanten untereinander. Bezogen auf die Kunst würden solche Spekulationen sogar positiv sein, da auch lebende Künstler davon profitieren. Vor allem aber kann mit Gold oder Kunstwerken, im Gegensatz zum Geld, niemand mehr zum Zinszahlen erpreßt werden. Und zusätzliche Geldanlagen in wirtschaftlichen Sachgütern, mit denen man die Geldhaltekosten zu umgehen versucht, sind sogar erwünscht, weil deren Vermehrung zusätzlich auf die Zinsen und Renditen drückt. Anders ist das nur beim unvermehrbaren Boden:

Da alles Wirtschaften auf Boden angewiesen ist, schlagen Bodenspekulationen auf alle Preise durch. Ganz besonders wird dadurch das Wohnen verteuert. Die Bodenspekulation muß also unterbunden werden. Diese notwendige Reform des Bodenrechtes ergibt sich schon aus dem Tatbestand, daß der Boden – wie Licht, Luft und Wasser – ein Geschenk der Natur und kein vom Menschen produziertes Gut ist. Auf diese naturgegebenen Güter aber haben alle Menschen gleichermaßen Anspruch. Das heutige private Eigentumsrecht an Boden muß darum langfristig wieder in ein privates Nutzungsrecht zurückverwandelt werden. Ein solches Nutzungsrecht ist in verschiedenen Regionen der Welt noch heute gültig und war auch bei uns bis ins späte Mittelalter die Regel. Das heißt, Boden darf nur als Lehen, in langfristigen Nutzungs- und Erbbauverträgen vergeben werden. Die daraus resultierende Pacht steht allen Menschen gleichermaßen zu. Privateigentum am Boden ist im Prinzip genauso absurd wie Privateigentum an Luft oder Wasser.

Um die Flucht des Geldes in die Bodenspekulation zu unterbinden, müßte mit der Geldrechtsreform also auch eine Reform des Bodenrechts verbunden werden. Hierfür gibt es eine ganze Reihe praktikabler Modelle, die an dieser Stelle nicht weiter erörtert werden sollen. * Erster Schritt in diese Richtung wäre ein grundsätzliches Verbot des Verkaufs von Boden, der sich noch in öffentlichem Besitz befindet. Dieser Boden darf nur noch in Erbpacht abgegeben werden. Außerdem sind die meist vorhandenen Vorkaufsrechte der Gemeinden stärker auszuschöpfen, eventuell durch entsprechende Zweckbindung bestimmter Einnahmen, z. B. aus Bodenhortungs- und Bodenwert-Zuwachssteuern.

---

* Konstruktives und umfassendes Informationsmaterial zu diesem Thema wurde in jüngster Zeit vom »Seminar für freiheitliche Ordnung« in Bad Boll ausgearbeitet, einschließlich entsprechender Merkblätter für Kommunen und Erbpacht-Musterverträgen, die dort angefordert werden können.

Weiterhin sollten unbebaute Wohn- und Gewerbegrundstücke wie bebaute besteuert werden, was spekulative Bodenhaltung und Baulücken reduzieren, auf die Bodenpreise drücken und den Rückkauf für die Gemeinden erleichtern würde.

Welche Erleichterungen für die Bürger mit einer anderen Bodenpolitik verbunden wären, läßt sich am Beispiel Zürich erahnen: Hätten die dortigen Stadtväter das Gebiet der früheren Wallanlagen im vorigen Jahrhundert nicht verkauft, könnten heute mit den Pachteinnahmen aus diesen Grundstücken die gesamten öffentlichen Kosten der Stadt bestritten werden.

Was ist mit der Kapitalflucht bei niedrigen Zinsen?

Wenn jemand eine Produktionsanlage ins Ausland schafft und dort weiter produziert, liegt zweifelsfrei eine »Kapitalflucht« vor: Das Ausland hat einen Gewinn, der nicht nur das verlagerte Sachkapital umfaßt, sondern auch die damit produzierten Güter. Das Inland hat einen entsprechenden Verlust.

Wenn jemand einen Koffer voll Geld ins Ausland schafft und dort einschließt, ist das nichts anderes als eine Hortung im Inland. Will er mit dem Geld im Ausland etwas anfangen, dann muß er es zuerst eintauschen. Das heißt, wenn ein deutscher »Kapitalflüchtling« z. B. seine Ersparnisse in den USA anlegen möchte, braucht er einen Tauschpartner, der ihm für die DM Dollar gibt. Ganz gleich, ob dieser Tauschvorgang direkt abläuft oder über eine Bank, ob in bar oder über eine Guthabenübertragung –, es findet immer nur ein Tausch statt: Der Deutsche hat statt der DM nun Dollar oder Dollarguthaben in der Hand, der Tauschpartner statt der Dollar DM.

Und so wie der Deutsche nun seine Dollar in den USA anlegen oder ausgeben kann, so der Amerikaner seine DM letztlich nur in Deutschland. Das heißt, es wurden nur die Verfügungsrechte ausgetauscht. Die DM- oder Dollarbestände bleiben – im Gegensatz zu der Produktionslage – jeweils in ihrem Wirtschaftsraum.

Es gibt also im Geldbereich keine »Kapitalflucht«, die im Inland zu Verlusten oder Engpässen führen kann. Schon gar nicht ist von Kapitalflucht zu reden, wenn deutsche Geldbesitzer ihre DM in Luxemburg oder sonstwo einzahlen. Denn dieses Geld steht der deutschen Wirtschaft schon am nächsten Tag wieder zur Verfügung, oft mit den Original-Banderolen der Bundesbank, mit denen es zu Hause abgehoben wurde. Es gibt allenfalls verstärkte Nachfrage nach anderen Währungen. Steht dieser Nachfrage kein entsprechendes Tauschinteresse gegenüber, steigt der Preis für die andere Währung, und die Übernachfrage bremst sich selbst ab. Das ist auch der Fall, wenn unterschiedliche Zinsniveaus der Anlaß zum Währungstausch sind. Zu Schieflagen kann es nur dann kommen, wenn die Wechselkurse nicht mehr den Marktgesetzen unterliegen bzw. von Spekulationsmassen überrollt werden und man gegen solche Mißbräuche des freien Kapitalverkehrs nichts unternimmt.

Läßt sich das Geldproblem mit privatem Alternativgeld oder Verrechnungsringen lösen?

Erkennt man ein Problem, so ist es naheliegend, es durch eigene Aktivitäten überwinden zu wollen. Dabei kann man seine Aktivitäten meist zweigleisig ansetzen: durch Aufklärung anderer bzw. politische Aktionen und durch Veränderung des eigenen Verhaltens. Diese Zweigleisigkeit ist z. B. im Bereich der Landwirtschaft, der Ernährung, des Straßenverkehrs, des Müllanfalls oder des Energieverbrauchs möglich.

Anders ist das bei Einrichtungen, die alleine in den Händen des Staates liegen, wie beispielsweise der Bahnbetrieb, das Militär oder die Währung. Hier kann der einzelne nur durch Nutzungsverweigerung und Aufklärung aktiv werden. Eine Verweigerung der Geldbenutzung ist für den einzelnen sicher theoretisch möglich, jedoch kaum in der Praxis. Manche streben darum an, mit einem Kreis von Gleichgesinnten wenigstens teilweise aus der Geldnutzung auszusteigen, z. B. durch geldlose Gegenleistungen, Naturaltausch oder Verrechnungsringe. Selbst wenn ein solches Modell mit ein paar tausend oder zehntausend Menschen zustande kommt, ist es zur Veränderung der geldbezogenen Strukturprobleme ähnlich wirkungslos wie der Versuch, durch Stumpfmachen aller Haushaltsmesser die Überrüstung abzubauen.

Sicher gibt es in der Welt Verrechnungsringe, auch Barter-Clubs genannt, die funktionieren und sogar wirtschaftlich sind.

Aber das sind immer solche, die mit relativ großen Einzelumsätzen arbeiten, also für industrielle oder zumindest gewerbliche Unternehmen tätig werden. Für Privathaushalte mit geringen Ausgabeposten sind solche Ringe zwangsläufig mit Verlusten verbunden, bedingt durch weite Einkaufswege, unzureichende Angebote und erschwerte Informationen. Auch auf kommunaler oder regionaler Ebene organisierte Verrechnungsringe können allenfalls in abgelegenen, relativ autarken Gegenden praktikabel sein. In unseren dichtbesiedelten Regionen mit ihren vielfältigen Lieferverflechtungen über weite Räume kämen solche Modelle nur schwer in Gang. Und Modelle à la Wörgl, mit einem eigenen Gemeindegeld, würden – vom geltenden Recht abgesehen – am Unverständnis der Notenbanken heute sicher ebenso scheitern wie damals.

Es geht also kaum ein Weg daran vorbei, ähnlich wie bei Fragen der Rüstung oder der Atomenergie, auch beim Geld die Verantwortlichen für eine Korrektur der bisherigen Verhältnisse zu gewinnen. Als Voraussetzung dafür müssen aber zuerst einmal genügend Informationen über die Gegebenheiten vermittelt und ein breites Problembewußtsein geschaffen werden.

Was ist mit den Zinsen bei Verrechnungsringen und anderen Alternativmodellen?

Unser Geld ist als Tauschmittel und Verrechnungseinheit durch nichts Besseres zu ersetzen. Verrechnungsringe können darum nur über zinsgünstigere Kredite Vorteile bieten. Einen solchen Kredit (richtig: Warenkredit!) erhält praktisch jeder, der – ohne vorher eine Leistung eingebracht zu haben – in einem Verrechnungsring Leistungen von anderen bezieht. Der Vorteil, den der Nachfrager auf Kredit in diesem Fall hat, schlägt als Nachteil für den Leistenden zu Buche: Er hat geliefert ohne Gegenleistung und erhält für diesen gewährten Warenkredit bzw. das damit erworbene Guthaben keine Zinsen.

Auch wenn Verrechnungsringe aus den sich ansammelnden Guthabenbeständen zinsgünstige oder zinslose Kaufkredite an andere Teilnehmer gewähren, geht deren Vorteil zu Lasten der Guthabenbesitzer. Konkret: Verrechnungsringe sind für Kreditnehmer und Guthaben-Überzieher vorteilhaft, für Vorleistende und

Guthabenbesitzer von Nachteil. Anders ausgedrückt: Notorische Käufer auf Kredit werden von den Leistungserbringern alimentiert.

Im Prinzip nicht anders geht es in dem wahrscheinlich weltweit ältesten Barter-Club zu, dem WIR-Verrechnungsring in der Schweiz. Bereits 1934 in der großen Rezession gegründet, hat er inzwischen über 60 000 Mitglieder aus Handwerk und Gewerbe. Vor allem aufgrund der allgemein hohen Zinsen in den letzten Jahren hat der WIR-Ring einen großen Zulauf. Die Kreditbedingungen, nämlich Hypothekenzinsen von 1¾ und Kontokorrentzinsen von 2½ bis 3½ Prozent, sind auch allzu verlockend.

Natürlich sind diese Konditionen wiederum nur möglich, weil die Leistungserbringer für ihre Guthaben keine Zinsen erhalten. Und auf diesen Guthaben bleiben sie um so länger sitzen, je mehr andere WIR-Geschäftspartner ihre Bedürfnisse durch Kreditkäufe abgedeckt haben und damit deren Motivation zur Gegenleistung nachläßt. Diese Guthabenansammlungen wiederum ermöglichen dem WIR-Ring, das Kreditvolumen zu erweitern bzw. Kreditgewährungen zu verlängern.

Der Zinsverlust der Leistenden ist aber nur einer der Nachteile. Je mehr WIR-Guthaben sich bei ihnen ansammeln, um so illiquider werden sie. Denn Löhne oder Steuern können sie damit nicht bezahlen, und trotz der großen Mitgliederzahlen ist oft nicht das zu erhalten, was man braucht. Diese Illiquidität wird dann zunehmend zur Falle: Ein Umtausch gegen Schweizer Franken ist im WIR-Ring nicht möglich, ein offener Verkauf der WIR-Guthaben nach der Satzung nicht erlaubt. Als Ausweg werden WIR-Guthaben oft in den Tageszeitungen unter Chiffre mit großen Abschlägen angeboten. »Marktüblich sind zur Zeit Einschläge von bis zu 30 Prozent bei Verkauf gegen Franken«, berichtete die »Berner Zeitung« am 11. 9. 1992. – Der Vorteil niedriger Zinsen für die Kreditnehmer wird also am Ende der Kette meist von den Schwächsten teuer bezahlt.

Ähnliche Probleme ergeben sich auch bei privaten Unterstützungsgemeinschaften, die z. B. einem Öko-Bauern zinslosen Kredit gewähren. In diesem Fall erhält der Öko-Bauer einen Vorteil auf Kosten der unterstützenden Geldgeber, die auf Zinsen, die sie sonst bei der Bank erhalten würden, verzichten. Dieses an und für sich positive Tun der Geldgeber ist jedoch innerhalb eines ansonsten unveränderten Systems mit fragwürdigen Nebenwirkungen verbunden. Da kaum alle Öko-Bauern in den Genuß solch zinsloser Kredite kommen, ergeben sich erhebliche Wettbewerbsverzerrungen: Entweder kann der geförderte Öko-Bauer bei vergleichbaren Preisen höhere Gewinne als seine Mitbewerber erzielen, oder er kann sie preislich unterbieten und damit vom Markt verdrängen, was sicher nicht im Interesse der Sache ist.

Sind alternative Banken eine Lösung?

Sieht man von der Bankmarge ab, verleihen alle kreditvergebenden Banken Geld in dem Umfang zinsbelastet, wie sie den Geldgebern Zinsen zahlen müssen.

Mit niedrigeren Zinsen können Banken also nur in dem Maß Kredite vergeben, wie die Geldgeber auf Zinsen verzichten. Auch hier resultiert also der Vorteil des Kreditnehmers aus einem Verzicht des Sparers. Nur wenn »morgen« *alle* Sparer auf Zinsen verzichten würden, käme ihnen allen der Zinsverzicht in Form sinkender Preise auch wieder zugute.

Untersucht man die Gegebenheiten bei den alternativen Banken, dann stellt man fest, daß die Bereitschaft zur zinslosen Hergabe von Geld auch bei dieser aufgeschlossenen Sparerkundschaft äußerst gering ist. Selbst bei der anthroposophischen GLS-Bank in Bochum sind zinsverzichtende Geldgeber nur eine Minderheit. Die Öko-Bank in Frankfurt muß sogar weitgehend normale Guthabenzinsen zahlen, um an Einlagen zu kommen. Das spiegelt sich entsprechend auch in den Kreditzinssätzen wider. Die Öko-Bank hat sogar seit langem Schwierigkeiten, einige tausend Idealisten zu finden, die bereit sind, mit einigen hundert Mark das unverzinste Eigenkapital der Bank weiter aufzustocken. Dabei hatte die Öko-Bank mit einer Bilanzsumme von 140 Millionen im Jahr 1991 erst ein 37000stel (= 0,0027 %!) des gesamten Geschäftsvolumens aller bundesdeutschen Banken erreicht. Bei den Krediten sah es noch schlechter aus. Hier lag der Anteil bei einem 81000stel bzw. 0,0012 Prozent. Das heißt, von 81.000 Mark, die 1991 in der Bundesrepublik als Bankkredite vergeben wurden, stammte eine Mark aus der Öko-Bank!

Ein Vorteil der alternativen Banken ist, daß die Sparer über die

Kreditvergabe in bestimmte Förderungsbereiche mitentscheiden können, manchmal sogar objektbezogen. Aber auch auf diese Weise kommt es nur bedingt zu zusätzlichen Förderungen. Denn die Kreditvergabekriterien der Öko-Bank, vor allem bezüglich der Risiko-Absicherung, entsprechen jenen aller Banken. Das heißt, die Kreditnehmer der Öko-Bank würden in der Mehrzahl aller Fälle auch bei ihren heimischen Kreditinstituten Geld zu ähnlichen Konditionen erhalten. Bestimmte positive Förderungsbereiche, die sich sonst im Gros der Bankengeschäfte »verlieren«, werden durch die Alternativbanken also nur sichtbarer zusammengefaßt. Die Masse der übrigen Kredite, ob für die Rüstung oder für andere Industriebereiche, wird durch diese Konzentration nicht reduziert. Dasselbe gibt übrigens genauso für die »Ethik-Fonds« oder »Grünen Fonds«, die heute schon im Ausland angeboten werden.

An eine Überwindung der Zinsproblematik ist also mit Hilfe der alternativen Banken nicht zu denken. Und auch von der Größenordnung her läßt sich unser Geldsystem über diesen Weg nicht aushebeln. Selbst dann nicht, wenn sich diese alternativen Banken »morgen« verhundertfachen würden: Sie hätten dann gerade ein gutes Tausendstel des gesamten Kreditvolumens in der Hand.

Ähnlich wie sich niemand an seinen eigenen Haaren aus dem Sumpf ziehen kann, gibt es auch keinen »Trick«, mit dem man sich innerhalb des gegebenen Systems dem Zinsproblem entziehen könnte, es sei denn auf Kosten anderer. Wohl aber können die Menschen mit Hilfe solcher Tauschring- und Alternativbank-Modelle und der Diskussion darüber problembewußter und sachkundiger werden. Insoweit ist die Beschäftigung damit ebenso von Nutzen wie eine Betätigung in diesen Einrichtungen.

Kann eine europäische Währung weiterhelfen?

Wenn eine Sache in überschaubarer Größenordnung nicht funktioniert, kann eine Vergrößerung derselben kaum bessere Ergebnisse bringen. Auch wenn man kranke und gesunde Währungen in ein starres System zusammenpackt, ist das nicht anders als bei faulen und gesunden Äpfeln: Die faulen werden nicht gesund, wohl aber die gesunden krank.

Im Maastrichter Vertrag sind zwar Kriterien festgeschrieben, die jedes eintretende Land erfüllen muß, die aber keinesfalls bedeuten, daß nur Länder mit gesunden Währungen in die Gemeinschaft kommen. Es kommt vielmehr zu einer Vereinigung mehr oder weniger kranker Währungen, wobei die Höchstgrenze der Erkrankung vom Krankheitsgrad der weniger Kranken abhängig ist. Auch die Übernahme der Bundesbank-Modelle für die europäische Zentralbank ist keine Garantie für Stabilität, wie die Inflationsquoten in Deutschland zeigen.

Selbst wenn dieser »Geleitzug« von mehr oder minder instabilen Währungen im vorgesehenen Stichjahr 1997 bzw. 1999 relativ dicht aufgeschlossen fährt, sagt das gar nichts über die weitere Entwicklung aus. Vor allem sagt es nichts über die Vergleichbarkeit der Wirtschaftsleistungen, die hinter den Währungen stehen. Auch ein Land mit schwacher Wirtschaftsleistung kann ein relativ stabiles Geld haben und ohne Schwierigkeiten mit allen anderen Ländern Handel treiben, solange der Wechselkurs halbwegs den Kaufkraftparitäten entspricht. Wird aber Ländern unterschiedlicher Leistungsfähigkeit eine gemeinsame Währung übergestülpt, kommt es zu einem Desaster. Die DM-Einführung in den ostdeutschen Ländern sollte uns eine Warnung sein. Im übrigen könnte die Einführung einer einheitlichen Verständigungs*sprache* in Europa viel schneller, wirkungsvoller und problemloser Gemeinsamkeiten zwischen den Ländern schaffen als eine einheitliche Währung, deren »Haupterfolg« eine nochmalige Steigerung des Verkehrs und eines fragwürdigen Wirtschaftswachstums sein wird.

Weiterhelfen könnte uns eine europäische Währung jedoch dann, wenn bei ihr jene Fehler ausgemerzt würden, die unser Geld – nach Wilhelm Hankel – auch heute immer noch zu einer »tickenden Zeitbombe« machen.

Erfüllt die Inflation nicht denselben Dienst wie Geldnutzungsgebühren bzw. Geldhaltekosten?

Häufig wird der Einwand gemacht, eine Geldhalte- oder Geldnutzungsgebühr von fünf Prozent sei in der Wirkung nichts anderes als eine dosierte Inflation in entsprechender Höhe. Beide würden das Geld gleichermaßen in Bewegung bringen. Letzteres trifft natürlich zu. Trotzdem gibt es wesentliche Unterschiede zwischen beiden Umlaufsicherungen, sowohl in ihrer Wirkung wie vor allem in ihren Folgen.

– Geldhaltekosten beziehen sich nur auf die Nachfragemittel. Eine Inflation wirkt sich als Substanzverlust auch auf die vielmals größeren Geldvermögen aus.
– Geldhaltekosten treiben überschüssiges Geld in die Banken und vergrößern das Kreditangebot. Inflation treibt überschüssiges Geld in den Konsum oder zu Fehlinvestitionen und heizt das Wirtschaftswachstum an.
– Geldhaltekosten bewirken eine Stabilisierung der Geldkaufkraft und damit des Preisniveaus. Inflation bewirkt ständige Preisveränderungen und Irritationen im Gefüge aller Geldbeziehungen und -verrechnungen.
– Geldhaltekosten ermöglichen nicht nur Kaufkraftstabilität, sondern drücken nach und nach die Zinsen gegen Null. Inflation treibt die Zinsen hoch und damit deren negative Folgen.
– Geldhaltekosten in Höhe von fünf Prozent belasten die Wirtschaftsteilnehmer in der Bundesrepublik mit etwa 30 Mrd. DM im Jahr. Um fünf Prozent erhöhte Zinsen, als Folge einer gleich hohen Inflation, bewirken eine Zusatzbelastung der Wirtschaft von rund 200 Mrd. DM.
– Geldhaltekosten fließen vor allem aus den Kassen der großen Geldbenutzer in die des Staates und kommen der Allgemeinheit zu. Die vielmals höheren Inflations- und Zinskosten müssen von der Allgemeinheit getragen werden und kommen privaten Minderheiten zugute.
– Geldhaltekosten können mit einer festen Größe eingeplant und erhoben werden. Inflationen in einer festen Größe lassen sich, wie die Erfahrung lehrt, nicht erreichen, es sei denn durch eine konstruktive Umlaufsicherung, aber dann brauchen wir die Inflation nicht mehr.

Sicher kann man die negativen Folgen der Inflation durch eine ständige indexierte Anhebung aller Preise, Löhne, Steuern, Geldguthaben und Verbindlichkeiten weitgehend ausgleichen. Das alles erforderrt aber nicht nur einen ungeheuren Arbeitsaufwand, sondern diese Maßnahmen sind in der Praxis kaum zu koordinieren und zu kontrollieren. Wie die Erfahrung zeigt, haben solche Indexierungen außerdem einen Trend zu inflationären Selbstbeschleunigungen. Die Erhebung von Durchhaltekosten auf das Geld betrifft dagegen nur zwei relativ geringe Bestandsgrößen. Außerdem sind diese Größen leicht zu kontrollieren, und die praktische Handhabung des Einzugs ist wesentlich einfacher als z. B. die der Zinsabschlagssteuer.

Was ist mit unserer Wirtschaftsordnung?

So wie wir jahrzehntelang die Begriffe Planwirtschaft und Sozialismus verwechselt oder als Einheit gesehen haben, so ist das auch bei Marktwirtschaft und Kapitalismus der Fall. Dabei haben beide Begriffe gar nichts miteinander zu tun.

Marktwirtschaft ist eine Wirtschaftsordnung bei der – im Gegensatz zur Planwirtschaft – alle wirtschaftlichen Vorgänge, also Produktionen, Preise und Austauschbedingungen, von den Interessen der nachfragenden und anbietenden Menschen bestimmt werden. Marktwirtschaften sind also sich selbst steuernde Regelkreise, die zum Ausgleich hintendieren. Sofern ein Mißbrauch durch Monopole sowie ungerechte Rahmenstrukturen durch den Staat unterbunden werden (siehe Geld- und Bodenordnung), stellen Marktwirtschaften das gerechteste und effektivste System der Güterversorgung dar.

Kapitalismus dagegen ist ein System, in dem die Interessen des Kapitals die Wirtschaft bestimmen. Alle Produktions- und Dienstleistungen, so notwendig und sinnvoll sie auch sein mögen, kommen immer nur zustande, wenn vorweg die Kapitalbelohnung (Zins/Rendite) abgesichert ist. Und da die Höhe der Belohnung vom Geldzins ausgeht und ein Fallen des Geldzinses durch Geldverknappung verhindert wird, kann man den Zins als »legalisierte Schutzgelderpressung« bezeichnen. Denn so wie die Mafia die Existenz der »Beschützten« mit der Demolierung des Unternehmens bedroht, so das Kapital durch Entzug des Geldes. Auch die oft gebrauchten Begriffskombinationen »freie« oder »soziale Marktwirtschaft« sind ein Etikettenschwindel. Denn wirklich freie Märkte haben wir in unserer Zeit noch nirgendwo gehabt, sondern immer nur kapitalistisch und staatlich verfälschte. Und die sogenannte soziale Marktwirtschaft ist im wesentlichen nur der Versuch, die schlimmsten Auswirkungen des Kapitalismus durch staatlich organisierte Rücktransfers etwas abzumildern, was jedoch angesichts des Überwachstums der Kapitalansprüche immer weniger möglich ist.

Der ebenfalls für unsere heutige Wirtschaft ab und zu benutzte Terminus »kapitalistische Marktwirtschaft« ist ein totaler Widerspruch in sich, da sich Märkte und Monopole (und das Geld ist heute das beherrschendste Monopol!) so wenig vertragen wie Feuer und Wasser.

Solange wir also die Vorherrschaft des Geldes nicht überwinden, können wir weder von einer freien noch von einer sozialen Marktwirtschaft reden. Und schon gar nicht kann eine solche vom Geldkapital beherrschte und mit zunehmenden Zinstransfers belastete Wirtschaft eine störungsfreie sein. Im Gegenteil: Sie muß aus Gründen einfacher mathematischer Gesetzmäßigkeiten in Selbstzerstörungen enden. Eine krisenfreie Marktwirtschaft ist darum ohne Korrektur der Fehlstrukturen unseres Geldsystems nicht erreichbar. Vielleicht ist die Zeit gekommen, sich zur Lösung der Probleme auch mit den Gedanken von Außenseitern zu befassen. Selbst der bereits zitierte Direktor der Pariser Rothschildbank, Esambert, beklagte die Ratlosigkeit der Ökonomen und der Finanzwirtschaft und erwartet eine Wende »nicht von Politikern und Bankern, sondern von unabhängigen Geistern«, wie es in der Fernsehsendung hieß. Dabei sollte man sich auch der Vordenker von gestern erinnern, von Proudhon über Gesell bis zu Keynes. Auch wenn hier sicher manches auf unsere Zeit bezogen umgedacht werden muß, enthält gerade das Hauptwerk des letztgenannten, die »Allgemeine Theorie der Beschäftigung, des Zinses und des Geldes« aus dem Jahr 1936, in vieler Hinsicht interessante Lösungshinweise, wie die bereits zitierten Passagen im 32. Kapitel zeigen. Das trifft auch auf die in seinem Buch geäußerte Vermutung zu, »daß die Zukunft mehr vom Geist Gesells als von jenem von Marx lernen wird«. Gerade nach dem Scheitern des Marxschen Ansatzes sollte man diesen Spuren vielleicht einmal gründlicher nachgehen.

Abschließende Zusammenfassung

> *»Das kapitalistische Wirtschaftssystem ist den staatlichen und sozialen Lebensinteressen des deutschen Volkes nicht gerecht geworden. Inhalt und Ziel der sozialen und wirtschaftlichen Neuordnung kann nicht mehr das kapitalistische Gewinn- und Machtstreben, sondern nur das Wohlergehen unseres Volkes sein.«* [*]

Die Probleme des kapitalistischen Wirtschaftssystems hängen mit dem Geldbereich zusammen, die Probleme im Geldbereich mit zwei Überentwicklungen: der Überentwicklung der Geldmenge, die zur Inflation führt, und der Überentwicklung der Geldvermögen, die zur Überschuldung und zum Wachstum zwingt.

Um diese Überentwicklungen zu überwinden, muß die Geldmenge kontrollierbar und der Umlauf verstetigt werden. Beides ist durch eine konstruktive Umlaufsicherung zu erreichen, die den Zins und die Inflation für diese Aufgabe überflüssig macht. Dazu wiederum müssen drei Widersprüchlichkeiten überwunden werden:

1. (bezogen auf das Geld) der Widerspruch zwischen öffentlichem und privatem Eigentum,
2. (bezogen auf die Geldfunktionen) der Widerspruch zwischen Tausch- und Wertaufbewahrungsmittel,
3. (bezogen auf das Giralgeld) der Widerspruch zwischen seiner Nutzung als Nachfrage- und Kreditmittel.

Der erste und der dritte Widerspruch verhindern heute eine konkrete Geldmengensteuerung und damit die Überwindung der Inflation. Der erste und der zweite Widerspruch verhindern eine marktgerechte Absenkung der Zinsen. Mit den ständig positiven Zinsen aber bleiben die Geldvermögens- und Verschuldungseska-

---

[*] »Ahlener Programm« der CDU, 1947

lationen sowie die ungerechten Verteilungen des Volkseinkommens nicht nur bestehen, sondern nehmen noch ständig zu. Die Folgen sind Fehlentwicklungen schwerwiegender Natur. Sie zeichnen sich als zunehmende und immer weniger beherrschbare soziale, ökonomische und ökologische Störungen ab, die schließlich in Zerstörungen enden müssen.

In der nachfolgenden zweiteiligen Grafik Nr. 77 sind die in diesem Buch dargelegten Gesamtzusammenhänge zwischen Geld und Gesellschaft noch einmal als ineinandergreifendes Rädersystem dargestellt. In der linken Hälfte ist der monetäre Bereich wiedergegeben und in der rechten der realwirtschaftliche. Schnittpunkt und Übergang beider Bereiche ist die Wirtschaft.

Im monetären Bereich haben wir einen Kreislauf (1), der sich selbst hochschaukelt: Mit den ständig steigenden Zinserträgen des Geldkapitals wachsen die Geldvermögen und Bankumsätze weiter an. Damit wiederum nehmen die Überschuldung und die Zinsbelastung der Wirtschaft zu, was erneut die Zinserträge und die Geldvermögen wachsen läßt, usw.

In der Sprache der Kybernetiker haben wir es hier mit einem »positiv rückgekoppelten Regelkreis« zu tun. Vergleichbar ist das mit einem falsch programmierten Heizungsthermostat, der bei steigenden Raumtemperaturen das Ventil weiter öffnet statt schließt. Funktionierende technische wie natürliche Regelkreise sind dagegen »negativ rückgekoppelt«, das heißt, Überentwicklungen bremsen sich selbst ab.

Im rechten Teil der Darstellung sind die Folgen des monetären Überwachstums in zwei Halbkreisen aufgezeigt. Der obere Halbkreis (2) gibt die ökonomisch-sozialen Auswirkungen wieder, der untere (3) die ökologischen. Gehen wir zuerst dem oberen Halbkreis nach:

Die ständig zunehmenden Ansprüche des Geldkapitals an das Sozialprodukt führen zu einer Verringerung des Restanteils, der für die Arbeitsleistenden übrigbleibt. Das heißt, die Einkommen der Unternehmer und/oder der Arbeitnehmer sinken mit der Verschuldungszunahme. Die Folgen sind Nachfrage- und Investitionsrückgänge, Firmenpleiten und Arbeitslosigkeit. Auf Dauer und mit jedem Konjunktureinbruch zunehmend, werden die sozialen Spannungen unerträglicher. Am Ende können Unruhen, Gewalt und Aufstände bis hin zu Kriegen das Ergebnis sein.

Vermeidbar ist die Einkommensminderung der Arbeitsleistenden nur, wenn man – wie der Halbkreis 3 zeigt – das Sozialprodukt jedes Jahr vergrößert, mindestens um jenen Anteil, den das Kapital von Jahr zu Jahr mehr beansprucht. Soll die gegebene Verteilungsrelation zwischen Kapital und Arbeit beibehalten werden, muß das prozentuale Wirtschaftswachstum sogar dem des Geldkapitals entsprechen. Eine solche dauernde Leistungssteigerung vergrößert jedoch sowohl den Ressoursenverbrauch wie die Umweltzerstörung. Dieser »Ausweg« aus der sozial-ökonomischen Krise führt also beschleunigt in die ökologische. Damit drohen nicht nur Umweltkatastrophen, sondern ebenfalls gewaltsame Auseinandersetzungen um die natürlichen Ressourcen.

Darstellung 77 a: Vorgänge im Geldbereich

Wie diese zusammenfassende Darstellung noch einmal zeigt, gehen die entscheidenden Probleme von dem Überwachstum der Geldvermögen aus. Für die Politiker ergibt sich daraus eine doppelte Zwickmühle. Werden die wachsenden Geldvermögen nicht über Kredite in die Wirtschaft zurückgeschleust, kommt es zu einer deflationären Rezession. Führt man die wachsenden Geldvermögen über Kredite in den Wirtschaftskreislauf zurück, kommt es zur Überschuldung und Verarmung der Werteschaffenden und damit zu einem ökonomisch-sozialen Kollaps. Kurbelt man zu dessen Vermeidung die Wirtschaftsleistung ständig an, droht uns der ökologische Zusammenbruch. In unserer Wirklich-

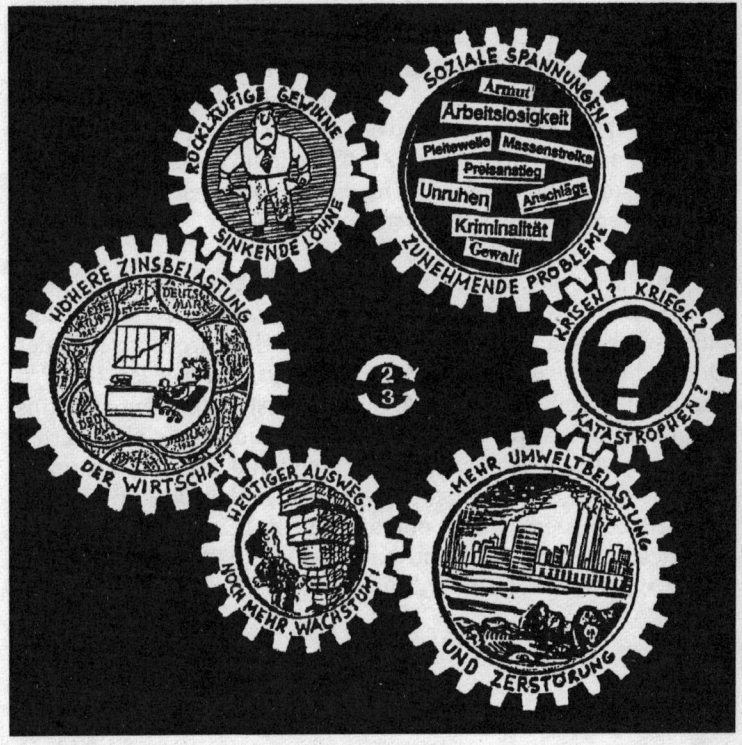

Darstellung 77 b: Folgen in Wirtschaft und Gesellschaft

keit läuft die Entwicklung auf beides hinaus: Der soziale Kollaps ist unausweichlich, weil das Wirtschaftswachstum nicht in dem Tempo der Geldvermögenszunahme gesteigert werden kann, der ökologische Kollaps, weil die Umwelt auch dieses unzureichende Wachstum nicht mehr verkraftet, schon gar nicht bei gleichzeitiger Bevölkerungszunahme auf unserem Planeten.

Diese ineinandergreifenden Problementwicklungen, die das »Geldsyndrom« beschreiben, lassen sich nur an einem einzigen Punkt nachhaltig verändern, nämlich der Zinshöhe: Mit einer Absenkung der Zinssätze läßt das Überwachstum der Geldvermögen nach und damit der weitere Verschuldungszwang. Mit nachlassender Verschuldung und sinkenden Zinssätzen wird die Wirtschaft entlastet. Damit reduziert sich die Verarmung der Arbeitsleistenden und damit wiederum der Zwang zum Wachstum. Ein Absinken der Zinshöhe ist jedoch nur erreichbar, wenn wir die Möglichkeit der Geldzurückhaltungen überwinden. Das wiederum erfordert eine andere Umlaufsicherung für das Geld. Ohne eine Vestetigung des Geldumlaufs und der damit möglich werdenden Absenkungen der Inflations- und Zinssätze, muß unser Geld so wie es heute ist, aus einfachen mathematischen Gründen sich selbst und damit unsere Gesellschaft zerstören.

Ganz sicher wird eine Korrektur der geldbezogenen Fehlstrukturen nicht alle Probleme aus der Welt verschwinden lassen, auch nicht wenn man damit die Reform des Bodenrechts verbindet. Doch ohne diese Rechtsordnungskorrekturen werden die Probleme mit jedem Tag unlösbarer. Denn erst dann, wenn die Zinsansprüche des Kapitals unter die Wachstumsrate sinken, erhält die Umwelt eine Chance zur Erholung und kann die Verarmung der Arbeitsleistenden gestoppt werden. Und erst dann, wenn jeder Leistende den vollen Lohn für seine Arbeit und jeder Mensch das gleiche Recht an Grund und Boden erhält, kommen wir zu einer gerechten Welt, die Voraussetzung ist für den Frieden.

Literatur

Batra, Ravi, *Die große Rezession von 1990*, Heyne, München 1988

Bethmann, Johann Philipp von, *Die Zinskatastrophe*, Athenäum, Königstein 1983

Binn, Felix, *Arbeit, Geldordnung, Staatsfinanzen*, Gauke, Lütjenburg 1983

Binswanger, Hans-Christoph, *Geld und Natur*, Weitbrecht, Stuttgart 1991

Bischoff, Reiner, *Umweltzerstörung durch Geld- und Bodenwucher*, Akademischer Verlag, Stuttgart 1991

Creutz, Helmut, *Bauen, Wohnen, Mieten – Welche Rolle spielt das Geld?*, Hackbarth, St. Georgen 1990

Creutz, Helmut, *Die fatale Rolle des Zinses in der heutigen Wirtschaft*, in: Zeitschrift für Sozialökonomie 61, Gauke, Lütjenburg 1984

Creutz, Helmut, *Die Sicherung des Geldumlaufs in der Praxis*, in: Zeitschrift für Sozialökonomie 68 (1986)

Creutz, Helmut, *Scherenöffnung zwischen Geldvermögensbildung und Marktsättigung*, in: Fragen der Freiheit 192, Seminar für freiheitliche Ordnung, Bad Boll 1988

Creutz, Helmut, Zins und Zinseszins: *Wem unser Geld- und Zinssystem nützt, wen es ausnutzt und wie es anders sein könnte*, in: Evang. Akademie Boll, Geld und Macht, Boll 1988, S. 32–65

Creutz, Helmut, *Die Dritte Welt wird immer ärmer! – Wo liegen die Ursachen?*, in: Zeitschrift für Sozialökonomie 86 (1990)

Creutz, Suhr, Onken, *Wachstum bis zur Krise*, Hackbarth, St. Georgen 1990

Fisher, Irving, *Feste Währung – Zur Entwicklungsgeschichte der Idee*, Lautenbach, Leipzig (1937)

George, Susan, *Sie sterben an unserem Geld*, Rowohlt, Reinbek 1988

Gesell, Silvio, *Die natürliche Wirtschaftsordnung* (Gesammelte Werke Band 11), Gauke, Lütjenburg 1991

Godschalk, Hugo, *Die geldlose Wirtschaft. Vom Tempelaustausch zum Barter-Club*, Basis, Berlin 1986

Grimmel, Eckhard, *Kreisläufe und Kreisläufstörungen der Erde*, Rowohlt, Reinbek 1993

Haller, Willi, *Die heilsame Alternative*, Hammer, Wuppertal 1988

Hankel, Wilhelm, *John Maynard Keynes*, Piper, München 1986

Hankel, Wilhelm, *Vorsicht unser Geld – Jeder sein eigener Bankier*, Langen, Müller/Herbig, 1989

Hüwe, Josef, *Der Kardinalfehler in der traditionellen Geldordnung*, Hackbarth, St. Georgen

Internationale Vereinigung für Natürliche Wirtschaftsordnung, *Die Zukunft der Ökonomie – Eine Denkschrift an die Wirtschaftswissenschaftler*, Gauke, Lütjenburg 1984

dito, *Gerechtes Geld – Gerechte Welt, Wege aus Wachstumszwang und Schuldenkatastrophe*, Gauke, 1992

Jenetzky, Johannes, *Abgaben als Instrument ökologischer Zielsetzungen in Um-*

weltplanung, Umweltrecht und Umweltbewußtsein, in: Ludwigsburger Hochschulschriften 1990

Kennedy, Margrit, *Geld ohne Zinsen und Inflation – Ein Tauschmittel, das jedem dient*, Goldmann, München 1991

Keynes, John Maynard, *Allgemeine Theorie der Beschäftigung, des Zinses und des Geldes*, Duncker & Humblot, Berlin 1936

Knauer, Peter, *Wer bezahlt den Jokervorteil? Vorschlag zur besseren Nutzung des Geldes*, in: Die neue Gesellschaft – Frankfurter Hefte, Nr. 1/89

Kühn, Hans, *5000 Jahre Kapitalismus – Prinzip, Entstehung, Folgen eines Ordnungssystems*, Hackbarth, St. Georgen 1990

Löhr, Dirk, *Zins und Wirtschaftswachstum – Zu den monetären Voraussetzungen einer ökologischen Kreislaufwirtschaft*, in: Zeitschrift für Soziolökonomie 79 (1988)

Leon, Ernst van (Hrsg.), *Johannes Kleinhappel – Christliche Wirtschaftsethik*, Herder, Wien 1991

Martin, Paul C., *Aufwärts ohne Ende*, Langen-Müller/Herbig, München 1988

Martin, Paul C., *Der Kapitalismus – Ein System, das funktioniert*, Langen-Müller/Herbig, München 1991

Mayer, Lothar, *Ein System siegt sich zu Tode – Zur Unversöhnbarkeit von Ökologie und Ökonomie*, Publik Forum, Frankfurt 1991

Onken, Werner, *Ein vergessenes Kapitel der Wirtschaftsgeschichte: Schwanenkirchen, Wörgl und andere Freigeldexperimente*, in: Zeitschrift für Sozialökonomie 57/58 (1983)

Onken, Werner (Hrsg.), *Perspektiven einer ökologischen Ökonomie*, Gauke, Lütjenburg 1993

Onken, Werner, *Eden, Geschichte und Aktualität eines Bodenreformexperiments*, Hackbarth, St. Georgen 1992

Onken, Werner, *1492–1992, 500 Jahre Mord, Landraub und Ausbeutung in Lateinamerika*, in: Zeitschrift für Sozialökonomie 94 (1992)

Otani, Yochito, Ausweg Band Nr. 4, *Ursprung und Lösung des Geldproblems*, Arrow, Hamburg 1981

Rosenberger, Werner, *Die Welt im Umbruch – Entwurf einer Nachkapitalistischen Wirtschaftsordnung*, INWO, Aarau/Schweiz 1991

Rosenbohm, Elimar, *Überlegungen zu einer modernen Wirtschafts- und Währungsordnung in der DDR*, Gauke, Lütjenburg 1990

Schmitt, Klaus, *Silvio Gesell – »Marx« der Anarchisten? – Texte zur Befreiung der Marktwirtschaft vom Kapitalismus*, Kramer, Berlin 1989

Seminar für freiheitliche Ordnung, *Die Ordnung der Kultur, des Staates und der Wirtschaft für die Gegenwart – sieben Thesen*, Bad Boll 1981

Senft, Gerhard, *Weder Kapitalismus noch Kommunismus – Silvio Gesell und das libertäre Modell der Freiwirtschaft*, Libertad, Berlin 1990

Suhr, Dieter, *Geld ohne Mehrwert – Entlastung der Marktwirtschaft von monetären Transaktionskosten*, Knapp, Frankfurt 1983

Suhr, Dieter, *Befreiung der Marktwirtschaft vom Kapitalismus*, Basis, Berlin 1986

Suhr, Dieter, *Gleiche Freiheit – Allgemeine Grundlagen und Reziprozitätsdefizite in der Geldwirtschaft*, Mette, Ausgburg 1988

Suhr, Dieter, *Alterndes Geld – Das Konzept Rudolf Steiners aus geldtheoretischer Sicht*, Novalis, Schaffhausen 1988

Suhr, Dieter, *Kapitalismus als monetäres Syndrom*, Campus, Frankfurt 1988

Vogel, Gesima, *Aufbruch in eine neue Welt – Die Vergesellschaftung der Existenzmittel Boden und Geld*, Arrow, Hamburg 1991

Walker, Karl, *Neue Europäische Währungsordnung – Indexwährung, flexible Wechselkurse, Europa-Markt* Zitzmann, Lauff bei Nürnberg 1962

Walker, Karl, *Das Buchgeld*, Vita, Heidelberg 1952

Walker, Karl, *Die Technik der Umlaufsicherung des Geldes*, Vita, Heidelberg 1952

Walker, Karl, *Das Geld in der Geschichte*, Zitzmann, Lauff bei Nürnberg 1959

Weitkamp, Hans, *Das Hochmittelalter – ein Geschenk des Geldwesens*, HMZ-Verlag, CH-Hilterfingen 1985

Werner, Hans-Joachim, *Geschichte der Freiwirtschaftsbewegung, 100 Jahre Kampf für eine Marktwirtschaft ohne Kapitalismus*, Waxmann, Münster 1989

Winkler, Ernst, *Theorie der natürlichen Wirtschaftsordnung*, Vita, Heidelberg 1952

Personenregister

Sachregister

Anschriften von Vereinigungen zum Thema:

Arbeitsgruppe Wirtschaft und Finanzen / BUND LV BW, c/o Reiner Bischoff, Brühlstraße 13, D-73527 Täferrot

Arbeitskreis Wirtschaft und Währung, c/o Klaus Popp. Benzenbergstr. 27, 40219 Düsseldorf

Christen für gerechte Wirtschaftsordnung e. V. / CGW, Gartenstraße 28, D-76770 Hatzenbühl

Initiative für natürliche Wirtschaftsordnung e. V. / INWO Deutschland, Max-Bock-Straße 55, D-60320 Frankfurt/M.

Initiative für natürliche Wirtschaftsordnung / INWO Schweiz, Postfach, CH-5001 Aarau

Initiative für gerechte Wirtschaftsordnung / INWO Austria, Staudingergasse 11, A-1200 Wien

Seminar für Freiheitliche Ordnung e. V., Badstraße 35, D-73087 Boll

Sozialwissenschaftliche Gesellschaft e. V. / SG, Postfach 15 50, D-37145 Northeim

Anschriften von Zeitschriften:

Alternative 2000 – Zeitschrift für liberalsoziale Ordnung, Georg Otto, D-31079 Eberholzen

Angebot und Nachfrage – Gartenstraße 28, D-76770 Hatzenbühl

Der Dritte Weg – Zeitschrift für natürliche Wirtschaftsordnung, Erftstraße 57, D-45219 Essen

Fragen der Freiheit – Badstraße 35, D-73087 Boll

Evolution – Organ der INWO Schweiz, Postfach, CH-5001 Aarau

Zeitschrift für Sozialökonomie – Postfach 13 20, D-24319 Lütjenburg

Gesamtes Literaturverzeichnis: Angela Hackbart Verlag, Postfach 12 21, D-78104 St. Georgen